高憬宏◎主编

人民法院司法标准化理论与实践（二）

RENMIN FAYUAN SIFA BIAOZHUNHUA
LILUN YU SHIJIAN (ER)

司法标准化培训教材

法律出版社
LAW PRESS · CHINA

《人民法院司法标准化理论与实践》

编辑委员会

《人民法院司法标准化理论与实践》
编　写　组

主　编： 高憬宏　　天津市高级人民法院

副主编： 蔡志萍　　天津市高级人民法院

殷元庆　　天津市高级人民法院

撰　稿：

杨　宇　天津市高级人民法院

吴　彬　天津市高级人民法院

李阿侠　天津市高级人民法院

张军强　天津市高级人民法院

于轶男　天津市高级人民法院

李阿鹏　天津市高级人民法院

刘　宁　天津市高级人民法院

田大勇　天津市高级人民法院

刘雪峰　天津市第一中级人民法院

吕军英　天津市第一中级人民法院

党国华　天津市第一中级人民法院

李　萍　天津市第二中级人民法院

陈文清　天津海事法院

安福超　天津市滨海新区人民法院

翟　婧　天津市滨海新区人民法院

许　强　天津市滨海新区人民法院汉沽审判管理委员会

刘房琴　天津市和平区人民法院

张正民　天津市和平区人民法院

孙　昊　天津市和平区人民法院

孙　伟　天津市河东区人民法院

张自然　天津市南开区人民法院

朗　蕊　天津市红桥区人民法院

夏浩天　天津市东丽区人民法院

2017年8月司法标准化理论与实践研讨会

天津市委常委、市政法委书记赵飞致辞

中国政法大学原校长、终身教授、诉讼法学研究院名誉院长陈光中（中）与最高人民法院司法改革领导小组办公室主任胡仕浩（右）在2017年8月天津法院司法标准化理论与实践研讨会上作专家点评，天津市第一中级人民法院党组书记、院长张勇（左）主持会议。

中央电视台新闻联播专题报道：《天津法院：让公正裁判有“标尺”》

人民日报　7 理论

在新起点上加快推进陆军转型建设

——深入学习贯彻习近平主席视察陆军机关重要讲话精神

以司法标准化建设为抓手

全面推进严格公正司法

深入学习贯彻习近平同志系列重要讲话精神

从强化考核、激励、问责、监督入手

多维度整治"为官不为"

"为"与"位"的辩证法

思想纵横

治理之道

天津市高级人民法院院长高憬宏在《人民日报》上发表《以司法标准化建设为抓手　全面推进严格公正司法》一文（《人民日报》2016年9月26日）

2018年11月,天津法院司法标准化工作在《人民日报》“砥砺前行的五年 天津篇”中，被列为天津18件大事之一。

序*

党的十八届四中全会通过的《关于全面推进依法治国若干重大问题的决定》提出，要推进严格司法，统一法律适用标准，明确各类司法人员的工作职责、工作流程、工作标准。习近平总书记高度重视标准化工作，提出了许多富有创建性的理论观点和工作要求，形成系统完备的标准化思想。在中央全面深化改革领导小组第二十四次会议上，习近平总书记强调，要实现执法行为标准化。2016年9月12日，习近平总书记在《致第39届国际标准化组织大会的贺信》中进一步指出，标准化在规范社会治理中的作用日益凸显，中国将积极实施标准化战略。

严格公正是人民群众对司法的价值定位和殷切期盼，标准化则是全党、全社会对司法工作的具体要求。司法标准化就是立足司法活动的价值追求和基本规律，通过对长期司法经验的总结和提炼，统一制定、发布、实施某一类司法标准，运用该标准对案件质效进行检验，以统一司法尺度、增强案件质效、提升司法水平、维护司法公信力的活动过程。在全面深化司法改革的背景下，推进司法标准化建设，是天津法院统一裁判标准、有效落实司法责任制、提升司法公信力的重要途径，具有基础性地位和战略性意义。

司法标准化不同于技术标准化。司法权是一种判断权，是一种辨别是非、调解利益、定分止争的权力。司法审判需要法官凭借知识、经验、智慧综合作出裁量，具有较强的主观能动性，而不是简单的流水作业或者机械重复。鉴于司法这种特殊属性，司法标准化更要求尊重法官的主体地位，注重抽象法律与具体事实之间的对应，慎重甄别案件与案件之间的异同，在充分考量各种因素

---

* 高憬宏：《全面推进严格公正司法——以司法标准化建设为抓手》，载《人民日报》2016年9月26日，第7版；高憬宏主编：《人民法院司法标准化理论与实践》，法律出版社2017年版，序言。成本书序时，有所改动。

的前提下,依法作出裁判。

司法标准化与司法规范化既有联系又有区别。"规范"更多是事前的要求,"标准"更多是事后的检验。规范化侧重于制度的建立和健全,是标准化的基础;标准化侧重于制度的落实和目标的实现,是规范化的提升。司法标准化的过程就是要在经验积累和探索总结的基础上,把那些孤立、零散、抽象的规范,上升为统一、系统、科学、精细、可检验、可评价的标准,并通过标准化的管理机制监督检验和推动标准的实现,使司法活动向更高水平的标准化方向迈进。

司法标准化建设不仅是天津法院一项打基础、利长远的工作,而且对于全面深化司法改革具有积极的促进作用。

第一,司法标准化是确保严格公正司法的必然要求。近年来,全国各级法院围绕严格公正司法做了很多积极探索和有益尝试,也取得了很大成效。但是,受各地经济社会发展不平衡、司法环境不同等因素影响,不同地区的司法水平客观上存在差异,司法能力参差不齐。有的法院在立案、审判、执行等节点上的监督管理不够到位,有的法官办案过于随意。司法标准化就是从案件进入法院直至审结、执行完毕,都有相应的标准,涵盖全程各个步骤,规范不同人员的定位、分工、衔接、权力、义务和责任;同时,通过明确的标准将审判管理权予以界定,消除传统的行政管理对审判权的不当干预,从而避免司法裁判的"任性"和审判管理的缺失,使审判执行更加严格公正,增强人民群众对严格公正司法的感知。

第二,司法标准化是落实司法责任制的必然要求。从一定程度上讲,"司法"是权,"标准化"是责。司法标准化通过完善审判权力运行和责任追究标准,保障审理者依法独立公正行使裁判权,明确自由裁量权的边界和尺度,引导自由裁量权在法律规定的范围内依法有序行使,从而有力促进裁判规则的统一、裁判思维的趋同和同类案件的把握尺度统一。只有通过司法标准化明确裁判的标准和司法行为的尺度,才能准确认定办案差错和违法审判,准确、客观地追究裁判者的司法责任,实现权责相一致、权责相适应、权责相统一,将改革的"牛鼻子"——司法责任制落到实处。

第三,司法标准化是提升司法公信力的必然要求。随着社会发展,人民群众日益增长的司法需求与司法资源、司法能力有限性之间的矛盾更加突出,法院的自我评价与人民群众的社会评价之间存在一定程度的反差。司法标准化提供了法院与社会公众的互动平台，通过建立和公开各类司法标准，明确检验裁判质量的尺度，提高司法裁判结果的可预测性，有利于消除当事人的合理怀疑，增强裁判的说服力，增进人民群众对司法裁判结果的理解和认同，使司法公正以群众看得见、摸得着、感受得到的方式实现。

司法标准化是一项有组织、有计划、有目标的系统工程，包括司法标准的组织制定、推动实施、监督检验、修订完善等过程；必须建立一套标准化建立、运行、监督、保障机制，使标准文本的静态要求转化为严格公正司法的动态成果。近年来，天津市高级人民法院党组围绕贯彻中央、市委、最高人民法院各项决策部署，积极开展司法标准化工作的一系列探索：2014 年，组织召开天津法院司法标准化理论务虚会，针对司法标准化工作的基本内涵、工作定位、结构体系、工作目标、实现途径、内外部关系等理论要素进行深入研讨，达成共识，形成会议纪要；2015 年，印发《天津法院司法标准化工作管理办法（试行）》《天津法院司法标准化工作规划纲要（2015～2017）》。四年来，在最高人民法院领导的充分肯定、鼓励下，在有关部门的大力支持、指导下，我们分三个批次制定、印发了 21 个司法标准，即将印发 13 个标准，另有 11 个标准已经立项进入编制阶段。目前，我们基本形成了一套涵盖司法活动六大方面的司法标准化体系。

一是司法流程标准化。细化司法工作流程，把司法权力关进制度和标准的笼子里，建立涵盖天津法院诉讼服务、诉前保全以及立案、分案、排期、审限、裁判、执行、结案、上诉、涉诉信访等各个环节的审判流程运行标准，依法管控办案期限预警、办案程序监控和办案风险评估等关键节点，使各类办案流程依法公开运行、有序衔接，提高司法效率。

二是司法裁量标准化。在深化司法改革，推动建立以审判为中心的诉讼制度改革的基础上，根据审判实践需求，逐步统一类型化案件实体法律和程序法律适用的司法尺度，保障依法正确行使审判权和自由裁量权，防止“关系案、人情案、金钱案”，确保实体公正、程序公正，引导各类司法职权活动在统一规范的轨道上运行，降低司法风险。同时，通过司法裁量标准化，总结、传承司法经验，促进法官职业化建设。

三是司法质量标准化。细化司法责任主体的行为标准，包括庭审质量标准、裁判文书质量标准、执行工作标准等。制定庭审质量标准，全面贯彻证据裁判规则，严格依法收集、固定、保存、审查、运用证据，完善证人、鉴定人出庭制度，保证庭审在查明事实、认定证据、保护诉权、公正裁判中的决定性作用;制定结案工作标准,正确实施审判管理权,及时发现、消除司法工作中各个环节的问题;制定案件质量问题标准,对司法过程正确评价、及时纠偏。

四是司法权责标准化。建立健全司法权力行使和司法责任追究标准。制定院长、庭长、合议庭工作标准,案件质量责任追究标准等,落实主审法官、合议庭办案责任制,建立办案质量终身负责制和错案责任倒查问责机制。在权责标准明晰的基础上,切实做到有权必有责、用权受监督、失职要问责、违法受追究。

五是司法公开标准化。围绕构建开放、动态、透明、便民的阳光司法机制,细化司法公开的具体标准,加大司法公开工作的考评力度。依法及时公开司法依据、程序、流程、结果和生效法律文书,全面落实庭审全程录音录像、裁判文书公开说理、生效裁判文书统一上网和公开查询制度。进一步完善公开机制,创新公开方式,依托司法标准化和信息化确保各项司法公开措施的落实,以公开树公信、保公正。

六是诉讼服务标准化。制定立案工作标准、诉讼服务平台建设标准等,将诉讼服务纳入司法标准化工作范围。根据便利当事人行使诉讼权利和保障人民群众知情权、监督权的实际需要,确定诉讼服务功能设置、流程。注重依托现代信息技术,积极拓展诉讼服务功能,落实司法为民、便民、利民的各项措施,丰富服务内容,积极回应人民群众关切,及时传递司法公正信息。

全市法院不断深化对司法标准化的认识,坚持边实践、边总结、边思考、边提高,取得了显著成效,主要表现在:

一是进一步落实了司法改革的要求。全市法院深刻理解司法标准的本质内涵,将司法标准与司法体制改革深度融合,把司法标准执行情况作为司法改革确定法官员额的依据和切入点,用司法标准化文件明确办案法官为案件质量的第一责任人,为进一步落实审判权力运行机制增添了自信。通过完善审判权力运行和责任追究标准,让审理者裁判,由裁判者负责。院长、庭长不再签发未参加审理案件的裁判文书,回归审判一线办理新型、复杂、疑难案件。坚持放权不放任,明确院长、庭长审判管理监督权,成为法院管理的“新抓手”,确保审判质量,促进司法公正,将司法责任制真正落到实处。

二是进一步规范了司法行为。全市法院积极反馈执行司法标准化文件的意见和建议,各级法院还在本院内尝试在不同领域建立标准、制定细则,使司法标准化文件覆盖面进一步扩大；广大法官认真总结和提炼审判工作实践经验，不断强化标准化思维，形成学习标准、制定标准、遵循标准的良好氛围，司法标准在规范司法行为上的潜移默化作用逐步显现，成为法官公正办案的“路线图”，同时也是传承司法经验的“教科书”。

三是进一步提升了司法公信力。通过公开发布和实施各类司法标准，让老百姓衡量法院工作有了“检验尺”、评价法官行为有了“对照表”，使法院自身评价与外部评价进一步协调和统一。司法标准化工作得到多方肯定，最高人民法院周强院长批示：“天津市高级人民法院司法标准化建设的做法和经验值得总结和推广。”沈德咏常务副院长批示：“对于统一裁判尺度、提高司法水平和司法公信力，推进司法标准化建设是一条可行之路。”中央及地方媒体多次报道，全国人大代表、市人大代表给予了高度评价。

随着标准化工作的逐步深入和法院人员分类管理的推进，我们认识到，标准化不仅包括立案、审判、执行等司法核心工作，还应拓展到政务工作范畴。要通过政务标准化，使法院的司法行政工作人员，对照标准化文件所确定的工作流程节点、工作要素和达标要求，将本职、本岗工作按时、保质、保量完成，避免因为工作环境不同或工作岗位调整、人员更替而出现政务工作的缺项或者失误，从根本上提高法院司法行政保障水平。因此，按照最高人民法院关于法院标准化的要求，天津市高级人民法院于 2017 年研究制定了《政务标准化规划纲要》，确定了行政管理、公文处理、会务接待、司法保障、新闻宣传、组织人事、警务、信息化建设、纪检监察九大方面共计 46 项具体标准，拟用两年时间编制完成，形成一整套科学的政务标准化体系。

我们将继续努力，力争到 2018 年年底，形成覆盖天津法院各领域的标准化运行、监督、保障工作机制，切实做到各个环节工作有标准、运行有机制、责任有分工、奖惩有依据、管理有平台，全面实现天津法院工作标准化。

是为序。

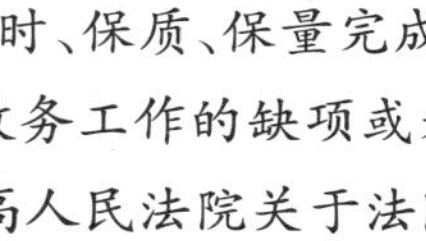

二〇一七年五月

前　　言

党的十八大以来，天津法院以习近平新时代中国特色社会主义思想为指导，认真落实党的十八届四中全会关于“推进严格司法，统一法律适用标准，明确各类司法人员工作职责、工作流程、工作标准”的要求，以努力让人民群众在每一个司法案件中感受到公平正义为目标，积极推进司法标准化，全面落实司法责任制，促进了审判质效和司法公信力的明显提升，为新形势下人民法院深化管理提供了可复制、可推广的“天津方案”，受到中央全面深化改革领导小组办公室、中央政法委及最高人民法院的充分肯定。

2014年，天津高院党组经过调研，充分认识到人民法院工作必须解决好三个现实矛盾：一是法官数量相对固定、工作精力相对有限与进入法院案件逐年激增的矛盾；二是法官能力素质的培养需要时间与人民群众急需案件公正高效审结的矛盾；三是司法改革要取消行政化的案件审批制与同类案件裁量尺度监管困难的矛盾。为此，天津高院在全国法院率先提出了司法标准化的工作思路，即立足司法活动的价值追求和基本规律，及时总结提炼长期司法经验，统一制定、发布、实施各类司法标准，并应用标准对案件质效进行检验，以统一司法尺度、提升司法水平。

多年来，天津法院坚持从本领域无标准的地方入手，从标准尺度亟待统一的环节入手，逐一解决制约司法质效的突出问题。每年年初，市高院根据《天津法院司法标准化规划纲要》，结合全市法院审判执行工作需求确定优先级，立项编制一批标准化文件，发布试行并收集反馈意见，于次年根据试行情况进行修正后在全市法院推进实施。在标准化文件编制过程中，平均每个标准的制定都有全市法院逾千人次干警参与其中，既最大限度突出了法官主体地位，又形成了标准从法官中来并约束法官的闭环管理。为了实现标准文本由静态要求到动态成果的转变，市高院一方面编写教材、组织培训；一方面加强监督考评，连续多年对全市法院进行交叉考评，确定示范法院，带动全市法院各项审判质效明显提升。

随着司法标准化的逐步推进，广大法官用标准思考、以标准管理、依标准办案的意识明显增强,执法办案实现量、质双升。中央全面深化改革领导小组办公室、中央政法委将天津法院着力构建司法标准化体系的做法向全国推介。最高人民法院将天津法院开展司法标准化工作列为全国首批20个改革案例之一,供各地在推进改革过程中参考。周强院长批示:“天津高院司法标准化建设做法和经验值得总结和推广。”央视新闻联播、《人民日报》、《法制日报》以及天津主流媒体广泛报道,《人民日报》将其列为“砥砺前行的五年　天津篇”18件大事之一。全国人大代表视察天津法院时,明确表示“如果法院的工作有一个标准能够让法官的自由裁量权有个尺度,这是老百姓所期盼的”“天津法院的标准化工作是把法官的司法行为明确出具体的标准,并用标准来评判,减少裁判误差,反映了依法治国和老百姓的心声,是一项创造性、革命性工作”。

与此同时,天津法院不断组织专家学者专题论证、组织法院干警专题研究。2017年6月,由我市法官撰写的《人民法院司法标准化理论与实践》一书出版发行,填补了我国司法标准化工作的理论空白。2017年8月,组织召开了“天津法院司法标准化理论与实践研讨会”,邀请全国12位著名专家学者与全市法官汇聚一堂,围绕司法标准化的价值、构建、适用以及对司法标准化的展望等主题共同研讨,进一步夯实了人民法院司法标准化的理论基础,也为我市法院司法标准化工作再思考、再认识、再出发提供了巨大的支持和帮助。

党的十九大提出,要深化司法体制综合配套改革,落实司法责任制。天津法院遂在已有基础上,加大司法标准化推进力度,拓宽司法标准化工作覆盖面,提升司法标准的科学性和可操作性,研发司法标准化管理平台,提升司法标准自动检测、评估功能。2018年初,我们组织全市法官队伍中的业务骨干撰写了《人民法院司法标准化理论与实践(二)》,作为天津法院持续推进该项工作的又一成果。本书共分为十三章,分别对13个已经在天津法院实施的司法标准化文件进行了详细阐述和解读。本书凝聚了全市法院司法标准化探索的经验、智慧和心血,是全体法院干警集体智慧的结晶。

需要指出的是,司法标准化建设是一项全新的课题,尚在探索的路上,理论体系仍然薄弱,司法标准化文件的应用价值有待进一步实践。由于时间仓促,经验不足,加上法学理论政策水平所限,书稿的编纂存在不少疏漏,提出的一些观点必然存在值得商榷之处,对此,恳请读者予以谅解和批评指正。

本书编委会

2018年11月

目　录

第一章　民事送达工作标准的理解与适用

第一节　民事送达工作概述

送达有“告知”“通知”之意，是一种法律上的通知制度。其中“送”是手段，主要指送达方式，“达”是目的，主要指送达的效果。民事诉讼中的送达，是指法院按照法定程序和方式，将诉讼文书送交当事人或其他诉讼参与人的行为。[①] 送达作为民事诉讼制度的一个组成部分，或者说作为民事诉讼程序的一个链条，其终极的价值和目的，也是为民事诉讼的目的服务。送达本身是一种诉讼行为，同时也是各类诉讼行为的连接点，是法院和当事人之间以及当事人相互之间信息沟通的桥梁。

一、民事送达价值体现

送达是人民法院行使司法权的一项重要职能。在民事诉讼进程中，送达是不可或缺的诉讼行为，就像一根链条，把诉讼的各个环节连接起来，使之形成一个连贯和谐的整体，缺少了它，整个诉讼进程就变得支离破碎，无法有效运作和进行。送达制度作为诉讼制度中的一项重要制度，在运作过程中，无疑需要在诉讼公正与诉讼效率两个价值之间寻求平衡。一方面，合理利用简化的送达程序或者避免适用烦琐、缺乏实益的送达程序，不仅可以节省审判资源、提高诉讼效率，而且也会产生诉讼利益。另一方面，如果不能获得使用简化送达的机会，因此额外付出了劳力、时间或费用，必然无诉讼利益。[②]

（一）诉讼公正下的送达制度

诉讼的目的在于实现程序正义，因此，送达更多的也应当以实现程序正义为

---

① 江伟主编：《民事诉讼法学原理》，中国人民大学出版社1999年版，第522页。

② 王福华：《民事送达制度正当化原理》，载《法商研究》2003年第4期。

依归。程序正义是一项在程序进行过程中实现的价值,有着独立的内在要求和意义。在民事诉讼中,起诉状副本、答辩状副本的送达,不仅给予所有与案件有直接利害关系的人以充分陈述意见的机会,同时也因裁决者的中立而使程序的公平价值得以体现。①

(二)诉讼效率下的送达制度

法谚有云:"迟到的正义非正义。"效率是诉讼追求的另一个目标,效率的理念始终融入正义的价值体系中,随着社会经济的快速发展,矛盾纠纷需要高效解决,追求效率也相应成为法治建设的重要目标。在民事诉讼中,效益的实现很大程度上依赖于效率的提高。诉讼是消耗司法资源的活动,资源的稀缺性和有限性决定了其不能无限期地进行下去。裁判必须在法定期限内送达,既可以认为是保障当事人权利的考虑,也可以视为由于效率的需要而规定其权利只存在于一定期限内。此外,送达作为诉讼活动的一种,自身亦存在效率问题,即送达方式的设置合理与否不仅影响资源消耗,更影响整个诉讼的效率。②

二、民事送达性质

由于各国的诉讼模式不同,对于送达的性质也有着不同的界定。在大陆法系,送达被视为国家司法机关执行职权的行为,而在英美法系国家,则被看成当事人或其他律师的事情,被认为属于"私"的性质。③ 在传统上属于大陆法系的国家,送达程序被认为是"司法"或"公权力"行为,不能由私人完成。《德国送达改革法》将送达的概念定义为:"将书状以该名义所规定的行使告知某人。"④日本民事诉讼理论认为,送达是指为了赋予特定承受人知晓诉讼上的文件内容之机会而通过法定方式作出通知的行为。⑤ 大陆法系对于送达性质的界定,一方面与其法律传统有关,另一方面与其诉讼模式也不无关系。大陆法系国家诉讼模式具有浓厚的职权主义色彩,法官主导诉讼程序进行。在职权主义的模式下,法院在民事诉讼中居于主动地位,发挥着积极作用。在此前提下,送达作为诉讼程序的一个环节,主要是基于法院的裁判权进行,是法院行使职权的方式,当然也应该由法院进行,当事人往往是送达行为的被动接受者。因此,送达传统上往往被定性为一

---

① 何其生:《域外送达制度研究》,北京大学出版社 2006 年版,第 21 页。

② 成安:《诉讼文书送达制度论》,载《成都理工大学学报》2003 年第 1 期。

③ 何其生:《域外送达制度研究》,北京大学出版社 2006 年版,第 27 页。

④ 2001 年《德国送达改革法》第 166 条第 1 款。

⑤ [日]新堂幸司:《新民事诉讼法》,林剑锋译,法律出版社 2008 年版,第 275 页。

种"公权力"行为。

大陆法系的这一定性，反映在送达的主体上，送达基本是由法院或专司送达的官员完成。在我国，送达一直是我国司法机关，具体地说，就是人民法院行使司法权的一个重要职能。送达在性质上是人民法院的一项职权行为，不同于当事人和其他诉讼参与人的诉讼行为。[①] 送达的发出者只能是人民法院，当事人和其他诉讼参与人向人民法院或者他们之间相互送交诉讼文书的行为，均不能成为送达。它体现着"公权力"在民事诉讼领域的运用。

作为人民法院向当事人和其他诉讼参与人实施的一项诉讼行为，送达既是人民法院的职权，也是人民法院的职责。诉讼中各类司法文书的送达完全由法院承担全部成本和责任，当事人仅需承担签收这一消极配合义务。随着社会经济的发展和社会形态的转变，这种"全责型"送达制度带来的高成本、高风险、高投入使履行送达职责的人民法院逐渐难负其重，逐渐衍生出"送达难"问题。因此，为民事送达工作确立一定的标准，使得制度的设计和建立更符合诉讼效率和程序公正的原则，符合案件当事人的实际需要，显得尤为必要。

三、民事送达功能

送达一般被认为是一种程序辅助性制度，属于诉讼中纯粹的技术性安排。从立法体例看，我国《民事诉讼法》一直将其与期间并列，规定于第一编总则中。但就送达在诉讼中的功能而言，其实际作用远不止于此。送达在联系诉讼行为、推动程序进行、保障程序利益等方面都具有独特价值，在一定程度上还对法院和当事人的诉讼行为有决定性作用。

（一）通知功能

送达的基本功能是使当事人和其他诉讼参与人接收到诉讼文书所传递的诉讼信息，由此联结起法院、当事人和其他诉讼参与人之间的诉讼行为，最终保障诉讼程序的各个环节顺利对接。[②] 对于当事人尤其是被告（如被上诉人、被申请人等）而言，送达传票等司法文书意味着向被告通知原告的起诉或诉讼进程，并向其提供出庭答辩或其他方式主张权利的机会。

送达的功能主要是通知，即向被告送达原告的诉状是通知其诉讼是什么时候开始，以及原告所主张的诉权的性质，为被告提供反驳原告主张、维护自己权利的

---

① 徐瑞柏、汤树华、蒋志培编著：《民事案件司法程序实务》，新时代出版社1993年版，第132页。

② 张艳丽、于鹏、周建华：《民事诉讼理论与制度》，法律出版社2017年版，第255页。

机会。无论各国赋予送达什么样的性质,也不论送达是由哪个机关进行,其核心的功能就是通知当事人与诉讼有关的情况和资料,给当事人提供维护自己权利的机会。没有完成送达或没有及时完成送达,当事人就可能在辩护和提交证据甚至在决定是否上诉等方面处于不利的地位。

(二)程序保障功能

在民事诉讼中,送达制度虽然只是辅助程序,但是送达在民事诉讼司法实践中所发挥的作用却不容忽视。表面上,送达仅仅是诉讼文书或法律文书的告知,而从根本上讲,送达是诉讼行为之间相互联系的基本方式。送达制度可以在诸多程序环节中发挥作用,将各方诉讼主体间的行为联系起来,如立案、答辩、民事保全、开庭、判决、上诉乃至执行程序等,并在这些程序的运作中显现出独特的价值。只有通过送达,才能启动程序,才能将原告、法院和被告各方分别实施的“起诉—受理—答辩”诉讼行为联系在一起,法院通过开庭通知的送达将原告、被告、其他诉讼参与人和法院的诉讼行为相互协同起来,并促成当事人在庭审中实施诉讼行为;裁判作出后,通过送达将诉讼的结果告知各方当事人,为他们在下一个程序中进一步实施诉讼行为提供可能。这也说明,在正当程序的建构中,送达制度如果缺失的话,必然导致联系、沟通各方的手段残缺,环环相扣的诉讼程序在运作中也会因此遭受制度上的阻滞。

送达作为程序保障的作用,最主要的体现为使民事裁判正当化。首先,在民事诉讼中,当事人都有知悉程序事项、参与诉讼程序并为自己提出辩护、提出异议的权利,这是民事裁判正当性的基本前提。其次,合理化的送达制度增加了缺席裁判案件的程序合法性,并成为涉外民商事纠纷裁判中他国认可裁判正当性的评价标准之一。最后,从程序保障的角度看,在采用常规送达方式难以送达的情况下,不得以公告送达方式拟制送达通知受送达人时,往往被视为是法院在法律上对保障当事人参加诉讼作出的一种妥协。[①]

(三)保障当事人权益

送达尽管主要体现通知功能,但是没有合法送达,难以实现程序公正,就可能产生非正当化的法律效果。实现程序正义,首先要保障在平等的基础上,当事人有充分参与的机会。而要保障当事人充分的参与机会,成功的送达毫无疑问是必不可少的前提。当事人只有收到司法文书并获悉司法文书的内容,才能确定自己

---

① 王福华:《民事送达制度正当化原理》,载《法商研究》2003年第4期。

如何行使诉讼权利和承担诉讼义务。具体而言,在涉及当事人利益、地位、责任或权利义务的审判程序中,应从实际上保障其享有参与该程序以影响裁判形成的程序权利;而且在裁判做成之前,应保障当事人能够及时、正确地提交诉讼资料,陈述意见或进行辩论,在未被赋予这种机会的情况下所收集的事实及证据资料,不能直接作为法院裁判的基础。[①] 送达的"信息传递功能"不仅是为了保障程序的有序运行,更是为了保障当事人的程序利益。正当程序对任何完整诉讼的基本要求是:必须合理地确认通知的内容,根据不同情况把未决诉讼通知相关当事人,给予他们提出异议的机会,通知必须具有适当转达法定内容的性质,它必须为当事人提供合理的出庭时间。而对被告所作的通知,通常是以送达传唤状或起诉书的方式来进行。[②]

(四)利于裁判结果认可与执行

一国法院的判决应经过一定的诉讼程序才能作出并生效。在通常情况下,外国法院所作承担判决既然已经生效,就没有必要再对该外国法院审理有关案件并作出判决时所进行的诉讼程序的公正性进行审查。但各国立法及有关的国际条约基于对败诉一方当事人的保护,往往规定内国法院在承认与执行外国法院判决时,应对有关外国法院判决所依赖的诉讼程序的特定方面,即败诉一方当事人是否适当地行使了辩护权进行审查。败诉一方当事人的权利是否得到了保障,首先表现为他是否得到了合法的送达和合理的辩护机会。一国法院判决在送达事项上若存在纰漏,发现有关诉讼程序中败诉一方当事人基于除其本身失误以外的原因而未能适当地行使辩护权,就认为该有关的诉讼程序不具备应有的公正性,则往往得不到其他国家法院的承认与执行。由此可见,是否向被告进行合法送达,是判决诉讼程序公正与否的重要因素,也是涉外案件判决能否得到他国承认与执行的重要条件。

第二节　民事送达工作标准化的依据

送达制度在保障当事人程序权益方面发挥了重要作用,体现了正当程序原

---

① 章武生等:《司法现代化与民事诉讼制度的建构》,法律出版社2003年版,第85页。

② 白绿铉:《美国民事诉讼法》,经济日报出版社1998年版,第23页。

则,并为审判的合法性和正当性奠定了一定基础。民事审判中,送达制度给当事人和其他诉讼参与人提供获得信息的途径,并告知其享有程序权利及其利害关系,以便其决定权利行使与否以及行使的方式,保障了他们的知情权。因此,制定民事送达工作标准的出发点,不仅要考虑法院程序的正当性,还要考虑如何规定灵活的送达标准,在正当化的前提下,提高送达以及整个诉讼的效率。

一、民事送达标准化实践依据

我国传统上采法院本位主义的职权主义送达模式。在社会形态转变、案件数量激增、司法资源有限的现实背景下,职权主义送达衍生的高成本、高风险让法院不堪重负,由此引发出司法实践中积重难返的“送达难”问题,并成为制约民事审判质效提高的“瓶颈”。

二、送达难的表现形式

中国语境下的法院“送达难”包含两层含义:一是送达因遭遇各种障碍而导致法院送达不能或负担过重,这或可称为“行为意义上的送达难”;二是法院试图转嫁此困难但招致当事人乃至社会公众的不满,进而陷入一种推之不得、相互纠缠的困局,也不妨称为“结果意义上的送达难”。①

司法实践中,送达难问题已是不争的事实。主要表现为:第一,送达工作量大。送达诉讼文书是人民法院一项重要而繁重的工作,由于人民法院案件数量大,送达工作量相应较大。完全由法院工作人员进行直接送达,必然难以适用案件数量激增的当代民事司法的要求。第二,送达成本高。考虑送达所涉及的路途、人员、车辆、时间、邮寄费用等因素,人力、物力耗费极大,支出庞大,送达成本的承担加重了人民法院的负担。第三,送达时间长。实践中,现行法律、司法解释所规定的送达程序和方式并不能确保法院仅需一次送达,遇有受送达人不在或拒收、送达地址不正确等情况,人民法院只有反复直接送达或再通过其他方式送达,不仅影响了审判效率,造成了司法资源浪费,更妨碍了另一方当事人诉讼权利的及时行使和实体权利的实现。

---

① 陈杭平:《“职权主义”与“当事人主义”再考察:以送达“难”为中心》,载《中国法学》2014 年第 4 期。

三、送达难的解决对策

我国司法体制中"送达难"问题产生的深层次原因，是"全责型"送达制度下法院和当事人之间有关送达的权责关系和权利义务分配不平衡。[①] 经济社会发展带来的社会形态急剧变化，如案件数量激增、人口流动性强、司法投入欠缺充分的物质保障、社会诚信缺失等，进一步加剧了这种不平衡。面对现实困境，最高人民法院相继出台《最高人民法院关于适用简易程序审理民事案件的若干规定》《最高人民法院关于以法院专递方式邮寄送达民事诉讼文书的若干规定》等司法解释；广东、河北、江西、重庆等地方法院也制定了针对送达的规范性文件或者内部操作规程，有意调整法院和当事人之间有关送达负担及风险的分配。当事人除了签收诉讼文书外，还有义务提供并确认自己的送达地址、联系方式，提供对方准确的送达地址、下落不明的证明材料，也要因自己的过错承担不利的后果，如被推定送达等。但是送达事关诉讼顺利进行和当事人的程序保障，应具备较高的制度化和规范化程度，制定科学的标准意义重大。

（一）合理分配法院和当事人之间的权利义务

依据民事送达工作标准，人民法院应当规范地行使权利，严格按照法定程序流程进行送达，并限制公告送达等方面的自由裁量权。送达工作权利义务的分配既要调动当事人的积极性、尊重当事人的自由处分权，又要提高诉讼权益、减轻法院负担。

（二）完善不同送达方式适用条件

在直接送达中明确可以通知当事人到法院领取诉讼文书的推定送达方式，能够极大地缓解送达地址不明和拒绝接受送达的情况，减轻了法院的负担；在留置送达中扩展送达地点，不再局限于受送达人住所；在委托送达中进一步规定具体的程序，包括送达期限和法律后果；在公告送达中严格限制适用条件，等等。针对不同的送达方式完善其适用条件，同时明确多种送达方式可以同时并用。

（三）拓宽送达的地点和时间

送达地点应不限于受送达人住所地，而是只要遇见受送达人，无论在何时何地都可以实施送达。这样既符合民事诉讼送达制度的目的，也更加便于送达的实施。

---

① 张艳丽、于鹏、周建华：《民事诉讼理论与制度》，法律出版社 2017 年版，第 261 页。

(四)完善送达合作及技术支持体系

人民法院应当继续深化与相关部门的合作机制,在信息与人员上达成沟通与协作,以保障送达的效率与公正。同时通过现代信息技术手段为送达的顺利完成提供有力支撑。

(五)民事送达标准化制度依据

送达是法院和当事人双方就诉讼信息沟通、联络的渠道和桥梁,直接影响到期间、期限以及其他诉讼行为的启动和生效。通过诉讼文书的送达,除了实现诉讼环节的顺畅对接,确保诉讼顺利进行之外,还要为当事人双方辩论和陈述提供保障。因事关当事人权益保障和司法公信力维护,送达对规范性提出了较高的要求。科学制定送达工作标准能够保证当事人和其他诉讼参与人与法院的快速、准确沟通,只有经过良好沟通,才能使法院和当事人双方根据传递的信息,更好地行使权利和义务。基于送达程序的正式性和送达人员所代表的国家权力属性,送达可以传递给当事人一种司法威严,使其意识到事情的严肃性,促使其积极参与诉讼。

第三节　天津法院民事送达工作标准(试行)

1. 总则

1.1　为规范民事送达行为,提高送达效率,保障当事人及其他诉讼参加人的诉讼权利,以及保证诉讼程序的顺利进行,依照民事诉讼法及司法解释的相关规定,结合审判工作实际,制定本标准。

1.2　本标准用于指导、规范和评价民事送达工作。

1.3　本标准未规定内容,适用其他相关标准化文件。

2. 一般要求

2.1　民事送达工作坚持合法、便捷、有效原则。

2.2　引导当事人选择适用效率高、成本低的送达方式。当事人未作选择的,送达方式有利于受送达人收取诉讼文书、知悉诉讼情况、提高送达效率。

2.2.1　诉讼文书的送达以送达地址和送达方式确认制度为基础,以简便送达、直接送达、电子送达和邮寄送达为主要方式,以留置送达、委托送达和转交送达为补充,以公告送达为最后手段。

2.2.2 除公告送达方式以外,可以同时采取多种法定方式送达,并根据最先实现送达的方式确定送达日期。

2.3 送达工作符合民事诉讼法及司法解释规定的期限,符合案件审理需要。

2.4 送达回证填写规范、内容详尽、记录准确。

2.5 受送达人未履行签收手续,但视为送达的,符合下列情形之一:

2.5.1 受送达人以书面形式向法院提及了诉讼文书的内容;

2.5.2 受送达人已经按照诉讼文书的内容履行;

2.5.3 其他可以确认已经送达的情形。

3. 送达地址的确认和推定

3.1 送达地址的确认符合下列要求:

3.1.1 原告起诉、被告应诉答辩、第三人参加诉讼时,有当事人确认的送达地址;

3.1.2 以送达地址确认书或者其他适当方式向当事人释明确认的送达地址不准确、送达地址变更未及时告知法院、拒不提供送达地址的不利后果;

3.1.3 送达地址确认书符合最高法院民事诉讼文书样式的制作要求;

3.1.4 送达地址确认书入正卷备查。

3.2 受送达人在一审程序中确认的送达地址作为二审、申请再审、审判监督、执行程序的送达地址,受送达人以书面形式告知变更送达地址的除外。

3.3 经释明和告知,受送达人拒不提供送达地址的,推定的送达地址符合下列情形:

3.3.1 自然人在户籍登记中的住所地或者经常居住地;

3.3.2 法人或者其他组织在工商登记或者其他依法登记、备案中的住所地;

3.3.3 原告、上诉人、再审申请人等提起诉讼方当事人,其起诉状、上诉状或者再审申请书等相关材料中载明的地址。

3.4 视为"拒不提供送达地址"的,符合下列情形之一:

3.4.1 受送达人明确表示不提供送达地址的;

3.4.2 受送达人的送达地址不明,但能通过电话方式取得联系,其在送达

人员电话通知后,拒绝领取诉讼文书,且不提供准确送达地址的;

3.4.3 无法与受送达人取得联系,在受送达人提交的管辖权异议或者申请回避等书面材料中,无明确送达地址的;

3.4.4 受送达人不出庭或者故意躲避,但在该法院同期审理的其他案件中作为当事人参加诉讼,且不提供或者不确认送达地址的;

3.4.5 其他属于“拒不提供送达地址”的情形。

3.5 受送达人存在前款所列情形之一的,有送达人员签名的笔录、通话记录、情况说明或者其他证明材料。

3.6 按照当事人确认的地址或者推定的地址进行送达,合法有效。

4. 诉讼文书的签收

4.1 受送达人在中华人民共和国境内有住所的,签收人符合下列情形:

4.1.1 受送达人是自然人的,签收人为受送达人本人、同住成年家属、法定代理人、诉讼代理人或者受送达人指定的代收人;

4.1.2 受送达人是法人或者其他组织的,签收人为法人的法定代表人、其他组织的主要负责人,该法人或者其他组织的办公室、收发室、值班室等负责收件的人员,诉讼代理人,法人或者其他组织指定的代收人;

4.1.3 受送达人的同住成年家属、法定代理人或者法人、其他组织有权签收的人是同一案件中另一方当事人的,不适用前两款规定。

4.2 受送达人在中华人民共和国境内没有住所的,签收人符合下列情形:

4.2.1 临时入境的自然人,企业、其他组织的法定代表人、主要负责人。主要负责人包括该企业、组织的董事、监事、高级管理人员等;

4.2.2 受送达人委托的有权代其接受送达的诉讼代理人;

4.2.3 受送达人在中华人民共和国境内设立的代表机构;

4.2.4 受送达人在中华人民共和国境内设立的有权接受送达的分支机构、业务代办人。

4.3 受送达人的住所地在香港、澳门特别行政区的,适用4.2款规定。

4.4 受送达人的住所地在台湾地区的,签收人符合下列情形:

4.4.1 适用4.2款规定;

4.4.2 在大陆地区有居住地的自然人或者同住成年家属;

4.4.3 受送达人指定的代收人。

5. 简便送达

5.1　适用简易程序审理的案件，采取捎口信、电话、短信等简便方式送达诉讼文书。

5.2　按撤诉处理或者缺席判决的，有当事人确认或者有当事人已经收到开庭通知的其他证据证明。

5.3　不存在简便送达裁判文书的情形。

6. 直接送达

6.1　直接送达方式的适用情形：

6.1.1　按照受送达人确认的送达地址送达；

6.1.2　按照法院推定的送达地址送达；

6.1.3　在受送达人确认的送达地址以外送达；

6.1.4　通知受送达人到法院或者指定地点领取。

6.2　送达相关情况的记录等有两名以上送达人员的签名或者其他证明材料。

6.3　视为法院直接送达的，同时符合下列情形：

6.3.1　由受送达人所在地的基层政府及其派出机构和基层自治组织及其工作人员代为送达；

6.3.2　有法院的委托；

6.3.3　受送达人签收。

6.4　受送达人拒绝签收，但视为送达的，符合下列情形之一：

6.4.1　受送达人在法院接受送达时，拒绝签署送达回证，有注明送达情况及送达人员签名的送达回证；

6.4.2　受送达人在住所地以外接受送达时，拒绝签署送达回证，有记录送达过程的照片、录像资料及注明送达情况和送达人员签名的送达回证；

6.4.3　受送达人在定期宣判时，拒绝签收判决书、裁定书，有记明相关情况的宣判笔录及送达回证。

7. 留置送达

7.1　留置送达符合送达人员在留置送达场所直接送达，且受送达人或者其他签收人拒绝签收的情形。

7.2　被留置送达人员符合以下要求:

7.2.1　法院确定的诉讼文书签收人。

7.2.2　向诉讼代理人留置送达时,有诉讼代理人被指定为代收人的相关材料,港澳台地区的当事人除外。

7.3　留置送达场所符合以下要求:

7.3.1　自然人的户籍所在地、经常居住地、暂住地或者适宜留置的工作场所;

7.3.2　法人或者其他组织的主要办事机构所在地,登记、备案的住所地或者主要营业场所;

7.3.3　法人或者其他组织的法定代表人、主要负责人户籍所在地、经常居住地、暂住地或者适宜留置的工作场所。

7.4　留置送达手续符合以下要求:

7.4.1　有见证人到场的,送达回证有拒收事由和日期的记载,并由送达人员、见证人签名或者盖章。

7.4.2　没有见证人到场的,有记录送达过程的照片、录像资料,照片或者录像资料入卷备查。

7.5　不存在留置送达调解书的情形。

8. 电子送达

8.1　受送达人同意电子送达的,优先适用电子送达方式。

8.2　适用电子送达的,有受送达人在送达地址确认书或者其他书面材料中的确认。

8.3　电子送达以电子送达平台、电子邮件、移动通信、传真等即时收悉的特定系统作为送达媒介。

8.4　采用传真、电子邮件方式送达的,有传真发送和接收号码、电子邮件发送和接收邮箱、发送时间、送达诉讼文书内容的记录,并有送达人员签字的传真发送确认单、电子邮件发送成功网页入卷备查。

8.5　采用短信、微信方式送达的,有收发手机号码、发送时间、送达诉讼文书内容的记录,并有短信、微信内容的照片入卷备查。

8.6　不存在电子送达判决书、裁定书、调解书的情形。

9. 邮寄送达

9.1　适用邮寄送达的，有受送达人确认或者法院推定的送达地址。

9.2　邮件回执入卷备查；无邮件回执的，有邮寄存根及邮寄结果查询单入卷备查。

9.3　确定送达日期符合相关规定。

9.3.1　邮件回执上注明的签收日期。

9.3.2　邮寄结果查询单显示的签收日期。

9.3.3　按照确认或者推定的送达地址邮寄送达后，诉讼文书未能被受送达人实际接收的，邮件被退回的日期。

10. 委托送达和转交送达

10.1　委托送达

10.1.1　委托其他法院代为送达的，符合受送达人不在本市辖区的情形。

10.1.2　委托法院出具委托函，注明受送达人姓名、地址、联系电话及委托送达期限等内容，并附相关诉讼文书和送达回证。

10.1.3　受委托法院自收到委托函及相关诉讼文书之日起十日内代为送达，反馈送达结果及时。

10.1.4　受委托法院未在前款规定的期限内完成送达或者超过一个月未向委托法院反馈送达结果的，委托法院及时采取其他方式送达。

10.2　转交送达

10.2.1　受送达人是军人的，通过其所在部队团以上单位的政治机关转交。

10.2.2　受送达人被监禁的，通过其所在的监所转交。

10.2.3　受送达人被采取强制性教育措施的，通过其所在强制性教育机构转交。

10.3　委托送达或者转交送达的，受送达人在送达回证上签收日期为送达日期。

11. 公告送达

11.1　公告送达方式的确定及要求

11.1.1　采取公告送达方式的情形为受送达人下落不明，或者采取其他方式无法送达的。

11.1.2 采取公告送达方式,有合议庭的评议笔录。

11.1.3 不存在简易程序适用公告送达的情形。

11.1.4 一审时采取公告送达方式送达的,二审时可径行对相关当事人采取公告送达方式,但能够采取其他方式送达的除外。

11.2 公告送达的适用条件

11.2.1 自然人下落不明的,有以下相关材料予以证明:

11.2.1.1 自然人被申请宣告失踪,有利害关系人提交的申请书;

11.2.1.2 自然人被宣告失踪,有法院发出寻找下落不明人的公告或者宣告失踪判决书;

11.2.1.3 自然人下落不明,有向该自然人户籍登记地公安机关或者基层组织核实的相关证明材料。

11.2.2 采取其他方式无法送达的,有以下相关材料予以证明:

11.2.2.1 无法向自然人送达,有送达情况及与受送达人本人、其近亲属、所在单位或者住所地基层组织进行联系的工作记录;

11.2.2.2 无法向法人、其他组织送达的,有法人、其他组织搬离登记、备案住所地,主要办事机构所在地、营业场所无人办公,以及无法向该法人、其他组织的法定代表人、主要负责人送达的工作记录;

11.2.2.3 有邮件退回凭证及送达情况说明。

11.3 发布公告的方式

11.3.1 在法院公告栏和受送达人住所地同时张贴公告。

11.3.2 在《人民法院报》等公开发行的报纸上刊登公告。

11.3.3 在天津法院诉讼服务网等网络媒体发布公告。

11.4 张贴公告的要求

11.4.1 张贴公告的地点符合以下条件:

11.4.1.1 自然人户籍登记住所地;

11.4.1.2 自然人经常居住地;

11.4.1.3 法人或者其他组织的登记、备案住所地;

11.4.1.4 法人或者其他组织的主要办事机构所在地;

11.4.1.5 法院的公告栏。

11.4.2　张贴公告的位置适当且明显。

11.4.3　有照片、录像资料等方式记录张贴过程,并入卷备查。

11.5　对公告送达方式有特殊要求的,符合相关要求。

11.6　送达日期的确定

11.6.1　最后张贴或者刊登的日期为发出公告日期,公告期满视为送达。

11.6.2　公告期间,受送达人联系法院领取诉讼文书或者法院发现受送达人并向其直接送达诉讼文书的,公告失效。受送达人领取或者法院直接送达时间为送达之日。

12. 向港澳台当事人、境外当事人送达的特别规定

12.1　向港澳台地区当事人送达的特别规定

12.1.1　向香港、澳门特别行政区当事人,台湾地区当事人送达,参照本标准执行。《中华人民共和国民事诉讼法》及相关司法解释有特别规定的,从其规定。

12.1.2　采取除公告以外方式送达的,可以同时采取司法协助(互助)途径送达。

12.1.3　采取司法协助途径向香港、澳门特别行政区当事人送达的,通过市高级法院向港澳进行转送的材料符合《最高人民法院关于内地与香港特别行政区法院相互委托送达民商事司法文书的安排》或者《最高人民法院关于内地与澳门特别行政区法院就民商事案件相互委托送达司法文书和调取证据的安排》的要求。

12.1.4　采取司法互助途径向台湾地区当事人送达的,通过市高级法院联络人向台湾地区协议联络人转送的材料符合《最高人民法院关于人民法院办理海峡两岸送达文书和调查取证司法互助案件的规定》的要求。

12.2　向境外当事人送达的特别规定

12.2.1　向境外当事人送达,参照本标准执行。《中华人民共和国民事诉讼法》及相关司法解释有特别规定的,从其规定。

12.2.2　采取除公告以外方式送达的,可以同时采取司法协助途径送达。

12.2.3　采取司法协助途径向境外当事人送达的,通过全国法院司法协助管理平台送达的材料符合《最高人民法院关于依据国际公约和双边司法协助条约办理民商事案件司法文书送达和调查取证

司法协助请求的规定实施细则(试行)》的要求。

13. 规范性文件引用

13.1 《最高人民法院关于适用简易程序审理民事案件的若干规定》

13.2 《最高人民法院关于以法院专递方式邮寄送达民事诉讼文书的若干规定》

13.3 《最高人民法院关于人民法院相互办理委托事项的规定》

13.4 《最高人民法院关于进一步推进案件繁简分流优化司法资源配置的若干意见》

13.5 《最高人民法院关于涉外民事或商事案件司法文书送达问题若干规定》

13.6 《最高人民法院关于涉港澳民商事案件司法文书送达问题若干规定》

13.7 《最高人民法院关于涉台民事诉讼文书送达的若干规定》

13.8 《最高人民法院关于内地与香港特别行政区法院相互委托送达民商事司法文书的安排》

13.9 《最高人民法院关于内地与澳门特别行政区法院就民商事案件相互委托送达司法文书和调取证据的安排》

13.10 《最高人民法院关于人民法院办理海峡两岸送达文书和调查取证司法互助案件的规定》

13.11 《最高人民法院第二次全国涉外商事海事审判工作会议纪要》

13.12 《民事诉讼文书样式》

第四节 《天津法院民事送达工作标准(试行)》释义

审判实践中,由于送达行为不规范、当事人不配合、送达制度规定不完善以及送达机制不健全,直接影响审判质量和效率。为进一步规范民事诉讼送达行为,保证诉讼程序顺利进行,提高诉讼文书的送达效率,有必要出台民事送达工作标准,指导、规范和评价民事送达工作。本标准对于相关法律或司法解释中已有规定,但散见于各法律文件中的,通过制定标准予以集中明确;对于法律或司法解释规定较为抽象或没有明确规定的,根据法律精神以及审判实践中的惯常做法,并借鉴兄弟法院的相关规定，提出了意见。

《天津法院民事送达工作标准（试行）》共分为十三个部分：总则、一般要求，送达地址的确认和推定，诉讼文书的签收，简便送达，直接送达，留置送达，电子送达，邮寄送达，委托送达和转交送达，公告送达，向港澳台当事人、境外当事人送达的特别规定，规范性文件引用。

具体内容：

1. 总则：明确本标准的制定意义及主要依据，同时明确本标准的适用范围。

2. 一般要求：明确送达工作的基本原则和基本要求。

3. 送达地址的确认和推定：明确送达地址确认的基本要求及效力范围、对送达地址进行推定的方式，对拒不提供送达地址的情形进行列举。

4. 诉讼文书的签收：根据受送达人主体身份的不同，列举国内自然人、法人、其他组织及住所地在我国领域外的当事人有权接受送达的人员范围。

5. 简便送达：明确简便送达的方式、以简便方式送达开庭通知的特别要求，并明确不适用简便送达的文书种类。

6. 直接送达：列举直接送达的方式及拒绝签收的处理。

7. 留置送达：明确留置送达的适用情形，列举适用留置送达的人员范围、留置场所及留置送达方式。

8. 电子送达：明确电子送达的适用条件、电子送达的方式，同时列明不适用电子送达的文书种类。

9. 邮寄送达：明确邮寄送达的适用条件以及送达日期的认定标准。

10. 委托送达和转交送达：明确委托送达和转交送达的适用条件。

11. 公告送达：明确公告送达的确定程序及要求、适用公告送达的条件、公告送达的方式、公告送达日期，并列明张贴公告的要求。

12. 向港澳台当事人、境外当事人送达的特别规定：明确向港澳台当事人、境外当事人送达参照本标准执行，并对采用司法协助途径向港澳台当事人、境外当事人送达的要求进行明确。

13. 规范性文件引用。

1. 总则

【条文】

1.1　为规范民事送达行为，提高送达效率，保障当事人及其他诉讼参加人的诉讼权利，以及保证诉讼程序的顺利进行，依照民事诉讼法及司法解释的相关规定,结合审判工作实际,制定本标准。

【条文主旨】

制定本标准的宗旨和依据。

【条文】

1.2　本标准用于指导、规范和评价民事送达工作。

【条文主旨】

制定本标准的作用。

【条文】

1.3　本标准未规定内容,适用其他相关标准化文件。

【条文主旨】

本标准与其他标准的关系。

2. 一般要求

【条文】

2.1　民事送达工作坚持合法、便捷、有效原则。

【条文主旨】

民事送达工作原则。

【条文理解】

民事送达工作应遵循的基本原则。

【条文】

2.2　引导当事人选择适用效率高、成本低的送达方式。当事人未作选择的,送达方式有利于受送达人收取诉讼文书、知悉诉讼情况、提高送达效率。

2.2.1　诉讼文书的送达以送达地址和送达方式确认制度为基础,以简便送达、直接送达、电子送达和邮寄送达为主要方式,以留置送达、委托送达和转交送达为补充,以公告送达为最后手段。

【条文主旨】

送达方式。

【条文理解】

我国《民事诉讼法》规定了七种送达方式,即直接送达、留置送达、电子送达、邮寄送达、委托送达、转交送达、公告送达。这几种送达方式在法律条文上的顺序安排,体现了立法机关在送达方式上的选择倾向。通常认为,直接送达是送达的一般要求,也是首要选择方式,其他方式都是直接送达的补充。送达应当首先选择直接送达方式、将诉讼文书直接送交受送达人；直接送达时受送达人或其同住成年家属拒绝接收诉讼文书的，通过见证人证明或者视听资料证明的程序，直接送达可以转化为留置送达。在满足受送达人同意的前提条件下，可以使用电子送达方式送达除判决书、裁定书、调解书外的诉讼文书。

【条文】

2.2.2　除公告送达方式以外，可以同时采取多种法定方式送达，并根据最先实现送达的方式确定送达日期。

【条文主旨】

多种送达方式并用。

【条文理解】

《最高人民法院第二次全国涉外商事海事审判工作会议纪要》第30条规定："除公告送达方式外，人民法院可以同时采取多种方式对当事人进行送达，但应根据最先实现送达的送达方式确定送达时间。"《最高人民法院关于涉港澳民商事案件司法文书送达问题若干规定》第10条规定："除公告送达方式外，人民法院可以同时采取多种法定方式向受送达人送达。采取多种方式送达的，应当根据最先实现送达的方式确定送达日期。"据此，除了公告送达方式以外，鼓励同时采用多种方式送达，以最先收到送达结果反馈、实现送达目的的时间作为送达时间，从而提高送达效率和成功率。

【条文】

2.3　送达工作符合民事诉讼法及司法解释规定的期限，符合案件审理需要。

【条文主旨】

送达期限。

【条文理解】

本条标准是关于送达工作期限的规定。《民事诉讼法》第125条第1款规定："人民法院应当在立案之日起五日内将起诉状副本发送被告……人民法院应当在收到答辩状之日起五日内将答辩状副本发送原告。"第136条规定："人民法院审理民事案件，应当在开庭三日前通知当事人和其他诉讼参与人……"第182条第3款规定："人民法院的判决书，应当在选举日前送达选举委员会和起诉人，并通知有关公民。"民事送达应当符合上述程序法所规定的期限，保障审判程序顺利进行。

【条文】

2.4　送达回证填写规范、内容详尽、记录准确。

【条文主旨】

送达回证。

【条文理解】

送达诉讼文书应当附有送达回证,由受送达人在送达回证上记明收到日期,签名或者盖章,非直接送达的,在“备考”栏记明送达方式。但采用传真、电子邮件等能够确认其收悉的方式送达、公告送达以及采取司法协助途径送达的除外。

【条文】

2.5 受送达人未履行签收手续,但视为送达的,符合下列情形之一:

2.5.1 受送达人以书面形式向法院提及了诉讼文书的内容;

2.5.2 受送达人已经按照诉讼文书的内容履行;

2.5.3 其他可以确认已经送达的情形。

【条文主旨】

推定送达。

【条文理解】

本条标准借鉴了《最高人民法院关于涉港澳民商事案件司法文书送达问题若干规定》《最高人民法院关于涉外民事或商事案件司法文书送达问题若干规定》的相关规定,即使受送人未对人民法院送达的司法文件履行签收手续,但存在上述情形之一的,仍可以视为送达。

3. 送达地址的确认和推定

【条文】

3.1 送达地址的确认符合下列要求:

3.1.1 原告起诉、被告应诉答辩、第三人参加诉讼时,有当事人确认的送达地址;

3.1.2 以送达地址确认书或者其他适当方式向当事人释明确认的送达地址不准确、送达地址变更未及时告知法院、拒不提供送达地址的不利后果;

3.1.3 送达地址确认书符合最高法院民事诉讼文书样式的制作要求;

3.1.4 送达地址确认书入正卷备查。

【条文主旨】

送达地址确认。

【条文理解】

人民法院应当全面推行送达地址确认制度，送达民事诉讼文书，以送达地址、送达方式确认制度为基础支撑。原告起诉时，立案人员应当要求其确认送达地址；被告应诉答辩或向其进行首次文书送达时，案件承办法官或送达人员应当要求其确认送达地址；第三人参加诉讼或向其进行首次文书送达时，案件承办法官或送达人员应当要求其确认送达地址。

【条文】

3.2　受送达人在一审程序中确认的送达地址作为二审、申请再审、审判监督、执行程序的送达地址，受送达人以书面形式告知变更送达地址的除外。

【条文主旨】

不同审判程序送达地址确认。

【条文理解】

本条标准参照最高人民法院《民事诉讼文书样式》中关于送达地址确认书的规定。送达地址确认书“告知事项”：确认的送达地址适用于一审、二审、再审审查、执行程序。如果送达地址有变更，应当及时书面告知人民法院变更后的送达地址。

【条文】

3.3　经释明和告知，受送达人拒不提供送达地址的，推定的送达地址符合下列情形：

3.3.1　自然人在户籍登记中的住所地或者经常居住地；

3.3.2　法人或者其他组织在工商登记或者其他依法登记、备案中的住所地；

3.3.3　原告、上诉人、再审申请人等提起诉讼方当事人，其起诉状、上诉状或者再审申请书等相关材料中载明的地址。

【条文主旨】

送达地址推定。

【条文理解】

本条标准借鉴《最高人民法院关于以法院专递方式邮寄送达民事诉讼文书的若干规定》相关规定，当事人拒绝提供自己的送达地址，经人民法院告知后仍不提供的，自然人以其户籍登记中的住所地或者经常居住地为送达地址；法人或者其他组织以其工商登记或者其他依法登记、备案中的住所地为送达地址。此外，对原告、上诉人、申诉人等提起诉讼方当事人，也可以诉状、申请书等相关材料中载明的地址为送达地址。上述三种情形可以作为推定的送达地址。

【条文】

3.4 视为“拒不提供送达地址”的,符合下列情形之一:

3.4.1 受送达人明确表示不提供送达地址的;

3.4.2 受送达人的送达地址不明,但能通过电话方式取得联系,其在送达人员电话通知后,拒绝领取诉讼文书,且不提供准确送达地址的;

3.4.3 无法与受送达人取得联系,在受送达人提交的管辖权异议或者申请回避等书面材料中,无明确送达地址的;

3.4.4 受送达人不出庭或者故意躲避,但在该法院同期审理的其他案件中作为当事人参加诉讼,且不提供或者不确认送达地址的;

3.4.5 其他属于“拒不提供送达地址”的情形。

3.5 受送达人存在前款所列情形之一的,有送达人员签名的笔录、通话记录、情况说明或者其他证明材料。

【条文主旨】

拒不提供送达地址的情形。

【条文理解】

该条标准界定了可以推定送达地址的前提条件,明确了认定当事人经法院释明和告知,拒不提供送达地址的情形。同时明确了须入卷留存的证明材料标准。

【条文】

3.6 按照当事人确认的地址或者推定的地址进行送达,合法有效。

【条文主旨】

送达地址确认和推定的法律效果。

【条文理解】

本条标准参照最高人民法院《民事诉讼文书样式》送达地址确认书相关规定。《送达地址有关事项告知书》法律后果及其除外条件:因受送达人自己提供或者确认的送达地址不准确、拒不提供送达地址、送达地址变更未及时告知人民法院,受送达人本人或者受送达人指定的代收人拒绝签收,导致诉讼文书未能被受送达人实际接收的,文书退回之日视为送达之日。

4. 诉讼文书的签收

【条文】

4.1 受送达人在中华人民共和国境内有住所的,签收人符合下列情形:

4.1.1 受送达人是自然人的,签收人为受送达人本人、同住成年家属、法定代理人、诉讼代理人或者受送达人指定的代收人；

4.1.2　受送达人是法人或者其他组织的，签收人为法人的法定代表人、其他组织的主要负责人，该法人或者其他组织的办公室、收发室、值班室等负责收件的人员，诉讼代理人，法人或者其他组织指定的代收人；

4.1.3　受送达人的同住成年家属、法定代理人或者法人、其他组织有权签收的人是同一案件中另一方当事人的，不适用前两款规定。

【条文主旨】

境内签收人。

【条文理解】

《民事诉讼法》第85条规定：送达诉讼文书，应当直接送交受送达人。受送达人是公民的，本人不在交他的同住成年家属签收；受送达人是法人或者其他组织的，应当由法人的法定代表人、其他组织的主要负责人或者该法人、组织负责收件的人签收；受送达人有诉讼代理人的，可以送交其代理人签收；受送达人已向人民法院指定代收人的，送交代收人签收。受送达人的同住成年家属，法人或者其他组织的负责收件的人，诉讼代理人或者代收人在送达回证上签收的日期为送达日期。

《最高人民法院关于适用〈中华人民共和国民事诉讼法〉的解释》第130条第1款规定：向法人或者其他组织送达诉讼文书，应当由法人的法定代表人、该组织的主要负责人或者办公室、收发室、值班室等负责收件的人签收或者盖章，拒绝签收或者盖章的，适用留置送达。

需要注意的是，受送达人的同住成年家属、法定代理人或者法人、其他组织负责收件的人是同一案件中另一方当事人或者有证据表明其不宜签收诉讼文书的，不能作为签收人。

依据上述规定制定本条标准。

【条文】

4.2　受送达人在中华人民共和国境内没有住所的，签收人符合下列情形：

4.2.1　临时入境的自然人，企业、其他组织的法定代表人、主要负责人。主要负责人包括该企业、组织的董事、监事、高级管理人员等；

4.2.2　受送达人委托的有权代其接受送达的诉讼代理人；

4.2.3　受送达人在中华人民共和国境内设立的代表机构；

4.2.4　受送达人在中华人民共和国境内设立的有权接受送达的分支机构、业务代办人。

【条文主旨】

境外签收人。

【条文理解】

《民事诉讼法》第267条规定:人民法院对在中华人民共和国领域内没有住所的当事人送达诉讼文书,可以采用下列方式:……(四)向受送达人委托的有权代其接受送达的诉讼代理人送达;(五)向受送达人在中华人民共和国领域内设立的代表机构或者有权接受送达的分支机构、业务代办人送达……

《最高人民法院关于适用〈中华人民共和国民事诉讼法〉的解释》第535条规定:外国人或者外国企业、组织的代表人、主要负责人在中华人民共和国领域内的,人民法院可以向该自然人或者外国企业、组织的代表人、主要负责人送达。外国企业、组织的主要负责人包括该企业、组织的董事、监事、高级管理人员等。

依据上述规定制定本条标准。

【条文】

4.3　受送达人的住所地在香港、澳门特别行政区的,适用4.2款规定。

【条文主旨】

港澳特区签收人。

【条文理解】

《最高人民法院关于适用〈中华人民共和国民事诉讼法〉的解释》第551条规定:人民法院审理涉及香港、澳门特别行政区和台湾地区的民事诉讼案件,可参照适用涉外民事诉讼程序的特别规定。

《最高人民法院关于涉港澳民商事案件司法文书送达问题若干规定》第3条规定:作为受送达人的自然人或者企业、其他组织的法定代表人、主要负责人在内地的,人民法院可以直接向该自然人或者法定代表人、主要负责人送达。第4条规定:除受送达人在授权委托书中明确表明其诉讼代理人无权代为接收有关司法文书外,其委托的诉讼代理人为有权代其接受送达的诉讼代理人,人民法院可以向该诉讼代理人送达。第5条规定:受送达人在内地设立有代表机构的,人民法院可以直接向该代表机构送达。受送达人在内地设立有分支机构或者业务代办人并授权其接受送达的,人民法院可以直接向该分支机构或者业务代办人送达。

依据上述规定制定本条标准。

【条文】

4.4　受送达人的住所地在台湾地区的,签收人符合下列情形:

4.4.1　适用4.2款规定;

4.4.2　在大陆地区有居住地的自然人或者同住成年家属；

4.4.3　受送达人指定的代收人。

【条文主旨】

台湾地区签收人。

【条文理解】

《最高人民法院关于涉台民事诉讼文书送达的若干规定》第3条规定：人民法院向住所地在台湾地区的当事人送达民事诉讼文书，可以采用下列方式：（一）受送达人居住在大陆的，直接送达。受送达人是自然人，本人不在的，可以交其同住成年家属签收……（三）受送达人有指定代收人的，向代收人送达……

依据上述规定制定本条标准。

5. 简便送达

【条文】

5.1　适用简易程序审理的案件，采取捎口信、电话、短信等简便方式送达诉讼文书。

5.2　按撤诉处理或者缺席判决的，有当事人确认或者有当事人已经收到开庭通知的其他证据证明。

5.3　不存在简便送达裁判文书的情形。

【条文主旨】

简便送达方式。

【条文理解】

略。

6. 直接送达

【条文】

6.1　直接送达方式的适用情形：

6.1.1　按照受送达人确认的送达地址送达；

6.1.2　按照法院推定的送达地址送达；

6.1.3　在受送达人确认的送达地址以外送达；

6.1.4　通知受送达人到法院或者指定地点领取。

【条文主旨】

适用直接送达标准。

【条文理解】

《最高人民法院关于适用〈中华人民共和国民事诉讼法〉的解释》第 131 条第 2 款规定:人民法院可以在当事人住所地以外向当事人直接送达诉讼文书。当事人拒绝签署送达回证的,采用拍照、录像等方式记录送达过程即视为送达。据此,直接送达的地点不限于受送达的确认和推定的地址,人民法院可以在当事人住所地以外的适宜场所对其进行直接送达。

【条文】

6.2 送达相关情况的记录等有两名以上送达人员的签名或者其他证明材料。

【条文主旨】

送达情况记录。

【条文理解】

略。

【条文】

6.3 视为法院直接送达的,同时符合下列情形:

6.3.1 由受送达人所在地的基层政府及其派出机构和基层自治组织及其工作人员代为送达;

6.3.2 有法院的委托;

6.3.3 受送达人签收。

【条文主旨】

可以视为直接送达的情形。

【条文理解】

本条标准适度扩展了送达主体,接受人民法院委托的基层政府及其派出机构和基层自治组织及其工作人员可以代为送达。

【条文】

6.4 受送达人拒绝签收,但视为送达的,符合下列情形之一:

6.4.1 受送达人在法院接受送达时,拒绝签署送达回证,有注明送达情况及送达人员签名的送达回证;

6.4.2 受送达人在住所地以外接受送达时,拒绝签署送达回证,有记录送达过程的照片、录像资料及注明送达情况和送达人员签名的送达回证;

6.4.3 受送达人在定期宣判时,拒绝签收判决书、裁定书,有记明相关情况的宣判笔录及送达回证。

【条文主旨】

可以视为送达的情形。

【条文理解】

略。

7. 留置送达

【条文】

7.1　留置送达符合送达人员在留置送达场所直接送达，且受送达人或者其他签收人拒绝签收的情形。

【条文主旨】

留置送达适用标准。

【条文理解】

略。

【条文】

7.2　被留置送达人员符合以下要求：

7.2.1　法院确定的诉讼文书签收人。

7.2.2　向诉讼代理人留置送达时，有诉讼代理人被指定为代收人的相关材料，港澳台地区的当事人除外。

【条文主旨】

被留置送达人员身份。

【条文理解】

适用留置送达的人员范围包括受送达人、受送达人的同住成年家属、受送达人的诉讼代理人被指定为代收人的、法人的法定代表人、其他组织的主要负责人、法人或者其他组织办公室、收发室、值班室等负责收件的人。

【条文】

7.3　留置送达场所符合以下要求：

7.3.1　自然人的户籍所在地、经常居住地、暂住地或者适宜留置的工作场所；

【条文主旨】

自然人留置送达场所。

【条文理解】

有关适用留置送达的地点一直是司法实践中需要解决的问题。《民事诉讼法》第86条规定,适用留置送达的地点是受送达人的住所。本条将受送达人住所明确界定为户籍所在地、经常居住地、暂住地,只要能够认定受送达人实际居住地,均可以作为留置送达场所。此外,根据《最高人民法院关于适用简易程序审理民事案件的若干规定》第11条的规定,留置送达的地点可以扩展到受送达人的从业场所。因此,在简易程序中,可以留置送达的场所除了受送达人住所外还包括受送达的工作场所。

【条文】

7.3.2 法人或者其他组织的主要办事机构所在地,登记、备案的住所地或者主要营业场所;

7.3.3 法人或者其他组织的法定代表人、主要负责人户籍所在地、经常居住地、暂住地或者适宜留置的工作场所。

【条文主旨】

法人或者其他组织留置送达场所。

【条文理解】

受送达人是法人或其他组织的,送达人可以将诉讼文书留置在法人或其他组织的主要办事机构所在地,登记、备案住所地或主要营业场所。法人或其他组织的主要办事机构所在地,登记、备案住所地,营业场所关门停业或法人、其他组织已经搬离登记、备案住所地但未变更登记的,送达人向法人或其他组织的法定代表人、主要负责人直接送达诉讼文书时,可以将诉讼文书留置在法人、其他组织的法定代表人、主要负责人户籍所在地住所、经常居住地住所、暂住地住所或者适宜留置的工作场所。

【条文】

7.4 留置送达手续符合以下要求:

7.4.1 有见证人到场的,送达回证有拒收事由和日期的记载,并由送达人员、见证人签名或者盖章。

7.4.2 没有见证人到场的,有记录送达过程的照片、录像资料,照片或者录像资料入卷备查。

【条文主旨】

留置送达手续。

【条文理解】

2007年《民事诉讼法》规定,留置送达只能要求见证人到场才可实施,但是实践中见证人制度难以执行。基层组织的定义不明确,难以找到合适的见证人,或者虽然找到了见证人，但见证人不配合，导致留置送达基本形同虚设。2012 年修订以后的《民事诉讼法》新增规定，受送达人拒收时，可以邀请见证人也可以采用拍照、录像等方式记录送达过程就能实施留置送达。后一种方式更加简便快捷。

【条文】

7.5　不存在留置送达调解书的情形。

【条文主旨】

留置送达适用除外。

【条文理解】

《民事诉讼法解释》第 133 条规定：调解书应当直接送达当事人本人，不适用留置送达。当事人本人因故不能签收的，可由其指定的代收人签收。

8. 电子送达

【条文】

8.1　受送达人同意电子送达的，优先适用电子送达方式。

【条文主旨】

电子送达。

【条文理解】

适用中应当注意，要确保受送达人认可传真、电子邮件、移动通信等送达方式。人民法院采用电子送达方式，必须由受送达人明确同意。

【条文】

8.2　适用电子送达的，有受送达人在送达地址确认书或者其他书面材料中的确认。

【条文主旨】

适用电子送达前提。

【条文理解】

当事人同意电子送达的，应当提供并确认传真号、电子信箱、微信号等电子送达地址。只有人民法院确认已按声明的方式和指定的号码、地址发出相关诉讼文书，才可视为送达。除当事人自己提供、声明的以外，人民法院不能主动或依另一方当事人申请，查明受送达人传真号码、电子邮箱地址或者其他电子化通信地址，并依此适用电子送达。

【条文】

8.3　电子送达以电子送达平台、电子邮件、移动通信、传真等即时收悉的特定系统作为送达媒介。

【条文主旨】

电子送达媒介。

【条文理解】

略。

【条文】

8.4　采用传真、电子邮件方式送达的,有传真发送和接收号码、电子邮件发送和接收邮箱、发送时间、送达诉讼文书内容的记录,并有送达人员签字的传真发送确认单、电子邮件发送成功网页入卷备查。

【条文主旨】

电子送达记录。

【条文理解】

略。

【条文】

8.5　采用短信、微信方式送达的,有收发手机号码、发送时间、送达诉讼文书内容的记录,并有短信、微信内容的照片入卷备查。

【条文理解】

略。

【条文】

8.6　不存在电子送达判决书、裁定书、调解书的情形。

【条文主旨】

电子送达适用除外。

【条文理解】

根据《民事诉讼法》第 87 条的规定,判决书、裁定书、调解书不适用电子送达方式。

9. 邮寄送达

【条文】

9.1　适用邮寄送达的,有受送达人确认或者法院推定的送达地址。

【条文主旨】

邮寄送达前提。

【条文理解】

略。

【条文】

9.2　邮件回执入卷备查;无邮件回执的,有邮寄存根及邮寄结果查询单入卷备查。

【条文主旨】

邮寄送达记录。

【条文理解】

略。

【条文】

9.3　确定送达日期符合相关规定。

9.3.1　邮件回执上注明的签收日期。

9.3.2　邮寄结果查询单显示的签收日期。

9.3.3　按照确认或者推定的送达地址邮寄送达后,诉讼文书未能被受送达人实际接收的,邮件被退回的日期。

【条文主旨】

邮寄送达日期确定。

【条文理解】

略。

10. 委托送达和转交送达

【条文】

10.1　委托送达

10.1.1　委托其他法院代为送达的,符合受送达人不在本市辖区的情形。

10.1.2　委托法院出具委托函,注明受送达人姓名、地址、联系电话及委托送达期限等内容,并附相关诉讼文书和送达回证。

10.1.3　受委托法院自收到委托函及相关诉讼文书之日起十日内代为送达,反馈送达结果及时。

10.1.4　受委托法院未在前款规定的期限内完成送达或者超过一个月未向委托法院反馈送达结果的,委托法院及时采取其他方式送达。

【条文主旨】

委托送达。

【条文理解】

现行法律对委托送达只作了原则性的规定,人民法院一般都谨慎为之,实践中利用率较低。本条规定了委托送达相关标准,强调在受托法院怠于履行受托送达义务时,委托法院应当及时采取其他送达方式,避免造成案件拖延。

【条文】

10.2 转交送达

10.2.1 受送达人是军人的,通过其所在部队团以上单位的政治机关转交。

10.2.2 受送达人被监禁的,通过其所在的监所转交。

10.2.3 受送达人被采取强制性教育措施的,通过其所在强制性教育机构转交。

【条文主旨】

转交送达。

【条文理解】

转交送达在审判实践中适用较少,本条列明了可以采用转交送达方式的受送达人的情形,具体案件中可以对照此标准适用。同时在人民法院应当进一步完善与转交机关沟通机制,方便转交送达操作。

【条文】

10.3 委托送达或者转交送达的,受送达人在送达回证上签收日期为送达日期。

【条文主旨】

委托送达与转交送达日期。

【条文理解】

略。

11. 公告送达

【条文】

11.1 公告送达方式的确定及要求

11.1.1 采取公告送达方式的情形为受送达人下落不明,或者采取其他方式无法送达的。

11.1.2 采取公告送达方式,有合议庭的评议笔录。

11.1.3 不存在简易程序适用公告送达的情形。

11.1.4　一审时采取公告送达方式送达的,二审时可径行对相关当事人采取公告送达方式,但能够采取其他方式送达的除外。

【条文主旨】

公告送达适用。

【条文理解】

《民事诉讼法》第92条规定:“受送达人下落不明,或者用本节规定的其他方式无法送达的,公告送达。自发出公告之日起,经过六十日,即视为送达。”依此规定,公告送达的适用前提是受送达人下落不明或者采用法律规定的其他方式无法送达。

【条文】

11.2　公告送达的适用条件

11.2.1　自然人下落不明的,有以下相关材料予以证明:

11.2.1.1　自然人被申请宣告失踪,有利害关系人提交的申请书;

11.2.1.2　自然人被宣告失踪,有法院发出寻找下落不明人的公告或者宣告失踪判决书;

11.2.1.3　自然人下落不明,有向该自然人户籍登记地公安机关或者基层组织核实的相关证明材料。

【条文主旨】

自然人下落不明的证明标准。

【条文理解】

涉及“下落不明”标准如何认定,“下落不明”如何证明等问题,因法律没有明确规定,导致法院自由裁量权的行使欠缺规范性。本条标准明确自然人下落不明的证明标准,只有具备上述材料,方能启动对下落不明自然人的公告送达程序。

【条文】

11.2.2　采取其他方式无法送达的,有以下相关材料予以证明:

11.2.2.1　无法向自然人送达,有送达情况及与受送达人本人、其近亲属、所在单位或者住所地基层组织进行联系的工作记录;

11.2.2.2　无法向法人、其他组织送达的,有法人、其他组织搬离登记、备案住所地,主要办事机构所在地、营业场所无人办公,以及无法向该法人、其他组织的法定代表人、主要负责人送达的工作记录;

11.2.2.3　有邮件退回凭证及送达情况说明。

【条文主旨】

采取其他方式无法送达的证明标准。

【条文理解】

为避免启用公告送达形式存在随意性,本条标准明确对于采用其他方式无法送达的,要求在案卷中体现合理依据。

【条文】

11.3 发布公告的方式

11.3.1 在法院公告栏和受送达人住所地同时张贴公告。

11.3.2 在《人民法院报》等公开发行的报纸上刊登公告。

11.3.3 在天津法院诉讼服务网等网络媒体发布公告。

【条文主旨】

发表公告的方式。

【条文理解】

公告送达的普遍做法是将公告张贴在法院和当事人的原住所地公告栏,或者通过《人民法院报》发布。2015年《最高人民法院关于适用〈中华人民共和国民事诉讼法〉的解释》明确了公告送达可以通过网络的方式,在一定程度上加强了公告送达的正当性和效率。

【条文】

11.4 张贴公告的要求

11.4.1 张贴公告的地点符合以下条件:

11.4.1.1 自然人户籍登记住所地;

11.4.1.2 自然人经常居住地;

11.4.1.3 法人或者其他组织的登记、备案住所地;

11.4.1.4 法人或者其他组织的主要办事机构所在地;

11.4.1.5 法院的公告栏。

【条文主旨】

张贴公告地点。

【条文理解】

采用张贴方式公告的,应当在受案法院公告栏和受送达人住所地(自然人户籍登记住所地或经常居住地、法人或者其他组织的登记、备案住所地或主要办事机构所在地)同时张贴公告。

【条文】

11.4.2　张贴公告的位置适当且明显。

【条文主旨】

张贴公告位置。

【条文理解】

略。

【条文】

11.4.3　有照片、录像资料等方式记录张贴过程,并入卷备查。

【条文主旨】

张贴公告的方式。

【条文理解】

略。

【条文】

11.5　对公告送达方式有特殊要求的,符合相关要求。

【条文理解】

略。

【条文】

11.6　送达日期的确定

11.6.1　最后张贴或者刊登的日期为发出公告日期,公告期满视为送达。

11.6.2　公告期间,受送达人联系法院领取诉讼文书或者法院发现受送达人并向其直接送达诉讼文书的,公告失效。受送达人领取或者法院直接送达时间为送达之日。

【条文主旨】

公告送达日期的确定。

【条文理解】

略。

12. 向港澳台当事人、境外当事人送达的特别规定

【条文】

12.1　向港澳台地区当事人送达的特别规定

12.1.1　向香港、澳门特别行政区当事人,台湾地区当事人送达,参照本标准执行。《中华人民共和国民事诉讼法》及相关司法解释有特别

规定的，从其规定。

12.1.2 采取除公告以外方式送达的，可以同时采取司法协助（互助）途径送达。

12.1.3 采取司法协助途径向香港、澳门特别行政区当事人送达的，通过市高级法院向港澳进行转送的材料符合《最高人民法院关于内地与香港特别行政区法院相互委托送达民商事司法文书的安排》或者《最高人民法院关于内地与澳门特别行政区法院就民商事案件相互委托送达司法文书和调取证据的安排》的要求。

12.1.4 采取司法互助途径向台湾地区当事人送达的，通过市高级法院联络人向台湾地区协议联络人转送的材料符合《最高人民法院关于人民法院办理海峡两岸送达文书和调查取证司法互助案件的规定》的要求。

【条文主旨】

向港澳台地区当事人送达。

【条文理解】

略。

【条文】

12.2 向境外当事人送达的特别规定

12.2.1 向境外当事人送达，参照本标准执行。《中华人民共和国民事诉讼法》及相关司法解释有特别规定的，从其规定。

12.2.2 采取除公告以外方式送达的，可以同时采取司法协助途径送达。

12.2.3 采取司法协助途径向境外当事人送达的，通过全国法院司法协助管理平台送达的材料符合《最高人民法院关于依据国际公约和双边司法协助条约办理民商事案件司法文书送达和调查取证司法协助请求的规定实施细则（试行）》的要求。

【条文主旨】

向境外当事人送达。

【条文理解】

略。

13. 规范性文件引用（略）

第二章　委托鉴定、评估、司法拍卖工作标准的理解与适用

第一节　委托鉴定、评估、司法拍卖工作概述

一、委托鉴定、评估、司法拍卖工作的概念

对外委托鉴定、评估、司法拍卖工作，是指人民法院在审判和执行工作中委托专门机构或专家进行鉴定、评估、拍卖、变卖等工作，并进行监督协调的司法活动。它是人民法院与相关机构分工协作，共同维护并促进司法公正，提高法院审判质量与效率的重要途径 。把对外委托鉴定、评估、司法拍卖工作纳入标准化，是保证委托工作规范化、提高审判工作效率、保障审判人员中立、廉洁的一项重要措施。

二、委托鉴定、评估、司法拍卖工作的沿革

(一)职权主义阶段

在相当长的时期内，人民法院实行的是职权主义的诉讼模式。与此相对应，司法鉴定一直被认为是国家司法权力的延续和在技术领域的扩展，是司法机关所固有的职能之一，其外在表现就是审判机关均设有司法技术鉴定部门，人民法院在案件审理时基于案件需要，为了认定案件事实所涉及的专门问题，依照职权对诉讼所涉及的专门性问题进行鉴别和判断并提供鉴定结论的活动，通常由人民法院的司法技术部门独自完成，人民法院的对外委托案件很少，对外委托工作也主要由法官、执行人员独自进行。诉讼法条文一直采用“鉴定结论”用语，在某种程度上也体现了基于对司法鉴定结论背后所存在的职权的信任和依赖。

(二)过渡阶段

随着改革开放和民主法制建设的发展，人民法院原有的自主鉴定和分散式的

对外委托工作模式与新时期经济社会发展和民主法治建设的新形势、新任务相比,与司法体制、诉讼制度和审判方式改革的客观要求相比,存在很多不适应的问题。2001 年《最高人民法院关于人民法院对外委托司法鉴定机构管理规定》颁布之后,我国的司法鉴定体制开始逐步转变,具有专门司法鉴定资质的中间机构逐渐承担起原来司法机关内部专门的司法鉴定机构的鉴定职责,他们受司法机关或者相关当事人委托,运用自己的专业知识和专业技能,对案件所涉及的证据和事实进行鉴定,获得科学的鉴定结论,给司法机关审理案件提供依据。这一时期人民法院司法鉴定机构负责统一对外委托和组织司法鉴定,而未设司法鉴定机构的人民法院也可在司法行政管理部门配备专职的司法鉴定人员,并由司法行政管理部门代行对外委托管理。

(三)独立对外委托阶段

随着司法体制改革的不断深入,传统的职权主义的诉讼审判模式向当事人主义的诉讼模式转变,强调"谁主张,谁举证"的规则以及人民法院在审判活动中保持中立地位。2005 年《全国人民代表大会常务委员会关于司法鉴定管理问题的决定》颁布实施,最高人民法院发布通知明确指出"各级人民法院应当从依法履行职责,确保审判工作的中立地位,维护人民法院公正司法的需要出发,积极稳妥地完成人民法院撤销司法鉴定职能任务"。各级人民法院撤销了内设司法鉴定机构,人民法院也不再从事具体的鉴定业务,案件涉及司法鉴定完全由对外委托的司法鉴定机构进行。此后为进一步贯彻"审鉴分离、审执分离、执拍分离"要求,最高人民法院又陆续出台《最高人民法院对外委托鉴定、评估、拍卖等工作管理规定》、《最高人民法院关于人民法院委托评估、拍卖工作的若干规定》,标志着对外委托司法鉴定、评估、司法拍卖的模式正式确立。

三、委托鉴定、评估、司法拍卖工作的特点

(一)委托鉴定、评估、司法拍卖工作的两种关系

对外委托鉴定、评估、司法拍卖工作,涉及当事人、人民法院、相关机构三方主体、"对内""对外"两种关系。在对内关系(即法院部门与部门之间)中,委托鉴定、评估、司法拍卖工作以服务法院审判、执行工作为宗旨。具体而言,在服务审判工作中,要求司法辅助部门通过特定的工作程序,委托相关专业部门为法院审判活动提供鉴定意见,从而保证法官对具体案件作出公正判决;在执行中,要求通过委托评估、拍卖的实施,保证法院执行工作的顺利进行。"对外"关系是指法院

专门司法辅助部门与相关鉴定、评估、拍卖机构之间的关系，涉及鉴定、评估、拍卖机构的选定、委托、实施、监督等环节，是法院审判或执行程序的延伸。

（二）委托鉴定、评估、司法拍卖工作的中立性

委托鉴定、评估、拍卖的专业性决定了人民法院在对外委托鉴定、评估、司法拍卖工作中，必须保持高度的中立地位。这种中立地位主要表现在司法辅助部门工作人员适用法律规定的回避制度；根据鉴定、评估、拍卖机构的需要，介绍相关案情必须客观公正，谨言慎行，不得向相关机构发表倾向性意见。

（三）委托鉴定、评估、司法拍卖工作的法定性

委托鉴定、评估、司法拍卖工作是诉讼活动中的一个重要环节，因此每个环节都应按照法律规定实施。如只有当事人的申请和审判、执行人员的决定，委托工作才能启动；只有人民法院的委托，司法鉴定、司法拍卖人员才能开展司法鉴定、司法拍卖工作，特定拍卖物，必须委托特定的拍卖机构进行拍卖等。

第二节　委托鉴定、评估、司法拍卖工作标准化的依据

人民法院委托鉴定、评估、司法拍卖工作标准化是法院深化司法改革创新之举，是用于指导、规范和评价人民法院委托工作的标准。其理论依据、法律依据是标准化合法性、效力性的重要体现。

一、理论依据

首先，委托鉴定、评估、司法拍卖工作标准化明确了司法辅助部门的职责权限。法院的委托鉴定、评估、司法拍卖工作绝不是简单的转委托，司法辅助部门也不是“二传手”。司法辅助部门是要通过对外委托统一管理工作，充分发挥好监督协调职能作用，确保对外委托案件工作的质量和效率。实践中，存在司法辅助部门工作职责不清、程序流程不明的情况，没有真正发挥监督协调作用，在审理案件时遇到的一些专门性问题，有的只是涉及比较常规的专业常识、行业规则，不需要对外委托鉴定即可得出结论；有的问题比较复杂，目前的科技水平尚不能解决，即使对外委托，也不能得出科学的结论；有的是办案人员迫于案件各方面的压力，出

于推卸责任等目的将不属于鉴定领域所能解决的专门性问题委托司法辅助部门进行鉴定,超越了对外委托鉴定的范围。对这些情况,司法辅助部门应当充分发挥职能作用,及时与承办法官进行沟通,通过技术咨询、协助法官做好调解和解释工作等方式,使案件得到妥善处理,避免对外委托工作对审判效率的影响,减轻当事人的经济负担。司法标准的制定,从制度上规范司法辅助部门职责权限,对司法辅助部门和人员的工作考评有了客观评价标准,有利于增强履职责任心。

其次,委托鉴定、评估、司法拍卖工作标准化是审判、执行工作的客观需要。目前,对于委托鉴定、评估、司法拍卖工作,尚缺乏法律层级的专门规定,因种种原因,委托鉴定、评估、司法拍卖存在诸多现实问题,例如:(1)鉴定的启动随意性大,有的法官亦没有很好地履行审查职责,只要当事人提出鉴定申请,无论鉴定是否与案件具有关联、鉴定意见是否对案件处理结果有影响,均一概启动鉴定程序,从而影响了案件的审判质效。(2)移送鉴定、评估、拍卖前准备工作不够充分。移送材料不齐全,鉴定、评估范围不明;提交的鉴定、评估材料事先没有进行质证,致使在鉴定、评估过程中要多次补充材料,有法官甚至让当事人直接向鉴定机构提交材料,从而无法保证鉴定材料的真实、合法,容易让另一方当事人不满而提出补充鉴定和重复鉴定,加大了诉讼成本,降低了司法效率。(3)个别法官通过委托鉴定规避审限。一些法官在遇到疑难复杂案件,或者审限即将届满的情形不管是否合理,先委托司法鉴定,扣除审限。有的法官在委托鉴定审批且扣除审限后迟迟不向司法辅助部门移送鉴定材料,从而变相延长审限。(4)拍卖活动缺乏公开透明,容易引发当事人不满,造成信访。司法标准化针对上述存在的问题,有的放矢,能够从流程、时间节点上防范和杜绝上述问题发生,进一步提高审判、执行工作效率。

最后,委托鉴定、评估、司法拍卖工作标准化是廉洁司法、阳光司法的需要。委托鉴定、评估、拍卖工作容易诱发违纪问题,只有把权力关进笼子里,才能保证不触犯廉洁自律的底线,才能保证案件审判和执行公正与高效。标准化的制定,对杜绝权力滥用,打造阳光司法环境有着重要意义。

二、法律依据

有关委托鉴定、评估、司法拍卖工作的法律规定是委托鉴定、评估、司法拍卖工作标准化文件的制定依据。主要是诉讼法及其司法解释、《全国人民代表大会常务委员会关于司法鉴定管理问题的决定》及专门针对委托鉴定、评估、司法拍卖工作制定的司法解释和司法规范性文件,如《最高人民法院关于人民法院民事执行中拍卖、变卖财产的规定》《最高人民法院对外委托鉴定、评估、拍卖等工作管理规定》《最高人民法院关于人民法院委托评估、拍卖工作的若干规定》《最高人民法院关于人民法院网络司法拍卖若干问题的规定》；涉及委托鉴定、评估、司法拍卖工作的行政法规，主要是国务院《诉讼费用交纳办法》《司法鉴定程序通则》；天津市高级人民法院相关规范性文件。

第三节　天津法院委托鉴定、评估、司法拍卖工作标准（试行）

1. 总则

1.1　为进一步规范委托鉴定、评估、司法拍卖工作，促进审判执行工作公正、廉洁、高效，切实维护当事人的合法权益，依据有关法律及司法解释的相关规定，结合审判工作实际，制定本标准。

1.2　本标准用于指导、规范和评价委托鉴定、评估、司法拍卖工作。

1.3　有专门司法辅助部门负责委托鉴定、评估、司法拍卖工作；执行局负责执行程序中的网络拍卖工作。法律另有规定的除外。

1.4　本标准未规定内容，适用其他相关标准化文件。

1.5　本标准所列日期，均为工作日。

2. 委托鉴定

2.1　委托鉴定审批和移交符合要求。

2.1.1　《对外委托工作交接表》内容完整、准确，一式二份，有审批手续。

2.1.2　移交材料齐全，符合要求。

2.1.3　案件承办人在确定委托鉴定后 2 日内将鉴定材料移交至司法辅助部门。

2.2　委托鉴定材料接收和审核符合要求。

2.2.1　司法辅助部门收到鉴定材料后，出具接收凭证，在 2 日内完成鉴定材料审核。

2.2.2　符合委托鉴定条件的，司法辅助部门当即进行收案登记，并向案件承办人出具《鉴定收案通知书》。

2.2.3 不符合委托鉴定条件的,有司法辅助部门告知案件承办人需要补正的内容或者需要补充提交材料的清单。

2.2.4 不具备委托鉴定条件的,司法辅助部门出具《不予委托意见书》说明理由,有司法辅助部门负责人审批,3 日内退还案件承办人。

2.3 确定鉴定机构合规。

2.3.1 确定鉴定机构,有司法辅助部门在收案后 3 日内组织当事人协商确定,或随机方式确定鉴定机构的记录。

2.3.2 由人民法院依职权指定鉴定机构的,有书面记录等材料入卷。

2.4 委托鉴定对外移交符合要求。

2.4.1 司法辅助部门在鉴定机构确定后 3 日内,将委托鉴定材料移交鉴定机构。

2.4.2 司法辅助部门在鉴定费用确定之日起 2 日内,书面告知当事人在 3 日内交纳鉴定费用及逾期不交纳的后果。

2.5 鉴定期限符合要求。

2.5.1 鉴定期限从委托鉴定书送达之日起至鉴定机构提交鉴定报告之日止。

2.5.2 一般案件的鉴定期限不超过 30 日。

2.5.3 重大、疑难案件的鉴定期限不超过 60 日。

2.5.4 因特殊原因不能在规定期限内完成鉴定的,根据鉴定机构的申请,适当延期。延期最长不得超过 30 日。

2.5.5 鉴定期限届满前 7 日,司法辅助部门向鉴定机构送达督办通知,并有督办手续。

2.6 更换鉴定机构合法、必要。

2.6.1 更换鉴定机构的情形包括:无正当理由未在规定期限内完成鉴定事项的;经延长鉴定期限后无正当理由仍未能完成的。

2.6.2 司法辅助部门在决定更换鉴定机构之日起 3 日内,通知当事人和案件承办人,并重新确定鉴定机构。

2.7 中止委托鉴定合法。

2.7.1 中止委托鉴定符合相关条件。

2.7.1.1 确因环境因素暂时不能进行鉴定工作的;

2.7.1.2 暂时无法进行现场勘验的;

2.7.1.3 暂时无法获取必要的资料的;

2.7.1.4 其他导致对外委托工作暂时无法进行的情形。

2.7.2 司法辅助部门在决定中止鉴定3日内以书面形式通知鉴定机构和当事人,同时通知案件承办人。

2.7.3 司法辅助部门在中止鉴定的情形消除后3日内以书面形式通知鉴定机构和当事人恢复鉴定,同时告知案件承办人。

2.8 终结委托鉴定合法。

2.8.1 终结委托鉴定符合相关条件。

2.8.1.1 无法获取必要材料的;

2.8.1.2 申请人不配合的;

2.8.1.3 申请人撤回鉴定申请的;

2.8.1.4 当事人撤诉或调解结案的;

2.8.1.5 其它情况致使委托事项无法进行的。

2.8.2 司法辅助部门在决定终结鉴定3日内将鉴定材料退回案件承办人,并有终结鉴定原因的书面说明。

2.9 完成委托鉴定有序。

2.9.1 鉴定完成时,有鉴定机构制作的书面鉴定报告。

2.9.2 对鉴定机构移交的原鉴定材料审查仔细。经审查无误,连同鉴定报告、案件材料3日内移交案件承办人,有移交手续。

2.9.3 存在违规情形的,要求鉴定机构予以纠正。

2.9.4 司法辅助部门自立档案,归档及时。

3. 委托评估

3.1 委托评估审批和移交符合要求。

3.1.1 案件承办人填写《对外委托工作交接表》详细,有庭长审批,2日内移交司法辅助部门。

3.1.2 案件承办人向司法辅助部门介绍案情、明确评估目的,并共同到现场圈定评估范围。

3.2 确定评估机构合规。

3.3 司法辅助部门在评估机构确定后,制作评估委托书、材料清单,并于3日内移交。

3.4 司法辅助部门在评估机构确定评估费用后2日内,书面告知当事人限期交纳及逾期不交纳的法律后果。

3.5 评估期限符合要求。

3.5.1 一般案件的评估期限不得超过30日。

3.5.2 重大、疑难案件的评估期限不得超过60日。

3.5.3 因特殊原因不能在规定期限内完成,适当延期的,有评估机构申请。延期最长不得超过30日。

3.5.4 延长期限届满,评估机构无正当理由仍未能完成的,撤销委托。

3.6 完成委托评估有序。

3.6.1 委托评估完成时,有评估机构制作的书面评估报告。

3.6.2 对评估机构移交的原评估材料审查仔细。经审查无误,连同评估报告和案件材料3日内移交案件承办人,有移交手续。

3.6.3 存在违规情形的,要求评估机构予以纠正。

3.7 司法辅助部门自立档案,归档及时。

4. 司法拍卖

4.1 网络司法拍卖

4.1.1 涉诉财产拍卖以网络电子竞价方式公开处置为主。

4.1.2 执行局有负责网络司法拍卖工作的部门,专门负责网络司法拍卖相关工作。

4.1.3 申请执行人选择或者人民法院指定的网络服务提供者,已经列入最高人民法院网络服务提供者名单库。

4.1.4 网络司法拍卖启动后,执行实施部门向网络司法拍卖工作小组移交的材料有:《网拍移送表》、《拍卖标的物情况调查表》、评估报告、拍卖合议笔录、拍卖裁定书、民事裁判文书等。

4.1.5 拍卖保留价、保证金数额、增价幅度由执行实施部门组成合议庭评议确定,并在评议后2日内报分管院领导审批。

4.1.6 网络司法拍卖工作小组在收到移交材料之日起15日内上传拍卖公告、拍卖须知、拍卖标的物情况调查表,完成发布。

4.1.7 网络司法拍卖工作小组在拍卖前审核确认竞买人授权委托书、委托人和受委托人身份信息等的真实性、合法性。

4.1.8 执行实施部门在拍卖公告发布3日前,向当事人和已知优先购买权人通知网络司法拍卖的事项。无法通知的,有在网络司法拍卖平台的公示和无法通知的理由。

4.1.9　执行实施部门确定暂缓、中止或者撤回司法拍卖的，有评议笔录及审批手续。网络司法拍卖工作小组在网络司法拍卖平台上进行的相关操作于拍卖开始前完成。

4.1.10　拍卖成交后，网络司法拍卖工作小组核对网络自动生成的确认书，于10日内收取拍卖成交款，确认保证金及拍卖余款到账。

4.1.11　网络司法拍卖工作小组在拍卖成交款到账后3日内，向执行实施部门移交网拍成交确认书、网拍款项到账凭证和买受人身份信息等材料。

4.1.12　执行实施部门在收到移交的材料后10日内作出拍卖成交裁定，并送达买受人和当事人。

4.1.13　拍卖流拍的，网络司法拍卖工作小组及时退还或者解冻竞买人交纳的保证金，并于3日内向执行实施部门移交网络拍卖的数据记录等材料。

4.1.14　拍卖流拍后再次拍卖，30日内在同一网络司法拍卖平台进行，有审批手续。

4.1.15　再次拍卖流拍，当事人拒绝接受或者依法不能接受拍卖财产抵债，执行实施部门裁定变卖的，在同一网络司法拍卖平台进行，有审批手续。

4.1.16　拍卖成交后，买受人逾期未支付成交款而使拍卖目的难以实现，执行实施部门裁定重新拍卖的，竞买不能有原买受人参加。

4.2　委托拍卖

4.2.1　不适宜进行网络拍卖的，有主管院长签批，报高院执行局备案后，由高院司法辅助部门统一选定拍卖机构。

4.2.2　《对外委托工作交接表》的内容包括：移交委托拍卖的审判、执行部门的名称；案由、案号；案件当事人、已知担保物权人、优先购买权人或者其他优先权人信息；案件承办人姓名、联系电话等。

4.2.3　确定拍卖机构采取随机方式。确定的拍卖机构有当事人、案件承办人签名确认。

4.2.4　司法辅助部门在确定拍卖机构3日内将相关材料移交，有拍卖机构出具的接收材料清单。

4.2.5　拍卖保留价的确定有相关材料依据。

4.2.6　拍卖公告的发布符合法律规定。

4.2.7 拍卖财产展示时间不得少于2日。

4.2.8 撤回拍卖委托符合有关规定。

4.2.9 案件承办人在拍卖前5日,以书面或者其他能够确认收悉的方式,通知利害关系人。

4.2.10 拍卖期限符合要求。

4.2.10.1 拍卖日期在评估报告有效期内;

4.2.10.2 首次拍卖,拍卖期限为30日;

4.2.10.3 需要第二次或者第三次拍卖的,在60日内完成,暂缓、中止期间除外;

4.2.10.4 拍卖财产数额巨大或者标的物特殊的,拍卖期限由拍卖机构与人民法院商定。

4.2.11 司法辅助部门收到拍卖成交报告书、成交确认书、拍卖笔录等资料后3日内,移交审判、执行部门。

4.2.12 拍卖流拍的,司法辅助部门在3日内告知审判、执行部门。确定再次拍卖的,程序启动符合规定。

4.2.13 动产拍卖二次流拍的、不动产和其他财产拍卖三次流拍的,终结拍卖程序。

4.2.14 审判、执行部门在移交拍卖后,需中止、终结委托拍卖工作的,立即通知司法辅助部门。

5. 规范性文件引用

5.1 《最高人民法院关于人民法院民事执行中拍卖、变卖财产的规定》(法释〔2004〕16号)

5.2 《最高人民法院对外委托鉴定、评估、拍卖等工作管理规定》(法办发〔2007〕5号)

5.3 《最高人民法院关于人民法院委托评估、拍卖工作的若干规定》(法释〔2011〕21号)

5.4 《最高人民法院关于人民法院网络司法拍卖若干问题的规定》(法释〔2016〕18号)

5.5 《司法鉴定程序通则》(司法部令第132号,2016年修订)

5.6 《天津市高级人民法院关于在执行程序中实行网络司法拍卖、变卖工作的通知》(津高法〔2015〕130号)

第四节　《天津法院委托鉴定、评估、司法拍卖工作标准(试行)》释义

1. 总则

【条文】

1.1　为进一步规范委托鉴定、评估、司法拍卖工作,促进审判执行工作公正、廉洁、高效,切实维护当事人的合法权益,依据有关法律及司法解释的相关规定,结合审判工作实际,制定本标准。

【条文主旨】

制定本标准的宗旨和依据。

【条文理解】

建立科学完善的对外委托工作制度是正确认定案件事实,保障法律准确适用,有效化解社会矛盾纠纷,实现社会公平和正义的重要方面,也是当前深化司法体制和人民法院工作机制改革的内容之一。为进一步规范委托鉴定、评估、司法拍卖工作,促进审判执行工作公正、廉洁、高效,切实维护当事人的合法权益,是制定本标准的宗旨。本标准的制定必须遵循依法合规的原则,具体有关法律依据及司法解释有《最高人民法院关于人民法院民事执行中拍卖、变卖财产的规定》(法释〔2004〕16号)、《最高人民法院对外委托鉴定、评估、拍卖等工作管理规定》(法办发〔2007〕5号)、《最高人民法院关于人民法院委托评估、拍卖工作的若干规定》(法释〔2011〕21号)、《最高人民法院关于人民法院网络司法拍卖若干问题的规定》(法释〔2016〕18号)、《司法鉴定程序通则》(司法部令第132号,2016年修订)、《天津市高级人民法院关于在执行程序中实行网络司法拍卖、变卖工作的通知》(津高法〔2015〕130号)。

【条文】

1.2　本标准用于指导、规范和评价委托鉴定、评估、司法拍卖工作。

【条文理解】

略。

【条文】

1.3　有专门司法辅助部门负责委托鉴定、评估、司法拍卖工作;执行局负责执行程序中的网络拍卖工作。法律另有规定的除外。

【条文主旨】

专门部门负责。

【条文理解】

2006年9月25日,最高人民法院下发《关于地方各级人民法院设立司法技术辅助工作机构的通知》(法发〔2006〕182号)。《通知》要求高级人民法院与中级人民法院应根据实际工作需要设立独立建制的司法技术辅助工作机构,为审判工作和执行工作提供技术保障服务。有条件的基层人民法院,可以根据工作需要设立相应的机构。明确规定"统一办理对外委托鉴定、评估、审计、拍卖等工作,严格对外委托工作程序和制度规范"是各级人民法院司法技术辅助工作机构的职责之一。从全市的实际情况看,天津市各家法院均设立了统一办理对外委托鉴定、评估、审计、拍卖等工作的司法技术辅助工作办公室,并由专人负责,但各院下设在不同的机构之内。本标准在审议时,将负责统一办理对外委托鉴定、评估、拍卖工作的部门统称为专门司法辅助部门。执行程序中的网络拍卖工作,由执行局负责。

【条文】

1.4　本标准未规定内容,适用其他相关标准化文件。

【条文理解】

略。

【条文】

1.5　本标准所列日期,均为工作日。

【条文理解】

略。

2. 委托鉴定

【条文】

2.1　委托鉴定审批和移交符合要求。

2.1.1　《对外委托工作交接表》内容完整、准确,一式二份,有审批手续。

2.1.2　移交材料齐全,符合要求。

2.1.3　案件承办人在确定委托鉴定后2日内将鉴定材料移交至司法辅助

部门。

【条文主旨】

委托鉴定审批和移交形式要件及时限。

【条文理解】

司法实践中，鉴定启动程序存在的主要问题有：(1)鉴定的启动随意性大，有的法官亦没有很好地履行审查职责，只要当事人提出鉴定申请，无论鉴定是否与案件具有关联、鉴定意见是否对案件处理结果有影响，均一概启动鉴定程序，从而影响了案件的审判质效。(2)移送鉴定前准备工作不够充分。移送鉴定时材料不齐全，鉴定范围不明；提交的鉴定材料事先没有进行质证，致使在鉴定过程中要多次补充材料，有法官甚至让当事人直接向鉴定机构提交材料，从而无法保证鉴定材料的真实、合法，容易让另一方当事人因不满而提出补充鉴定和重复鉴定，加大了诉讼成本，降低了司法效率。(3)个别法官通过委托鉴定规避审限。一些法官在遇到疑难复杂案件，或者审限即将届满的情形时，不管是否合理，先委托司法鉴定，扣除审限。有的法官在委托鉴定审批且扣除审限后迟迟不向司法辅助部门移送鉴定材料，从而变相延长审限。

针对上述情形，制定了本条(包括2.1.1、2.1.2、2.1.3)标准，考核法官启动委托鉴定程序是否依法合规。

【条文】

2.2　委托鉴定材料接收和审核符合要求。

2.2.1　司法辅助部门收到鉴定材料后，出具接收凭证，在2日内完成鉴定材料审核。

2.2.2　符合委托鉴定条件的，司法辅助部门当即进行收案登记，并向案件承办人出具《鉴定收案通知书》。

2.2.3　不符合委托鉴定条件的，有司法辅助部门告知案件承办人需要补正的内容或者需要补充提交材料的清单。

2.2.4　不具备委托鉴定条件的，司法辅助部门出具《不予委托意见书》说明理由，有司法辅助部门负责人审批，3日内退还案件承办人。

【条文主旨】

司法辅助部门接收、审查鉴定材料、收案登记、补正或补充提交材料告知义务以及受理。

【条文理解】

法官与司法辅助部门工作人员之间要形成程序高效、交接有痕、责任倒查的工作机制。为此在起草过程中,借鉴立案登记制相关做法。要求司法辅助部门人员收案清点材料,并出具材料接收凭证的同时进行收案登记。在收案后 2 日内予以审查,并按不同情形分别作出予以委托、告知法官补正或补充鉴定所需材料、不予委托的处理。对不予委托的,经司法辅助部门负责人审批后作出说明并将材料退回法官。

【条文】

2.3 确定鉴定机构合规。

2.3.1 确定鉴定机构,有司法辅助部门在收案后 3 日内组织当事人协商确定,或随机方式确定鉴定机构的记录。

2.3.2 由人民法院依职权指定鉴定机构的,有书面记录等材料入卷。

【条文主旨】

制定鉴定机构有书面记录。

【条文理解】

鉴定机构的确定在委托鉴定工作中具有举足轻重的地位。鉴定机构和鉴定人的执业能力和水平,不仅关系到鉴定工作能否顺利进行,也关系到最终的鉴定意见是否科学与公正。确定鉴定机构的程序,要求司法辅助人员严格按照程序进行,工作中的任何程序瑕疵都有可能损害当事人的权利,同时也会导致当事人对鉴定工作产生怀疑。因此司法辅助部门人员必须严格按照规定依法进行。该条强调鉴定机构的确认要符合法律规定的同时,要求司法辅助部门人员对鉴定机构的选任过程要留有书面记录。

【条文】

2.4 委托鉴定对外移交符合要求。

2.4.1 司法辅助部门在鉴定机构确定后 3 日内,将委托鉴定材料移交鉴定机构。

2.4.2 司法辅助部门在鉴定费用确定之日起 2 日内,书面告知当事人在 3 日内交纳鉴定费用及逾期不交纳的后果。

【条文主旨】

鉴定费交纳通知。

【条文理解】

委托与受理是司法鉴定的关键环节,是保障鉴定活动顺利实施的重要条件。

司法辅助部门在鉴定机构确定后3日内，将委托鉴定材料移交鉴定机构，这是对移交期限的考核标准。那么，司法辅助部门委托鉴定对外移交有哪些要求呢？对应《司法鉴定程序通则》规定，这些要求主要有：委托鉴定事项明确具体，移送的鉴定材料真实、完整、充分，交接时同司法鉴定机构核对并记录鉴定材料的名称、种类、数量、性状、保存状况、收到时间等，实现鉴定过程和检验材料流转的全程记录和有效控制。杜绝鉴定机构接受人民法院委托鉴定后，私自接收当事人提交而未经人民法院确认的鉴定材料，鉴定过程中需要调取或者补充鉴定材料的，由鉴定机构或者当事人向委托法院提出申请。

鉴定单位在确定鉴定费用后，司法辅助部门应当以书面形式通知当事人交纳的期间，同时必须一并告知当事人逾期不交纳鉴定费用视为撤回鉴定申请的法律后果。

【条文】

2.5　鉴定期限符合要求。

2.5.1　鉴定期限从委托鉴定书送达之日起至鉴定机构提交鉴定报告之日止。

2.5.2　一般案件的鉴定期限不超过30日。

2.5.3　重大、疑难案件的鉴定期限不超过60日。

2.5.4　因特殊原因不能在规定期限内完成鉴定的，根据鉴定机构的申请，适当延期。延期最长不得超过30日。

2.5.5　鉴定期限届满前7日，司法辅助部门向鉴定机构送达督办通知，并有督办手续。

【条文主旨】

鉴定期限。

【条文理解】

《最高人民法院对外委托鉴定、评估、拍卖等工作管理规定》第34条规定，司法鉴定机构应当自司法鉴定委托书生效之日起30个工作日内完成鉴定。鉴定事项涉及复杂、疑难、特殊技术问题或者鉴定过程需要较长时间的，经本机构负责人批准，完成鉴定的时限可以延长，延长时限一般不得超过30个工作日。鉴定时限延长的，应当及时告知委托人。司法鉴定机构与委托人对鉴定时限另有约定的，从其约定。在鉴定过程中补充或者重新提取鉴定材料所需的时间，不计入鉴定时限。第2.5.5条规定的目的是加强司法辅助部门人员对鉴定工作的负责精神，降低法官审理案件时限，要求司法辅助部门人员在鉴定期限届满前7日，督促鉴定机构尽快完成鉴定事项。

【条文】

2.6　更换鉴定机构合法、必要。

2.6.1　更换鉴定机构的情形包括:无正当理由未在规定期限内完成鉴定事项的;经延长鉴定期限后无正当理由仍未能完成的。

2.6.2　司法辅助部门在决定更换鉴定机构之日起3日内,通知当事人和案件承办人,并重新确定鉴定机构。

【条文主旨】

鉴定机构的更换。

【条文理解】

在委托鉴定中,如鉴定机构无正当理由未在规定期限内完成鉴定事项的或者经延长鉴定期限后无正当理由仍未能完成的,人民法院决定更换鉴定机构。其中延长鉴定期限以一次为限。

【条文】

2.7　中止委托鉴定合法。

2.7.1　中止委托鉴定符合相关条件。

2.7.1.1　确因环境因素暂时不能进行鉴定工作的;

2.7.1.2　暂时无法进行现场勘验的;

2.7.1.3　暂时无法获取必要的资料的;

2.7.1.4　其他导致对外委托工作暂时无法进行的情形。

2.7.2　司法辅助部门在决定中止鉴定3日内以书面形式通知鉴定机构和当事人,同时通知案件承办人。

2.7.3　司法辅助部门在中止鉴定的情形消除后3日内以书面形式通知鉴定机构和当事人恢复鉴定,同时告知案件承办人。

【条文主旨】

委托鉴定的中止与恢复。

【条文理解】

特别注意,中止的决定由法院作出并书面告知鉴定机构。在中止鉴定的情形消除后3日内以书面形式通知鉴定机构和当事人恢复鉴定,同时告知案件承办人。

【条文】

2.8　终结委托鉴定合法。

2.8.1　终结委托鉴定符合相关条件。

2.8.1.1　无法获取必要材料的；

2.8.1.2　申请人不配合的；

2.8.1.3　申请人撤回鉴定申请的；

2.8.1.4　当事人撤诉或调解结案的；

2.8.1.5　其它情况致使委托事项无法进行的。

2.8.2　司法辅助部门在决定终结鉴定3日内将鉴定材料退回案件承办人，并有终结鉴定原因的书面说明。

【条文主旨】

委托鉴定的终结。

【条文理解】

《最高人民法院对外委托鉴定、评估、拍卖等工作管理规定》第40条规定，具有下列情形之一的，应当终结对外委托：(1)无法获取必要材料的；(2)申请人不配合的；(3)当事人撤诉或调解结案的；(4)其它情况致使委托事项无法进行的。本标准起草过程中，增加"申请人撤回鉴定申请"亦作为法院终结委托的情形。

【条文】

2.9　完成委托鉴定有序。

2.9.1　鉴定完成时，有鉴定机构制作的书面鉴定报告。

2.9.2　对鉴定机构移交的原鉴定材料审查仔细。经审查无误，连同鉴定报告、案件材料3日内移交案件承办人，有移交手续。

2.9.3　存在违规情形的，要求鉴定机构予以纠正。

2.9.4　司法辅助部门自立档案，归档及时。

【条文主旨】

鉴定完成后工作。

【条文理解】

鉴定完成后，司法辅助部门人员对鉴定机构出具的司法鉴定意见书应当进行审查，主要审查鉴定意见书数量是否符合要求、鉴定报告文字是否有错误、司法鉴定意见书是否加盖司法鉴定机构的司法鉴定专用章、退回的鉴定材料是否有缺失、毁损等。如存在上述情形，应立即要求鉴定机构予以纠正。完成上述工作后，在3日内将鉴定意见书、鉴定材料移交案件承办法官。司法辅助部门自立档案，及时归档。

3. 委托评估

【条文】

3.1 委托评估审批和移交符合要求。

3.1.1 案件承办人填写《对外委托工作交接表》详细,有庭长审批,2 日内移交司法辅助部门。

3.1.2 案件承办人向司法辅助部门介绍案情、明确评估目的,并共同到现场圈定评估范围。

【条文主旨】

委托评估的审批和移交。

【条文理解】

委托评估,是指评估机构接受法院的委托 ,在被鉴定资产存在的前提下 ,根据资产的原值、净值、新旧程度、重置成本、获利能力及市场行情等因素 ,运用自己的专业知识和科学技术手段 ,对被鉴定资产做出价格评定和估算 ,并采取评估报告书的方式向法院出具评估意见书。

根据委托评估的特点,除要求案件承办人向司法辅助部门介绍案情、明确评估目的外,还要求司法辅助部门人员必须与承办人共同到现场圈定评估范围。

【条文】

3.2 确定评估机构合规。

【条文主旨】

确定评估机构合规。

【条文理解】

评估机构的确定符合《最高人民法院关于人民法院委托评估、拍卖工作的若干规定》的要求。法院不再编制委托评估、拍卖机构名册,由人民法院采用随机方式确定评估、拍卖机构。

【条文】

3.3 司法辅助部门在评估机构确定后,制作评估委托书、材料清单,并于 3 日内移交。

【条文主旨】

制作评估委托书。

【条文理解】

略。

【条文】

3.4 司法辅助部门在评估机构确定评估费用后2日内,书面告知当事人限期交纳及逾期不交纳的法律后果。

【条文主旨】

评估费用交纳通知。

【条文理解】

参见第2.4条的条文理解。

【条文】

3.5 评估期限符合要求。

3.5.1 一般案件的评估期限不得超过30日。

3.5.2 重大、疑难案件的评估期限不得超过60日。

3.5.3 因特殊原因不能在规定期限内完成,适当延期的,有评估机构申请。延期最长不得超过30日。

3.5.4 延长期限届满,评估机构无正当理由仍未能完成的,撤销委托。

【条文主旨】

评估期限。

【条文理解】

参见第2.5条的条文理解。

【条文】

3.6 完成委托评估有序。

3.6.1 委托评估完成时,有评估机构制作的书面评估报告。

3.6.2 对评估机构移交的原评估材料审查仔细。经审查无误,连同评估报告和案件材料3日内移交案件承办人,有移交手续。

3.6.3 存在违规情形的,要求评估机构予以纠正。

3.7 司法辅助部门自立档案,归档及时。

【条文主旨】

评估的完成。

【条文理解】

参见第2.9条的条文理解。

4. 司法拍卖

【条文】

4.1 网络司法拍卖

4.1.1 涉诉财产拍卖以网络电子竞价方式公开处置为主。

【条文主旨】

网络司法拍卖为司法拍卖主要形式。

【条文理解】

《最高人民法院关于适用〈中华人民共和国民事诉讼法〉的解释》第488条第1款规定:"依照民事诉讼法第二百四十七条规定,人民法院在执行中需要拍卖被执行人财产的,可以由人民法院自行组织拍卖,也可以交由具备相应资质的拍卖机构拍卖。"根据《最高人民法院关于适用〈中华人民共和国民事诉讼法〉的解释》,司法拍卖分为人民法院自行拍卖和委托拍卖两种形式。《最高人民法院关于人民法院网络司法拍卖若干问题的规定》(以下简称《网拍规定》),将网络司法拍卖确定为人民法院自行拍卖。《网拍规定》第1条规定:"本规定所称的网络司法拍卖,是指人民法院依法通过互联网拍卖平台,以网络电子竞价方式公开处置财产的行为。"第2条规定:"人民法院以拍卖方式处置财产的,应当采取网络司法拍卖方式,但法律、行政法规和司法解释规定必须通过其他途径处置,或者不宜采用网络拍卖方式处置的除外。"该条款中"应当"一词,体现出《网拍规定》强制性规范和指引性规范的双重属性。该条确立了涉诉财产拍卖以网络拍卖公开处置为主的原则,以法律法规、司法解释规定必须通过其他途径处置的或其他不宜采用网络司法拍卖方式处置为辅的司法拍卖制度。

【条文】

4.1.2 执行局有负责网络司法拍卖工作的部门,专门负责网络司法拍卖相关工作。

【条文主旨】

网络司法拍卖的职责部门。

【条文理解】

网络司法拍卖工作坚持执行(负责执行工作的执行部门)与拍卖(拍卖执行实施部门)相分离的原则,执行局设置专门部门,负责网络司法拍卖相关工作。

【条文】

4.1.3 申请执行人选择或者人民法院指定的网络服务提供者,已经列入最高人民法院网络服务提供者名单库。

【条文主旨】

网络服务提供者名单库。

【条文理解】

网络服务提供者即为网络司法拍卖提供技术、流量与服务平台的主体。最高人民法院建立全国性网络服务提供者名单库。网络服务提供者由申请执行人从名单库中选择;未选择或者多个申请执行人的选择不一致的,由人民法院指定。网络服务提供者如果没有进入最高人民法院确定的名单库,将不能实施网络司法拍卖工作。法院实施网络司法拍卖活动都应当通过已入名单库的网络服务提供者来开展,无权自行确定未入名单库的网络司法拍卖平台实施拍卖。

【条文】

4.1.4　网络司法拍卖启动后,执行实施部门向网络司法拍卖工作小组移交的材料有:《网拍移送表》、《拍卖标的物情况调查表》、评估报告、拍卖合议笔录、拍卖裁定书、民事裁判文书等。

【条文主旨】

移交材料。

【条文理解】

网络司法拍卖启动后,法院执行部门向网络拍卖实施部门需要移交的材料主要有《网拍移送表》、《拍卖标的物情况调查表》、评估报告、拍卖合议笔录、拍卖裁定书、民事裁判文书等。

【条文】

4.1.5　拍卖保留价、保证金数额、增价幅度由执行实施部门组成合议庭评议确定,并在评议后 2 日内报分管院领导审批。

【条文主旨】

拍卖保留价、保证金数额、增价幅度的确定。

【条文理解】

根据《网拍规定》第 6 条第 3 项的规定,确定拍卖保留价、保证金的数额、税费负担等是人民法院履行的职责。拍卖保留价、保证金数额、增价幅度属于拍卖程序中的重大事项,必须经拍卖执行实施部门组成合议庭评议确定,并在评议后 2 日内报分管院领导审批。

【条文】

4.1.6　网络司法拍卖工作小组在收到移交材料之日起 15 日内上传拍卖

公告、拍卖须知、拍卖标的物情况调查表,完成发布。

【条文主旨】

拍卖的发布。

【条文理解】

上传拍卖公告、拍卖须知、拍卖标的物情况调查表,完成发布的时限是自网络司法拍卖工作小组在收到移交材料之日起15日内。

【条文】

4.1.7 网络司法拍卖工作小组在拍卖前审核确认竞买人授权委托书、委托人和受委托人身份信息等的真实性、合法性。

【条文主旨】

信息审核。

【条文理解】

委托他人代为竞买的,应当在竞价程序开始前经人民法院确认,并通知网络服务提供者,是《网拍规定》第14条明确列明的人民法院应当在拍卖公告发布当日通过网络司法拍卖平台予以特别提示的事项之一,因此,法院在拍卖前必须审核确认竞买人授权委托书、委托人和受委托人身份信息等的真实性、合法性。

【条文】

4.1.8 执行实施部门在拍卖公告发布3日前,向当事人和已知优先购买权人通知网络司法拍卖的事项。无法通知的,有在网络司法拍卖平台的公示和无法通知的理由。

【条文主旨】

拍卖通知。

【条文理解】

《网拍规定》第16条规定,网络司法拍卖的事项应当在拍卖公告发布3日前以书面或者其他能够确认收悉的合理方式,通知当事人、已知优先购买权人。权利人书面明确放弃权利的,可以不通知。无法通知的,应当在网络司法拍卖平台公示并说明无法通知的理由,公示满5日视为已经通知。

【条文】

4.1.9 执行实施部门确定暂缓、中止或者撤回司法拍卖的,有评议笔录及审批手续。网络司法拍卖工作小组在网络司法拍卖平台上进行的相关操作于拍卖开始前完成。

【条文主旨】

拍卖的暂缓、中止和撤回。

【条文理解】

确定暂缓、中止或者撤回司法拍卖的,应当有合议庭进行评议,案卷中应存有评议笔录、领导审批手续。同时要求网络司法拍卖工作小组在网络司法拍卖平台上进行的相关操作应于拍卖开始前完成。

【条文】

4.1.10 拍卖成交后,网络司法拍卖工作小组核对网络自动生成的确认书,于 10 日内收取拍卖成交款,确认保证金及拍卖余款到账。

【条文主旨】

确认书审核与款项到账。

【条文理解】

《网拍规定》第 25 条规定:“拍卖成交后,买受人应当在拍卖公告确定的期限内将剩余价款交付人民法院指定账户。”《最高人民法院关于人民法院民事执行中拍卖、变卖财产的规定》第 24 条规定:“拍卖成交后,买受人应当在拍卖公告确定的期限或者人民法院指定的期限内将价款交付到人民法院或者汇入人民法院指定的账户。”《网拍规定》则将支付的款项明确规定为除保证金之外的“剩余价款”。本标准规定在 10 日内收取拍卖成交款,确认保证金及拍卖余款到账。

【条文】

4.1.11 网络司法拍卖工作小组在拍卖成交款到账后 3 日内,向执行实施部门移交网拍成交确认书、网拍款项到账凭证和买受人身份信息等材料。

【条文主旨】

移交。

【条文理解】

本条是网络司法拍卖工作小组向执行实施部门移交网拍成交确认书、网拍款项到账凭证和买受人身份信息等材料时限的规定。

【条文】

4.1.12 执行实施部门在收到移交的材料后 10 日内作出拍卖成交裁定,并送达买受人和当事人。

【条文主旨】

时限规定。

【条文理解】

《最高人民法院关于适用〈中华人民共和国民事诉讼法〉的解释》第 493 条规定:“拍卖成交或者依法定程序裁定以物抵债的,标的物所有权自拍卖成交裁定或者抵债裁定送达买受人或者接受抵债物的债权人时转移。”《网拍规定》延续了这一规定,并明确规定拍卖财产所有权自拍卖成交裁定送达买受人时转移。拍卖财产所有权转移是买受人所追求的最终目的,规定执行实施部门在收到移交的材料后 10 日内作出拍卖成交裁定,并送达买受人和当事人,兼顾了法院、买受人、当事人各方情况,较为合理。

【条文】

4.1.13 拍卖流拍的,网络司法拍卖工作小组及时退还或者解冻竞买人交纳的保证金,并于 3 日内向执行实施部门移交网络拍卖的数据记录等材料。

【条文主旨】

流拍后保证金的解冻或退还。

【条文理解】

流拍后保证金的退还和网络拍卖的数据记录等材料的移交。

【条文】

4.1.14 拍卖流拍后再次拍卖,30 日内在同一网络司法拍卖平台进行,有审批手续。

【条文主旨】

再次拍卖审批。

【条文理解】

《最高人民法院关于人民法院民事执行中拍卖、变卖财产的规定》第 26 条规定:“拍卖时无人竞买或者竞买人的最高应价低于保留价,到场的申请执行人或者其他执行债权人不申请以该次拍卖所定的保留价抵债的,应当在六十日内再行拍卖。”《网拍规定》第 26 条规定:“网络司法拍卖竞价期间无人出价的,本次拍卖流拍。流拍后应当在三十日内在同一网络司法拍卖平台再次拍卖……”《网拍规定》将再次拍卖的时间缩短为 30 日,再次拍卖,须有审批手续。

【条文】

4.1.15 再次拍卖流拍,当事人拒绝接受或者依法不能接受拍卖财产抵债,执行实施部门裁定变卖的,在同一网络司法拍卖平台进行,有审批手续。

【条文主旨】

变卖。

【条文理解】

《网拍规定》第26条规定："再次拍卖流拍的，可以依法在同一网络司法拍卖平台变卖。"须有审批手续。

【条文】

4.1.16　拍卖成交后，买受人逾期未支付成交款而使拍卖目的难以实现，执行实施部门裁定重新拍卖的，竞买不能有原买受人参加。

【条文主旨】

竞买限制。

【条文理解】

《网拍规定》第24条第2款规定："悔拍后重新拍卖的，原买受人不得参加竞买。"

【条文】

4.2　委托拍卖

4.2.1　不适宜进行网络拍卖的，有主管院长签批，报高院执行局备案后，由高院司法辅助部门统一选定拍卖机构。

【条文主旨】

委托拍卖机构的选定。

【条文理解】

人民法院委托拍卖与网络自主拍卖相对应。如第4.1条的条文理解所述，《网拍规定》确立了涉诉财产拍卖以网络拍卖公开处置为主的原则，以法律法规、司法解释规定必须通过其他途径处置的或其他不宜采用网络司法拍卖方式处置为辅的司法拍卖制度。不适宜进行网络拍卖的主要有：一是法律规定要通过其他途径处置的，比如禁止自由买卖的物品，应当交有关单位收购；二是不宜采用网络拍卖的财产，比如国有资产应当通过国有产权交易平台进行拍卖。

【条文】

4.2.2　《对外委托工作交接表》的内容包括：移交委托拍卖的审判、执行部门的名称；案由、案号；案件当事人、已知担保物权人、优先购买权人或者其他优先权人信息；案件承办人姓名、联系电话等。

【条文主旨】

《对外委托工作交接表》内容。

【条文理解】

详见第 4.2.14 条的条文主旨中对第 4.2.2 ~4.2.14 条的整体理解。

【条文】

4.2.3 确定拍卖机构采取随机方式。确定的拍卖机构有当事人、案件承办人签名确认。

4.2.4 司法辅助部门在确定拍卖机构 3 日内将相关材料移交,有拍卖机构出具的接收材料清单。

4.2.5 拍卖保留价的确定有相关材料依据。

4.2.6 拍卖公告的发布符合法律规定。

4.2.7 拍卖财产展示时间不得少于 2 日。

4.2.8 撤回拍卖委托符合有关规定。

4.2.9 案件承办人在拍卖前 5 日,以书面或者其他能够确认收悉的方式,通知利害关系人。

4.2.10 拍卖期限符合要求。

4.2.10.1 拍卖日期在评估报告有效期内;

4.2.10.2 首次拍卖,拍卖期限为 30 日;

4.2.10.3 需要第二次或者第三次拍卖的,在60 日内完成,暂缓、中止期间除外;

4.2.10.4 拍卖财产数额巨大或者标的物特殊的,拍卖期限由拍卖机构与人民法院商定。

4.2.11 司法辅助部门收到拍卖成交报告书、成交确认书、拍卖笔录等资料后 3 日内,移交审判、执行部门。

4.2.12 拍卖流拍的,司法辅助部门在 3 日内告知审判、执行部门。确定再次拍卖的,程序启动符合规定。

4.2.13 动产拍卖二次流拍的、不动产和其他财产拍卖三次流拍的,终结拍卖程序。

4.2.14 审判、执行部门在移交拍卖后,需中止、终结委托拍卖工作的,立即通知司法辅助部门。

【条文主旨】

委托拍卖具体规定。

【条文理解】

第4.2.2～4.2.14条的整体理解，依据来源于《最高人民法院对外委托鉴定、评估、拍卖等工作管理规定》，所涉标准条款内容均系该规定的内容，重点强调委托拍卖的节点时限、审批报备程序事项。因上述标准条款简明，无有歧义，故不再赘述。

5. 规范性文件引用（略）

第三章　融资租赁合同纠纷案件审理标准的理解与适用

第一节　融资租赁概述

我国的融资租赁产生于改革开放初期，自20世纪80年代后期开始，融资租赁业几经波折，在复杂多变的环境下得到迅速发展，成为与银行信贷、证券并驾齐驱的三大融资工具之一。2015年5月19日，国务院印发《中国制造2015》，重点强调鼓励符合条件的制造业贷款和租赁资产开展证券化试点，支持重点领域大型制造业企业集团开展融资结合试点，通过融资租赁方式促进制造业转型升级，为融资租赁业的良性发展开创了新的路径。同年9月21日，国务院又发布《关于加快发展服务贸易的若干意见》，明确提出培育"中国服务"的国际竞争力，鼓励金融机构在风险可控的前提下创新金融产品和服务，拓展融资渠道，开展融资租赁业务，融资租赁业迎来了新一轮发展契机。

经过市场的不断自我更新和整合，截至2015年6月底，全国在册运营的融资租赁公司已达3185家，行业注册资金达到10,030亿元，融资租赁合同余额约36,550亿元人民币。注册数量、注册资金以及合同余额较2013年年底分别增长了210%、228%和74%。特别是当前，面对全国经济增长的巨大下行压力，融资租赁业的发展逆势上扬，呈现又好又快、高效稳定的发展态势，对促进金融创新和转型升级的助推作用日益凸显，已经成为推动我国经济持续健康发展的强有力支撑。

继上海自贸区设立之后，天津依托现有的滨海新区设立了中国(天津)自由贸易试验区。天津自贸区与京津冀协同发展、"一带一路"建设等重大机遇叠加，天津在建设北方经济、国际航运和贸易中心的进程中，充分利用有利时机，在先进制造业与高端服务业协调发展上进行了贸易投资便利化的试验和创新，融资租赁正是破解中小制造业企业融资困难的有效手段。东疆保税港区作为天津自贸区的核心载体，充分利用“国家租赁创新示范区”的区位优势，经过不断整合资源，提升金融服务软实力，使得租赁业的聚集效应日益显著，对外辐射能力强劲，金融创新红利得以释放。

一、天津市融资租赁业发展概况

（一）政策引导和法治环境助推融资租赁业腾飞

2006年国务院发布《关于推进天津滨海新区开发开放有关问题的意见》，天津市充分利用滨海新区“先行先试”的政策优势，发布了《天津市关于促进融资租赁业发展的意见》，推进融资租赁业的持续发展。2011年，国务院批复《天津北方国际航运中心核心功能区建设方案》，同意以天津东疆港保税区为核心载体，开展航运金融业务和租赁业务的政策创新试点。借助国家各部委给予的企业注册和税收减免等政策支持，天津市把融资租赁业作为金融改革创新的主要内容之一，列为全市重要的金融主导产业进行全力打造。2013年1月，天津市政府推出《天津市促进现代服务业发展财税优惠政策》，给予融资租赁行业人才引进、税收减免以及企业孵化等全方位的优惠政策和保障措施。2015年1月天津市政府又印发《加快天津市融资租赁业发展的实施意见》，在东疆保税港区进行融资租赁的“先行先试”，率先推进租赁业功能、政策和制度创新。

自2011年至今，天津市高级人民法院先后发布了《关于审理融资租赁物权属争议案件的指导意见（试行）》《关于审理动产权属争议案件涉及登记公示问题的指导意见（试行）》，在天津市辖区范围内率先确立融资租赁登记对抗制度，明确了查询证明可以证明受让人已经尽到审慎注意义务。融资租赁指导意见出台后，承租人恶意处分租赁物损害租赁公司权益的情形明显减少，融资租赁的行业风险得以有效控制。“先行先试”的有益探索，为天津融资租赁业发展奠定了坚实基础。

随着天津推进融资租赁业发展新举措的不断出台，品牌效应和聚集效应日益显著。目前，天津市滨海新区已成为我国最大的融资租赁业聚集地。据统计，2010年年底至2014年年底，天津市各类融资租赁法人机构由26家增加到267家，增长9.3倍；注册资本金由256亿元增加到1080亿元，增长3.2倍；融资租赁合同余额由1453亿元增加到近7000亿元，增长3.8倍。其中，2013年全年新增融资租赁企业81家，新增注册资本金237亿元。

（二）租赁物登记查询制度为降低风险提供了保障

近年来，天津市的行政机关和司法机关加强协作，在规范和促进融资租赁业健康发展方面发挥了积极的作用。融资租赁物登记查询制度在全国率先确立之后,天津市融资租赁法人机构和融资租赁登记系统的登记和查询数据都急剧增长。

中征(天津)动产融资登记服务有限公司公开的数据显示,截至2014年11月底,登记公示系统中,注册常用用户累计9143个,普通用户累计37,374个,累计登记244,123笔,累计查询2,556,728笔。在2012年之前,融资租赁系统的三项重要指标(新用户注册数、登记数和查询数)均缓慢增长,但在2012年这三项指标迎来了一个重要转折,均大幅度增长。不可否认,该登记查询系统为融资租赁交易当事人公示权利提供了良好平台,已经得到越来越多交易主体的认同,社会影响力不断增强。

(三)天津自贸区融资租赁业的发展现状

近年来,随着便捷优惠政策的落地,滨海新区迎来了融资租赁企业落户、注册热潮。天津自贸区正式挂牌设立后,更是着力打造北方国际航运中心和国际物流中心,在国际船舶登记、国际航运税收、航运金融业务和租赁业务四个方面"先行先试",通过深化金融体制改革,业务模式创新,培育新型金融市场,加强风险控制等措施,不断做大做强融资租赁业,服务实体经济发展。在《中国(天津)自由贸易试验区总体方案》中,明确提出要在自贸区的海关特殊监管区域内,支持设立中国天津租赁平台,海关等有关部门为租赁行业开通"绿色通道"。

目前,天津自贸区的融资租赁业发展态势良好,呈现出以下特点:(1)注册落户企业数量显著增加。截至2015年4月,全国融资租赁企业50强中半数落户津门,天津自贸区注册融资租赁机构1023家,而天津滨海新区已汇集母公司类和单一项目类融资租赁公司超过800家。(2)资金规模不断加大。天津自贸区落户融资租赁企业累计注册资本金616.5亿元,租赁资产超过4000亿元,租赁合同余额约占全国总量的1/4。其中,工银金融租赁有限公司注册资本达到110亿元,成为全国融资租赁行业中的龙头企业。(3)经营方式多业态发展。随着非机械设备制造兼营融资企业和具有外资背景的融资租赁公司纷纷入驻,融资租赁主要的经营方式由厂商直租模式一家独大,逐渐演变为直租和售后回租相结合,并呈现出向售后回租方式倾斜的态势。融资租赁企业售后回租模式下的行业专业化特征明显。(4)融资主体基本客户类型多样化。客户群体由以往的中小资源型、制造业企业为主体向承载城市服务功能的公用业、医疗服务业和物流业延伸,并在电力设备、海洋工程结构物、高铁列车等领域取得了突破。(5)传统融资模式得以不断加强的同时新兴业态呈现蓬勃生机。天津自贸区立足于高端制造和成长型业态,发挥区位优势,以发展飞机和船舶租赁为有效手段,带动衍生行业协同发展。截至8月底，东疆保税港区累计注册飞机租赁公司810家，至今已完成534架飞机、70余艘国际航运船舶的租赁业务，不仅促进了经营范围全方位扩展，而且带动了上下游钢铁、物流和机械制造等行业总体上行。

二、融资租赁合同概述

（一）融资租赁合同的概念及法律特征

融资租赁合同，是指当事人之间约定，出租人根据承租人对出卖人、租赁物的选择，向出卖人购买租赁物，提供给承租人使用，承租人支付租金的合同。

融资租赁合同具有以下法律特征：

1. 由三方当事人和两个合同构成

融资租赁合同由购买合同（出租人与供货商签订的）和租赁合同（出租人与承租人签订的）构成，这两个合同互相对应、互相衔接，并互为存在的条件。承租人虽然不是购买合同的当事人，但也应该认可购买合同的有关条款（与承租人有关的条款均应经承租人确认，且未经其同意不得加以修改）。供货商虽非租赁合同的当事人，但也应认可购买合同的标的物将成为租赁合同的标的物，并由供货商直接向承租人发货。

2. 主体具有特殊性

根据我国现行法律的规定，出租人只能是专营融资租赁业务的融资租赁公司，而不能是自然人、一般法人或其他组织。目前，我国可以从事融资租赁业务的机构主要包括两种：第一种是中资的金融租赁公司，由银监会审批并颁发许可证，其性质为非银行金融机构；第二种是由商务部批准设立的非金融机构融资租赁公司，它们不属于金融机构，只要经过商务部的审批即具有经营融资租赁业务的主体资格。

3. 具有融物、融资的双重属性

从融资租赁合同的名称中可以看出，融资租赁合同的显著特征之一就在于融资性。融资租赁合同的标的物具有资本属性，承租人之所以租赁标的物，是为了把标的物作为自己赚取利润的资本，从而创造出比标的物自身价值更大的价值。这些价值中的一部分以租金的形式转移给出租人，从而使出租人在收回购买成本的同时获得一定的利润，这也是出租人为什么甘愿从供应商手中购买非自用标的物的原因。对承租人来讲融资租赁的目的并不在于取得租赁物的所有权，而在于获得租赁物的使用权。通过融资租赁由出租人根据承租人的选择购买租赁物提供给承租人使用，而由承租人支付相应的租金，这样，承租人可以以远远少于租赁物价款的租金取得租赁物的使用权，从而解决资金短缺的问题或腾出资金用于其他投资。①

4. 出租人对租赁标的物无瑕疵承担担保责任

在融资租赁交易中,租赁标的物是由承租人选定的,出租人只是根据承租人的选定而购买后出租给承租人使用,所以出租人不应当承担租赁标的物的瑕疵担保责任。即对于租赁物的规格、式样、性能等不符合约定或者不符合使用目的的,出租人不负担责任,而由承租人直接向供应商索赔并自担索赔不成的风险及损害后果。但是并不是在任何情况下出租人都享有标的物瑕疵担保的免责权。《合同法》第244条规定:"租赁物不符合约定或者不符合使用目的,出租人不承担责任,但承租人依赖出租人的技能确定租赁物或者出租人干预选择租赁物的除外。"也就是说,如果承租人依赖出租人的技能确定租赁物,或者出租人干预承租人选择租赁物的,出租人就不再享有租赁物的瑕疵担保免责权。

5. 承租人支付的租金具有特殊性

由于租赁双方均以营利为目的,而租金又直接影响到利润,所以租金的确定是融资租赁交易中至关重要的问题。在融资租赁合同中,承租人负有支付租金的义务,但因其为"融资"租赁,所以承租人支付的代价并非是租赁物为使用收益的代价,而是融资的代价。因此,融资租赁合同中的租金往往高于传统一般租赁中的租金,具有自身的特殊性。通常情况下,融资租赁合同的租金应根据购买租赁物的大部分或者全部成本及出租人的合理利润确定。

6. 承租人于租赁关系终止后享有选择权

租期期满后承租人对标的物有留购、续租或退租的权利。如果承租人选择留购,在他交付租金完毕后,只需支付名义上的货价就可获得租赁标的物的所有权;如果承租人选择续租的,承租人至少应于租期期满前一个月,将其续租要求书面通知出租人,双方重新商定续租期限、租金金额等租赁条件;如果承租人选择退租,承租人应保证租赁标的物除正常损耗外,仍保持良好状态,并且承租人应当自己负担将标的物退还给出租人所花的费用。②

(二)融资租赁合同与几类合同的区别

1. 融资租赁合同与传统租赁合同的区别

一是租赁物的确定不同。一般租赁项下的财产包括大多数的动产、不动产,

---

① 李秀英:《融资租赁若干问题初探》,载中国民商法律网:http://www.civillaw.com.cn/article/default.asp?id = 9134,访问日期:2011年6月1日。

② 程卫东:《国际融资租赁法律问题研究》,法律出版社2002年版,第95页。

财产占用资金情况千差万别。融资租赁项下的财产多为占用庞大数目资金的大型机器设备、飞机船舶等,并且作为融资租赁的对象,财产的适用范围较窄,往往只符合承租人的特定要求,而不具有通用性。一般租赁合同中,租赁物是出租人事先就拥有所有权的财产,它的选购完全依赖于出租人自身的判断,承租人自然可以挑选不同的租赁业者作为交易对象,但对租赁物的确定购买无任何参与权。融资租赁合同中,租赁物由承租人选定洽购,而后出租人依承租人的选定签订买卖合同。

二是当事人不同。在一般租赁中,只有出租人和承租人这两个当事人和他们之间的租赁合同。在融资租赁中,则有出租人、承租人和供货人这三方当事人,他们之间存在买卖和融资租赁这两类标的同一、互为条件的合同。

三是瑕疵担保免责不同。一般租赁合同中,出租人负有租赁物的瑕疵担保责任和维修义务,并负担租赁物因意外事故毁损灭失的危险和税捐等,承租人则在不继续使用租赁物时可以解除合同。融资租赁合同中,承租人不得中途解约,租赁物因意外事故毁损灭失的危险及维修义务由承租人承担,并且出租人享有瑕疵担保免责的权利。

四是租金的计算标准不同。在一般租赁中,租金是占用标的物的对价;在融资租赁中,以摊提租赁标的物的成本或者大部分购置成本为基础计算租金。

2. 融资租赁合同与分期付款买卖合同的区别

有观点认为,融资租赁合同虽有租赁之名,却无租赁之实,其经济实质接近于所有权保留的分期付款买卖,是借租赁的形式所为的一种附条件买卖。从融资租赁的交易模式上看,出租人保留出租物的所有权,承租人以租金的形式分期付款,在租金全部支付完毕并且支付一定数额的买价后,出租物的所有权转移归承租人所有。出租人在收回出租物价金之前保留所有权的目的就是担保价金支付,因此出租人对于租赁物件仅限于享有担保权益。

笔者认为,该学说存在不足之处,将融资租赁等同于买卖,完全忽略了其租赁性质。融资租赁虽然具有买卖的性质,但和附所有权保留条件的分期付款买卖契约是完全不同的两种交易方式。

第一,从当事人的意图来看,分期付款买卖中,出卖人的意图是出让标的物的所有权以获取价金,买受人的意图是支付价金以获得标的物的所有权。而融资租赁交易中,承租人的意图在于支付租金以获得标的物的使用权,出租人的意图在于以标的物的使用权换取租金。

第二,从交易标的物所有权的处理上来看,分期付款买卖本质上是一种买卖,在价金支付完毕以后,标的物的所有权即转移给买方。而在融资租赁交易中,租赁期满后承租人享有三种选择权:购买、续租、退回出租物。①

3. 融资租赁合同与借贷合同的区别

有观点认为,融资租赁表面上是一种租赁,实质上是一种融资交易。在融资租赁合同中,承租人所支付的租金并非使用租赁物的对价,而是用以偿还出租人购买租赁物所支付的成本及其在租期内的利息。② 融资租赁是以租赁物为中介而对用户发放的信贷行为,其与货币借贷的差别仅在于货币借贷无租赁物这一中介,因而与货币借贷没有本质上的不同。笔者认为,货币借贷契约说特别强调了融资租赁具有融通资金的经济实质和经济意义,有一定可取性。但是其仅强调了融资租赁的经济功能,忽略了融资租赁融物的功能,不能完整地反映融资租赁的法律性质。

第一,从交易的本质上看,借贷是贷款人转移货币的所有权于借款人,借款人到期归还本金及利息,但融资租赁合同中通常出租人并不把租赁物的所有权转移于承租人,而是在租期完毕时,承租人享有购买设备的选择权及续租权。

第二,从交易的当事人来看,借贷交易的主要当事人一般仅涉及贷款人与借款人两方,而融资租赁交易中至少要涉及出租人、承租人及供应商三方,情况远比借贷交易复杂得多。货币借贷涉及借款人和贷款人,而融资租赁除了涉及资金关系外还涉及租赁物的关系,融物与融资合二为一。

三、天津法院审理融资租赁合同纠纷案件的基本情况

(一)案件基本情况

1. 收案数逐年稳步增长,案件标的额大幅上升。由于天津准确把握融资租赁业规律,积极主动应对风险,在金融政策和司法对策方面运用得当,所以虽然融资租赁业迅猛发展,但并没有出现纠纷爆发的情况。2011 年至 2014 年,天津法院共受理一审融资租赁合同纠纷案件 1092 件,涉案标的总额 57.67 亿元,收案数量总体上呈较为平稳的上升趋势。其中,2012 年 145 件,2013 年 257 件,2014 年 394 件,2015 年 1 月 ~6 月 296 件。融资租赁合同纠纷的涉案标的金额在金融商事案件中始终居于前列,并呈大幅攀升态势:2012 年为 0.36 亿元,2013 年为 12.8 亿元,2014 年为 21.8 亿元,2015 年上半年已达 22.71 亿元。

---

① 程卫东:《国际融资租赁法律问题研究》,法律出版社 2002 年版,第 38 ~40 页。

② 史燕平:《国际租赁的理论与实务》,对外经济贸易大学出版社 1996 年版,第 58 ~60 页。

2. 滨海新区的纠纷聚集效应显著，约定管辖较为普遍。由于涉诉的融资租赁企业大多在天津开发区、保税区或自贸区注册，非本地注册企业也因在天津开发区签订合同而将诉讼管辖地协议约定在滨海新区。因此，目前天津法院的融资租赁合同纠纷主要集中于滨海新区。从 2011 年至 2014 年年底，天津市滨海新区人民法院融资租赁合同纠纷的收案数占全市法院一审案件收案总数的 80.3%。2015 年 1 月 ~9 月，天津市滨海新区人民法院融资租赁合同纠纷的收案数达到 293 件，已占全市法院一审案件收案总数的 89.1%。

3. 融资租赁案件的调撤率较高。在 2012 年至 2015 年 6 月一审审结的 910 件中，以判决方式结案 438 件，占结案数的 48.2%；以调解方式结案 199 件、以撤诉方式结案 235 件，调撤率为 47.7%；以其他方式结案的 38 件，占结案数的 4.1%。

4. 融资租赁案件的诉讼保全申请率较高。在审结的融资租赁合同纠纷中，一般都是融资租赁企业提起的诉讼，承租人或因经营不善而无法支付合同约定的到期租金，或拒不到庭应诉导致缺席审判。还有一些承租人虽能正常经营，却以租赁物质量问题而拒付租金。涉诉被告承租人经济实力、经营状况各异，败诉率较高，众多的融资租赁合同纠纷案件中，出租人在提起诉讼的同时往往申请对承租人财产采取诉讼保全措施。

（二）纠纷的主要特点

1. 融资租赁承租人欠付租金成为引发纠纷主因，被告抗辩理由比较集中

近年来，在受理的案件中，承租人欠付租金是引发纠纷最常见的原因，且承租人、回购人、保证人对抗出租人租金请求权的抗辩理由比较集中，呈定型化的倾向。其中，承租人的抗辩理由多为租赁物质量异议、回收租赁物的余值异议、租金数额异议。回购人的抗辩理由多集中于回购合同效力异议、出租人重复主张权利异议、回购条件异议、回购价款异议、回购租赁物的交付异议。保证人的抗辩理由主要是保证合同效力异议。

2. 法律关系较为复杂，涉诉当事人较多

随着融资租赁公司风险防范意识的增强，融资租赁交易的当事人主体呈复杂化趋势。在传统的出卖人、出租人和承租人三方交易架构外，还有回购人、保证人等利益相关方加入融资租赁交易体系中。一旦涉诉，承租人、回购人、保证人均成为出租人主张其租金债权的对象，被告方众多，法律关系错综复杂，涉及买卖、租赁、回购、抵押、质押等诸多法律关系。例如，民生金融租赁公司诉宜昌三峡某公司等八被告的融资租赁纠纷一案，承租人为宜昌三峡某公司。此外，还有三家公司向原告提供了财产抵押或股权质押担保，四名自然人向其提供了连带保证责任

担保。因此,出租人防范经营风险的手段越多,融资租赁交易的法律关系就越复杂,案件审理难度也就越大。

3. 合同双方缔约地位不平等,承租人作为被告出庭应诉率较低

从融资租赁的交易模式和合同签订过程来看,出租人作为融资租赁物的提供方,处于较为强势的缔约地位,体现在三个方面:一是合同文本均系出租人事先拟定印刷的格式化合同文本;二是承租人多为资金短缺的中、小微企业,在涉及重要合同条款的谈判磋商中为取得融资而放任话语权受限;三是回购人为租赁设备的制造商和经销商,出于销售利益驱动,在回购合同的签订过程中对回购条件、回购价款、回购租赁物交付等重要约定容易忽视。因此,融资租赁合同的文本内容多有利于出租人,发生争议时,承租人多处于弱势地位。此外,承租人或保证人拒绝出庭应诉的现象比较普遍,这无形中增大了案件事实的查明难度,如果缺席审判,大多只能根据原告提供的格式合同文本进行事实审查,被告的抗辩权无法充分行使和得到保护,败诉的风险高。

4. 宏观经济形势对融资租赁行业的风险传导作用较为明显

当前我国正处于增长速度换挡期、结构调整阵痛期、前期刺激政策消化期叠加的阶段,经济形势复杂,资源型产品和制造业产能过剩突出,经济调整进入了新常态,金融租赁资产质量下行压力陡增。受国内产业结构和货币政策调整、基础建设需求放缓的影响,许多承租人的正常经营和偿付能力受到较大影响,部分承租人出现经营困难,资金链断裂等困难,从而引发大量的融资租赁合同诉讼。随着国家经济结构调整的深化,预计未来几年内,融资租赁合同纠纷诉讼案件量总体上仍可能呈持续上升趋势。这要求人民法院及时研究新问题,制定新对策以应对新常态带来的挑战,妥善处理矛盾纠纷。

第二节　融资租赁合同纠纷案件审理标准化的依据

一、标准制定的背景、过程及思考

党的十八届四中全会在《中共中央关于全面推进依法治国若干重大问题的决定》中提出,要推进严格司法,统一法律适用标准。在2016年中央深化改革领导

小组会议上，习近平总书记强调，要实现执法行为标准化。近年来，天津市滨海新区人民法院（以下简称滨海新区法院）聚焦京津冀一体化、中国（天津）自由贸易试验区（以下简称自贸区）改革对司法审判带来的新机遇、新挑战，针对金融审判领域的突出问题，积极探索模式化审理、标准化裁量，精准服务金融创新，取得一定成效。

（一）标准化裁量模式的提出

1. 时代课题。推进京津冀协同发展，深化自贸区试验创新，是党中央、国务院在新的历史条件下，从全国大局出发，审时度势，深谋远虑而做出的重大决策。① 在这项重大国家战略中，天津的规划定位是成为全国先进制造研发基地、北方航运核心区、金融创新运营示范区、改革开放先行区。② 为实现天津“一基地三区”的功能定位，特别是成为金融创新运营示范区的定位，天津市相继出台了关于加快天津市融资租赁业发展的实施意见、天津市推动融资租赁业发展行动方案等文件，将融资租赁业列为天津市重点产业优先发展。截至 2017 年 6 月，总部设在天津的各类融资租赁公司达到 1285 家，总资产超过 11,000 亿元人民币，占全国近三成，③在国内占据着举足轻重的地位。金融创新，需要法律的重要支撑，由于融资租赁行业从 20 世纪 80 年代才引入我国，正处于成长期，法律政策尚不完备，社会市场机制尚不健全，社会实践纷繁复杂，对司法保障提出了更高的要求。运用法治思维和法治方法，充分发挥审判职能作用，既要及时、持续地提供司法服务和保障，营造可预期的法治化、市场化、国际化营商环境，又要通过司法活动，适度规范和监管融资租赁交易行为，促进和保障融资租赁行业健康发展，都亟待司法作出回应。在试验创新领域打造可复制、可借鉴的司法经验，并将其模式化、标准化，成为金融创新前沿地区法院精准服务的共同追求，是有效统一裁判标准，提升司法服务保障能力和水平，提升司法公信力的重要途径。

2. 司法需求。从司法审判角度来看，辖区内许多企业为了便于诉讼，将管辖法院约定在滨海新区法院。2015 年以来，滨海新区法院审执融资租赁合同纠纷案件 1860 件，约占全市同类型一审案件的 85%。然而，融资租赁合同纠纷案件具有

---

① 《国务院印发天津自贸区总体方案　推动京津冀协同发展》，载中国新闻网：http://finance.21cn.com/newsdoc/zx/a/2015/0420/10/29422413.shtml，访问日期：2017 年 7 月 23 日。

② 《天津再定位：“三区一基地”代替“北方经济中心”》，载 21 世纪经济报道：http://money.163.com/15/0716/05/AUKDBN4D00253B0H.html，访问日期：2017 年 7 月 23 日。

③ 商务部驻天津特派员办事处：《2017 上半年天津融资租赁继续保持快速发展态势》，载 http://www.mofcom.gov.cn/article/resume/n/201707/20170702607466.shtml，访问日期：2017 年 8 月 1 日。

专业性强、法律关系复杂、利益主体多元等特点,同时关于融资租赁合同纠纷案件的法律规范有限,不能适应金融创新中的司法需求,涉及融资租赁合同的一些法律问题出现诸多争议,如融资租赁法律关系的性质和效力认定问题,买卖合同与融资租赁合同的衔接问题,诉讼保全问题,租赁物价值的确定和合同解除后的处理等问题,为了化解裁判无标准,尺度不统一的难题,亟待统一裁判标准。

3. 公众期待。在实务界,融资租赁行业由于增长快速,有序和无序并存,一方面,行业普遍呼吁减少对融资租赁行业限制,加快发展;另一方面,一些不规范的企业利用融资与融物双重职能的法律漏洞,变相借贷等扰乱市场秩序。在市场交易纷繁复杂的矛盾下,立法给予法官较大的自由裁量空间,由于审理模式不同,一、二审法院在新型融资纠纷及疑难案件上尺度不一,导致同案不同判的问题客观存在;在金融创新聚集区上海、天津等地,涉诉的融资租赁公司多为具有国际资本的上市公司,也反映了各地存在审理和裁量标准不一的问题。解决上述问题,核心在于完善统一裁判标准制度机制,这在一定程度上成为法院加快构建融资租赁审理模式标准化的推进器。发挥标准化对提升裁量一致性的作用,紧密契合了人民法院审判执行工作程式化、精细化、体系化的内在要求,有利于公众在具体的司法活动中享有全覆盖无差别的标准化司法服务。

近年来,天津市法院围绕贯彻依法治国的总体目标,全面推进司法标准化建设,将其作为统一裁量标准,有效落实司法责任、提升司法公信力的重要途径,出台了一系列司法标准化文件,让司法公正有了"标尺"。① 滨海新区法院在市高院的指导下,立足多年审判实践和大量调研成果,起草了《天津法院融资租赁合同纠纷案件审理标准(试行)》(以下简称《融资租赁案件审理标准》),并上升为我市25个司法标准化成果之一。《融资租赁案件审理标准》,顺应了执法办案的迫切需要,使金融创新审判有了规范尺度和成长空间,吸引了大批融资租赁企业落户我市,尤其是自贸区设立后,融资租赁企业的聚集效应日益凸显,天津融资租赁持续保持快速发展态势。

(二)标准化裁量模式的实践探索

融资租赁案件标准化裁量模式,即根据融资租赁这一类型化案件审判实践需求,以普遍存在、反复出现的实体法律和程序法律适用问题为导向,从案件的立案、保全、审理、裁量等核心关键环节入手,总结出的一套模式化的审理标准,有效

① 祖先海:《天津:司法标准化是评价法院工作的"公平秤"》,载《人民法院报》2016年10月23日,第5版。

减少司法活动的差异性、随意性和不确定性，以强化司法指引，保障正确行使审判权和自由裁量权，规范和评价融资租赁审判工作，保障其在规范的轨道上运行。《融资租赁案件审理标准》重点解决以下问题：

1. 为立案及审理前的准备确立标准。《融资租赁案件审理标准》对协议选择管辖法院的认定、可以和应当列为第三人参加诉讼、合并审理的情形、当事人诉讼主张的处理五个方面，确立了处理标准，解决了实践中普遍存在的管辖争议、诉讼主体缺失、诉讼请求不明确等问题。

2. 为证据认定和证明责任确立标准。《融资租赁案件审理标准》明确了证明责任分配和证据认定的依据，并列举了实践中常见争议事实的举证证明责任分配方法和证据认定标准。

3. 为裁量行为确立标准。《融资租赁案件审理标准》对合同性质与效力认定、租金的加速到期、出租人解除合同、催告与合理期限、违约金、租赁物价值的确定、履约保证金、回购合同、租赁物毁损灭失处理、形式物权十类问题，通过梳理审判实践中具有普遍性、典型性的争议焦点，以分类列举的方式明确裁判标准。

（三）标准化裁量模式的价值反思

1. 规范作用。法律规范的制定和完善具有一定的滞后性，由于融资租赁法律规范尚不健全，司法实践经验尚浅，长期以来，我们一直处于边审理边探索的状态。《融资租赁案件审理标准》通过后，统一了该类案件实体法律和程序法律适用的司法尺度，引导各类司法职权活动在统一规范的轨道上运行，有效地增强了案件质效，提升了司法水平、维护了司法公信力。

2. 指引作用。《融资租赁案件审理标准》不但是审理者的裁判标尺，更是当事人的诉讼指南。许多融资租赁企业的代理人，缺乏专业的法律知识和诉讼能力，从提出诉讼主张到举证质证等各个环节都体现出了诉讼行为的随意性和无目的性，不能把握诉讼要点，极大地影响了诉讼效率和质量；承租人亦普遍存在法律意识薄弱、诉讼能力不强的情况，对融资租赁法律关系认识不清，无法提出有针对性的抗辩意见和证据，不能有效维护自身合法权益。《融资租赁案件审理标准》就当事人怎么列，诉讼请求怎么提，举证责任怎么分配都制定了详细的标准，较法律司法解释更为具体，更贴近实务，便于理解和操作，对当事人的指导作用也更为突出。

3. 预测作用。我们在融资租赁合同纠纷案件的审理和调研过程中，始终在不违反法律、行政法规的强制性规定的前提下，尽量为金融创新提供适度空间。《融资租赁案件审理标准》的制定充分考虑了融资租赁作为金融创新产品的特殊性，和其在实现天津功能定位中的重要地位，但严守了法律的底线。《融资租赁案件审理标准》列举了不能认定为融资租赁合同关系的情形,认定融资租赁合同无效的情形,融资租赁合同解除后的处理标准,违约金的审查认定标准,履约保证金的认定标准等内容,出租人通过对照以上审理标准,可以提前预测到哪些行为能够得到法律认定,哪些主张可以获得法律支持,从而及时修正经营策略,完善管理方法。承租人也能通过对照审理标准,预测违约成本,及时采取有效措施,防止损失扩大。

4. 评价作用。《融资租赁案件审理标准》使法官的自由裁量权有了规范的评价标准。随着法院机构改革的精简、民商事审判扁平化管理机制的推进,《融资租赁案件审理标准》的意义更得到了充分体现。通过这一标准,其他没有相关审判经验的法官也能够快速有效地掌握审理此类案件的核心要素,准确把握庭审方向,高效高质地审理案件,书记员也能据此领会审理要点,做好庭审记录等辅助工作。有效地整合了审判资源,共享了智力成果,有利于促进审判团队之间的审判经验共享和审判专业提升,全方位促进审判体系与审判能力的科学发展。

(四)建立标准化裁量模式的体会

1. 实体裁量标准要服从和服务于大局。在经济全球化的背景下,标准作为市场竞争的重要手段,是社会经济发展的战略制高点。法院的司法裁判是一种"公共产品",生产这个产品的过程和检验这个产品的质量也应当有标准,[①]这个标准即是司法工作的说明书和检验单。实体裁量标准从某种角度上说,是司法标准的制高点。我们从审判实践的最前沿出发,探索了通过标准化为大局服务的新形式,为天津市实体裁量标准的制定思路提供了宝贵的经验。

2. 实体裁量标准要坚持问题导向。基于融资租赁业的创新性和复杂性,我们在审理此类案件过程中开展了大量的调研工作。一方面,走访了市金融办、新区金融服务局、银监局、东疆保税港区等相关职能部门,密切关注国家经济形势和金融创新发展态势,充分听取了金融监管机构关于金融创新产品合法性等问题的意见;另一方面,召集新区多家融资租赁企业进行座谈,积极参加融资租赁行业协会、东疆管委会等单位组织的融资租赁行业专业讲座,系统全面地学习融资租赁专业知识,充分考虑创新产品的运作和盈利模式及商业惯例,详细了解新区融资租赁业的现状、发展情况和司法需求。使标准制定来自群众、服务审判、引领社会,产生较好的社会效益。

3. 实体裁量标准要遵从边界。司法裁量需要凭借法官知识、经验和智慧综合做出,自由裁量具有较大空间,也更具专业性,制定此类具有政策创新类实务的裁

---

① 祖先海:《天津法院司法标准化工作调查》,载《人民法院报》2016年10月13日。

量标准，目的在于给自由裁量权框定边界和尺度，实行精准的司法保护。《融资租赁案件审理标准》的制定，是经过严格的程序，把法官的个体裁量权转化形成集体的自由裁量权，确保裁量标准成为上下、内外、理论与实务界的"最大公约数"，既坚持不突破法律的边界，又兼顾金融创新的司法需求；既着力解决眼前的司法问题，又要防止陷入历史局限性；既尊重意思自治契约自由，又充分维护金融消费者的合法权益，使该标准一落地，就受到广大法官、融资租赁相关企业、行业，律师界的极大欢迎。

4. 实体裁量标准要坚持与时俱进。标准具有相对性，随着审判经验的积累，我们将进一步完善和丰富《融资租赁案件审理标准》，比如以添加案例的形式，使条文的理解更加丰富立体；又如，将《融资租赁案件审理标准》与信息化建设相结合，为推进标准化的审判，打造智慧法院奠定基础。

建立法律适用统一机制的探索仍然在路上。我们相信，随着我国标准化改革的逐步深入，标准的自愿属性将被确立，法院司法裁量标准化将更加适应审判执法的实践需求，特别是在当前以司法责任制为核心的司法改革攻坚阶段，我们期待，出台更多的裁量标准，精细管理、精准审判，凸显司法职业的专业化、正规化、职业化特征，将地域性司法向全覆盖、无差别、标准化的司法转变；将司法的不统一性向以审判为中心，公检法及诉讼各方统一证据标准转变；将司法行政性向审判权回归，审理和裁量标准化下的司法尺度统一转变；将粗放型"人盯人"的司法行政管理，向以绩效考核评价为核心的大数据、可视化、标准化转变。

二、标准制定的指导思想及原则

融资租赁兼有融资和融物两项功能，虽然我国在《合同法》中对于融资租赁合同有所规范，但其债权行为规范的性质决定了其对融资租赁中涉及的物权部分难以调整。融资租赁功能复合，业务涉及众多环节，特别是交易模式、物权保护、财税政策等明显区别于一般债权模式，需要特别立法加以规制。融资租赁业在法律上的地位与其市场地位严重不匹配，亟待制定专门的融资租赁法进行调整。在具有中国特色的以先行先试为主要手段的自由贸易区，如何在涉外融资租赁案件中按照国际通行规则和惯例正确选择和适用准据法，进而通过司法裁判达到平等保护各交易主体合法权益的法律效果，保障和促进融资租赁业持续、健康、稳定发展，对于我国行业法律制度的建立和完善提出了新的法律需求。虽然新的司法解释出台，解决了诸如出租人的选择权等一系列现实问题，对出租人规范诉讼起到了一定的引导作用，但仍过于简单、笼统，存在具体条款难以付诸实践、难以跟上创新步伐的问题。随着融资租赁行业的迅猛发展,新型融资租赁交易模式的出现,现行法律已经难以完全满足司法实践的现实需求,融资租赁行业的诸多创新,存在无法可依的法律盲区。融资租赁是与实体经济联系最为密切的金融交易形式。在支持工业企业设备更新、促进农业经济的规模化、推动航运业发展以及解决小微企业融资难等方面均发挥了不可替代的重要作用。客观地说,在我国融资租赁行业获得高速发展的同时,一些融资租赁公司所从事的融资租赁业务也存在不够规范的问题。在标准制定的过程中,主要遵循了以下指导思想及原则:

一是促进交易,规范发展。通过减少认定融资租赁合同无效的情形、严格限定融资租赁合同的解除条件等方式,维护融资租赁合同按约正常履行。充分考虑融资租赁合同所具有的融资与融物相结合的特点,审慎认定融资租赁合同法律关系,引导金融资本为实体经济服务,规范和促进我国融资租赁市场的健康发展。

二是尊重市场,鼓励约定。合同法规范在本质上属于任意性、补充性的规范,更多地体现出了约定优先的指导思想。商人是自身利益的最好判断者,融资租赁合同是平等市场主体之间签订的合同,合同条款的约定本身就包含了出租人和承租人双方对履约成本、履约收益和履约风险的判断。因此,坚持约定优先原则,鼓励双方当事人以市场化的方式对合同的履行和解除、违约责任的承担、租赁物清算等问题作出约定,以减少诉讼风险和损失的不确定性。

三是细化规则,易于操作。现行的《合同法》以法律的形式正式确定了融资租赁合同制度的基本框架,但是从司法审判的角度看,一些条文的规定较为抽象,各地法院在条文的理解和适用上存在差异。针对部分法律司法解释适用中争议较大的问题,在总结司法实践经验的基础上,进行了进一步的明确和细化,以统一司法裁判尺度,增进裁判结果的可预测性。

四是尊重现实,适度前瞻。融资租赁被引入我国已有近三十年的时间,但其在近五年才取得了较快速度的发展。融资租赁交易形式和交易实践尚处于不断的发展变化之中,相关监管制度、法律制度的建立和完善也需要一个积累和稳定的过程。在此背景下,一方面,对行业经营实践中已经相对成熟的做法、行业惯例给予了必要的认可;另一方面,也保持了适度的开放性和前瞻性,为融资租赁交易的实践需求与未来相关法律制度的完善提供了必要的衔接。

五是立足国情,参照惯例。坚持从实际出发,在对我国融资租赁交易实践进行深入调研的基础上,积极听取各方的意见和建议,依法衡平各方利益,力求各项规定契合我国的融资租赁交易实践和发展阶段,并对相关域外立法例和国际公约的共性规定给予了必要的参照。

第三节　天津法院融资租赁合同纠纷案件审理标准(试行)

1. 总则

1.1　为规范融资租赁合同纠纷案件审理工作,统一裁判尺度,依照有关法律和司法解释等相关规定,结合审判工作实际,制定本标准。

1.2　本标准用于指导和评价基于融资租赁合同发生的商事纠纷案件的审理工作。

1.3　本标准未规定内容,适用其他相关标准化文件。

2. 立案及审理前的准备

2.1　当事人书面协议选择合同签订地人民法院管辖的,约定的签订地与实际签字或者盖章地点不符的,由约定的签订地法院管辖。

2.2　第三人参加诉讼

2.2.1　可以作为第三人参加诉讼的情形:

2.2.1.1　买卖合同或者融资租赁合同的当事人仅对其中一个合同关系提起诉讼,另一合同关系的当事人与案件处理结果有法律上的利害关系的;

2.2.1.2　承租人与租赁物的实际使用人不一致的融资租赁合同纠纷,实际使用人与融资租赁案件的处理结果有法律上的利害关系的。

2.2.2　应当作为第三人参加诉讼的情形:

承租人基于买卖合同和融资租赁合同直接向出卖人主张受领租赁物、索赔等买卖合同权利的,出租人应当作为第三人参加诉讼。

2.3　可以合并审理的案件,是基于同一融资租赁行为发生的融资租赁合同、买卖合同、担保合同及回购合同等纠纷。

2.4　合同履行期未届满,出租人既请求支付合同约定的全部到期租金和未到期租金,又请求解除合同、收回租赁物,属于无明确的诉讼请求。进行释明后,出租人仍不作出选择的,裁定驳回起诉。

2.5 合同履行期届满,出租人请求支付合同约定的全部已到期租金,又请求解除合同、收回租赁物,予以受理。

收回租赁物的价值超过承租人欠付的租金以及其他费用的,承租人通过反诉或者另诉方式主张。

3. 证明责任与证据认定

3.1 举证证明责任分配符合法律及司法解释的规定。

3.1.1 主张法律关系存在的当事人,对产生该法律关系的基本事实承担举证证明责任。

3.1.2 主张法律关系变更、消灭或者权利受到妨害的当事人,对法律关系变更、消灭或者权利受到妨害的基本事实承担举证证明责任。

3.2 审核认定证据符合法律及司法解释的规定。

3.2.1 按照法定程序审核证据全面、客观。

3.2.2 依照法律规定,运用逻辑推理、日常生活经验法则认定证据的证明力。

3.2.3 公证机构"电子数据实时证据保全公证平台"存储的电子数据,无相反证据足以推翻的,作为认定事实的依据。

4. 裁量标准

4.1 合同性质与效力

4.1.1 确定当事人的权利义务,符合融资租赁合同的约定、相关法律法规、国家和地方主管部门的规章及行业惯例。

4.1.2 根据出租人取得融资租赁经营资质以及标的物的性质、价值、租金的构成、当事人权利和义务,依据合同法第二百三十七条的规定认定融资租赁法律关系。

4.1.2.1 以不动产为租赁物的售后回租,承租人未移转所有权给出租人的,不认定为融资租赁合同关系。

4.1.2.2 以在建商品房项目、保障房项目为租赁物并以房地产开发商作为承租人的售后回租,不认定为融资租赁合同关系。

4.1.2.3 以易耗物、消耗品等为租赁物的,不认定为融资租赁合同关系。

4.1.3　售后回租合同的出租人明知租赁物不存在或者租赁物价值严重低值高估的,不认定为融资租赁合同关系。

4.1.4　以承租人将向出卖人购买的特定重型汽车、农机设备等为租赁物的售后回租合同,租赁物为将来交付之物不影响融资租赁合同的性质。

4.1.5　名为融资租赁合同,实际不构成融资租赁法律关系的,按照实际法律关系处理。

4.1.6　认定合同效力符合合同法第五十二条及其他法律、司法解释的规定。

4.1.7　融资租赁合同无效,租赁物的归属按照下列顺序确定:

4.1.7.1　有约定的,按照约定;

4.1.7.2　无约定或者约定不明的,由当事人协商;

4.1.7.3　协商不成的,租赁物归出租人。

4.1.8　因承租人原因导致合同无效,同时符合下列情形之一,租赁物归承租人,承租人对出租人进行折价补偿:

4.1.8.1　出租人不要求返还租赁物;

4.1.8.2　租赁物正在使用,返还出租人后会显著降低租赁物价值和效用。

4.2　租金加速到期

4.2.1　承租人逾期支付租金,符合下列情形之一且经催告后在合理期限内仍不支付的,支持出租人要求承租人支付所有到期租金并加速支付未到期租金的主张。

4.2.1.1　租金加速到期符合合同约定的情形;

4.2.1.2　对租金加速到期没有约定或者约定不明的,欠付租金达到两期以上或者欠付租金数额达到全部租金百分之十五以上。

4.2.2　承租人欠付租金,出租人请求支付所有到期和未到期租金及相应的逾期利息、违约金的,支持已到期租金发生的逾期利息、违约金,不支持出租人主张提前到期租金部分从提前到期日次日开始计算逾期利息、违约金的主张。

4.3　出租人解除合同

4.3.1　承租人逾期支付租金,符合下列情形之一且经催告后在合理期限内仍不支付的,支持出租人要求解除合同的主张。

4.3.1.1 解除合同符合约定的条件;

4.3.1.2 对合同解除条件没有约定或者约定不明的,欠付租金达到两期以上或者欠付租金数额达到全部租金百分之十五以上。

4.3.2 承租人逾期支付租金,出租人请求解除合同,同时请求收回租赁物并赔偿损失的,损失赔偿范围为承租人全部未付租金及其他费用与收回租赁物价值的差额。合同约定租赁期限届满后租赁物归出租人所有的,损失赔偿范围包括融资租赁合同到期后租赁物的残值。

4.3.3 承租人逾期支付租金,出租人请求解除合同并支付已到期的租金,承租人经催告后在合理期限内仍未履行的,已到期租金计算至合同解除时,合同解除后,租金不再计算。

4.4 催告与合理期限

4.4.1 催告为口头、书面或者其他形式,且有证据予以证明。出租人未经催告即起诉的,起诉状送达视为催告。

4.4.2 判定合理期限综合考虑合同履行情况、违约程度、承租人主观意愿等因素。

4.5 违约金

4.5.1 承租人逾期支付租金的,支持出租人要求承租人支付逾期利息及相应违约金的主张。

4.5.2 根据公平原则和诚实信用原则衡量逾期利息、违约金是否过高,重点审查以下因素:

4.5.2.1 实际损失;

4.5.2.2 合同的履行情况;

4.5.2.3 当事人的过错程度;

4.5.2.4 预期利益。

4.5.3 逾期利息、违约金过高的举证责任分配符合以下原则:

4.5.3.1 违约方对于逾期利息、违约金约定过高的主张承担举证证明责任;

4.5.3.2 违约方首先提供对逾期利息、违约金约定公平性产生质疑的初步证据;

4.5.3.3 非违约方主张逾期利息、违约金约定合理的,提供相应的证据。

4.6　租赁物价值的确定

4.6.1　确定租赁物的价值按照下列顺序：

4.6.1.1　有约定的，按照合同约定；

4.6.1.2　无约定或者约定不明的，参照合同约定的租赁物折旧以及合同到期后租赁物的残值确定。

4.6.2　启动评估或者拍卖确定租赁物价值的，综合考虑以下因素：

4.6.2.1　约定或者折旧价值偏离实际价值的程度；

4.6.2.2　租赁物的流通性；

4.6.2.3　评估、拍卖的成本和客观可行性。

4.7　履约保证金

履约保证金冲抵租金及其他费用符合以下原则：

4.7.1　合同有约定的，按照合同约定；

4.7.2　没有约定的，按照债的抵销处理。抵销的顺序为先抵销违约金或者逾期利息，后抵销租金；

4.7.3　承租人未到庭且出租人未主张履约保证金冲抵的，经向出租人释明后，直接按照债的抵销处理。

4.8　回购合同

回购合同不适用担保法中关于保证合同的规定，适用合同法第一百二十四条的相关规定。

4.9　租赁物毁损灭失

4.9.1　承租人占有租赁物期间，租赁物毁损、灭失的风险由承租人承担。支持出租人要求承租人继续支付租金的主张。

4.9.2　因租赁物交付承租人后意外毁损、灭失等不可归责于当事人的原因而解除融资租赁合同的，支持出租人要求承租人按照租赁物折旧情况给予补偿的主张。

4.9.3　当事人约定租赁期间届满后租赁物归出租人的，因租赁物毁损、灭失或者附合、混同于他物导致承租人不能返还的，支持出租人要求承租人给予合理补偿的主张。

4.10　形式物权

出租人、承租人以及第三人通过合同约定将租赁车辆登记于第三人名下或者抵押给出租人，并办理相关登记手续的，在合同当事人之间，出租人的抵押权、第三人的所有权不发生物权效力。

5. 规范性文件引用

5.1 《最高人民法院关于适用〈中华人民共和国民事诉讼法〉的解释》

5.2 《最高人民法院关于适用〈中华人民共和国合同法〉若干问题的解释(一)、(二)》

5.3 《最高人民法院关于审理融资租赁合同纠纷案件适用法律问题的解释》

5.4 《最高人民法院关于审理买卖合同纠纷案件适用法律问题的解释》

5.5 《最高人民法院关于当前形势下审理民商事合同纠纷案件若干问题的指导意见》

第四节 《天津法院融资租赁合同纠纷案件审理标准(试行)》释义

1. 总则

【条文】

1.1 为规范融资租赁合同纠纷案件审理工作,统一裁判尺度,依照有关法律和司法解释等相关规定,结合审判工作实际,制定本标准。

1.2 本标准用于指导和评价基于融资租赁合同发生的商事纠纷案件的审理工作。

1.3 本标准未规定内容,适用其他相关标准化文件。

2. 立案及审理前的准备

【条文】

2.1 当事人书面协议选择合同签订地人民法院管辖的,约定的签订地与实际签字或者盖章地点不符的,由约定的签订地法院管辖。

【条文主旨】

本条着重解决约定管辖中合同签订地的确认问题。

【条文理解】

合同签订地是确定合同纠纷案件的管辖依据之一。根据《民事诉讼法》第 34

条的规定，合同当事人可以在书面合同中协议选择合同签订地人民法院管辖，这样做有利于原告选择管辖法院，贯彻方便诉讼和方便审理的原则。但实践中经常存在合同约定的签订地与实际签字或者盖章地点不符的问题，被告经常以此为理由提出管辖权异议。实务中，合同签订地条款通常是由双方当事人在同一地点订立的，实际签约地与合同签订地条款的记载基本是一致的，目的在于把合同签订地固定化。规定以合同约定的签订地为准，体现了约定优先和双方当事人的意思自治，符合合同法的自愿原则。合同是当事人协议的民事法律行为，既然双方当事人约定了合同签订地条款，该条款就应当对其有约束力。这样规定也便于人民法院查明案件事实。否则，合同签订地条款就会成为无用条款，违背了当事人缔约的本意。

【条文】

2.2　第三人参加诉讼

2.2.1　可以作为第三人参加诉讼的情形：

2.2.1.1　买卖合同或者融资租赁合同的当事人仅对其中一个合同关系提起诉讼，另一合同关系的当事人与案件处理结果有法律上的利害关系的；

2.2.1.2　承租人与租赁物的实际使用人不一致的融资租赁合同纠纷，实际使用人与融资租赁案件的处理结果有法律上的利害关系的。

2.2.2　应当作为第三人参加诉讼的情形：

承租人基于买卖合同和融资租赁合同直接向出卖人主张受领租赁物、索赔等买卖合同权利的，出租人应当作为第三人参加诉讼。

【条文主旨】

本条旨在解决诉讼当事人的地位问题。

【条文理解】

由于融资租赁交易由两个合同、三个当事人组成，即融资租赁交易由出卖人与买受人之间的买卖合同以及出租人与承租人之间的融资租赁合同构成，各相关当事人因租赁物的买卖与租赁产生的争议，可能发生在出租人与承租人之间，可能发生在出卖人和买受人之间，也可能同时发生。因此，对在当事人就其中一份合同关系提起诉讼时，另一份合同中的当事人是否需要参加诉讼，即其中一个合同的诉讼是否应当追加当事人参加诉讼，成为司法实践中争议较多的问题。对此，不能一概而论，应当审查另一法律关系的当事人与案件处理结果是否具有法律上的利害关系。如果案件处理结果与其具有法律上利害关系,可以通知作为第三人参加诉讼;如果处理结果与其没有法律上利害关系,不能要求其参加诉讼。具体到融资租赁交易中,买卖合同与融资租赁合同是两个合同,但这两个合同的主体与权利义务相互牵连,当事人就一个合同提起诉讼,另一合同的当事人可以作为第三人参加诉讼。

融资租赁交易中,承租人与租赁物的实际使用人可能不一致。租赁物实际使用人不是融资租赁合同关系的当事人,更不是买卖合同的当事人,在此情况下,买卖合同当事人或者融资租赁合同当事人存在争议,形成诉讼时,实际使用人是否可以参加诉讼?虽然租赁物的实际使用人不是买卖合同和融资租赁合同当事人,不享有合同权利,也不承担合同义务,但作为融资租赁物的实际使用人,其权利义务仍可能因买卖合同或者融资租赁合同案件的审理产生影响。例如,出租人以承租人未经其同意,将租赁物转让、抵押、质押、投资入股或者以其他方式处分租赁物为由要求解除合同的,法院需要对租赁物的是否转让、抵押、质押、投资入股等事项进行审理,审理结果不仅将决定租赁合同是否可以解除,还可能涉及实际使用人是否存在不当使用租赁物的行为,将直接影响实际使用人的利益。因此,不能以实际使用人不是合同当事人为由,一概认为其不能作为第三人参加诉讼,否则不利于实际使用人合法利益的保护。

承租人直接向出卖人行驶受领标的物、索赔等买卖合同项下权利时,一方面,与租赁物相关的货运单据、保险单、发运凭证等证据可能还掌握在出租人手中;另一方面,出租人的利益仍然受买卖合同履行情况的影响。也就是说,在承租人直接向供货人主张买卖合同项下权利的诉讼中,出租人与该诉讼存在事实上和法律上的利害关系。因此,出租人不仅是融资租赁合同与买卖合同的连接点,也是承租人与出卖人产生利益纠纷的连接点。在承租人诉出卖人的诉讼中,应当追加出租人为第三人,以便于查明事实,维护各方合法权益,提高诉讼效率,减少诉累。

【条文】

2.3　可以合并审理的案件,是基于同一融资租赁行为发生的融资租赁合同、买卖合同、担保合同及回购合同等纠纷。

【条文主旨】

本条是关于诉的客观合并的规定。

【条文理解】

《最高人民法院关于适用〈中华人民共和国民事诉讼法〉的解释》(以下简称《民诉法解释》)第221条规定,基于同一事实发生的纠纷,当事人分别向同一人民法院起诉的,人民法院可以合并审理。法律事实是法律规范所规定的能够引起法律关系产生、变更或消灭的现象,可以合并的诉讼应"基于同一事实"发生,各个单纯之诉所依据的事实关系或者法律关系应有牵连,具有一致性或者重叠性。如果各个单纯之诉所依据的事实关系或者法律关系并不具有一致性,或者重叠性较小以至于不足以产生相互矛盾的裁判,则认为该各个单纯之诉并不符合合并的要件。

从司法实践来看,存在下述情形时可以认为诉的牵连性较为紧密:(1)各个诉的当事人诉求指向同一法律关系,如基于同一个合同关系,合同甲方请求继续履行合同,而合同乙方起诉请求确认合同无效或者申请撤销合同;或者合同甲方请求支付价款,合同乙方主张履行不符合约定,甲方应赔偿损失。(2)各个诉的当事人诉求基于同一事实而产生,但是存在多个法律关系,如基于同一交通事故,有多个受害人和责任人,成立多个人身损害赔偿法律关系,有可能发生多起诉讼,但是各案在事实认定及对当事人在侵权事件中的责任比例划分应具有一致性,故宜合并审理。再如,在离婚诉讼中,因离婚行为产生三个法律关系——离婚关系,孩子抚养关系以及财产分割关系,通常应在一个案件中合并审理。除非财产分割纠纷过于复杂,为避免拖延婚姻关系的处理,可以分别处理。(3)各个诉之间涉及的法律关系存在主从关系。如在借款纠纷中,借款人与出借人、担保人分别签订借款合同和担保合同,出借人分别起诉借款人和担保人。担保合同纠纷中担保人的责任与借款合同中出借人的责任具有一致性,应合并审理。(4)各个诉之间的当事人存在不真正连带债务。产生不真正连带债务是因存在不同的法律关系,基于同一损害事实,数个债务人对债权人负有同一给付义务。例如,雇员在工作时间、地点、因工作原因,遭受第三人的人身损害,雇员可以基于侵权行为向第三人主张赔偿,同时,雇员可以基于雇佣关系,向雇主主张赔偿,雇主赔偿后可以向第三人追偿;如果雇员同时提起两个诉讼,则可以合并审理,有助于确定终局责任承担者。

诉讼的启动权在当事人,当事人对程序问题亦有处分权,如申请撤诉,但是为了保证诉讼的公正及效率,法院对诉讼程序有控制权,对程序事项有裁决权。当事人可以向法院申请合并诉讼,由法院根据案件的牵连程度等考量因素作出决定;在当事人未申请合并情况下,法院认为有必要合并的,也可以自行决定合并审理。当事人提出合并申请应在法庭辩论结束前。

在案件的审理过程中,应注意如下问题:(1)做好释明工作,发现存在相互关联的案件,及时向当事人释明是否申请合并案件。(2)合并审理的方式。对于合并审理的内涵,学理上有不同的认识,一般包括共同开庭,适用同一诉讼程序,由同一审判组织审理,共同调解、宣判等。笔者认为,诉的合并可以是两个诉合并为一个案件,如本诉、反诉的合并;也可以由同一审判组织审理,而仍为两个独立的案件。合并审理的本质内容应为由同一审判组织审理,一般应共同开庭,共同调解和判决。在两个诉合并为一个案件时,可以做出合一的判决。如果一个案件对另一个案件有先决效力,可以对有先决效力的案件先行宣判。(3)法院在决定是否合并多个诉讼时应从立法目的出发,审查合并诉讼是否有利于查清案件事实、厘定当事人具体责任,防止相互矛盾的事实认定和裁判结果;如果诉的合并无法实现上述程序功能和价值,则应避免将缺乏牵连性的诉讼合并,导致不必要的诉讼拖延。

【条文】

2.4　合同履行期未届满,出租人既请求支付合同约定的全部到期租金和未到期租金,又请求解除合同、收回租赁物,属于无明确的诉讼请求。进行释明后,出租人仍不作出选择的,裁定驳回起诉。

【条文主旨】

本条旨在规范当事人的诉讼请求明确、具体。

【条文理解】

要求支付全部租金和解除合同、收回租赁物,二者具有不同的法律意义。出租人有关支付全部租金的诉讼请求,仅系主张加速合同到期,作为支付租金的对价,承租人可继续占有、使用租赁物,直至租赁期届满。至于租赁期满后租赁物的归属问题,则应根据融资租赁合同的约定处理。出租人有关收回租赁物的主张,其直接后果是承租人无法按照合同的约定继续占有、使用租赁物,在性质上属于解除合同、返还财产的处理方式。在合同纠纷中,守约方能否继续履行合同,同时又诉请解除合同?答案是否定的,因为这两个诉请之间是相互矛盾的,故二者只能择一行使。正是基于这一法理,《最高人民法院关于审理融资租赁合同纠纷案件适用法律问题的解释》第21条第1款规定,人民法院应告知出租人做出选择。

【条文】

2.5　合同履行期届满,出租人请求支付合同约定的全部已到期租金,又请求解除合同、收回租赁物,予以受理。

收回租赁物的价值超过承租人欠付的租金以及其他费用的,承租人通过反诉或者另诉方式主张。

【条文主旨】

本条旨在明确承租人主张租赁物价值过高的途径。

【条文理解】

此种诉请实际上包含了两部分内容:一是对支付到期未付租金的诉请,是对合同解除以前的已到期债权的主张;二是有关收回租赁物的诉请,则属于对合同解除后的责任清理。因此,二者并行不悖,可同时支持。

承租人主张租赁物的价值超过剩余租金及费用并就超出部分要求返还的。根据《合同法》第249条的规定,合同约定租赁期满,租赁物归承租人所有的,承租人已支付大部分租金,但无力支付剩余租金,出租人解除合同收回租赁物的,如租赁物价值超过承租人欠付租金以及其他费用的,承租人可以要求部分返还。具体到诉讼程序中,在出租人请求解除融资租赁合同、取回租赁物并赔偿损失时,对租赁物价值的评估、处分及抵偿损失均作为审理出租人请求的一部分,在同一判决中体现,而如果认定租赁物的超出部分价值属于承租人将明显超过出租人的诉讼请求,违反了民事诉讼不告不理的原则。因此,这部分价值承租人可以通过反诉或另诉的方式提出单独的诉讼主张,未主张的,从诉讼程序的角度出发,人民法院可以判决归属出租人。

3. 证明责任与证据认定

【条文】

3.1 举证证明责任分配符合法律及司法解释的规定。

3.1.1 主张法律关系存在的当事人,对产生该法律关系的基本事实承担举证证明责任。

3.1.2 主张法律关系变更、消灭或者权利受到妨害的当事人,对法律关系变更、消灭或者权利受到妨害的基本事实承担举证证明责任。

【条文主旨】

本条是关于举证责任分配的一般规则的规定。

【条文理解】

《最高人民法院关于适用〈中华人民共和国民事诉讼法〉的解释》第91条规定,人民法院应当依照下列原则确定举证证明责任的承担,但法律另有规定的除外:(1)主张法律关系存在的当事人,应当对产生该法律关系的基本事实承担举证证明责任;(2)主张法律关系变更、消灭或者权利受到妨害的当事人,应当对该法律关系变更、消灭或者权利受到妨害的基本事实承担举证证明责任。

该条标准的理论依据是法律要件分类说中规范说的理论。在内容上,首先明确是关于举证责任分配一般规则的规定,其适用的条件即为无特殊规则适用的情况下，即“除法律、司法解释对举证责任分配有明确规定的外”，依照本条规定确定举证责任的分配。其次，举证责任分配的基础，是对要件事实的分类。本条举证责任所指向的均为“法律关系的基本事实”。这里的基本事实与要件事实同义，即权利及法律关系的构成要件所依赖的事实。

审判实践中在涉及举证责任分配问题时，首先应当注意的是，举证责任的分配具有法定性，即举证责任是由法律分配而在原则上并不能由法官来分配。因此，法官只能根据本条的规定，在对民事实体法规范进行类别分析的基础上，识别权利发生规范、权利消灭规范、权利限制规范和妨碍规范，并以此为基础确定举证责任的负担。因此，法官在举证责任分配问题上是适用法律的过程，是通过对实体法规范的分析发现法律确定的举证责任分配规则的过程，而非创造举证责任分配规则。其次，本条第2项系采取“法律关系变更”的表述，其在理解上可以与权利限制作同一理解。最后，本条的基本事实应当理解为要件事实，即实体法律关系或者权利构成要件所依赖的事实。在民事诉讼法上，在诉讼程序问题上有时基本事实也可能被解读为包括诉讼主体等程序事项的事实。但本条是有关举证责任分配的规定，不涉及程序方面的事实，因此在解读上应当完全立足于实体法规范。

【条文】

3.2　审核认定证据符合法律及司法解释的规定。

3.2.1　按照法定程序审核证据全面、客观。

3.2.2　依照法律规定，运用逻辑推理、日常生活经验法则认定证据的证明力。

3.2.3　公证机构“电子数据实时证据保全公证平台”存储的电子数据，无相反证据足以推翻的，作为认定事实的依据。

【条文主旨】

本条是关于法官审查判断证据的原则的规定。

【条文理解】

《最高人民法院关于适用〈中华人民共和国民事诉讼法〉的解释》第105条规定，人民法院应当按照法定程序，全面、客观审核证据，依照法律规定，运用逻辑推理和日常生活经验法则，对证据有无证明力和证明力大小进行判断，并公开判断的理由和结果。

对证据的审核认定是人民法院在民事诉讼中最重要的活动之一，是民事判决得以作出的必经过程。法官对证据的审查判断过程，是证明评价的过程，是客观见之于主观的过程。

从证据制度的历史发展来看，经历了从神明裁判到自由心证的发展过程。神明裁判是人类早期历史中存在的一种证据制度，发源于亚欧各国奴隶社会，在欧洲延续至中世纪早期。这种证据制度的特点是通过水审、火审、决斗等方式将审查判断案件事实的权力交给神明，“其合理和正义观念建立在神的信仰和崇拜的基础上，神明所显示的结果才是正义的和有权威的”。因其具有野蛮、愚昧的特征，随着社会的发展逐渐被法定证据制度取代。法定证据制度是欧洲中世纪末期和资本主义早期存在的证据制度，它将各种证据的证明力及规则预先设定，法官只需要按照法律规定计算证据的证明力，不能根据自己的认识对证据进行判断。与神明裁判相比，法定证据制度固然是巨大进步，但这种制度显然具有机械、僵化的缺陷。因此，自 18 世纪末起，自由心证的证据制度在克服法定证据制度缺陷的基础上产生并在 19 世纪为资本主义国家普遍接受。依自由心证的证据制度，法律对证据的审查判断不作具体规定，由法官依据其良知和理性，对证据证明力的有无和大小独立地、自由地进行判断，并以此作为裁判的基础。早期的自由心证将法官主观上的自由绝对化，强调心证的隐秘性，导致法官自由裁量权的滥用。20 世纪 30 年代以后，各国逐渐对传统自由心证制度进行改造，抛弃其非理性、非民主的因素，既强调法官的心证自由，也强调法律规则对法官心证必要的制约，强调心证过程与结果的公开。由此产生的现代自由心证制度，为世界各国所普遍接受。《最高人民法院关于民事诉讼证据的若干规定》第 64 条是在借鉴现代自由心证原则的基本内容基础上，结合我国民事诉讼立法和审判实践情况作出的规定，符合证据审查判断的客观规律，适应审判实践的需要。

4. 裁量标准

【条文】

4.1　合同性质与效力

4.1.1　确定当事人的权利义务，符合融资租赁合同的约定、相关法律法规、国家和地方主管部门的规章及行业惯例。

【条文主旨】

本条是关于法律适用的规定。

【条文理解】

近年来，融资租赁业在我国呈持续高速发展态势。不仅新设的融资租赁公司数量持续快速增长，融资租赁业务总量和纠纷数量也呈高速增长态势。我国的融资租赁业发展至今,一个制约发展的问题不得不去面对,即融资租赁业持续发展需要强有力的法律保障。国际统一私法协会始终致力于消除融资租赁的法律障碍,专门制定了《国际融资租赁公约》和《租赁示范法》,为各国融资租赁立法提供了立法范本,并被普遍借鉴。《国际融资租赁公约》作为一项开放性的多边公约,已经作为国际惯例被普遍适用,其在公平平衡各缔约国贸易利益的同时,消除了国际融资租赁的法律障碍,成为各国起草租赁法的重要参照。《租赁示范法》则主要涉及租赁交易方面内容,以当事人权利和义务的分配为重点,对开展租赁实务具有引导作用。

从各国融资租赁立法现状来看,对融资租赁的立法主要分为专门立法和非专门立法。前者以韩国、俄罗斯等为代表,后者以美国和德国为典型代表。融资租赁非专门立法的国家,法律体系相对健全和完善,普遍建立了比较完善的租赁保险制度,运用民法、商法、税法等法律,通过非直接的综合方法达到管制融资租赁企业的效果。法律、税收、会计和监管是融资租赁业发展的四大支柱。在我国,围绕融资租赁交易的税收、会计和监管制度已经基本完备,但是始终欠缺完备的法律制度保障,并未制定一部独立的融资租赁法。

目前,我国关于融资租赁的相关规定主要散见于合同法、最高人民法院颁布的融资租赁司法解释和银监会、商务部颁布的部门规章之中,缺乏统一的梳理、协调和规范。随着融资租赁行业的不断发展,实践中出现的情况越发复杂,与交易实践相比,有关融资租赁的立法则相对滞后。1996 年最高人民法院制定发布了《关于审理融资租赁合同纠纷案件若干问题的规定》,在立法尚付阙如的情况下,有效解决了实务之需。1999 年《合同法》制定时,对该规定的相关内容予以吸收,并在第十四章专章规定了融资租赁合同,成为审理融资租赁合同纠纷案件的主要法律依据。2014 年最高人民法院出台《关于审理融资租赁合同纠纷案件适用法律问题的解释》(以下简称《融资租赁司法解释》),共五部分 26 条,主要针对融资租赁经营实践和审判实务中反映突出、争议较多的法律问题作出了规定,重点解决了融资租赁合同的认定及效力、合同的履行及租赁物的公示、合同的解除、违约责任以及合同案件的诉讼当事人、诉讼时效等问题。

【条文】

4.1.2 根据出租人取得融资租赁经营资质以及标的物的性质、价值、租金的构成、当事人权利和义务,依据合同法第二百三十七条的规定认定融资租赁法律关系。

4.1.2.1 以不动产为租赁物的售后回租,承租人未移转所有权给出租人的,不认定为融资租赁合同关系。

4.1.2.2　以在建商品房项目、保障房项目为租赁物并以房地产开发商作为承租人的售后回租,不认定为融资租赁合同关系。

4.1.2.3　以易耗物、消耗品等为租赁物的,不认定为融资租赁合同关系。

【条文主旨】

本条规范融资租赁合同的性质及效力。

【条文理解】

融资租赁发端于生产设备的租赁。在融资租赁较为发达的欧美国家,租赁物均以工业、交通运输业、信息产业的设备为主。近年来,我国的融资租赁公司逐渐扩大业务范围,涌现出以房地产、工业厂房、地下管网、道路等不动产为租赁物的融资租赁合同。由此产生的争议是:这类以不动产作为租赁标的物的融资租赁合同是否有效?根据银监会《金融租赁公司管理办法》的规定,融资租赁的标的物是固定资产。商务部《融资租赁企业监督管理办法》规定融资租赁的标的物应为能发挥经济功能,并能产生持续经济效益的财产。行业管理部门对标的物的定义界定模糊,给从业者带来许多疑虑。

《融资租赁司法解释》第1条将标的物的性质、价值作为认定是否构成融资租赁法律关系的考量因素。关于房地产等不动产是否可以作为租赁物的问题争议很大。最高人民法院在司法解释中并未涉及此类合同的效力问题,但也并未明确否定以房地产为租赁物的融资租赁合同的效力。

实践中,对此类合同是否构成融资租赁合同关系,笔者认为,应综合《合同法》第237条的规定和个案情况来确定。根据《融资租赁司法解释》第1条的规定,应当根据《合同法》第237条的规定,结合标的物的性质、价值、租金的构成以及当事人的合同权利和义务,对是否构成融资租赁法律关系作出认定。据此,应当以标的物的性质、价值、租金的构成以及当事人之间的权利义务关系作为认定融资租赁合同关系的主要因素,结合个案分情形具体分析。

在房地产融资租赁的实践中,具体的业务操作方式不同,有的出租人要求将房地产过户到出租人名下,以保障租赁物的担保功能。有的出租人和开发商为了避免过户的税费,采取了不过户的操作方式。笔者的倾向性意见是,认定是否构成融资租赁法律关系的关键在于不动产所有权是否转移过户。对于已经过户给出租人的,可以认定构成融资租赁关系;对于未过户的,因该情形与出租人对租赁物享有所有权的法律关系特征要求不符,则不构成融资租赁关系。

通常来说,以在建商品房项目、保障房项目作为租赁物,以房地产开发商作为承租人、租赁公司作为出租人的融资租赁合同,由于在建房地产项目尚不具备法律上的所有权,出租人不可能实际取得在建房地产的所有权,因此不符合融资租赁法律关系的特征,一般应认定不构成融资租赁合同关系。这种以在建房地产项目为租赁物的做法实际上属于典型的名为租赁,实为借贷。

对于企业为生产经营需要而以融资租赁方式取得的厂房、商业地产,如出租人取得租赁物的所有权,且承租人确实以占有使用租赁物为目的的,对此类承租人而言,厂房、商业地产也属于固定资产,可以认定构成融资租赁合同关系。当然,如前所述,如果企业厂房和商业地产所有权未转移给出租人,则不应当认定构成融资租赁法律关系。例如,天津高院审理的北车(天津)投资租赁有限公司(以下简称北车公司)诉四川华通柠檬有限公司(以下简称华通公司),由于合同项下的房产已经设定了抵押权,在抵押撤销之前出租人北车公司无法办理所有权转移登记手续并取得相应房产的所有权,该公司对此应为明知。北车公司与华通公司签订的《工业厂房办公楼买卖合同》和《融资租赁合同》,并非是以买卖方式取得所有权后又通过向华通公司出租租赁物来实现合同目的,而是通过另行签订《抵押担保合同》,以抵押权作为债权保障完成资金融通。这与融资租赁法律关系中出租人应享有租赁物所有权的法律特征不符,故不构成融资租赁法律关系。

以城市道路作为租赁物的,租赁物到底是道路占地的土地使用权,还是依附于土地上的混凝土混合物,抑或包括二者在内的土地与路的结合体?事实上,在承租人违约的情况下,出租人也无法通过行使取回权的方式,实现租赁物的担保功能。此类租赁多为在货款收紧的金融背景下,地方政府融资平台以政府信用做担保的一种借贷方式,融资租赁有名无实,一般不构成融资租赁合同关系。

融资租赁是融资与融物的结合,如果缺失"融物"要素,则不称为融资租赁。作为融资租赁的标的物应当具备适合于租赁的特性,在融资租赁合同期限届满时,具有返还原物的可能性。若按标的物的特性,正常使用情况下,其在期限届满时不可能返还的,则客观上无法作为融资租赁关系的标的物,相应法律关系亦不得被认定为融资租赁关系。需要指出的是,虽然《融资租赁司法解释》第 10 条规定:"当事人约定租赁期间届满后租赁物归出租人的,因租赁物毁损、灭失或者附合、混同于他物导致承租人不能返还,出租人要求其给予合理补偿的,人民法院应予支持。"但此条款仅是规定了租赁物无法返还时的救济途径,并不意味着不具备租赁特性的物可以成为融资租赁的标的物。

司法实践中,还有一个问题是,一些公司没有融资租赁经营资质,其签订的融资租赁合同如何定性？合同是否有效？《最高人民法院关于适用〈中华人民共和国合同法〉若干问题的解释（一）》第10条给出了一条比较明确的裁判思路：当事人超越经营范围订立合同，人民法院不因此认定合同无效，但违反国家限制经营、特许经营以及法律、行政法规禁止经营规定的除外。该条解释表明，企业法人超越经营范围签订的合同并非一概无效，是否无效既要审查有无违反国家限制经营、特许经营以及法律、行政法规禁止经营规定的情况，还需结合《合同法》第52条合同无效的几种情形来判断。按照该理解，本条仅明确限定根据相关特许经营的规定，未取得融资租赁行政许可的情形，融资租赁合同无效。

但需要注意的是，司法上不否定合同效力，不意味着出租人超越经营范围就不需要承担不利后果。比如，违反银监会及商务部监管规定从事融资租赁业务仍属违规经营，监管部门仍可依照部门规章进行监管、纠正乃至处罚；出租人不具有融资租赁资质，可能无法享受到相应的税收优惠政策。

【条文】

4.1.3　售后回租合同的出租人明知租赁物不存在或者租赁物价值严重低值高估的，不认定为融资租赁合同关系。

【条文主旨】

本条规范租赁物不存在或低值高估的情形。

【条文理解】

实践中，有的没有租赁物，较为常见的是名为融资租赁，但订立融资租赁合同时，没有订立买卖合同，甚至没有购买标的物的打算，有的虽订有买卖合同，但仅仅是写在纸上的，如前述购买空调名称、规格、型号、生产厂家等均无。或者当事人虽然签订融资租赁合同和货物买卖合同，但出租人根本没有履行买卖合同，只按融资租赁合同约定将融资租赁款交给承租人，承租人也不要租赁物件，只按融资租赁合同约定支付租金。实际出租人与承租人签订融资租赁合同只是形式，承租人的目的是借款。有的是以价值明显偏低、无法起到担保租赁权实现的情形，如将价值1000元且估价为1000万元的设备作为融资租赁合同的标的物，此时仅有融资之实，无融物之实。大部分的“出租人”对此心知肚明，而多以另签订保证合同的方式，将其债权保障依附于额外的担保合同。在此类交易中，有关租赁物的存在、估价、买卖、残值的约定、取回权的行使，均背离了融资租赁合同关系的一般法律规则，如简单按照合同的名称，将其纳入融资租赁合同法律关系中进行调整，不仅违反了当事人的真实意思，也可能造成事实上的权利义务不对等。从审判的角度来看，就租赁物的价值判断，也不应认定为融资租赁合同关系。

但同时应注意，高值低估则是实践常态。这主要是因为，租赁物价值只有能够完全覆盖全部租金债权，才能实现其担保功能。而租赁物的折旧和变现费用不可避免，所以，只有高于租赁物价值，才能保障租金安全。因此，租赁物价值高于租金，不是否定融资租赁合同性质的理由。

【条文】

4.1.4　以承租人将向出卖人购买的特定重型汽车、农机设备等为租赁物的售后回租合同，租赁物为将来交付之物不影响融资租赁合同的性质。

【条文主旨】

本条规范售后回租的情形。

【条文理解】

售后回租这一特殊的交易模式，已被融资租赁相关监管部门颁布的规章予以认可，是融资租赁行业普遍开展的一种交易模式，不能仅以承租人和出卖人系同一人为由认定不构成融资租赁法律关系。但为防止出现以售后回租为名、行资金拆借之实的规避法律行为，应重点审查租赁物是否客观真实存在，租赁物转让价格与租赁物真实价值是否合理匹配，承租人与出租人是否办理了必要的租赁物所有权转让手续，买卖合同与租赁物之间是否有对应关系等，以此作为认定售后回租是否真实有效的判断依据。

作为租赁物的重型汽车，必须经过相关行政管理部门核发营运许可证才能使用，而重型汽车的所有人融资租赁公司和使用人、承租人大多都不具有营运资质，实践中通常采用与具有经营资质的企业共同签订委托管理协议的方式，将重型汽车挂靠在该企业名下开展融资租赁业务。现因2013年国家税务总局的106号文，要求增值税发票的进项与出项抬头必须严格一致方可抵扣相应税款，为应对之，有融资租赁公司创造性地采取了“形式回租”的模式来规避多出的税收。该模式通过出租人与承租人签订以承租人取得向出卖人所购买特定重型汽车的所有权为生效条件的融资回租合同，再由出租人、承租人和出卖人签订三方协议来约束各当事人之间的权利义务关系，从而以回租的形式完成直租交易的目的。

但在该种交易模式下，融资回租合同签订时，承租人尚未购买租赁车辆，因承租人是否能够实际取得所有权、租赁车辆的交付流转等均存在诸多不确定性，致使签约时至交付日存在权利真空期，融资租赁合同存在无效的风险，因此往往容易引发纠纷。再加之重型汽车租赁模式本身的特殊性，即租赁物所有权属于出租人，但却登记在挂靠企业名下，发生纠纷后，还涉及确认重型汽车所有权的问题，甚至在执行过程中因出租人不具备营运资质可能还会涉及重型汽车能否过户到出租人名下的问题。

【条文】

4.1.5 名为融资租赁合同,实际不构成融资租赁法律关系的,按照实际法律关系处理。

4.1.6 认定合同效力符合合同法第五十二条及其他法律、司法解释的规定。

【条文主旨】

以上条款规定名为融资租赁合同实际不构成融资租赁法律关系的效力。

【条文理解】

依照《融资租赁司法解释》第1条第2款之规定,在不构成融资租赁关系的情况下,并不当然直接导致合同无效。从促进交易、减少合同无效的角度,仅因实质上不构成融资租赁合同无效,而不适用融资租赁合同的法律规定,并不等于必然应当认定合同本身无效,对于当事人之间的权利义务关系,可以按照当事人间合同约定或者实际构成的法律关系进行处理。如构成名为融资租赁,实为借款的法律关系,就按照借款法律关系予以处理。

实务中,涉及在此类"融资租赁合同"之外,当事人另行签订的保证合同的效力问题。主合同不构成融资租赁合同关系,不等于认定主合同无效。如果主合同有效,保证人对主合同的内容、权利义务关系的约定均了解,保证合同本身也无《合同法》第52条规定的合同无效的情形的,则保证责任不应因主合同的性质认定发生变化而必然导致保证合同的无效。

【条文】

4.1.7 融资租赁合同无效,租赁物的归属按照下列顺序确定:

4.1.7.1 有约定的,按照约定;

4.1.7.2 无约定或者约定不明的,由当事人协商;

4.1.7.3 协商不成的,租赁物归出租人。

4.1.8 因承租人原因导致合同无效,同时符合下列情形之一,租赁物归承租人,承租人对出租人进行折价补偿;

4.1.8.1 出租人不要求返还租赁物;

4.1.8.2 租赁物正在使用,返还出租人后会显著降低租赁物价值和效用。

【条文主旨】

上述两条规定融资租赁合同无效时租赁物的归属。

【条文理解】

通常情形下,合同被认定无效后,应当依据合同法相关规定,判决租赁物返还给出租人。但由于融资租赁合同具有特殊性,合同无效的处理应当综合考量合同无效的原因以及租赁物价值和使用价值的发挥。首先,充分尊重当事人意思自治,允许当事人事前事后对合同无效后租赁物归属作出约定或进行协商;其次,当事人之间无约定且协商不成的,租赁物原则上应返还给出租人;最后,尊重融资租赁合同特性,综合考量合同无效的原因、租赁物的效用发挥等因素。

在因承租人原因导致合同无效,出租人不要求返还租赁物的情况下,或者将租赁物返还给出租人会显著降低租赁物价值和使用价值的,人民法院可以判决租赁物所有权属于承租人,并根据合同履行情况和租金支付情况由承租人对租赁物进行折价补偿。人民法院可以结合具体案情,根据合同情况和租金支付情况,进行抵扣,避免增加支付成本,更高效地解决纠纷。同时,合同无效后租赁物的归属处理,不影响损害赔偿请求权的行使,仍可依法就所遭受到的损失要求过错方进行赔偿。

【条文】

4.2　租金加速到期

4.2.1　承租人逾期支付租金,符合下列情形之一且经催告后在合理期限内仍不支付的,支持出租人要求承租人支付所有到期租金并加速支付未到期租金的主张。

4.2.1.1　租金加速到期符合合同约定的情形;

4.2.1.2　对租金加速到期没有约定或者约定不明的,欠付租金达到两期以上或者欠付租金数额达到全部租金百分之十五以上。

【条文主旨】

本条是关于承租人逾期支付租金出租人可以请求租金加速到期的规定。

【条文理解】

《合同法》第248条规定承租人应当按照约定支付租金。承租人经催告后在合理期限内仍不支付租金的,出租人可以要求支付全部租金;也可以解除合同,收回租赁物。

【条文】

4.2.2　承租人欠付租金,出租人请求支付所有到期和未到期租金及相应的逾期利息、违约金的,支持已到期租金发生的逾期利息、违约金,不支持出租人主张提前到期租金部分从提前到期日次日开始计算逾期利息、违约金的主张。

【条文主旨】

本条规定承租人违反依法支付租金或者其他付款义务时，出租人求偿的范围。

【条文理解】

融资租赁合同中，一般均会约定承租人逾期付租金的，应当承担向出租人支付逾期利息或者违约金的责任，有的既约定了逾期利息，又约定了违约金。根据《合同法》第114条的规定，当事人可以约定一方违约时，应当根据违约情况向对方支付一定数额的违约金，也可以约定因违约产生的损失赔偿额的计算方法。故仅约定违约金或者仅约定逾期利息的，除约定的违约金或者逾期利息过分高于违约行为所造成的损失，且当事人请求人民法院适当减少的，人民法院均应予支持。同时，对出租人要求按照约定，一并主张逾期利息和逾期付款违约金的，按照上述理由，也应当予以支持。如果主张的金额过分高于造成的损失，依照相关规定，可请求人民法院予以适当减少。

实践中，出租人主张已到期租金产生的逾期利息或违约金没有争议，而未到期租金因宣布提前到期能否产生违约金则争议很大。笔者认为，出租人主张提前到期租金产生的违约金，但起算日仍按照合同约定的租金到期日计算。出租人可主张承租人支付全部租金、逾期租金产生的违约金以及提前到期租金可能产生的违约金。具体诉请为：全部未付租金＋逾期租金产生的违约金（计算基数为逾期租金，从逾期之日起计算至实际清偿之日，暂计至起诉日）＋提前到期日之后的未到期租金可能产生的违约金（根据合同约定的各期租金到期日次日计算至实际清偿之日）。

【条文】

4.3　出租人解除合同

4.3.1　承租人逾期支付租金，符合下列情形之一且经催告后在合理期限内仍不支付的，支持出租人要求解除合同的主张。

4.3.1.1　解除合同符合约定的条件；

4.3.1.2　对合同解除条件没有约定或者约定不明的，欠付租金达到两期以上或者欠付租金数额达到全部租金百分之十五以上。

4.3.2　承租人逾期支付租金，出租人请求解除合同，同时请求收回租赁物并赔偿损失的，损失赔偿范围为承租人全部未付租金及其他费用与收回租赁物价值的差额。合同约定租赁期限届满后租赁物归出租人所有的,损失赔偿范围包括融资租赁合同到期后租赁物的残值。

4.3.3 承租人逾期支付租金,出租人请求解除合同并支付已到期的租金,承租人经催告后在合理期限内仍未履行的,已到期租金计算至合同解除时,合同解除后,租金不再计算。

【条文主旨】

共同对融资租赁合同因承租人违约而解除时的法律后果及损失赔偿作出规定。

【条文理解】

承租人违约导致融资租赁合同解除时,赔偿出租人的损失应以弥补出租人的可得利益损失为限,按照合同正常履行情况下出租人能够获得的合同利益作为赔偿标准,即全部未付租金及其他费用。取回的租赁物价值应与出租人的损失进行抵扣,以避免出租人因主张赔偿而获得额外利息。

【条文】

4.4 催告与合理期限

4.4.1 催告为口头、书面或者其他形式,且有证据予以证明。出租人未经催告即起诉的,起诉状送达视为催告。

4.4.2 判定合理期限综合考虑合同履行情况、违约程度、承租人主观意愿等因素。

【条文主旨】

本条是关于催告形式和合理期限的规定。

【条文理解】

首先,经催告后在合理期限内仍未履行,并未要求催告定有合理期限;其次,所谓合理期限,需法官根据客观情况具体判定;再次,催告为不要式,书面通知和口头形式均可;最后,当事人未经催告即起诉的,不宜以未成就为由直接驳回诉讼请求,可将起诉状送达时间作为催告时间,并为被告确定合理的履行期限。

【条文】

4.5 违约金

4.5.1 承租人逾期支付租金的,支持出租人要求承租人支付逾期利息及相应违约金的主张。

4.5.2 根据公平原则和诚实信用原则衡量逾期利息、违约金是否过高,重点审查以下因素:

4.5.2.1　实际损失；

4.5.2.2　合同的履行情况；

4.5.2.3　当事人的过错程度；

4.5.2.4　预期利益。

4.5.3　逾期利息、违约金过高的举证责任分配符合以下原则：

4.5.3.1　违约方对于逾期利息、违约金约定过高的主张承担举证证明责任；

4.5.3.2　违约方首先提供对逾期利息、违约金约定公平性产生质疑的初步证据；

4.5.3.3　非违约方主张逾期利息、违约金约定合理的，提供相应的证据。

【条文主旨】

本条是减少过高的违约金的规定。

【条文理解】

违约金是否过高是一个需要通过考量多种因素来解决的比较复杂的问题，《合同法》第114条使用了“适当”这个授权性用语，其实意在授权法官根据案件的具体情形来综合权衡。该条款作为立法者有意规定的一个授权条款，其生命力就在于法官根据案件具体情况综合考量，以使具体案件可以公平解决。违约金造成的损失无疑是法律规定最为明确且最为重要的衡量违约金高低的标准，因此自应以此为衡量违约金过高的基础标准。同时，应当考虑到合同履行情况和当事人的过错程度。此外，可得利益损失的赔偿，亦应考虑。人民法院应当以实际损失为基础，兼顾合同的履行情况、当事人的过错程度，以及逾期利益等因素，根据公平原则和诚实信用原则予以衡量。

人民法院要正确确定举证责任，违约方对于违约金约定过高的主张承担举证责任，非违约方主张违约金约定合理的，亦应提供相应的证据。具体而言，违约方需提供足以让法官对违约金公平性产生怀疑的初步证据，然后法官可将举证责任分配给守约方。这样操作的理由是，根据：“谁主张，谁举证”的原则，违约方提出调整的主张必须要有举证的责任，但考虑到违约方不可能举出守约方损失全部证据的因素，因此，分配给其举出让法官对违约金约定公平性产生合理怀疑的证据即可。此时法官可以进行举证责任的分配，将证明违约金合理的举证责任分配给守约方承担。

【条文】

4.6 租赁物价值的确定

4.6.1 确定租赁物的价值按照下列顺序:

4.6.1.1 有约定的,按照合同约定;

4.6.1.2 无约定或者约定不明的,参照合同约定的租赁物折旧以及合同到期后租赁物的残值确定。

4.6.2 启动评估或者拍卖确定租赁物价值的,综合考虑以下因素:

4.6.2.1 约定或者折旧价值偏离实际价值的程度;

4.6.2.2 租赁物的流通性;

4.6.2.3 评估、拍卖的成本和客观可行性。

【条文主旨】

租赁物的价值确定。

【条文理解】

在解除融资租赁合同时常常会涉及租赁物价值的折抵问题,租赁物的现时价值往往成为出租人与承租人的争议焦点。虽然《融资租赁司法解释》规定诉讼期间租赁物的价值可以按照租赁合同的约定确定,但当事人常会对合同的约定提出异议,比如按照合同约定的直线折旧法,租赁物的价值与直接计算的折旧存在差异。在双方就租赁物的价值无法达成一致的情况下,通常会申请对租赁物的价值进行评估或拍卖。评估、拍卖固然是重要的处理方式,但对特定租赁物而言,是否有必要通过评估、拍卖程序来确定租赁物的价值有待商榷。

笔者认为,根据《融资租赁司法解释》第23条的规定,租赁物价值确定应当遵循一定的顺序。首先,尊重双方的约定。法院可按照合同约定的价值确定方式来认定租赁物的价值。即使在融资租赁合同中未约定或者约定不明的,在诉讼过程中仍然可以补充约定或进一步明确约定。法院可引导双方按照各种二手设备的官方数据库,如建筑材料市场价格、船舶指数等或参考政府部门及相关机构发布的公开信息来确定租赁物的残值。其次,当融资租赁合同未约定或者约定不明时,在诉讼期间仍不能达成一致的,可以参照融资租赁合同约定的租赁物折旧以及合同到期后租赁物残值确定租赁物的价值。最后,只有当上述价值确定方式严重偏离租赁物实际价值的,法院才启动评估、拍卖程序。概括地说,在确定租赁物价值时并不必然启动评估、拍卖程序。是否启动评估、拍卖程序还要综合当事人提出的理由、相关证据和客观情况来综合分析和作出判断。一要严格把握"价值严重偏离"的前提条件。只有在采取前两种方式确定的价值严重偏离租赁物实际价值时，才可能启动评估。当一方当事人对已有的租赁物价值确定方式提出异议，并主张委托评估、拍卖的，法院应当从严审查，从事先约定是否有显失公平的情形，导致租赁物的实际价值严重偏离约定的原因、当事人的过错等角度，严格把握“严重偏离”租赁物实际价值的标准，以减少当事人对程序权利的滥用。二要考虑租赁物是否为定制、特制的情形。评估、拍卖程序并不一定能发现租赁物的公允价值。在此种情形下，法院应当尽可能鼓励出租人与承租人通过约定的方式确定租赁物的价值，尽可能减少评估、拍卖程序的启动。三要考虑客观可行性。实践中，虽有当事人提出评估申请，但客观上无法进行评估，比如租赁物下落不明或者租赁设备与他物混为一体无法分割时，或无合适的评估机构和买受人，评估、拍卖客观上无法进行的，均无启动评估、拍卖的必要。四要考虑评估、拍卖的成本。实践中，对有些租赁物进行评估、拍卖不仅耗时长、成本高，而且可能大大折损租赁物的功能或价值，从经济性角度考虑，评估、拍卖并不合理。

【条文】

4.7　履约保证金

履约保证金冲抵租金及其他费用符合以下原则：

4.7.1　合同有约定的，按照合同约定；

4.7.2　没有约定的，按照债的抵销处理。抵销的顺序为先抵销违约金或者逾期利息，后抵销租金；

4.7.3　承租人未到庭且出租人未主张履约保证金冲抵的，经向出租人释明后，直接按照债的抵销处理。

【条文主旨】

保证金的性质和功能应当结合融资租赁合同约定的具体内容来判断。

【条文理解】

融资租赁企业在起诉时对于保证金有不同的主张：有的主张保证金冲抵租金，有的主张没收保证金，有的则不涉及保证金。对于保证金能否直接抵扣租金、可否没收以及在承租人未到庭抗辩、出租人诉请未涉及保证金的情况下，法院是否依职权主动审查抵扣？对于保证金的性质和功能应当结合融资租赁合同的约定进行判断。若合同约定承租人违约时，出租人有权没收保证金，融资租赁企业主张没收保证金的，即为违约责任的承担方式之一。若融资租赁企业诉请保证金冲抵租金，可依照合同约定或者债的抵销规则予以处理。若融资租赁企业并未就保证金提出诉求，承租人抗辩保证金应冲抵欠付租金，属债的抵销，法院应审查后予以冲抵。在融资租赁企业未主张保证金冲抵租金，承租人未到庭抗辩保证金冲抵租金的情况下,如果合同中对保证金有约定,法官应行使释明权,并按约定进行处理;如果合同对此未作约定,虽然保证金非诉请范围,法官亦可根据案情行使释明权,在查清事实的基础上作出相应判决。

【条文】

4.8 回购合同

回购合同不适用担保法中关于保证合同的规定,适用合同法第一百二十四条的相关规定。

【条文主旨】

本条旨在规范回购合同的性质及法律适用。

【条文理解】

回购型融资租赁业务中,设备制造商或销售商不仅是租赁物的出卖人,而且是租赁物的回购人,在承租人未付租金等违约行为发生时,按约定负有回购租赁物的义务。回购合同若不存在无效合同或可撤销合同的法定情形,应遵循契约自由原则,并尊重相关行业交易惯例,应属合法有效。法院经审查认定回购合同约定的回购条件已经成就且回购人的抗辩理由不能成立的,则回购人应当按照回购合同约定向出租人支付回购款。

【条文】

4.9 租赁物毁损灭失

4.9.1 承租人占有租赁物期间,租赁物毁损、灭失的风险由承租人承担。支持出租人要求承租人继续支付租金的主张。

4.9.2 因租赁物交付承租人后意外毁损、灭失等不可归责于当事人的原因而解除融资租赁合同的,支持出租人要求承租人按照租赁物折旧情况给予补偿的主张。

4.9.3 当事人约定租赁期间届满后租赁物归出租人的,因租赁物毁损、灭失或者附合、混同于他物导致承租人不能返还的,支持出租人要求承租人给予合理补偿的主张。

【条文主旨】

本条旨在明确租赁物毁损、灭失的法律后果。

【条文理解】

当租赁物因不可归责于当事人的事由而毁损、灭失时,如出租人依据风险负担规则主张承租人支付全部租金,而承租人主张解除合同、免除租金支付义务的,人民法院首先应当审查融资租赁合同是否具备解除条件,如具备相应的解除条件，则应优先适用合同解除制度，判决合同解除，合同解除后才涉及出租人的补偿问题。

上述规定相结合，构成如下规则：在承租人履行融资租赁合同并占有租赁物期间，租赁物意外毁损、灭失的，承租人、出租人均有权选择解除融资租赁合同，一方或双方选择解除合同的，出租人可以要求承租人对租赁物的价值做出相应补偿；双方均未选择解除合同的，出租人可以要求承租人继续支付租金，合同继续履行。如果依约定或法律规定租赁期间届满后租赁物属于出租人的，承租人在租赁期间届满后应向出租人支付相应补偿以替代承担返还租赁物的责任。

【条文】

4.10　形式物权

出租人、承租人以及第三人通过合同约定将租赁车辆登记于第三人名下或者抵押给出租人，并办理相关登记手续的，在合同当事人之间，出租人的抵押权、第三人的所有权不发生物权效力。

【条文主旨】

本条旨在明确形式回租情形下所有权和抵押权的判断规则。

【条文理解】

在承租人具有重型汽车的营运资质，而出租人不具有相应营运资质的情况下，承租人欲通过售后回租方式向出租人租赁其所有的重型汽车，则同样因为营运资质的原因，虽然租赁车辆的实际所有权由承租人转移给了出租人，但并不办理车辆的所有权变更登记手续，登记的所有权人仍为承租人，而出于对抗善意第三人的目的，将出租人登记为抵押权人，从而出现了登记的抵押权人为实际所有权人的现象。

对租赁物所有权归属的判断。《公安部关于确定机动车所有权人问题的复函》（公交管〔2000〕98 号）明确："根据现行机动车登记法规和有关规定，公安机关办理的机动车登记，是准予或者不准予上道路行驶的登记，不是机动车所有权登记。"故车管所对车辆的登记不是车辆所有权的登记。对于动产、设备，根据《物权法》的规定，以占有为主要公式方式，因此，对买卖关系是否实际存在，在承租人占有的情形下，仅从租赁物的占有上无法简单认定。此时，应综合审查租赁物是否实际存在、租赁物的价值与租金构成是否存在对应关系、买卖合同文本与租赁物的对应关系等事实，以确定合同是否属于售后回租式融资租赁合同，进而确定出租人是不是租赁物所有权人。

出租人基于登记的抵押权人身份，提出处分抵押物（即租赁车辆）优先受偿的诉请。《融资租赁司法解释》第9条第2项规定,“出租人授权承租人将租赁物抵押给出租人并在登记机关依法办理抵押权登记的”,该规定系基于租赁物登记制度的立法欠缺,为保护出租人的所有权而认可其对外公示效力,不是出租人行使担保物权的依据。是否有此抵押登记,不能在出租人和承租人之间产生优先受偿的效力,不应当作为认定是否属于融资租赁法律关系的依据。

5. 规范性文件引用(略)

第四章 船舶碰撞案件审理标准的理解与适用

第一节 船舶碰撞案件概述

一、船舶碰撞的内涵和外延

船舶碰撞是直接威胁海上安全的海损事故之一。随着建造船舶的材料、吨位、类型以及船舶运输货物品种的变化,尤其是原油等可能造成环境污染的货物运输的出现,船舶发生碰撞事故后造成的危害程度更大,并且涉及方方面面,如船载货物的损失、人身损害、油污损害等。另外,除船舶之外其他海上移动式装置以及非移动式装置的出现,也增加了与碰撞相关其他案件类型产生的可能性以及审理难度。

由于引起船舶碰撞的原因颇为复杂,对其责任关系的判别以及损失的计算皆非易事。单凭民法中侵权行为法来调整船舶碰撞引起的各种法律关系明显不足,所以在各国海商法中都对船舶碰撞设有专章规定。

(一)船舶碰撞的概念

1. 相关国际公约和外国国内法的规定

(1)《1910 年碰撞公约》第 1 条规定,海船与海船或海船与内河船舶发生碰撞,致使有关船舶或船上人身、财产遭受损害时,不论碰撞发生在任何水域,对这种损害的赔偿都应按下列规定处理。第 13 条同时规定,本公约扩大适用于一船由于进行或不进行某种操作,或由于不遵守规则,而给他船,或任一船上的货物或人员造成的损害的赔偿,即使碰撞实际上未曾发生。该公约将碰撞的内涵和外延分别作出规定。

(2)《1987 年船舶碰撞损害赔偿公约草案》(以下简称《里斯本规则》)第 1 条给出两个定义:其一,船舶碰撞是船舶间发生的造成灭失或损害的任何事故,即使没有发生实际接触;其二,船舶碰撞是指一船或几船的过失造成两船或者多船间的相互作用所引起的灭失或损害,而不论船舶间是否发生接触。该公约草案将碰撞的内涵和外延合并作出规定。

(3)荷兰作为《1910年碰撞公约》的成员国,其在《荷兰海商法》第534条、第544条作出与公约类似规定。除此之外,其在该法修订时的补充条款第544c条规定,“1.本章规定同样适用于船舶与其他可移动或不可移动物间的撞击或接触。2.船舶与另一位于适当地点并在必要时显示适当号灯的固定或系妥的物体发生碰撞,该船应对灭失或损害负责,除非证明该碰撞并非由于该船的过失所致”。该规定有关船舶碰撞的概念已经超出公约的范围。

2.我国《海商法》中船舶碰撞的概念

《海商法》第165条第1款规定:“船舶碰撞,是指船舶在海上或者与海相通的可航水域发生接触造成损害的事故。”第170条规定:“船舶因操纵不当或者不遵守航行规章,虽然实际上没有同其他船舶发生碰撞,但是使其他船舶以及船上人员、货物或者其他财产遭受损失的,适用本章的规定。”两条规定包含了船舶碰撞的内涵和外延,没有接触的碰撞多了“过失”构成要件。同时,还规定碰撞一方必须是第3条规定的海船,即非用于均是的或者政府公务的或者20总吨以下的小型船艇,限定了《海商法》的适用范围。

(二)如何理解船舶碰撞的概念

《海商法》中船舶碰撞的概念属于狭义解释,审判实务中涉及的船舶碰撞,还包括内核水域发生的船舶碰撞,只是法律适用中,不能适用《海商法》的规定。另外,在法院实际管辖和审理的船舶碰撞纠纷案件,比《海商法》中规定的船舶碰撞概念要宽泛得多。它既包括典型的船与船之间有实际接触的碰撞,也包括船与船之间没有实际接触的间接碰撞,还包括船与码头及岸边固定设施等发生的触碰,还有发生较少的船舶与水中悬浮物之间的碰撞。

正是基于上述考虑,《天津法院船舶碰撞案件审理标准(试行)》规定的适用范围相对较广,与《荷兰海商法》的规定较为类似。这样,就将与船舶相关的碰撞案件的审理都纳入该标准项下,就审理过程中的程序适用以及审理要素统一要求,具有较强的可操作性。对于按照该标准审理完毕后,如何进行事实判定、责任分析以及法律适用则需要法官自由裁量,但基于审理过程的标准化,那么得出的结论也趋于标准,并达到统一裁判尺度的目的。

二、船舶碰撞事故所引发关联案件的审理

（一）案件类型

船舶碰撞事故发生后，除了碰撞责任主体就碰撞本身进行的诉讼外，还可能出现如下案件：

1. 人身损害赔偿案件

碰撞事故造成人身伤亡，是指由于碰撞事故，侵害他人的生命健康权，而导致的伤亡后果。参照《海商法》第 169 条第 3 款的规定："互有过失的船舶，对造成的第三人的人身伤亡，负连带赔偿责任。一般连带支付的赔偿超过本条第一款规定的比例的，有权向其他有过失的船舶追偿。"在海事司法实践中主要存在两个方面的问题：首先是对"第三人"的理解，包括船上船员、旅客及其他成员；其次是碰撞各方就人身损害的连带责任，意味着碰撞各方的过失程度，对责任承担没有影响，无须等待碰撞责任比例的裁判。

2. 船舶油污损害赔偿案件

对于船舶碰撞造成船载油品泄漏或者燃油泄漏造成环境污染的，根据"谁污染，谁负责"的原则，法律规定由污染者承担责任，漏油船舶承担责任后再根据责任比例，向碰撞对方船舶追偿。因此，油污受害人提出的索赔也无须等待碰撞责任比例的裁判。

3. 设立海事赔偿责任限制基金案件

海事赔偿责任限制，是指发生海事事故并造成较大人身伤亡或财产损害后，有关责任主体将其对某些海事请求的赔偿责任限制在一定范围的法律制度。与之相对应，海事赔偿责任限制基金，是指在发生海事事故并造成较大损害时，有关责任主体向海事法院提交的与其法定责任限额相当，将来用以分配给所有限制性债权人的现金或担保。有关责任主体申请设立基金，同时也表明了要求依法享有责任限制的意思。

4. 共同海损分摊案件

共同海损理算，是指具有法定资格的专业机构或者人员，按照理算规则，对共同海损的损失和费用、受益方的分摊价值以及各方应分摊共同海损的数额所进行的审理和计算工作。

（二）求偿程序及处理办法——以船载货物索赔案件为例

除了上述四种案件外，最主要的还包括第五种类型，即船载货物权利人的索

赔案件。(1)船载货物权利人提起赔偿诉讼时,碰撞船舶的过失比例已经由具有法律效力的裁决确定的,应据此判决碰撞船舶按各自比例承担相应责任。(2)碰撞船舶已经另行诉讼或仲裁的情况下,应当对赔偿纠纷中止审理,待碰撞纠纷明确过失比例后,再恢复审理。(3)碰撞船舶未提供过失比例的证据,也未另行诉讼或者仲裁情况下,法院在审理过程中应及时向碰撞船舶当事人释明法律后果后,限定其在一审法庭调查结束前提起。无正当理由逾期未提起,可视为拒不提供证据,进而直接进行裁判。(4)船载货物索赔案件因碰撞责任比例未能确定而中止前,应将除责任比例之外的其他争议事实及时审理,以便过失比例确定后即可作出判决,以提高审判效率。(5)碰撞纠纷与船载货物权利人提起的赔偿纠纷均由法院审理的,原则上应由同一合议庭审理,便于关联案件事实查明和权利、义务的平衡。若不同法院进行受理的,不同法院也应当加强沟通和联系,便于关联案件的整体处理,避免裁判标准的不统一。

三、船舶碰撞案件责任和损失判定原则

(一)船舶碰撞的责任主体

《最高人民法院关于审理船舶碰撞纠纷案件若干问题的规定》第 4 条规定,“船舶碰撞产生的赔偿责任由船舶所有人承担,碰撞船舶在光船租赁期间并经依法登记的,由光船承租人承担”。据此,法院在审理碰撞案件中,应当首先查明船舶的权属状态,以判断责任承担主体。另外,在船舶所有权和经营权分离的情况下,还可能存在船舶经营人、管理人及有过错的其他方可能基于实际控制、管理船舶承担相应赔偿责任的可能,就此法院应予以充分的审查。

(二)船舶碰撞的责任基础

船舶碰撞属于民事侵权的范畴,但是适用的规则原则有别于普通的民事侵权案件。在普通的民事侵权案件中,通常须有侵权故意。但船舶碰撞案件中,故意碰撞的案例是罕见的,大量的纠纷都是由于疏忽大意或者过于自信引起的,如疏于瞭望、违反安全航速等。因此,船舶碰撞案件的责任基础主要是过失责任。

在船舶碰撞实务中,过失具体表现为:行为人并不希望碰撞损害结果的发生,但对碰撞事实的发生或者防止应当预见而没有预见,或在船舶面临紧迫局面和紧迫危险时,采取避让措施不当,致使船舶碰撞损害结果的发生,或导致损失的扩大。对于此种过失的审定,应当遵循客观标准。

(三)损失赔偿范围

碰撞除可能会导致当事方财产损害外还可能会导致第三人损失,如人身伤亡

损害、油污损害、财产损害等。人身伤亡和油污损害的赔偿标准有专门的法律规定，审判实践较为复杂的主要是财产损害赔偿部分，主要有三个方面：船舶碰撞或者触碰后相继发生的有关费用和损失；为避免或者减少损害而产生的合理费用和损失；预期可得利益的损失。具体表现形式有：船舶损失，营运损失，船员工资和遣返费用损失，因违约而向第三方赔付的损失，码头等固定设施损害的损失等。

第二节　船舶碰撞案件审理标准化的依据

一、统一海事审判司法尺度是实施海事审判精品战略的必然要求

党的十八大指出，提高海洋资源开发能力，发展海洋经济，保护海洋生态环境，坚决维护国家海洋权益，建设海洋强国。党的十八届五中全会进一步提出要壮大海洋经济，拓展蓝色经济空间，对海事审判工作提出了新要求。最高人民法院周强院长在2015年12月研究海事审判工作改革和发展专题会议上提出，要紧紧围绕海洋强国战略和“一带一路”战略实施，以把我国建设成为具有较高国际影响力的国际海事司法中心为目标，推进实施海事审判精品战略，全面加强新时期海事审判工作。同年，最高人民法院实施的《关于全面推进涉外商事海事审判精品战略　为构建开放型经济体制和建设海洋强国提供有力司法保障的意见》共28条规定中专门有6条强调统一司法裁判尺度，在具体的司法审查和法律适用内容中强调统一标准的多达14处。

可见，统一司法裁判尺度是实施海事审判精品战略的重要措施和抓手。

二、船舶碰撞案件审理实施标准化具有现实意义

船舶碰撞案件是典型的海事案件，在《海商法》中以第八章专章、6个条文进行了规定，最高人民法院于2008年发布了《关于审理船舶碰撞纠纷案件若干问题的规定》，共11个条文。此类案件在案件程序适用、事实审查和实体裁判方面存在许多特殊的规则，且一个船舶碰撞事故还可能衍生出除船舶碰撞案件之外，如人身损害赔偿、船载货物损害赔偿、船舶油污损害赔偿、设立海事赔偿责任限制基金、共同海损分摊等关联案件，对审判人员在法律、航海、贸易等领域相关知识的要求较高，在统一司法裁判尺度方面具有重要的典型意义，能够体现我国海事审

判的司法水平。

《天津法院船舶碰撞案件审理标准(试行)》共分为七个部分,主要内容如下:

第一部分,总则。阐明文件的制定依据和制定目的。

第二部分,适用范围。说明文件适用的范围。

第三部分,诉前审查。主要涉及船舶碰撞案件在诉前扣船和证据保全中需要审查的事项。

第四部分,程序处理。主要涉及船舶碰撞案件中有关送达、证据披露、专家证人的聘请以及碰撞损失鉴定等问题的特别规定。

第五部分,事实查明和证据审查。该部分涉及法院在船舶碰撞案件审理中对事实和证据审查的要点。

第六部分,实体裁判。主要涉及船舶碰撞案件裁量要点、碰撞责任比例裁量的重要原则和依据以及涉及船舶责任限制制度时裁判文书方面的注意事项。

第七部分,关联案件。主要针对因船舶碰撞事故而引发的人身损害赔偿、船载货物损害赔偿、船舶油污损害赔偿、设立海事赔偿责任限制基金、共同海损分摊等关联案件的审理进度而进行的特殊安排。

三、船舶碰撞案件审理需要注意的几个重要方面

(一)诉前审查的必要性

考虑到船舶碰撞事故发生后,现场不能保存,证据容易失去,认定碰撞责任的重要证据船舶航行记录又很容易被伪造,为了防止责任人掩盖事实,编造假证,保证诉讼证据的客观性、关联性和合法性,以及对碰撞相关案件的整体审理,应当在海事证据保全中或者碰撞事故发生后有关请求扣押船舶时对船舶进行现场勘查,对相关损失的情况有一定认识,并第一时间获取船员对事故的陈述等,将有利于未来案件的审理。当然前述是一种理想状态,所有审理准备工作还需要符合相关的法律规定,并且要注意所固定证据在案件正式审理中的法律效力。

(二)举证方面的特别要求

1. 如实填写《海事事故调查表》,禁止翻供。《海事诉讼特别程序法》第 82 条规定:“原告在起诉时、被告在答辩时,应当如实填写《海事事故调查表》。”《海事事故调查表》是当事人离碰撞事故最近的陈述,也是最原始的陈述,其客观性、真实性以及当事船舶的有关驾驶员等对事故前后相关细节的描述,对查明碰撞案件的事实具有十分重要的作用。因此,法律规定禁止翻供原则,即当事人在《海事事

故调查表》中的陈述,在随后的庭审程序中,不得推翻。

2. 证据保密的原则。审理船舶碰撞案件时,一方当事人提交的证据材料,不仅不应该向对方当事人披露,而且还应当保密。法院也应当遵循保密的原则,在庭审之前不得组织证据交换,也不举行庭前的听证和质证。船舶碰撞案件中,直接有效的证据的获得是十分困难的,往往只有双方证人的陈述,甚至只有单方证据如航海日志、车钟记录簿等挂件证据,都是当事人单方记录的航行资料。而这些资料对查明碰撞事故发生的原因以及当事船舶在事故发生前后的措施是否得当,具有十分重要的意义。避免因为审理前提前泄密,当事人有针对性地修改己方证据,从而增加法院查明案件事实的难度。

3. 庭审开始,举证之门关闭。一旦庭审开始,法庭则关闭当事人举证的大门,拒绝接受当事人再提交证据材料的申请。完成举证并出具完成举证说明书后,才可以查阅对方提供或者法院调取的相关碰撞事实方面的证据。

4. 证据保全规定规则。船舶碰撞案件中,当事人双方还负有保全有关证据的义务,航行文件和航行记录都不得涂改或者毁损,否则将承担于己不利的法律后果。

(三)判定责任需要考虑的要素较为复杂

审判事故中,过失的判断通常采用客观标准。过失具体可分为实际过失和推定过失两大类,而推定过失又可分为法律推定的过失和事实推定的过失。实际过失,是指在船舶碰撞中,行为人所做的行为或者不作为具有客观过错,这种过错不需要借助推定即能认定的客观真实存在的事实。如违反港口安全规定,在狭水道超速行驶;雾中航行未施放雾号;驾驶人员未保持正规瞭望或雷达设备未开启等。而在审判实践中,上述方法仍不能作出判断时,法官则辅以运用经验法则或逻辑法则,从已知事实推断出当事人具有过失的事实。法律推定过失,则指如一船违反法定的航行规则,即由法律推定该船有过失。该方法无形中加重了被告的举证责任,其须证明违反规则或者背离规则是符合当时会遇情形的必要且为合理行为,或为减少损失而发生的紧急避险行为,或者该行为与碰撞结果没有因果关系。该原则在《1910 年碰撞公约》中被废止,实际上很少有国家适用。

而过失的判断,就需要法院对下列文件进行认真审查,以确定碰撞当时船舶操纵中可能存在的过错:当事船舶在航行中航海日志、甲板、轮机、车钟、电台、雷达等原始记录或类似文件;当事船舶罗经差表和碰撞时所使用的原始海图及自动航向记录;当事船舶的值班驾驶员、轮机员的交接班记录等与航行有关的文件资料;起运港、目的港,以判断其航向航路等。

第三节　天津法院船舶碰撞案件审理标准(试行)

1. 总则

1.1　为规范船舶碰撞案件的审理工作,统一裁判尺度,依照有关法律和规定,结合审判工作实际,制定本标准。

1.2　本标准用于指导、规范和评价船舶碰撞案件的审理工作。

1.3　本标准未规定内容,适用其他相关标准化文件。

2. 适用范围

2.1　海船、内河船、海上可移动钻井平台及其它海上移动式装置之间发生的碰撞案件适用本标准。

2.2　上述船舶及海上移动式装置与码头等设施或者障碍物发生的触碰案件参照适用本标准。

2.3　碰撞一方为用于军事、政府公务的船舶的案件不适用本标准。

3. 诉前审查

3.1　依当事人申请扣押船舶的,审查船舶权属、光船租赁、船舶期租、船舶挂靠的情况准确、全面。

3.2　海事证据保全中需要对船舶进行现场勘查的,对以下情况审查清楚:

3.2.1　船舶的始发港、目的港;

3.2.2　船载货物的种类、数量;

3.2.3　船舶与船载货物损失;

3.2.4　人身损害;

3.2.5　船舶油污损害。

4. 程序处理

4.1　对被扣押船舶方提起诉讼,立案后船舶仍在扣押期间的,向船长送达法律文书,有依法送达手续。

4.2 向当事人送达受理或者应诉材料的同时送达《海事事故调查表》，有依法送达手续。

4.3 申请查阅对方当事人提供的有关船舶碰撞事实的证据材料和法院依职权或者依当事人申请调取的相关证据，在当事人完成举证并向法院出具完成举证说明书之后进行。

4.4 除有新证据并有充分理由说明证据不能在举证期限内提交的以外，禁止当事人推翻《海事事故调查表》中的陈述和已经提供的证据。

4.5 准许当事人申请具有专门知识的人就船舶碰撞责任中的专门性问题进行说明，人数不得超过两名。

4.6 准许当事人申请就船舶碰撞损失中的专门性问题进行鉴定，鉴定人有丰富船舶损失鉴定或者航海经验，并且具有专业资格。

5. 事实查明和证据审查

5.1 召开庭前会议，集中出示当事人提交的和法院调取的有关碰撞的证据。

5.2 发生在海上的船舶碰撞案件，对下列事实和证据审查清楚：

5.2.1 当事船舶中是否有内河船；

5.2.2 船舶所有权证书、船舶国籍证书、船级证书、船体及轮机适航证书、船舶安全设备证书、吨位证书、船舶抵押登记证书、船员适任证书、最低配员证书等碰撞船舶的主要证书；

5.2.3 航海日志、轮机日志、车钟记录、航向记录、海图、气象海况资料、船员名单等碰撞船舶的主要文件；

5.2.4 舱单、货物运单或者提单等运输单据及船上往来文件；

5.2.5 船舶交通管理系统对碰撞经过的雷达监测记录；

5.2.6 海事行政主管机关 AIS 记录、对碰撞船舶船员的询问笔录以及调查报告等。

5.3 发生在内河的船舶碰撞案件，审查重点为下列事实和证据：

5.3.1 当事船舶中是否有海船；

5.3.2 当事船舶的水路运输营运许可证明文件；

5.3.3 事故发生的地点是在内河的干流水域还是支流水域；

5.3.4 当事船舶是否遵守有关内河航道分道通航、分边通航、控制河段航行、干支流交汇水域航行的特别规定；

5.3.5 当事船舶是否遵守有关超长、超重、超大货物以及危险品准运特别规定等。

6. 实体裁判

6.1 船舶碰撞案件的审理重点明确:

6.1.1 是否发生碰撞,包括直接碰撞或者间接碰撞;

6.1.2 碰撞各方的责任比例;

6.1.3 碰撞造成的直接损失、间接损失;

6.1.4 碰撞行为与损害的因果关系。

6.2 确定碰撞责任比例具有依据:

6.2.1 碰撞双方就避碰的规则达成的约定;

6.2.2 碰撞所发生水域的特别规定;

6.2.3 《1972年国际海上避碰规则》及其修正案。

6.3 在综合分析紧迫局面形成的原因、碰撞双方过错程度及处置措施恰当与否的基础上,认定碰撞责任比例准确。

6.4 海事行政主管机关海事调查报告及其结论意见作为认定事实的证据时,无其他充分事实证据和理由足以推翻。

6.5 承担责任的当事人享受责任限制的,在判决说理部分论述清楚,并对责任限制前后应当承担的责任在判决主文中分项写明。

6.6 船舶碰撞造成损失的具体数额难以确定的,碰撞责任部分先行审理和判决。

7. 关联案件

7.1 因船舶碰撞事故引发的人身损害赔偿、船载货物损害赔偿、船舶油污损害赔偿、设立海事赔偿责任限制基金、共同海损分摊案件,有关联案件合议庭沟通、协调的书面记录入卷。

7.2 在船舶碰撞案件对碰撞责任作出认定前,船载货物赔偿案件中止审理,有下列情形的除外:

7.2.1 碰撞船舶单方过失的;

7.2.2 船载货物的权利人只向碰撞事故的单个船方提起赔偿诉讼,该船方对过失程度比例无异议或者无正当理由未能举证反驳的。

7.3 不得以船舶碰撞案件中碰撞责任未作出认定结论为由中止审理的关联案件包括:

7.3.1 人身损害赔偿案件；

7.3.2 船舶油污损害赔偿案件；

7.3.3 设立海事赔偿责任限制基金案件；

7.3.4 共同海损分摊案件。

8. 规范性文件引用

8.1 《1972 年国际海上避碰规则》及其修正案

8.2 《1910 年统一船舶碰撞某些法律规定的国际公约》

8.3 《1952 年船舶碰撞中民事管辖权方面某些规定的国际公约》

8.4 《中华人民共和国内河避碰规则》

8.5 交通部《关于不满 300 总吨船舶及沿海运输、沿海作业船舶海事赔偿限额的规定》

8.6 《最高人民法院关于审理船舶碰撞和触碰案件财产损害赔偿的规定》

8.7 《最高人民法院关于审理海事赔偿责任限制相关纠纷案件的若干规定》

8.8 《最高人民法院关于审理船舶碰撞纠纷案件若干问题的规定》

8.9 《最高人民法院关于审理涉外海上人身伤亡案件损害赔偿的具体规定(试行)》

8.10 《最高人民法院民事审判第四庭、中国海事局关于规范海上交通事故调查与海事案件审理工作的指导意见》

第四节 《天津法院船舶碰撞案件审理标准(试行)》释义

1. 总则

【条文】

1.1 为规范船舶碰撞案件的审理工作，统一裁判尺度，依照有关法律和规定，结合审判工作实际，制定本标准。

【条文主旨】

制定目的。

【条文】

1.2　本标准用于指导、规范和评价船舶碰撞案件的审理工作。

【条文主旨】

制定作用。

【条文】

1.3　本标准未规定内容,适用其他相关标准化文件。

【条文主旨】

与其他标准的关系。

2. 适用范围

【条文】

2.1　海船、内河船、海上可移动钻井平台及其它海上移动式装置之间发生的碰撞案件适用本标准。

【条文主旨】

适用范围。

【条文】

2.2　上述船舶及海上移动式装置与码头等设施或者障碍物发生的触碰案件参照适用本标准。

【条文主旨】

适用范围。

【条文】

2.3　碰撞一方为用于军事、政府公务的船舶的案件不适用本标准。

【条文主旨】

适用范围。

【条文理解】

前述三个条文是结合《海商法》第3条和第165条[①]所作出的特别规定。《海

---

① 《海商法》第3条规定:本法所称船舶,是指海船和其他海上移动式装置,但是用于军事的、政府公务的船舶和20总吨以下的小型船艇除外。

前款所称船舶,包括船舶属具。

《海商法》第165条规定:船舶碰撞,是指船舶在海上或者与海相通的可航水域发生接触造成损害的事故。

前款所称船舶,包括与本法第三条所指船舶碰撞的任何其他非用于军事的或者政府公务的船艇。

商法》各章节关于“船舶”这一概念外延的规定是有所不同的，第165条第2款的规定将船舶碰撞一方限定为第3条所涉及的船舶，而碰撞的其他方在排除军用船舶和政府公务船舶外未做限定，在一定程度上扩大了“船舶”的范围。本标准在此基础上进一步扩大了船舶碰撞案件中“船舶”的范围。比如，内河船舶和内河船舶之间的碰撞，虽然不能适用《海商法》的规定，但是该类案件的审理要受到本标准的指导、规范和评价。

3. 诉前审查

【条文】

3.1　依当事人申请扣押船舶的，审查船舶权属、光船租赁、船舶期租、船舶挂靠的情况准确、全面。

【条文主旨】

扣押船舶为审理船舶碰撞案件需要做的调查。

【条文理解】

为保证扣押船舶的准确性，需要对被扣押船舶的权属情况进行认真审查。而船舶经营情况比如光租、期租、挂靠也将影响碰撞责任主体的确定，以及相关案件的审理。《最高人民法院关于审理船舶碰撞纠纷案件若干问题的规定》第4条规定：“船舶碰撞产生的赔偿责任由船舶所有人承担，碰撞船舶在光船租赁期间并经依法登记的，由光船承租人承担。”

【条文】

3.2　海事证据保全中需要对船舶进行现场勘查的，对以下情况审查清楚：

3.2.1　船舶的始发港、目的港；

3.2.2　船载货物的种类、数量；

3.2.3　船舶与船载货物损失；

3.2.4　人身损害；

3.2.5　船舶油污损害。

【条文主旨】

证据保全中为审理船舶碰撞案件需要做的调查。

【条文理解】

船舶发生碰撞后，往往不仅仅涉及船舶碰撞纠纷案件的审理，还涉及许多航运实务工作的处理以及相关问题的判断，比如船上货物是否需要转运安排、船载货物损害赔偿的判断、船舶计划航线可能对船方航海操纵过错程度产生的影响。

《海事诉讼特别程序法》第70条规定:“海事法院进行海事证据保全,根据具体情况,可以对证据予以封存,也可以提取复制件、副本,或者进行拍照、录相,制作节录本、调查笔录等。确有必要的,也可以提取证据原件。”

4. 程序处理

【条文】

4.1 对被扣押船舶方提起诉讼,立案后船舶仍在扣押期间的,向船长送达法律文书,有依法送达手续。

【条文主旨】

提高诉讼效率。

【条文理解】

船舶发生碰撞事故后,一般都要接受海事行政主管机关的海事调查,还有可能因海事请求保全被海事法院扣押。调查和扣押期限届满后,尤其是外籍船舶一旦离开海事法院的管辖水域,对船方进行司法送达就存在一定的困难和障碍。为避免出现此种情况,审理船舶碰撞案件时应尽量向当事船长进行送达。《最高人民法院关于适用〈中华人民共和国海事诉讼特别程序法〉若干问题的解释》第53条规定:“有关海事强制令、海事证据保全的法律文书可以向当事船舶的船长送达。”第54条规定:“应当向被告送达的开庭传票等法律文书,可以向被扣押的被告船舶的船长送达,但船长作为原告的除外。”

【条文】

4.2 向当事人送达受理或者应诉材料的同时送达《海事事故调查表》,有依法送达手续。

【条文主旨】

规范需要送达的文件。

【条文】

4.3 申请查阅对方当事人提供的有关船舶碰撞事实的证据材料和法院依职权或者依当事人申请调取的相关证据,在当事人完成举证并向法院出具完成举证说明书之后进行。

【条文】

4.4 除有新证据并有充分理由说明证据不能在举证期限内提交的以外,禁止当事人推翻《海事事故调查表》中的陈述和已经提供的证据。

【条文主旨】

禁止反言。

【条文理解】

《海事诉讼特别程序法》第82条至第85条,《最高人民法院关于适用〈中华人民共和国海事诉讼特别程序法〉若干问题的解释》第56条至第58条,对《海事事故调查表》的填写和证据效力问题作出了专门规定,并且对证据披露的原则也进行与一般民事诉讼程序不同的特别规定。主要是因为船舶碰撞事故不同于陆路交通事故,具有现场不能保存、证据容易丢失,认定碰撞责任的重要证据船舶航行记录又很容易伪造,为了防止责任人掩盖事实,编造假证,保证诉讼证据的客观性、关联性和合法性,对于碰撞事实方面的证据确立了三项规则,第一,如实填写《海事事故调查表》,禁止翻供;第二,证据保密的规则;第三,庭审开始,举证之门关闭。

【条文】

4.5　准许当事人申请具有专门知识的人就船舶碰撞责任中的专门性问题进行说明,人数不得超过两名。

【条文主旨】

专家证人出庭作证。

【条文】

4.6　准许当事人申请就船舶碰撞损失中的专门性问题进行鉴定,鉴定人有丰富船舶损失鉴定或者航海经验,并且具有专业资格。

【条文主旨】

碰撞损失的鉴定。

【条文理解】

《海事诉讼特别程序法》第86条规定:“船舶检验、估价应当由国家授权或者其他具有专业资格的机构或者个人承担。非经国家授权或者未取得专业资格的机构或者个人所作的检验或者估价结论,海事法院不予采纳。”海事司法鉴定不仅要求鉴定机构具有司法鉴定资质,还要求具有与所鉴定事项相关的专业背景,否则鉴定结论的效力会很低甚至不被采信。

5. 事实查明和证据审查

【条文】

5.1　召开庭前会议,集中出示当事人提交的和法院调取的有关碰撞的证据。

【条文主旨】

庭前会议的证据交换。

【条文】

5.2 发生在海上的船舶碰撞案件,对下列事实和证据审查清楚:

5.2.1 当事船舶中是否有内河船;

5.2.2 船舶所有权证书、船舶国籍证书、船级证书、船体及轮机适航证书、船舶安全设备证书、吨位证书、船舶抵押登记证书、船员适任证书、最低配员证书等碰撞船舶的主要证书;

5.2.3 航海日志、轮机日志、车钟记录、航向记录、海图、气象海况资料、船员名单等碰撞船舶的主要文件;

5.2.4 舱单、货物运单或者提单等运输单据及船上往来文件;

5.2.5 船舶交通管理系统对碰撞经过的雷达监测记录;

5.2.6 海事行政主管机关 AIS 记录、对碰撞船舶船员的询问笔录以及调查报告等。

【条文主旨】

发生在海上的船舶碰撞案件需要审查的事实和证据。

【条文】

5.3 发生在内河的船舶碰撞案件,审查重点为下列事实和证据:

5.3.1 当事船舶中是否有海船;

5.3.2 当事船舶的水路运输营运许可证明文件;

5.3.3 事故发生的地点是在内河的干流水域还是支流水域;

5.3.4 当事船舶是否遵守有关内河航道分道通航、分边通航、控制河段航行、干支流交汇水域航行的特别规定;

5.3.5 当事船舶是否遵守有关超长、超重、超大货物以及危险品准运特别规定等。

【条文主旨】

发生在内河的船舶碰撞案件需要审查的事实和证据。

【条文理解】

前述规定主要涉及裁量碰撞责任的几类证据:一是船舶是否适航方面的证据,包括各种船舶证书、船员证书;二是船舶航行操纵方面的证据,包括车钟记录、航海日志方面的证据;三是海事行政主管机关获取的证据,包括各种官方记录(AIS、雷达监测)、船员的询问笔录等;四是规范船舶航行操纵方面的特别规则。

6. 实体裁判

【条文】

6.1　船舶碰撞案件的审理重点明确：

6.1.1　是否发生碰撞，包括直接碰撞或者间接碰撞；

6.1.2　碰撞各方的责任比例；

6.1.3　碰撞造成的直接损失、间接损失；

6.1.4　碰撞行为与损害的因果关系。

【条文主旨】

争议焦点。

【条文】

6.2　确定碰撞责任比例具有依据：

6.2.1　碰撞双方就避碰的规则达成的约定；

6.2.2　碰撞所发生水域的特别规定；

6.2.3　《1972 年国际海上避碰规则》及其修正案。

【条文主旨】

碰撞责任判定的依据。

【条文】

6.3　在综合分析紧迫局面形成的原因、碰撞双方过错程度及处置措施恰当与否的基础上，认定碰撞责任比例准确。

【条文主旨】

碰撞责任判定的依据。

【条文】

6.4　海事行政主管机关海事调查报告及其结论意见作为认定事实的证据时，无其他充分事实证据和理由足以推翻。

【条文主旨】

海事调查报告对碰撞责任认定的影响。

【条文理解】

以上划分碰撞责任比例的规定是环环相扣、层层递进的关系，主要涉及航行规则的确立和遵守。一般情况下，对于避碰规则能够达成约定的，从约定；无约定的，所航行区域对航行规则有特别规定，遵从特别规定；没有规定的，船舶操纵是否存在过错按照《1972 年国际海上避碰规则》进行判定。同时，应当强调的是，即使双方就避碰规则达成一致,在船舶操纵过程中仍需遵循良好船艺的要求,即瞭望、安全航速等;另外,如该规则第6.3条的表述,即无论何种情况下,对碰撞责任比例的认定,应“在综合分析紧迫局面形成的原因、碰撞双方过错程度及处置措施恰当与否的基础上”综合判定。考虑到海事行政主管机关处理海事碰撞事故的专业性,对于其在海事调查报告中关于碰撞责任比例划分的论述,海事法院应当予以尊重,并且可以直接作为证据使用。

【条文】

6.5　承担责任的当事人享受责任限制的,在判决说理部分论述清楚,并对责任限制前后应当承担的责任在判决主文中分项写明。

【条文主旨】

海事赔偿责任限制需要在碰撞案件中予以考虑。

【条文理解】

海事赔偿责任限制制度属于海商法中限制责任的一项特殊制度,为了避免引起当事人的误读以及海事赔偿责任限制基金的分配程序中存在的可能误操作,作出此规定。存在海事赔偿责任限制的情况下,判决赔偿参与分配海事赔偿责任限制基金时,应以限制前的赔偿数额作为分配基数。

【条文】

6.6　船舶碰撞造成损失的具体数额难以确定的,碰撞责任部分先行审理和判决。

【条文主旨】

先行判决。

7. 关联案件

【条文】

7.1　因船舶碰撞事故引发的人身损害赔偿、船载货物损害赔偿、船舶油污损害赔偿、设立海事赔偿责任限制基金、共同海损分摊案件,有关联案件合议庭沟通、协调的书面记录入卷。

【条文主旨】

与关联案件之间的协调处理。

【条文】

7.2　在船舶碰撞案件对碰撞责任作出认定前,船载货物赔偿案件中止审理,有下列情形的除外:

7.2.1　碰撞船舶单方过失的；

7.2.2　船载货物的权利人只向碰撞事故的单个船方提起赔偿诉讼，该船方对过失程度比例无异议或者无正当理由未能举证反驳的。

【条文主旨】

船载货物赔偿案件是否需要等待碰撞案件审理情况。

【条文】

7.3　不得以船舶碰撞案件中碰撞责任未作出认定结论为由中止审理的关联案件包括：

7.3.1　人身损害赔偿案件；

7.3.2　船舶油污损害赔偿案件；

7.3.3　设立海事赔偿责任限制基金案件；

7.3.4　共同海损分摊案件。

【条文主旨】

无须等待碰撞案件审理的关联案件。

【条文理解】

考虑到船舶碰撞事故相关案件审理的复杂性以及碰撞责任比例划分对各类案件审理的影响，作出上述规定。人身损失赔偿案件根据《海商法》第169条第3款的规定，互有过失的船舶负连带责任；而船舶油污损害赔偿案件的审理主要是“谁污染，谁负责”的原则，故这两类案件的审理无须等待碰撞责任比例的划分。货损赔偿案件中责任人一般是按照碰撞责任比例承担赔偿责任的，因此案件需要中止审理，等待碰撞责任比例划分后才得以继续审理。碰撞责任比例的划分不影响设立海事赔偿责任限制基金案件和共同海损分摊案件的审理。

8. 规范性文件引用（略）

第五章　机动车交通事故责任纠纷案件审理标准的理解与适用

第一节　机动车交通事故责任纠纷案件审理概述

一、机动车交通事故责任纠纷案件的总体情况

机动车交通事故责任纠纷，是指机动车的所有人或者使用人在机动车发生交通事故造成他人人身伤害或者财产损失时所应承担的侵权损害赔偿责任。[①] 该案由是在一级、二级案由侵权责任纠纷之下设立的三级案由，系针对《侵权责任法》第六章而设定[②]。

当前，机动车交通事故责任纠纷案件呈现以下特点：

(1)受案数量大，增长快。随着城市建设快速发展、城市路网建设日臻完善以及机动车保有量的不断增加，随之而来的机动车事故危险性日益严重，交通事故呈现高发态势。人民法院受理的机动车交通事故责任纠纷案件数量处于逐年攀升趋势。

(2)涉案诉讼主体多。机动车交通事故责任纠纷案件的被告人类型众多，在同一案件中，既存在基于保险合同关系而替代直接侵权人承担赔偿责任的交强险保险人和商业险保险人，又存在车辆的所有人、管理人、驾驶人等侵权责任的承担者。另外，基于车辆使用情况，车辆借用人、承租人、承包人、挂靠人、质权人等其他单位和个人作为被告参加诉讼的情况亦十分常见。这一特点使得查清案件事

---

① 最高人民法院民事案件案由规定课题组：《最高人民法院民事案件案由规定理解与适用》，人民法院出版社2011年版，第506页。

② 最高人民法院民事案件案由规定课题组：《最高人民法院民事案件案由规定理解与适用》，人民法院出版社2011年版，第507页。

实、厘清多个诉讼主体的关系，以准确确定责任承担者、多个责任承担者的责任承担顺序和责任承担方式、责任承担比例，是机动车交通事故责任纠纷案案件的审理中的关键和难点问题。

(3)案件审理关涉民生。机动车交通事故造成人身伤亡、财产损失，进入法院通过诉讼方式解决的机动车交通事故责任纠纷大量存在致人伤残、死亡以及大额财产损失的情况，损失金额的合理计算、责任承担者的准确界定、案件审理的高效便民、赔偿金的及时给付都密切联系到受害人的后续治疗、伤残的恢复训练、丧葬事宜的处理等诸多与当事人生存、生活密切相关的事务。机动车交通事故责任纠纷作为涉民生案件的一种，其科学、高效、标准化的审理，事关当事人基本生存权益，与群众利益攸关。

二、机动车交通事故责任纠纷案件审理中存在的问题

(一)部分问题处理结果存在一定差异，司法尺度不一

机动车交通事故责任纠纷案件作为一种类型化的侵权案件，交通事故认定书的效力、"车上人员"与"第三者"身份转化、受害人或被扶养人的农村居民或城镇居民身份认定、被扶养人生活费的计算方式、误工费和护理费标准、替代性交通工具/停运损失计算、商业第三者责任保险免赔条款的效力等一直是此类案件处理中的疑难问题。在审理标准和审理指南起草过程中，通过调研发现由于本市不同法院对《侵权责任法》、《最高人民法院关于审理人身损害赔偿案件适用法律若干问题的解释》及《最高人民法院关于审理道路交通事故损害赔偿案件适用法律若干问题的解释》具体条文理解上的差异以及对部分疑难问题法律上的空白，加之不同法院对证据认定宽严尺度以及审判习惯、审判传统等方面的差异，导致类似案件不同处理的情况还在一定程度上存在。例如，同一保险人承保的商业第三者责任险，在投保时保险人按照同样的操作方式为车辆办理保险，但当被保险车辆在事故中存在保险合同约定的免赔情形，不同法院对于该保险人是否对该免责条款履行提示、说明义务常作出不同认定；在受害人为教师的案件中，对于其在工资条之外的课时费、加班费等损失是否作为误工损失予以支持，也常有不同处理，类似问题较多，亟待统一裁判标准。

(二)裁判文书对赔偿金额的计算过程缺失

通过调研发现，部分机动车交通事故责任纠纷案件判决书中对于误工费、护理费、残疾赔偿金、被扶养人生活费等具体的赔偿项目，仅仅在"经本院审理查明

原告损失如下”之后直接列出各赔偿项目的金额,不写明具体计算过程或计算过程书写不够详细,导致案件当事人,尤其是诉讼能力较差的当事人无法知晓计算结果的获得方式。

(三)司法鉴定较多,延长案件审理周期

机动车交通事故责任纠纷案件中,涉及大量鉴定事项,如伤残等级、误工期、护理期、营养期、护理依赖程度,一些财产案件中还存在申请车辆损失鉴定的情况,由此导致案件审理需要等待鉴定结论的做出,延长了审理周期。制定交通事故审理标准和审理指南的过程中,在总结审判经验的基础上,审理标准和审理指南规定,对于误工期、护理期、营养期等事项的鉴定,人民法院可以参照相关鉴定标准组织当事人协商,通过协商达成一致的,即无须再委托鉴定;对于车辆损失鉴定问题,在充分分析、领会立法精神的基础上,力促按照车辆维修费确定损失。

三、机动车交通事故责任纠纷案件标准化概述

《天津法院机动车交通事故责任纠纷案件审理标准(试行)》(以下简称《交通事故案件审理标准》)于2015年5月被确定为第二批标准化文件。作为第一批针对实体案件编制的标准化文件,经过多次调研、讨论、论证,确定本标准化文件以“审理标准+审理指南”的形式制定,并于2017年年初以交通事故审理标准附《天津市高级人民法院机动车交通事故责任纠纷案件审理指南》(以下简称《交通事故案件审理指南》)的形式,印发全市法院试行。

交通事故案件审理标准用于对案件的检验、评价,交通事故案件审理指南用于指导案件的具体审理。二者的融合,一方面,保证了交通事故案件审理标准的精练、简洁,使其行文、用语更符合标准化文件的要求,更好地体现标准化文件作为评价案件审理质量的文件的特点;另一方面,审理标准与审理指南相互对照,案件审理质量评价标准与案件审理方法结合,能够更全面地指导交通事故案件的审理,使裁判者更清晰地了解交通事故案件应如何审理、审判过程和裁判结果应当符合何种标准。这种方式是对制定实体案件标准的一种新探索。

交通事故案件审理标准和审理指南的制定遵循以审判实践为导向、服务案件审理的基本原则,在案件审理经验积累和探索总结的基础上,将机动车交通事故责任纠纷案件审理中涉及的诉讼主体、案件事实、司法鉴定、责任承担、损失计算等各环节中的审理方法和应符合的标准,系统性地总结、概括、提升,上升为全面、统一、明晰的标准化和规范化文件,以加强对该类型案件审判活动的管理和指导,

使该类型案件的审理实现程序规范、标准统一，促进案件审理水平和裁判的公信力的提升。

交通事故案件审理指南以机动车交通事故责任纠纷案件审理的逻辑顺序为基础，构建审理标准的整体框架结构。

从交通事故案件的审理过程分析，总体可以划分为两大类问题：一是交通事故的责任主体和责任承担，主要涉及交通事故情况、车辆保险情况、赔偿责任主体、责任承担顺序、归责原则等内容；二是交通事故所致各类损失金额的确定，包含医疗费、误工费、残疾赔偿金等人身损害项目和车辆修理费、施救费、停运损失等财产损失项目。具体而言，交通事故案件审理标准共分为十个部分。第一部分，总则。阐明文件的制定依据和制定目的。第二部分，诉讼主体。列明交通事故案件的原、被告情况，特别是保险公司作为被告的诉讼地位。第三、四部分，原告的诉讼请求和被告的答辩意见。列明诉讼请求和答辩意见的各项要素。第五部分，查明案件事实。列明查清案件事实所需要查证的事故经过及病情、治疗情况、涉案车辆投保情况、鉴定意见等各项要素及查明标准。第六部分，事故责任的认定。区分个案中公安交管部门是否出具交通事故认定书的情况，分别作出规定。第七部分，赔偿责任主体。明确确定交通事故赔偿责任主体的基本原则，同时，由于法律及司法解释对该部分内容规定很明确且配套试行的交通事故审理指南对此亦有详尽的论述，故标准中采取原则指引方式制定。第八部分，赔偿责任的承担顺序和原则。该部分对机动车交通事故责任纠纷案件的过错责任归责原则及免责事由、多个责任主体承担责任顺序等问题的审查标准作出规定。第九部分，赔偿范围。机动车交通事故责任纠纷案件涉及人身和财产损害赔偿的内容。该部分涉及人身损害 14 个赔偿项目和财产损害 6 个赔偿项目，对于各赔偿项目的计算标准、证据类型、举证责任及其他注意事项，做了详细规定。第十部分，规范性文件引用，将作为交通事故审理标准配套试行的《交通事故案件审理指南》作为规范性文件引用。

从机动车交通事故责任纠纷这一案由的字面构成以及最高人民法院对该案由的定义来看，其涵盖了因机动车发生交通事故所致的人身、财产损害，但未包含非机动车之间以及非机动车与行人之间因发生事故导致人身、财产损害而引发的民事纠纷。在审判实践中，后者多以人格权纠纷中的生命权、健康权、身体权纠纷出现，但由于其与机动车交通事故责任纠纷在处理上有一定的相似性，故在交通事故案件审理标准和审理指南中对此亦有所涉及。

第二节 机动车交通事故责任纠纷案件审理标准化的依据

《交通事故案件审理标准》在制定的过程中,广泛收集、研究与机动车交通事故责任纠纷案件审理有关的法律、法规、司法解释、案例及其他法院的成熟经验,深入汇总、梳理审判实践中存在的问题,参考、借鉴其他标准化文件制定中的成熟经验,经多次讨论、修改、征求意见后编写完成。

交通事故案件审理标准的制定依据主要包括:

一、理论依据

机动车交通事故责任纠纷属于侵权纠纷的一种,故如无特殊规定,应当遵循侵权法的基本原理,如归责原则上的过错责任,多责任主体同时承担责任时确认按份责任或连带责任的依据,赔偿损失时对直接损失、间接损失的判断和确认等,均应符合侵权法基本原理。

二、法律依据

(一)法律

《侵权责任法》《道路交通安全法》是交通事故案件审理标准最基本的依照和遵循。《侵权责任法》第二章有关责任构成、责任承担方式、侵权损害赔偿项目等的规定,为交通事故案件审理标准和审理指南中有关责任主体、损害赔偿计算的章节,提供了法律效力最高的指导文本。《侵权责任法》第六章专章规定了机动车交通事故责任问题,其中六个条文涉及租赁、借用、买卖、盗抢、转让拼装车和报废车等情形下机动车交通事故责任主体的认定问题以及事故后逃逸情形下的赔偿问题等内容。《侵权责任法》第48条规定,机动车发生交通事故造成损害的,依照道路交通安全法的有关规定承担赔偿责任,《道路交通安全法》中涉及机动车运行、管理中的各种具体规则,规定了机动车交通事故的归责原则,交通违法行为,交通事故处理等具体问题。此外,交通事故案件审理标准中关于车辆保险的章节,大量参考、吸收了《合同法》《保险法》中的相关规定。

（二）行政法规

《道路交通安全法实施条例》是国务院制定的对《道路交通安全法》进一步细化、解释的行政法规，涉及车辆运行和事故处理的一些专业性问题。《机动车交通事故责任强制保险条例》（以下简称《交强险条例》）是由国务院制定的关于机动车交通事故责任强制保险（以下简称交强险）投保、赔偿等问题的行政法规，是交通事故案件审理标准中关于交强险保险人的赔偿范围、赔偿责任、免责事由等规定的渊源和依据。

（三）司法解释

《最高人民法院关于审理道路交通事故损害赔偿案件适用法律若干问题的解释》（以下简称《交通事故赔偿解释》）于2012年12月21日起施行，其中对于责任主体、责任承担、赔偿范围、诉讼程序等问题进行了详尽的规定，目前已经成为交通事故案件审理中十分重要的指导文件。《最高人民法院关于审理人身损害赔偿案件适用法律若干问题的解释》（以下简称《人身损害赔偿解释》）是有关人身损害赔偿项目、各赔偿金计算方法的基本文件。交通事故案件审理指南中大量参考或直接援引了上述两部司法解释的规定。

三、实践依据

在机动车交通事故审理标准的制定中，广泛参考了最高人民法院的批复、指导案例，北京、上海、广东、湖南、贵州等地法院出台的有关交通事故案件审理的规范性文件，天津法院出台的有关案件审理流程、案件质量等的标准化文件等，这些文件是各级、各地法院在长期司法实践的基础上对审判经验的总结，是机动车交通事故审理标准的实践依据。在机动车交通事故责任纠纷案件起草之前，天津高院还对2011～2015年五年来机动车交通事故责任纠纷案件的申请再审案件进行了调研，从中总结出交通事故认定书、损害赔偿项目、鉴定等当事人争议较大的重点问题以及损失计算过程展现不充分等裁判文书制作中的问题，并在调研过程中收集、研判了大量的其他法院调研报告、裁判文书、案例等材料，为机动车交通事故审理标准的制定提供了实践依据。

第三节　机动车交通事故责任纠纷案件审理标准化的相关问题

机动车交通事故责任纠纷案件的赔偿主体部分涉及的内容较多,在审判实务中亦有较多需要注意的问题,交通事故审理标准对此只做了提纲挈领的原则性规定,详言之,"赔偿责任主体认定准确"应注意以下问题:

一、交强险保险人

根据《交通事故赔偿解释》第25条第1款之规定,人民法院审理道路交通事故损害赔偿案件,除该保险公司已经在交强险责任限额范围内予以赔偿且当事人无异议的之外,应当将承保交强险的保险公司列为共同被告,因此,在案件审理中,如果原告未起诉交强险保险公司,人民法院应向原告释明,根据原告的请求追加或自行查明情况后依职权追加交强险保险公司为案件的共同被告。在机动车交通事故责任纠纷案件中,承保交强险的保险公司是损害赔偿责任的主要承担者。

(一)交强险的赔偿对象

交强险的赔偿对象,实务中一般称其为"第三者"。根据《交强险条例》第21条之规定,被保险机动车发生道路交通事故造成本车人员、被保险人以外的受害人人身伤亡、财产损失的,由保险公司依法在机动车交通事故责任强制保险责任限额范围内予以赔偿。在案件审理中,应避免将本车人员、被保险人纳入本车交强险中进行赔偿,不当扩大交强险的适用范围。

1. 本车人员

本车人员,是指交通事故发生时位于机动车驾驶室或车厢内的人员。

2. 被保险人

关于被保险人,《交强险条例》第3条规定"第三者"不包括被保险人,第42条又规定被保险人是"投保人及其允许的合法驾驶人",如果仅从这两条规定的字面意思理解,其结论是投保人、投保人允许的驾驶人均不属于"第三者",不得享有本车交强险之赔偿。但我国交强险的制度设计是以机动车为基准而不是以驾驶人为基准,而从保险法理论上讲,被保险人是保险事故发生后,保险金的请求权主体，所以我国交强险制度下的被保险人对应的是被保险的机动车在发生交通事故时的实际驾驶人。因此，上述交强险条例的规定仅是对被保险人范围的概括性的规定，其旨在指出被保险人都可能包括哪些人，而并非规定“投保人、投保人允许的驾驶人”都是具体事故中的被保险人。在以上分析的基础上，对于不得享有本车交强险之赔偿的被保险人，应做如下理解：首先，交强险中的被保险人是需要特定化的概念，只有在交通事故发生时才能确定。此处的被保险人不能直接等同于交强险保单上所记载的“被保险人”，投保人也不能直接等同于当初与保险公司订立保险合同的人。其次，在具体某一特定交通事故中，被保险人只能是“投保人、投保人允许的驾驶人”中的一个而非多个。即具体到某一特定交通事故中，被保险人要么是投保人本人，要么是其允许的驾驶人。究竟是谁，判断标准是交通事故发生时谁在驾驶车辆，即投保人自行驾驶机动车发生事故的，被保险人是投保人，投保人允许的其他驾驶人驾驶机动车发生事故的，被保险人为投保人允许的该驾驶人。那么，在投保人与本车实际驾驶人分离的情况下，如果投保人允许的驾驶人驾驶机动车造成投保人损害，被保险人为投保人允许的驾驶人而非投保人，此时投保人只要不是该车乘车人，就处于第三者地位，可以获得本车交强险之赔偿，此即为《交通事故赔偿解释》第 17 条所作出的规定，即“投保人允许的驾驶人驾驶机动车致使投保人遭受损害，当事人请求承保交强险的保险公司在责任限额范围内予以赔偿的，人民法院应予支持，但投保人为本车上人员的除外”。

综上，机动车交通事故责任纠纷案件中，判断是否可以作为本车交强险的赔偿对象的“被保险人”这一名词，应作如下理解：被排除在交强险赔偿对象之外的被保险人，是具体到某一特定交通事故中事故车辆的被保险人，需在交通事故发生时方可确定，在具体某一起交通事故中，交强险的被保险人是投保人或者是投保人允许的驾驶人。具体规则为：

(1)投保人

投保人，是指与保险公司订立交强险保险合同，并负有支付保险费义务的机动车所有人、管理人。

投保人本人驾驶机动车发生事故的，投保人为被保险人。

(2)投保人允许的驾驶人

投保人允许的驾驶人驾驶机动车发生事故的，被保险人为投保人允许的该驾驶人。

从以上分析可以看出，实际在个案中，不能作为本车第三者的被保险人即为交通事故发生时本车的驾驶人，而机动车驾驶人在任何情况下，都不能认定为本车交强险及商业三者险的第三人。实务中有一种情况较为常见,即本车驾驶人下车后被本车碰撞、碾轧的情况,有的法院将此情形下的驾驶人认定为“第三者”,将其作为交强险赔偿对象,尤其是在驾驶人下车查看车辆状况时,被未熄火的车辆碾轧的情形,此类判决更为多见。该处理方式并不妥当,驾驶人在驾驶过程中因修车、检查货物、休息等各种原因暂时离开本车,但此时驾驶人仍为被保险人,并实际管理、控制车辆,如果将其视为“第三者”将导致该起事故出现无被保险人的情形,这显然违背了保险法的基本原理。另外,在此情形下,该驾驶人对机动车有实际的控制力,该损害结果是由于驾驶人自己的不当行为导致其自身遭受损害,根据侵权法原理,自己不能成为自己权益的侵害者并承担侵权责任。因此,本车驾驶人遭受本车所致损害,无论其在事故发生当时是否在本车之上,均不得享有本车交强险之赔偿,即使其在下车之后被本车碰撞、碾轧遭受损害,亦不得享有本车交强险之赔偿。

相关案例:江苏省高级人民法院(2015)苏民再提字第00158号;浙江省高级人民法院(2014)浙民申字第1276号。

(二)交强险的赔偿限额及赔偿项目

目前我国交强险实行分项限额制度,在案件审理中,各损失赔偿项目应在对应的交强险分项限额内进行赔偿,不得随意调整,交强险各分项限额亦不能突破。

1. 交强险的各分项限额

根据保监会批准的、由保险行业协会制定的《机动车交通事故责任强制保险条款》第8条的规定,保险人对每次事故在赔偿限额内负责赔偿,其中死亡伤残赔偿限额为110,000元,医疗费用赔偿限额为10,000元,财产损失赔偿限额为2000元;被保险人无责任时,无责任死亡伤残赔偿限额为11,000元,无责任医疗费用赔偿限额为1000元,无责任财产损失赔偿限额为100元。最高人民法院在《关于交强险分项限额赔付能否突破的批复》中指出,根据《道路交通安全法》第17条、《交强险条例》第23条的规定,机动车发生交通事故后,受害人请求承保机动车第三者责任强制保险的保险公司对超出机动车第三者责任强制保险分项限额范围的损失予以赔偿的,人民法院不予支持。

2. 交强险各分项项下的赔偿项目

根据《机动车交通事故责任强制保险条款》第8条,并结合《侵权责任法》《人身损害赔偿解释》中对具体赔偿项目的规定,交强险医疗费用赔偿限额和无责任医疗费用赔偿限额项下负责赔偿医药费、诊疗费、住院费、后续治疗费、住院伙食补助费、营养费;死亡伤残赔偿限额和无责任死亡伤残赔偿限额项下负责赔偿交通费，误工费，护理费，残疾赔偿金（含被扶养人生活费），残疾生活辅助具费，康复费，死亡赔偿金（含被扶养人生活费），丧葬费，受害人亲属办理丧葬事宜支出的交通费、住宿费、误工费，外地就医住宿费及伙食费，精神损害抚慰金。

对于财产损失限额所针对的赔偿项目，《机动车交通事故责任强制保险条款》中未做涉及，通过对审判实务中所涉及的财产损失项目，并结合《机动车交通事故责任强制保险条款》第10条第1款第3项中明确了不予赔偿的财产损失项目，交强险财产损失限额项下负责赔付的项目应包括车辆维修费或车辆重置费用、车载物品损失、施救费。

（三）未投保交强险的责任承担

交强险系对在我国境内行驶的机动车的强制投保险种，其具有强制性、广泛性，以保证对交通事故受害人及时、有效的赔偿。但实践中，未依法投保交强险的机动车发生交通事故致使他人人身、财产损失的案件并不鲜见。为保证交强险制度目的的实现，避免交强险投保义务人因其违法行为获得不当利益，根据《交通事故赔偿解释》第19条之规定，未依法投保交强险的机动车发生交通事故造成损害，当事人请求投保义务人在交强险责任限额范围内予以赔偿的，人民法院应予支持。投保义务人和侵权人不是同一人，当事人请求投保义务人和侵权人在交强险责任限额范围内承担连带责任的，人民法院应予支持。对于因具有从事交强险业务资格的保险公司违法拒绝承保、拖延承保或违法解除交强险合同造成的机动车未投保交强险，根据《交通事故赔偿解释》第20条之规定，此种情况下，仍应由投保义务人向第三人承担赔偿责任，但其可在承担责任后，请求该保险公司在交强险责任限额范围内承担相应赔偿责任。

在审判实务中，有一种情况是机动车转让时未投保交强险，并于转让后发生交通事故，由于此情形下机动车的所有人、管理人发生了变化，受让人因转让行为而成为投保义务人，因此，未投保交强险的责任应由受让人承担。

（四）多车相撞事故中交强险保险人的责任承担

在多辆机动车相撞发生交通事故的案件审理中，人民法院在确定各机动车交强险保险公司承担的赔偿义务时，应符合法律、司法解释的规定。根据《交通事故赔偿解释》第21条之规定以及对审判经验的总结，首先，对于损失超出各机动车交强险责任限额之和的，由各保险公司在各自责任限额范围内承担赔偿责任；损失未超出各机动车交强险责任限额之和，当事人请求由各保险公司按照其责任限额与责任限额之和的比例承担赔偿责任的，人民法院应予支持。其次，如果部分机动车未投保交强险,当事人请求先由已承保交强险的保险公司在责任限额范围内予以赔偿的,人民法院应予支持。保险公司就超出其应承担的部分向未投保交强险的投保义务人或者侵权人行使追偿权的,人民法院应予支持。最后,多辆机动车发生交通事故,其中部分车辆无事故责任的,经人民法院释明后赔偿权利人坚持不起诉无责任车辆方的交强险保险公司的,在判决中应扣除相应的交强险无责限额。

(五)多名被侵权人事故中的交强险限额分配

在同一交通事故产生多名受害人的案件中,如果多名受害人同时起诉,应遵循《交通事故赔偿解释》第22条之规定,按照各被侵权人的损失比例确定交强险的赔偿数额。对于同一交通事故中有多名被侵权人且交强险限额不足以全部赔偿的情况,在审判实践中经常出现,裁判中有不同做法。在先行起诉案件法庭辩论终结前,有其他赔偿权利人起诉的,部分法院将会对多案合并审理、判决,部分法院则会为后起诉案件当事人预留份额。而对于其他赔偿权利人在前一案件法庭辩论终结前未起诉的,有的法院也会主动调查、询问未起诉人员的治疗情况、损失情况、诉讼安排等,并据此决定是否预留份额、预留多少份额。因不同案件情况的差异,交通事故审理标准和审理指南对此问题尚不宜确立统一的评价标准。在总结当前审判经验的基础上,笔者认为,对于部分被侵权人先行起诉的,可以在交强险赔偿限额内为其他受害人预留必要的赔偿份额。预留赔偿份额的具体数额,应综合各受害人的伤情、治疗及善后事宜的迫切程度、家庭经济状况、侵权人赔偿能力等因素,酌情确定。

(六)主挂车交强险问题

关于牵引车和挂车连接使用时发生交通事故的,应区别不同时间节点作出处理。首先,2013年3月1日以前分别投保交强险的牵引车和挂车连接使用的,若事故发生在挂车交强险保险期间,当事人请求由各保险公司在各自的责任限额范围内平均赔偿的,应予支持。其次,根据2012年12月17日国务院发布的修改《交强险条例》的决定,挂车无须再投保交强险,该规定自2013年3月1日起施行。故对于该时间节点之后投保交强险的牵引车、挂车发生交通事故的,应根据《交强险条例》第43条的规定处理,由牵引车投保的保险公司在机动车交通事故责任强制保险责任限额范围内予以赔偿;不足的部分,由牵引车方和挂车方依照法律规定承担赔偿责任。

（七）其他问题

1. 交强险保险人赔偿责任的免除

根据《交强险条例》第 21 条第 2 款的规定，如果交通事故的损失是由受害人故意造成的，则不得判决交强险保险人承担赔偿责任。

2. 违法驾车情形下交强险保险人的赔偿责任

对于无驾驶资格、醉酒、故意制造事故的情况，《交强险条例》与《交通事故赔偿解释》的规定略有差异。根据《交强险条例》第 22 条的规定，无驾驶资格、醉酒、故意制造事故的，均属于保险公司垫付抢救费用情形，但《交通事故赔偿解释》第 18 条规定，对于上述情形，“当事人请求保险公司在交强险责任限额范围内予以赔偿，人民法院应予支持”。因此，在机动车交通事故责任纠纷案件的审理和评价中，应当区分情况作出处理，首先，对于驾驶人未取得驾驶资格或者未取得相应驾驶资格的，醉酒、服用国家管制的精神药品或者麻醉药品后驾驶机动车发生交通事故的，驾驶人故意制造事故的，根据《交通事故赔偿解释》的规定，当事人请求保险公司在交强险责任限额范围内予以赔偿的，人民法院应予支持。其次，对于被保险机动车在被盗抢期间发生交通事故致第三人损害的，根据《侵权责任法》第 52 条、《交强险条例》第 22 条之规定，仍仅由保险人在交强险限额范围内垫付抢救费用并有权向致害人追偿。

二、商业三者险保险人

根据《交通事故赔偿解释》第 25 条第 2 款之规定，人民法院审理道路交通事故损害赔偿案件，当事人请求将承保商业三者险的保险公司列为共同被告的，人民法院应予准许。因此，在案件审理中，商业三者险保险人不是必须参加诉讼的当事人，对于当事人没有请求将其作为被告的，人民法院不得主动追加，但是可以向当事人予以释明。

在涉及商业三者险的案件中，大量涉及保险合同免责条款的审查和认定问题，对此应予注意的是：

（一）审查原则：尊重契约，保证辩论权利

机动车交通事故责任纠纷案件在本质上属于侵权案件，但商业险保险人是基于保险合同的存在而参加到诉讼中的，在确定其承担赔偿责任时，应充分关注和尊重保险合同的约定。在确定商业三者险保险人赔偿责任时，应重视保险法、合同法等法律规范的适用，遵循意思自治原则，严格依合同处理。作为被告的商业

三者险保险人可以依保险合同的约定提出抗辩,其对被保险人的抗辩权可向受害人行使。对于免责条款的成立与效力、基于合同的抗辩权问题,庭审中应给予商业三者险保险人和被保险人相互辩论的机会。

（二）区分免责条款约定的具体事项进行审查

首先,关于与被保险人驾驶行为有关的免赔约定,以是否为法律、行政法规所禁止为依据,对于逃逸、醉驾等为法律、行政法规明确禁止的行为,根据《最高人民法院关于适用〈中华人民共和国保险法〉若干问题的解释(二)》第10条的规定,此类驾驶行为,保险人尽到了提示义务,即应免除其保险责任,此时保险人无须履行明确说明义务;而对于法律、行政法规中未做禁止性规定的行为约定免责的,则保险人应履行提示和明确说明两项义务。

其次,关于精神损害抚慰金、停运损失等具体赔偿项目的免赔约定,除与法律法规或与保险法的基本精神有冲突的内容之外,如鉴定费、评估费等系《保险法》第64条规定的为查明和确定保险事故的性质、原因和保险标的损失程度所支付的必要的、合理的费用,保险人应当承担赔付责任。除此之外,只要保险人能够证明其尽到了提示、说明义务,则法院不宜轻易否定合同约定的效力,而应选择尊重契约。

（三）对保险人履行提示、说明义务的审查

1. 履行提示义务

根据《最高人民法院关于适用〈中华人民共和国保险法〉若干问题的解释(二)》第11条第1款的规定,保险合同订立时,保险人在投保单或者保险单等其他保险凭证上,对保险合同中免除保险人责任的条款,以足以引起投保人注意的文字、字体、符号或者其他明显标志作出提示的,应认定其履行了提示义务。

2. 履行说明义务

《最高人民法院关于适用〈中华人民共和国保险法〉若干问题的解释(二)》第11条第2款、第12条、第13条规定,保险人对保险合同中有关免除保险人责任条款的概念、内容及其法律后果以书面或口头形式向投保人作出常人能够理解的解释说明的,应认定保险人履行了明确说明义务。

保险人履行明确说明义务的证据主要有两类:一是投保人以签字或盖章方式确认其已知悉免责条款概念、内容及法律后果的相关文书,但另有证据证明保险人未履行明确说明义务的除外;二是能够展现保险合同订立时,保险人向投保人解释、说明免责条款情况的录音、录像等视听资料。

三、其他赔偿主体

机动车交通事故责任纠纷中，保险公司系基于保险合同的约定替代实际承担侵权责任的主体承担损害赔偿责任，在保险公司除外、在保险限额不足以赔付的情况下，还需要其他赔偿主体承担侵权赔偿责任，这些赔偿主体承担赔偿责任的基础不同于保险公司，其中绝大多数均对案件所涉侵权行为的发生具有过错或直接实施了侵权行为。

关于个案中确定赔偿主体的原则，最高人民法院曾在《关于连环购车未办理过户手续，原车主是否对机动车发生交通事故致人损害承担责任的请示的批复》中阐述，“连环购车未办理过户手续，因车辆已经交付，原车主既不能支配该车的营运，也不能从该车的营运中获得利益，故原车主不应对机动车发生交通事故致人损害承担责任”，这一表述表明，判断某一主体是否应对机动车运行所致损害承担责任，应以该主体是否在事实上支配、管理该机动车并从中获得利益为标准。因此，确定机动车交通事故损害赔偿责任的法理依据有二：一是风险开启与风险控制理论，即机动车的运行会对周围的人和财产带来高度危险，因此，开启、控制、支配这一危险源的人应对此承担民事责任。二是报偿理论，利益之归属即责任之归属，从机动车运行中收益的人应对机动车所致损害承担民事责任。运行利益不仅包括经济利益，也包括精神利益，如驾驶人更快捷地到达、练习开车技术、获得驾驶体验、寻求驾驶乐趣等。

支配机动车的运行并获得运行利益的主体，包括机动车的所有人、管理人、驾驶人，其可单独或共同成为机动车交通事故责任纠纷案件的赔偿责任主体。

相关案例：北京市昌平区人民法院（2008）昌民初字第 6788 号（载《中国审判案例要览（2009）》）。

（一）驾驶人责任

对交通事故发生负有责任的事故车辆驾驶人是最直接的侵权人和侵权责任承担者，但用人单位的工作人员在执行工作任务中驾驶车辆发生交通事故的，根据《侵权责任法》第 34 条之规定，用人单位的工作人员因执行工作任务造成他人损害的，由用人单位承担侵权责任。

（二）所有人、管理人责任

机动车管理人，是在机动车管理人与所有人分离的情况下，通过机动车所有人的委托、租赁、借用等合法方式取得对机动车的占有、支配或者收益，并因将该机动车再行通过出租、出借等方式交由他人使用而对机动车上道路行驶负有与相同情形下的机动车所有人相同的注意义务的人。[①]

根据《侵权责任法》第49条之规定,因租赁、借用等情形机动车所有人与使用人不是同一人时,发生交通事故后属于该机动车一方责任的,由保险公司在机动车强制保险责任限额范围内予以赔偿。不足部分,由机动车使用人承担赔偿责任;机动车所有人对损害的发生有过错的,承担相应的赔偿责任。

对于所有人、管理人是否具有过错的情况,根据《交通事故赔偿解释》第1条之规定并结合道路交通安全法的有关内容,以下几种情形,应认定所有人、管理人具有过错:一是知道或者应当知道机动车存在缺陷,且被侵权人能够证明该缺陷是交通事故发生的原因之一的;二是知道或者应当知道驾驶人无驾驶资格或者未取得相应驾驶资格的;三是知道或者应当知道驾驶人因饮酒、服用国家管制的精神药品或麻醉药品、患有妨碍安全驾驶机动车的疾病、过度疲劳影响安全驾驶等依法不能驾驶机动车的。

(三)擅自驾驶他人车辆的责任主体

擅自驾驶他人机动车,在审判实务中主要存在两种情况:一是盗窃、抢劫或抢夺的机动车发生交通事故造成损害的,此种情形下发生交通事故,与驾驶人、管理人无关,根据《侵权责任法》第52条之规定,应当由盗窃人、抢劫人、抢夺人承担赔偿责任。二是未经机动车所有人、管理人允许驾驶他人机动车发生交通事故造成损害,由驾驶人承担赔偿责任。机动车所有人、管理人有过错的,承担相应的赔偿责任。何为"所有人、管理人的过错",是审判中的重点和难点问题,所有人或管理人对车辆的保管或管理负有必要的注意义务,在擅自驾驶情形下,所有人或管理人的过错主要体现在未对机动车妥善保管或管理,如在非安全场所停车后离车时未锁车、未熄火或未拔走钥匙等。对此,所有人或管理人应根据其过错情况,承担按份责任。

相关案例:湖北省高级人民法院(2014)鄂民监二再终字第00044号。

(四)挂靠车辆的责任主体

由个人出资购买车辆挂靠于其他单位从事运营活动,是审判实务中常见的情况,由于此种车辆运营发生大多为法律所禁止,故对于以挂靠形式从事道路运输经营活动的机动车发生交通事故造成损害,属于该机动车一方责任的,根据《交通

---

① 最高人民法院民事审判第一庭编著:《最高人民法院关于道路交通事故损害赔偿司法解释理解与适用》,人民法院出版社2012年版,第28页。

事故赔偿解释》第3条之规定,应当由挂靠人和被挂靠人承担连带责任。

(五)连环购车情形下的责任主体

被多次转让但未办理转移登记的机动车发生交通事故造成损害,属于该机动车一方责任的,根据《交通事故赔偿解释》第4条之规定,应当由最后一次转让并交付的受让人承担赔偿责任。此外,在案件审理中应当注意的问题是,最后一次转让并交付的受让人指受让人一方,包括受让人允许的驾驶人、借用人、租赁人等,不限于受让人本人。

(六)套牌车的责任主体

套牌机动车发生交通事故,属于该套牌车一方责任的,根据《交通事故赔偿解释》第5条之规定,应当由套牌车的所有人或管理人承担赔偿责任。被套牌机动车所有人或管理人同意套牌的,与套牌机动车所有人或管理人承担连带责任。

关于被套牌人"同意套牌"的认定问题,是审判实务中的难点问题。首先,在双方有关于套牌的书面材料的情况下,该证明责任较容易完成,被套牌方以文字形式表达同意套牌的材料,具体可包括有关套牌问题的书面协议、短信、电子邮件等,均可以作为证据。其次,在有偿套牌的情况下,与套牌费给付有关的材料可作为证据。最后,针对熟人间的情谊套牌行为,此情形下因双方关系熟稔,基本不会支付费用,且多以口头形式约定,一般很难形成前两条中的证据。对此,在能够认定套牌双方的熟人关系的前提下,可以推定被套牌人知道、应当知道套牌行为,此时应重点审查被套牌人在交通事故发生之前,是否采取过救济措施,此处的救济应限于寻求公权力的救济,否则将极易导致套牌双方的恶意串通。

如果案件中存在套牌机动车发生交通事故时存在驾驶人与套牌车所有人、管理人不一致的情况,则应区分该不一致是因为驾驶人擅自驾驶所导致还是经所有人、管理人同意所致。在驾驶人经套牌车所有人、管理人允许而驾驶套牌车发生交通事故的情形下,仍应按照"所有人、管理人责任"确定的责任承担方式,首先由驾驶人承担责任,套牌车所有人、管理人仅在其对损害的发生有过错的情况下承担相应的赔偿责任。换言之,针对套牌、被套牌机动车所有人、管理人责任的规定,主要是基于套牌机动车多存在安全隐患、性能问题,且在发生事故后多形成责任主体难以确定、受害人损失难以赔偿的后果,故立法上确立了套牌人、被套牌人的责任。但对于能够确定套牌车实际驾驶人的情况,仍应以行为人承担责任这一基本原则为准,此时套牌车的所有人、管理人虽有套牌行为这一为法律禁止的行为,但该行为与交通事故所致损害后果并无因果关系,故在交通事故损害赔偿的语境下,其不应承担侵权责任。但是从审判实务中遇到的套牌车案件的情况来看,套牌车辆大多未按时参加年检,存在安全隐患,所以即便在驾驶人与所有人不一致的情况下,所有人、管理人也多基于其未尽到注意义务而承担相应的过错责任。

相关案例:天津市高级人民法院(2017)津民申1912号。

(七)多次转让的拼装或报废车的责任主体

根据《交通事故赔偿解释》第6条之规定,拼装车、已达到报废标准的机动车或者依法禁止行驶的其他机动车被多次转让,并发生交通事故造成损害,当事人请求由所有的转让人和受让人承担连带责任的,人民法院应予支持。此处的转让,不应仅局限于有偿的买卖,赠与、互易等使得该类车辆进入流通领域的行为,无论有偿或无偿,均应包括在禁止的行列之内。

最高人民法院在对该条文进行释义时指出,"依法禁止行驶的其他机动车"特指不符合国家有关机动车运行安全技术条件被依法禁止行驶的机动车,即强调不符合"安全技术条件",而对于未达到环保排放标准、未投保交强险等法律法规规定禁止上路的机动车,不属于本条规范的情形。① 因此,适用该条规定的前提是车辆在"安全性"上存在问题,这是因为在交通事故侵权损害赔偿的语境下,应立足于与车辆运行风险有关的问题,拼装车、报废车等安全性能存在重大隐患,增加了车辆运行中对周围环境的风险,更易引发事故,从《侵权责任法》第51条的立法目的看,其旨在规制违法转让行为、保护不特定主体的人身和财产安全、维护道路运行安全和秩序。对于其他情形,虽有法律、行政法规、地方性法规中的禁止规定,但由于并未增加车辆运行的安全风险,与交通事故的发生没有因果关系,故应排除在《交通事故赔偿解释》第6条规制的范围之外。

案件审理中还有一种情况即转让无故未参加年检的机动车,该机动车发生交通事故造成损害。根据《道路交通安全法实施条例》的规定,未参加年检的机动车也属于禁止上路行驶、禁止转让的机动车,但是其与拼装车、报废车、年检不合格的机动车还存在一定区别,即拼装车、年检不合格机动车等天然就具有不符合安全运行标准的性质,法律直接将其认定为不安全车辆。而未参加年检的机动车并不能直接认定其不符合安全标准,因为漏检的原因可能是多样的,忘记参加年检的情况在实务中也十分多见。因此,应给予机动车所有人、管理人一方抗辩的机会,转让人应证明该未年检机动车在转让时不存在不符合国家机动车安全技术标

---

① 最高人民法院民事审判第一庭编著:《最高人民法院关于道路交通事故损害赔偿司法解释理解与适用》,人民法院出版社2012年版,第85~90页。

准的情形，否则应与受让人承担连带赔偿责任。

（八）驾驶培训情形下的责任主体

接受机动车驾驶培训的人员在培训活动中驾驶机动车发生交通事故造成损害，属于该机动车一方责任的，根据《交通事故赔偿解释》第7条之规定，应当由驾驶培训单位承担赔偿责任。

对于在机动车陪练中发生交通事故造成损害的，由于陪练与驾驶培训的情况不同，陪练情形下的驾驶人已经完成学习、取得驾驶资格，其应当控制车辆安全运行，故此时应当由驾驶人承担赔偿责任，陪练人对损害发生有过错的，承担相应的赔偿责任。

（九）服务场所提供泊车、代驾情形下的责任主体

关于酒店、宾馆等服务场所提供泊车、代驾服务过程中发生交通事故造成损害的，原则上应当由服务提供方承担赔偿责任，这是因为，一方面，从运行支配理论看，酒店、宾馆等服务场所在提供泊车、代驾服务过程中，驾驶员是由其提供的，车辆的运行控制权在酒店、宾馆方，因此酒店、宾馆方应承担事故责任。另一方面，从运行利益理论看，无论其提供的泊车、代驾业务是否收取费用，该泊车、代驾服务的目的都是为带动客源增加收益，故酒店、宾馆方享有运行利益，应承担责任。但如果接受服务方对事故发生有过错，如车辆性能存在问题、错误的指示等，也应承担相应的责任。

（十）机动车试乘中的责任主体

机动车试乘过程中发生交通事故造成第三人损害的，由试乘服务提供者承担赔偿责任。机动车试乘过程中发生的交通事故造成试乘人损害的，根据《交通事故赔偿解释》第8条之规定，应当由试乘服务提供者承担赔偿责任；试乘人有过错的，应适当减轻试乘服务提供者的赔偿责任。

（十一）道路管理维护者责任

因道路管理维护缺陷导致机动车发生交通事故造成损害，根据《交通事故赔偿解释》第9条之规定，应当由道路管理者承担相应的赔偿责任。但道路管理者能够证明自己按照法律、法规、规章、国家标准、行业标准或者地方标准尽到安全防护、警示等管理维护义务的除外。

（十二）高速公路管理者责任

根据《交通事故赔偿解释》第9条第2款之规定，依法不得进入高速公路的车辆、行人，进入高速公路发生交通事故造成自身损害，当事人请求高速公路管理者

承担赔偿责任的,适用《侵权责任法》第76条的规定,即当事人请求高速公路管理者承担赔偿责任的,应予支持,但管理人已采取安全措施并尽到警示义务的,可以减轻或免除责任。根据《道路交通安全法》第67条之规定,禁止进入高速公路的包括:行人、非机动车、拖拉机、轮式专用机械车、铰接式客车、全挂拖斗车以及其他设计最高时速低于七十公里的机动车。

(十三)道路堆放物、倾倒物致人损害的责任主体

因在道路上堆放、倾倒、遗撒物品等妨碍通行的行为,引发交通事故造成损害的,根据《交通事故赔偿解释》第10条之规定,应当由行为人承担赔偿责任。道路管理者不能证明已按照法律、法规、规章、国家标准、行业标准或者地方标准尽到清理、防护、警示等义务的,承担相应的赔偿责任。

(十四)道路建设、设计缺陷致交通事故的责任主体

未按照法律、法规、规章或者国家标准、行业标准、地方标准的强制性规定设计、施工,致使道路存在缺陷并造成交通事故,根据《交通事故赔偿解释》第11条之规定,应当由建设单位与施工单位承担相应的赔偿责任。

第四节　天津法院机动车交通事故责任纠纷案件审理标准(试行)

1. 总则

1.1　为规范机动车交通事故责任纠纷案件的审理工作,统一裁判尺度,依照法律和司法解释的相关规定,结合审判工作实际,制定本标准。

1.2　本标准用于指导和评价机动车交通事故责任纠纷案件的审理工作。

1.3　本标准未规定内容,适用其他相关标准化文件。

2. 诉讼主体

2.1　诉讼主体认定准确,未遗漏当事人。

2.2　承保机动车第三者责任强制保险(以下简称"交强险")的保险公司,列为共同被告。

2.3　承保事故车辆第三者责任商业保险(以下简称"商业三者险")的保险

公司，根据当事人的申请列为共同被告。

3. 原告的诉讼请求

3.1　诉讼请求明确、具体、合法。

3.2　诉讼请求固定，包括：

3.2.1　请求赔偿的范围；

3.2.2　请求赔偿数额的计算标准及计算方法；

3.2.3　请求赔偿的起止时间；

3.2.4　请求承担赔偿责任的顺序。

4. 被告的答辩意见

4.1　与原告的诉讼请求相对应。

4.2　被告提起反诉的，符合法律和司法解释的规定。

5. 查明案件事实

5.1　事实调查全面、准确、具体

5.1.1　事故发生的时间、地点、经过；

5.1.2　机动车所有人、管理人等基本情况；

5.1.3　公安机关交通管理部门对交通事故的认定意见，以及各方当事人对该事故认定结论的意见；

5.1.4　受害人的实际居住地、职业、收入等基本情况；

5.1.5　受害人的伤情、就医情况、治疗是否终结、相关鉴定及实际支出情况；

5.1.6　对受害人的先期赔付、费用垫付情况；

5.1.7　各方就赔偿问题是否达成调解协议。

5.2　审查涉案车辆投保情况

5.2.1　机动车是否投保、投保的险种以及限额、保险期间、保险公司对免责条款的提示义务和明确说明义务、各项保险份额剩余情况；

5.2.2　交强险、商业三者险免赔的情形；

5.2.3　机动车未投保交强险时，投保义务人与侵权人是否为同一人。

5.3　审查鉴定意见

5.3.1　鉴定人具备相关鉴定资格；

5.3.2 鉴定程序合法;

5.3.3 鉴定意见经庭审质证。

6. 事故责任的认定

6.1 交通事故认定书具有证明力,且无相反证据推翻。

6.2 公安机关交通管理部门未出具交通事故认定书或者交通事故认定书无证明力的,根据当事人举证和法院调查取证作出的事故责任认定准确合理,责任比例适当。

7. 赔偿责任主体

7.1 赔偿责任主体认定准确,符合"运行支配"和"运行利益"的判断标准。

7.2 具体赔偿责任主体的认定符合法律、司法解释规定。

8. 赔偿责任的承担顺序和原则

8.1 同时起诉侵权人和保险公司的,赔偿责任的承担符合下列顺序:

8.1.1 承保交强险的保险公司;

8.1.2 承保商业三者险的保险公司;

8.1.3 侵权人。

8.2 承保交强险的保险公司承担赔偿责任不超过交强险责任限额范围。

8.3 未依法投保交强险的,投保义务人、侵权人首先在交强险责任限额范围内承担赔偿责任。

8.4 机动车之间发生交通事故,损失超出交强险责任限额的,赔偿责任的确定符合过错原则。

8.5 机动车与非机动车驾驶人、行人之间发生交通事故,超出交强险责任限额的部分,赔偿责任的承担符合下列原则:

8.5.1 非机动车驾驶人、行人没有过错的,机动车一方承担赔偿责任;

8.5.2 非机动车驾驶人、行人有过错的,根据过错程度适当减轻机动车一方的赔偿责任;

8.5.3 机动车一方没有过错的,承担的赔偿责任不超过百分之十;

8.5.4 非机动车驾驶人、行人一方故意碰撞机动车的,机动车一方不承担赔偿责任。

9. 赔偿范围

9.1 人身伤亡赔偿范围

9.1.1 医疗费

9.1.1.1 医药费、住院费等单据齐全。

9.1.1.2 医疗费与病历、医嘱、诊断证明相符,与损害相关联。

9.1.1.3 医疗费用合理,不存在扩大损失的情形。

9.1.2 住院伙食补助费

9.1.2.1 住院期间的确定合理。

9.1.2.2 符合当地国家机关一般工作人员出差伙食补助标准。

9.1.3 外地就医住宿费、伙食费

9.1.3.1 受害人有异地治疗的必要,且因客观情况不能住院。

9.1.3.2 受害人有住宿的必要。

9.1.3.3 受害人及护理人员实际发生的伙食费合理。

9.1.3.4 有住宿费单据,费用合理。

9.1.4 营养费

9.1.4.1 营养期有医疗机构的意见予以证明,与受害人的伤情相符。

9.1.4.2 没有医疗机构意见的,营养期的认定有鉴定单位意见或者参照天津市司法鉴定协会《人身损害受伤人员误工期、营养期、护理期评定准则(试行)》的规定。

9.1.5 交通费

9.1.5.1 与伤情、就医地点、时间、陪护人数、次数等相符。

9.1.6 误工费

9.1.6.1 以受害人具有劳动能力为前提,与受害人的误工期、收入状况相符。

9.1.6.2 误工期有医疗机构的意见、鉴定机构的鉴定意见予以证明,与伤情相符。

9.1.6.3 没有医疗机构意见、鉴定机构鉴定意见的,误工期的认定参照天津市司法鉴定协会《人身损害受伤人员误工期、营养期、护理期评定准则(试行)》的规定。

9.1.6.4 受害人收入状况的确定,有证明实际收入减少的证据、最近三年平均收入的证据,或者受诉法院所在地相同或相近行业上一年度职工平均工资的证据。

9.1.7 护理费

9.1.7.1 护理人数和护理期,有医疗机构的证明意见予以证明,与受害人的年龄、伤情相符。

9.1.7.2 没有医疗机构意见的,护理期的认定有鉴定机构的鉴定意见或者参照天津市司法鉴定协会《人身损害受伤人员误工期、营养期、护理期评定准则(试行)》的规定。

9.1.8 残疾赔偿金

9.1.8.1 以天津市城镇居民人均可支配收入或者农村居民人均纯收入为标准。

9.1.8.2 以赔偿权利人住所地或者经常居住地的城镇居民人均可支配收入或者农村居民人均纯收入为标准的,有该标准高于天津市标准的证明材料。

9.1.8.3 赔偿期限二十年,60 岁以上受害人赔偿期限的递减合法、准确。

9.1.8.4 伤残赔偿指数与伤残等级对应。

9.1.8.5 受害人构成多处伤残的,累加后的伤残赔偿指数不超过 100%。

9.1.9 残疾生活辅助具费

9.1.9.1 符合普通适用的原则。伤情有特殊需要的,有配制机构出具的意见。

9.1.9.2 更换周期和赔偿期限确定合理,有鉴定机构或者配制机构出具的意见。

9.1.10 死亡赔偿金

9.1.10.1 以天津市城镇居民人均可支配收入或者农村居民人均纯收入为标准。

9.1.10.2 以赔偿权利人住所地或者经常居住地的城镇居民人均可支配收入或者农村居民人均纯收入为标准的,有该标准高于天津市标准的证明材料。

9.1.10.3 赔偿期限二十年,60 岁以上受害人赔偿期限的递减合法、准确。

9.1.10.4 因同一交通事故造成多人死亡的,赔偿标准一致。

9.1.11　丧葬费

9.1.11.1　以天津市上一年度职工月平均工资为标准，累积计算六个月。

9.1.12　办理丧葬事宜的交通费、住宿费、误工费

9.1.12.1　受害人亲属有相关单据予以证明。

9.1.12.2　费用确定合理。

9.1.13　被扶养人生活费

9.1.13.1　以天津市城镇居民人均消费性支出或者农村居民人均年生活消费支出为标准。

9.1.13.2　以赔偿权利人住所地或者经常居住地的城镇居民人均消费性支出或者农村居民人均年生活消费支出为标准的，有该标准高于天津市标准的证明材料。

9.1.13.3　被扶养人范围的认定准确，有扶养人与被扶养人存在亲属关系的证明；被扶养人成年的，有既无劳动能力又无其他生活来源的证明。

9.1.13.4　扶养年限确定合理。

9.1.13.5　扶养人有多人的，赔偿范围与受害人依法应承担的责任相符。

9.1.13.6　被扶养人有多人的，年赔偿总额累计不超过上一年度城镇居民人均消费性支出额或者农村居民人均年生活消费支出额。

9.1.13.7　被扶养人生活费计入残疾赔偿金和死亡赔偿金。

9.1.14　精神损害抚慰金

9.1.14.1　与侵权人的过错程度、侵害情节、侵害后果、获利情况、承担责任的能力、受诉法院所在地的生活水平等相符。

9.1.14.2　在交强险范围内优先赔偿精神损害抚慰金的，符合相关规定。

9.2　财产损失赔偿范围

9.2.1　机动车修理费

9.2.1.1　有维修的进出厂检修证明及维修费单据等证据。

9.2.1.2　维修费票据与事故相关联。

9.2.2　车载物品损失费

9.2.2.1　有价格认定部门出具的评估结论、购买发票、货物的承运单据

等证据。

9.2.3 施救费

9.2.3.1 有施救单位出具的施救费单据。

9.2.4 重置费

9.2.4.1 以车辆灭失或者无法修复为前提。

9.2.4.2 有对机动车重置费的鉴定意见或者机动车的使用年限、行驶公里数及市场参考价格等证据。

9.2.5 经营性机动车停运损失费

9.2.5.1 有合法从事货物运输、旅客运输等经营性活动的资格证明。

9.2.5.2 有交通管理部门的扣放车证明，维修单位出具的维修期间的证明，维修费单据等证据。

9.2.5.3 损失确定合理，综合考虑停运期间、损失的具体范围、受害人的运营成本、运营能力、近期平均利润等因素。

9.2.6 通常替代性交通工具费

9.2.6.1 替代性交通工具有必要性、合理性。

9.2.6.2 有交通管理部门的扣放车证明，维修单位出具的维修期间的证明、维修费单据及乘坐替代性交通工具的费用凭证。

9.2.6.3 费用确定合理，综合考虑事故车辆价值和一般使用用途、行驶里程等因素。

10. 规范性文件引用

10.1 《机动车交通事故责任强制保险条例》

10.2 《最高人民法院关于审理道路交通事故损害赔偿案件适用法律若干问题的解释》

10.3 《最高人民法院关于审理人身损害赔偿案件适用法律若干问题的解释》

10.4 《最高人民法院关于适用〈中华人民共和国侵权责任法〉若干问题的通知》

10.5 《天津市高级人民法院机动车交通事故责任纠纷案件审理指南》（津高法〔2017〕14 号）

第五节　《天津法院机动车交通事故责任纠纷案件审理标准(试行)》释义

1. 总则

【条文】

1.1　为规范机动车交通事故责任纠纷案件的审理工作,统一裁判尺度,依照法律和司法解释的相关规定,结合审判工作实际,制定本标准。

1.2　本标准用于指导和评价机动车交通事故责任纠纷案件的审理工作。

1.3　本标准未规定内容,适用其他相关标准化文件。

【条文主旨】

机动车交通事故审理标准的制定目的、用途。

2. 诉讼主体

【条文】

2.1　诉讼主体认定准确,未遗漏当事人。

【条文主旨】

机动车交通事故责任纠纷案件的诉讼主体一节,解决的是谁是此类案件当事人的问题。此类案件涉及事故各方相关人员、保险公司等,主体范围较广。本条是对诉讼主体问题的总体要求是"诉讼主体认定准确,未遗漏当事人"。

【条文理解】

在个案审理中,机动车交通事故责任纠纷案件的原告可以包含以下四类人:一是在交通事故中遭受人身损害的受害人。二是在交通事故中死亡受害人的近亲属和被扶养人,近亲属应区分为两个顺序,第一顺序为死亡受害人的配偶、父母、子女;无第一顺序近亲属的,祖父母、外祖父母、孙子女、外孙子女、兄弟姐妹可作为原告起诉。对于受害人在交通事故中死亡的案件,因赔偿项目涉及死亡赔偿金,而死亡赔偿金在性质上是对近亲属整体的赔偿,在诉讼中是不可分的,故同一顺序的近亲属应作为共同原告参加诉讼。三是为在事故中的无名死者垫付医疗费、丧葬费等合理费用的单位或个人,根据《交通事故赔偿解释》第26条第3款之规定,被侵权人因道路交通事故死亡,无近亲属或者近亲属不明,支付被侵权人医疗费、丧葬费等合理费用的单位或者个人,请求保险公司在交强险责任限额范围内予以赔偿的,人民法院应予支持。四是在交通事故中车辆、物品等财产遭受损害的财产所有权人或其他权利人。

机动车交通事故责任纠纷案件中,可以被列为被告主体的主要包括三类:一是事故的直接制造者,即机动车驾驶人,但是在部分交通事故案件中,驾驶人可能并非赔偿责任承担者。二是对交通事故的发生具有过错的机动车所有人、管理人等其他应承担赔偿责任的单位或个人。成为交通事故案件的被告,其核心是承担侵权赔偿责任,故被告并不一定是实施侵权行为的人,在交通事故中身份明确的侵权人死亡,可以列其继承人、受遗赠人为被告,如果侵权人既没有继承人又无人受遗赠,但留有遗产的,赔偿权利人可以列侵权人遗产的最终所有人为被告提起诉讼,侵权人遗产的最终所有人在接受侵权人遗产的范围内承担民事赔偿责任。三是承保事故车辆相关保险的保险公司,其中,承保机动车交强险保险公司除已经履行完毕赔偿责任且当事人无异议之外,一般均应列为被告参加诉讼;而承保事故车辆第三者责任商业保险(以下简称"商业三者险")的保险公司是否作为被告,则可以将选择权交予原告,但为了纠纷的一次性充分解决,对于未起诉商业险保险公司的原告,建议法官在案件审理中主动进行释明。

【条文】

2.2　承保机动车第三者责任强制保险(以下简称"交强险")的保险公司,列为共同被告。

2.3　承保事故车辆第三者责任商业保险(以下简称"商业三者险")的保险公司,根据当事人的申请列为共同被告。

3. 原告的诉讼请求

【条文】

3.1　诉讼请求明确、具体、合法。

3.2　诉讼请求固定,包括:

3.2.1　请求赔偿的范围;

3.2.2　请求赔偿数额的计算标准及计算方法;

3.2.3　请求赔偿的起止时间;

3.2.4　请求承担赔偿责任的顺序。

4. 被告的答辩意见

【条文】

4.1　与原告的诉讼请求相对应。

4.2　被告提起反诉的，符合法律和司法解释的规定。

5. 查明案件事实

【条文】

5.1　事实调查全面、准确、具体

【条文主旨】

案件事实查明是案件审理的核心问题，是指导、规范案件审理工作以及评价案件审理质量的重要内容。本条系对机动车交通事故责任纠纷案件的事实查明的总体要求。

【条文】

5.1.1　事故发生的时间、地点、经过；

【条文主旨】

明确机动车交通事故责任纠纷案件应当查明的事实。

【条文理解】

机动车交通事故责任纠纷案件审理中应查明交通事故发生的时间、地点、经过、公安交管部门对事故责任的划分等事故情况，公安交管部门出具的交通事故认定书或交通事故证明等公文是人民法院认定该项事实的主要依据。同时，为全面、充分调查案件事实，事故现场图、现场照片、当事人陈述、证人证言、视听资料、鉴定意见以及公安交管部门的事故调查卷宗等，均应作为查明交通事故情况的参考资料。

【条文】

5.1.2　机动车所有人、管理人等基本情况；

【条文主旨】

明确机动车交通事故责任纠纷案件应当查明的事实。

【条文理解】

机动车交通事故责任纠纷案件审理中应查明所涉机动车的所有人、管理人、驾驶人、车辆保险等车辆情况。首先，在驾驶人与所有人或管理人不一致的情况下，必须查清是否存在租赁、借用、挂靠、盗抢等情形，不同主体之间是否存在劳动关系或雇佣关系，此系确定案件损害赔偿责任承担者的基础。其次，应查明车辆状态，即事故车辆是否系套牌车、不符合国家安全质量标准的车辆以及是否系运营车辆等。

【条文】

5.1.3 公安机关交通管理部门对交通事故的认定意见，以及各方当事人对该事故认定结论的意见；

5.1.4 受害人的实际居住地、职业、收入等基本情况；

5.1.5 受害人的伤情、就医情况、治疗是否终结、相关鉴定及实际支出情况；

5.1.6 对受害人的先期赔付、费用垫付情况；

【条文主旨】

明确机动车交通事故责任纠纷案件应当查明的事实。

【条文理解】

在根据事故情况、车辆情况确定侵权责任承担者后，一方面，应根据原告的诉讼请求查明事故所致损失情况，包括受害人治疗情况、治疗是否终结、是否进行相关鉴定、费用支出、误工、护理、伤残以及车辆维修、物品损失等情况。另一方面，应查明其他责任主体、保险公司是否对受害人进行了先行赔付。

【条文】

5.1.7 各方就赔偿问题是否达成调解协议。

【条文主旨】

明确机动车交通事故责任纠纷案件应当查明的事实。

【条文理解】

机动车交通事故责任纠纷案件审理中应查明事故相关各方是否针对本次事故达成过全部或部分调解协议以及该协议的实际履行情况。一般情况下，经公安交管部门等主持达成的调解协议，如果不存在欺诈、胁迫、重大误解、显失公平等影响调解协议效力的情况，相关缔约方应予履行，人民法院不应再就已经调解处理过的事项作出裁判。

【条文】

5.2 审查涉案车辆投保情况

5.2.1 机动车是否投保、投保的险种以及限额、保险期间、保险公司对免责条款的提示义务和明确说明义务、各项保险份额剩余情况；

5.2.2 交强险、商业三者险免赔的情形；

5.2.3　机动车未投保交强险时，投保义务人与侵权人是否为同一人。

【条文主旨】

明确机动车交通事故责任纠纷案件应当查明的事实。

【条文理解】

机动车交通事故责任纠纷案件的一个显著特点是，保险公司在多数案件中是赔偿责任的主要承担者，故查明与保险有关的案件事实是此类案件审理中的重要环节。在案件审理中需要查明的机动车保险情况包括：机动车是否投保、投保的险种、保险限额以及各项保险份额使用和剩余情况、保险期间、与本案相关的保险条款免赔约定、保险人对免责条款履行提示义务和明确说明义务的具体情况，车辆未投保交强险的，还应查明投保义务人。

【条文】

5.3　审查鉴定意见

5.3.1　鉴定人具备相关鉴定资格；

5.3.2　鉴定程序合法；

5.3.3　鉴定意见经庭审质证。

【条文主旨】

明确机动车交通事故责任纠纷案件应当查明的有关鉴定意见的案件事实。

【条文理解】

机动车交通事故责任纠纷案件中涉及车速、痕迹、伤残等级、因果关系、误工期、护理期、营养期、护理依赖程度等众多需要鉴定的事项，在案件审理中，首先，应妥善处理当事人对鉴定事项的申请，依据法定程序委托鉴定；其次，对于已经做出的鉴定意见，应全面审查鉴定的委托人、鉴定机构及鉴定人员的资质、鉴定程序是否合法、鉴定结论是否依据充足；最后，所有鉴定意见应经各方当事人质证。

6. 事故责任的认定

【条文】

6.1　交通事故认定书具有证明力，且无相反证据推翻。

【条文主旨】

明确案件审理中采信的交通事故认定书应当符合的标准。

【条文理解】

据以查明交通事故经过、确认交通事故责任的证据包括交通事故认定书、事故现场视听资料、鉴定意见、勘验笔录、当事人陈述、证人证言等。其中交通事故认定书是最为重要的证据。根据《交通事故赔偿解释》第27条之规定,公安机关交通管理部门制作的交通事故认定书,人民法院应依法审查并确认其相应的证明力,但有相反证据推翻的除外。

首先,交通事故认定书是证据,应在法庭上出示并由当事人质证后,由法院审查、认定其证据能力和证明力。其次,交通事故认定书是公文书证,立法上推定其内容具有真实性,故援引交通事故认定书的当事人无须对此承担举证责任。援引该证据的当事人提交了交通事故认定书原件或公安交通管理部门确认的副本的,推定该交通事故认定书的内容为真实。最后,交通事故认定书作为公文书证,区别于私文书证的重要一点在于,对于私文书证证明力有异议的当事人仅承担反证的证明责任,使待证事实处于真伪不明的状态即达到证明目的。但对交通事故认定书这一公文书证有异议的当事人,必须承担本证的证明责任,必须能够提出推翻公文书证事实的相反证据,证明公文书证内容为虚假,方可完成举证责任,如果其举证仅使事实处于真伪不明的状态,法院仍应确认交通事故认定书的证明力。①

【条文】

6.2 公安机关交通管理部门未出具交通事故认定书或者交通事故认定书无证明力的,根据当事人举证和法院调查取证作出的事故责任认定准确合理,责任比例适当。

【条文主旨】

本条是关于无交通事故认定书案件处理的规定。

【条文理解】

审判实务中,有一部分机动车交通事故责任纠纷案件,由于事故现场破坏、无现场影像数据等各种原因,交管部门认为事实不清,各方过错无法判明,无法确定事故责任,故未出具交通事故认定书,而仅出具交通事故证明。由于交通事故证明仅简单描述事故过程,并未从交通管理法规的角度分析各方在交通事故中的过错及确认各方的事故责任,需要法院查清事故经过、认定各方应承担的责任。对于交警部门无法确定事故责任的,人民法院应审查现场勘验笔录等交通事故案件的全部相关证据,根据道路交通安全法及实施条例的相关规定,综合运用逻辑推理和日常生活经验,对交通事故发生的事实及各方当事人有无过错进行判断并作

---

① 刘德权主编:《最高人民法院司法观点集成·民事卷》(第3册),人民法院出版社2014年版,第781~783页。

出认定，以确定各方当事人的民事责任。[①]

对于无交通事故认定书的案件，应首先按照上述原则处理，但实务中经常遇到的情况是，对于此类案件，当事人往往各执一词，并且都无法举证或仅能提供证人证言等证据能力和证明力均存在问题的证据，而法院也难以通过事后的调查、鉴定、勘验等方式查清事故经过。对于这类案件，交通事故审理指南确定了责任划分的方式：首先，机动车与机动车发生交通事故的，由事故各方承担同等民事责任；其次，非机动车之间、非机动车与行人之间发生交通事故的，由事故各方承担同等民事责任；最后，机动车与非机动车驾驶人、行人发生交通事故的，由机动车方承担全部民事责任。在案件审理中，应尽量根据在案证据情况划分事故责任，只有在确实无法操作的情况下，才能够适用该责任划分规则。

【相关案例】江西省安义县人民法院（2010）安石民初字第 170 号（载《中国法院 2012 年度案例：道路交通纠纷》）。

7. 赔偿责任主体

【条文】

7.1　赔偿责任主体认定准确，符合“运行支配”和“运行利益”的判断标准。

7.2　具体赔偿责任主体的认定符合法律、司法解释规定。

【条文主旨】

明确机动车交通事故责任纠纷案件赔偿责任主体认定的基本原则和要求。

【条文理解】

机动车交通事故责任纠纷案件的赔偿主体主要可以分为三大类：承保交强险的保险公司、承保商业三者险的保险公司、侵权人及其他赔偿义务人。交通事故审理标准限于篇幅、标准化文件的具体要求，并考虑到与交通事故审理标准配套试行的交通事故审理指南中的规定，对此规定较为简洁。总体而言，交通事故审理标准对案件审理中认定赔偿责任主体的要求是：赔偿责任主体认定准确，符合“运行支配”和“运行利益”的判断标准；具体赔偿责任主体的认定符合法律、司法解释规定。关于赔偿责任主体的问题，在第三节有详细说明。

---

① 最高人民法院民事审判第一庭编：《民事审判指导与参考》（总第 37 集），法律出版社 2009 年版，第 154 页。

8. 赔偿责任的承担顺序和原则

【条文】

8.1 同时起诉侵权人和保险公司的,赔偿责任的承担符合下列顺序:

8.1.1 承保交强险的保险公司;

8.1.2 承保商业三者险的保险公司;

8.1.3 侵权人。

【条文主旨】

明确多个赔偿责任主体案件中,各主体承担责任的顺序。

【条文理解】

机动车交通事故责任纠纷案件中的责任承担主体较多,故涉及多个责任主体的责任承担顺序问题。根据《交通事故赔偿解释》第 16 条之规定,同时投保交强险和商业三者险的机动车发生交通事故造成损害,当事人同时起诉侵权人和保险公司的,按照下列规则确定赔偿责任:首先,由承保交强险的保险公司在责任限额范围内予以赔偿;其次,对于不足部分,由承保商业三者险的保险公司根据保险合同予以赔偿;最后,仍有不足的,依照《道路交通安全法》和《侵权责任法》的相关规定由侵权人及其他赔偿义务人予以赔偿。

【条文】

8.2 承保交强险的保险公司承担赔偿责任不超过交强险责任限额范围。

8.3 未依法投保交强险的,投保义务人、侵权人首先在交强险责任限额范围内承担赔偿责任。

8.4 机动车之间发生交通事故,损失超出交强险责任限额的,赔偿责任的确定符合过错原则。

8.5 机动车与非机动车驾驶人、行人之间发生交通事故,超出交强险责任限额的部分,赔偿责任的承担符合下列原则:

8.5.1 非机动车驾驶人、行人没有过错的,机动车一方承担赔偿责任;

8.5.2 非机动车驾驶人、行人有过错的,根据过错程度适当减轻机动车一方的赔偿责任;

8.5.3 机动车一方没有过错的,承担的赔偿责任不超过百分之十;

8.5.4 非机动车驾驶人、行人一方故意碰撞机动车的,机动车一方不承担赔偿责任。

【条文主旨】

第 8.4 条和第 8.5 条系规定不同类型交通事故的归责原则、责任比例等责任承担问题。

【条文理解】

根据《道路交通安全法》第 76 条和《天津市道路交通安全管理若干规定》第 47 条之规定，机动车之间发生交通事故的，实行过错责任，由有过错的一方承担赔偿责任；双方都有过错的，按照各自过错的比例分担责任。机动车与非机动车、行人之间发生交通事故，如果非机动车驾驶人、行人没有过错的，由机动车一方承担赔偿责任；有证据证明非机动车驾驶人、行人有过错的，根据过错程度适当减轻机动车一方的赔偿责任；机动车一方没有过错的，若事故发生在高速公路等封闭道路上的，机动车一方承担 5% 的赔偿责任，且赔偿金额最高不超过 2 万元，若事故发生在其他道路上的，机动车一方承担 10% 的赔偿责任，且赔偿金额最高不超过 4 万元。非机动车驾驶人、行人故意碰撞机动车造成的交通事故，机动车一方不承担赔偿责任。在机动车交通事故责任纠纷案件的审理中，对于事故各方当事人责任的确定，应符合上述规定。

在案件审理中，法院均会首先对事故各方的责任作出全部责任、主要责任、同等责任、次要责任、无责任的责任形态定性，在此基础上进一步确定事故各方的责任比例。结合目前天津市交通事故案件的审理情况，交通事故审理指南规定，对于双方之间的交通事故，两机动车间的交通事故，一般按照全部责任 100%、主要责任 70%、同等责任 50%、次要责任 30% 确定事故双方的责任比例；机动车与非机动车、行人间的事故，机动车一方的责任比例一般按照全部责任 100%、主要责任 80%、同等责任 60%、次要责任 40% 确定。考虑到具体案件中案情的差异，该责任比例并非“一刀切”的强制性规定，仅作为参考和基准，在个案中对于主要责任、次要责任的具体比例应根据事故双方过错程度、损害后果、道路环境、天气条件等事实情况予以调整。对于多方之间发生的交通事故，应当参考双方事故的处理思路，确定事故各方的具体责任比例，但最终确定的各方责任比例应当反映出主要责任、次要责任的差别。

9. 赔偿范围

【条文】

9.1　人身伤亡赔偿范围

【条文主旨】

明确在机动车交通事故责任纠纷案件的审理和评价中,对于人身伤亡赔偿范围的认定,应当符合的标准。

【条文理解】

因交通事故致人身损害的,应在法律规定的赔偿范围确定责任主体应承担的赔偿义务。具体而言,因交通事故致一般人身损害的,应赔偿医疗费、住院伙食补助费、营养费、误工费、护理费、交通费、住宿费等,除此之外,致人伤残的,还应当赔偿残疾赔偿金(包含被扶养人生活费)、精神损害抚慰金、残疾生活辅助具费、定残后护理费等,致人死亡的,应当支付死亡赔偿金(包含被扶养人生活费)、精神损害抚慰金、丧葬费、受害人亲属办理丧葬事宜支出的交通费、住宿费和误工费等。

【条文】

9.1.1　医疗费

9.1.1.1　医药费、住院费等单据齐全。

9.1.1.2　医疗费与病历、医嘱、诊断证明相符,与损害相关联。

9.1.1.3　医疗费用合理,不存在扩大损失的情形。

【条文主旨】

明确医疗费认定应当符合的标准。

【条文理解】

医疗费包括挂号费、检查费、医药费、治疗费、住院费、整容费、后续治疗费等。判决确认的医疗费用数额应当合理且与交通事故所致损害有关,有诊断证明、门诊/住院病历、医疗费票据、住院费用清单、用药清单等证据证明,各单据上所载患者姓名应与主张权利的受害人姓名一致。判决支持外购药品费用的,应当有医院同意外购该药品及该药品与治疗交通事故所致伤情有关的证据,否则对于受害人主张赔偿该外购药品费用的主张不应支持。

医疗费数额一般应按照一审法庭辩论终结前实际发生的数额确定。对于后续治疗费用,当事人一般应当在实际发生后另行起诉,但案件审理中有一部分当事人在起诉时一并主张尚未发生的后续治疗费,对此,人民法院应当审查相关证据,如果有医疗机构证明或鉴定结论证明该费用必然发生并列明后续治疗的诊疗科目、具体费用数额的,可以支持。

【条文】

9.1.2　住院伙食补助费

9.1.2.1　住院期间的确定合理。

9.1.2.2　符合当地国家机关一般工作人员出差伙食补助标准。

【条文主旨】

明确住院伙食补助费认定应当符合的标准。

【条文理解】

根据《人身损害赔偿解释》第 23 条第 1 款之规定，住院伙食补助费的计算方法是“受害人住院天数 × 住院地国家机关一般工作人员的出差伙食补助日标准”。住院伙食补助费一般根据受害人实际住院天数计算，但少数案件中存在受害人故意拖延住院时间的情况，对此，应以病历、住院费用清单等材料上记载的实际住院天数为基础，合理确定，必要时可予以调整。

【条文】

9.1.3　外地就医住宿费、伙食费

9.1.3.1　受害人有异地治疗的必要，且因客观情况不能住院。

9.1.3.2　受害人有住宿的必要。

9.1.3.3　受害人及护理人员实际发生的伙食费合理。

9.1.3.4　有住宿费单据，费用合理。

【条文主旨】

明确外地就医住宿费及伙食费认定应当符合的标准。

【条文理解】

住宿费、伙食费的赔偿以受害人确有必要到外地治疗且因客观原因不能住院为前提，赔偿权利人应举证证明赴外地治疗的必要性、外地治疗期限、住宿费支付凭证等。对于合理的治疗期间内受害人本人及陪护人员的伙食费，可以参照就医地国家机关一般工作人员的出差伙食补助日标准计算，受害人本人及其陪护人员的住宿费可以根据其提供的住宿费支付凭证，对于合理部分予以赔偿。

【条文】

9.1.4　营养费

9.1.4.1　营养期有医疗机构的意见予以证明，与受害人的伤情相符。

9.1.4.2　没有医疗机构意见的，营养期的认定有鉴定单位意见或者参照天津市司法鉴定协会《人身损害受伤人员误工期、营养期、护理期评定准则（试行）》的规定。

【条文主旨】

明确营养费认定应当符合的标准。

【条文理解】

根据《人身损害赔偿解释》第24条的规定,营养费应参照医疗机构的意见确定,但从实务中的情况看,医疗机构极少出具与营养费有关的意见。为解决这一问题,天津法院进行了一些探索。除将营养期限提交鉴定机构作出专业意见这一方式外,部分法院探索根据天津市司法鉴定协会《人身损害受伤人员误工期、营养期、护理期评定准则(试行)》的规定,将医院诊断情况与评定准则中的规定进行对照,酌情确定营养期,该方式具有可取之处。因此,个案中营养期的认定,有医疗机构意见、鉴定意见为依据或者符合《人身损害受伤人员误工期、营养期、护理期评定准则(试行)》的相关规定的,均属于符合案件审理标准。

【条文】

9.1.5 交通费

9.1.5.1 与伤情、就医地点、时间、陪护人数、次数等相符。

【条文主旨】

明确交通费认定应当符合的标准。

【条文理解】

交通费应根据受害人及其必要的陪护人员因就医或转院治疗实际发生的费用计算。根据《人身损害赔偿解释》第22条之规定,交通费应当以正式票据为凭,故对于赔偿权利人未提交任何票据的,不应支持其关于交通费的主张;对于赔偿权利人提供的交通费凭证无法全部予以认定的,人民法院应在凭证合计金额基础上,综合考虑受害人伤情、就医地点、住院时间、陪护人数、复诊次数、可供选择交通工具的种类等因素酌情确定交通费数额。

【条文】

9.1.6 误工费

9.1.6.1 以受害人具有劳动能力为前提,与受害人的误工期、收入状况相符。

【条文主旨】

明确在个案中支持受害人误工费的前提条件和基本标准。

【条文理解】

具有劳动能力的受害人因交通事故受伤而误工的,应支持其误工费损失,误工费根据受害人的误工期和收入状况确定。

【条文】

9.1.6.2 误工期有医疗机构的意见、鉴定机构的鉴定意见予以证明,与伤情相符。

9.1.6.3　没有医疗机构意见、鉴定机构鉴定意见的，误工期的认定参照天津市司法鉴定协会《人身损害受伤人员误工期、营养期、护理期评定准则（试行）》的规定。

【条文主旨】

第9.1.6.2条和第9.1.6.3条两个条文系规定误工期限认定应当符合的标准。

【条文理解】

误工期一般根据医疗机构出具的证明确定。首先，受害人合理的住院期间应计入误工期。其次，赔偿权利人主张出院后误工费的，应提供医疗机构出具的载有建议休息意见的出院记录、诊断证明等证据，医疗机构出具的多份建议休息意见上建议休息的时间，除节假日外，一般应该连贯、无间断。最后，赔偿权利人主张出院后因复查与交通事故有关伤情所致误工费，并提供与复查有关的挂号条、就诊记录等证据，且复查次数、频率及诊疗内容合理的，也应支持相应的误工费用。

根据《人身损害赔偿解释》第20条之规定，误工费应该按照医疗机构的证明确定。在具体案件中，该证明的表现形式主要是住院病历和出院后载有建议休息意见的医院诊断证明书，但在部分案件中，存在无法按照医疗机构证明确定误工期的情况，其原因或是由于受害人长期、不合理地拖延住院期间，或是在出院后多次进行不必要的检查，或是在出院后仍不合理地长期休假并提供大量医院的建议休息证明，也有一部分案件是由于根据受害人伤情应当休息但其无法提供医疗机构证明。对于以上无法按照医疗机构出具的证明确定误工期的情况，可由人民法院参照天津市司法鉴定协会《人身损害受伤人员误工期、营养期、护理期评定准则（试行）》酌定或根据当事人的申请启动司法鉴定程序，将误工期限问题提交司法鉴定机构作出鉴定意见。

【条文】

9.1.6.4　受害人收入状况的确定，有证明实际收入减少的证据、最近三年平均收入的证据，或者受诉法院所在地相同或相近行业上一年度职工平均工资的证据。

【条文主旨】

明确认定受害人收入状况应当符合的标准。

【条文理解】

根据《人身损害赔偿解释》第20条第3款规定，误工费标准依次按照实际减少的固定收入、最近三年的平均收入、受诉法院所在地相同或者相近行业上一年度职工的平均工资计算。另外,根据天津高院津高法民一〔2012〕13 号文件之规定,无法举证证明受害人实际从事行业或受害人具有劳动能力但未实际就业的,误工费参照天津市居民服务和其他服务业上一年度在岗职工平均工资计算。

【相关案例】湖南省株洲市中级人民法院(2006)株中法民一终字第 140 号(载《人民法院报 · 案例指导》2007 年 5 月 21 日);北京市第一中级人民法院(2010)一中民终字第 3488 号(载《中国法院 2012 年度案例:道路交通纠纷》)。

【条文】

9.1.7　护理费

9.1.7.1　护理人数和护理期,有医疗机构的证明意见予以证明,与受害人的年龄、伤情相符。

【条文主旨】

规定个案中赔偿受害人护理费的前提条件和基本要求。

【条文理解】

根据《人身损害赔偿解释》第 21 条之规定,护理费的计算方式为"护理人日收入状况 × 护理期限 × 护理人数"。护理人员原则上为一人,但医疗机构或鉴定机构有明确意见的,可参照确定护理人员人数。

关于护理人的日收入状况,根据上述司法解释的规定,护理人员有收入的,参照误工费的规定计算;护理人员没有收入或者雇佣护工的,参照当地护工从事同等级别护理的劳务报酬标准计算。该规定具体到案件审理中,应分为以下几种情况:首先,护理人员有收入的,参照误工费的规定计算;其次,雇佣护工的,按照实际支出的合理费用计算;最后,受害人不能提供证据证明雇佣护工的实际支出或护理人员没有收入的,应当参照天津市居民服务和其他服务业上一年度在岗职工平均工资计算。

【条文】

9.1.7.2　没有医疗机构意见的,护理期的认定有鉴定机构的鉴定意见或者参照天津市司法鉴定协会《人身损害受伤人员误工期、营养期、护理期评定准则(试行)》的规定。

【条文主旨】

明确个案中确定护理期限的方法。

【条文理解】

关于护理期限的确定,司法解释规定为"计算至受害人恢复生活自理能力时止”,具体到案件审理中,护理期限可以根据医疗机构的意见确定,或由人民法院参照天津市司法鉴定协会《人身损害受伤人员误工期、营养期、护理期评定准则(试行)》酌定,或根据当事人的申请启动司法鉴定程序,将护理期限问题提交司法鉴定机构作出鉴定意见。

【条文】

9.1.8 残疾赔偿金

9.1.8.1 以天津市城镇居民人均可支配收入或者农村居民人均纯收入为标准。

9.1.8.2 以赔偿权利人住所地或者经常居住地的城镇居民人均可支配收入或者农村居民人均纯收入为标准的,有该标准高于天津市标准的证明材料。

【条文主旨】

第9.1.8.1条和第9.1.8.2条两个条文系规定残疾赔偿金的计算标准。

【条文理解】

《人身损害赔偿解释》第25条、第30条、第32条系有关残疾赔偿金的规定。残疾赔偿金=天津市上一年度城镇居民人均可支配收入/农村居民人均纯收入×赔偿年限×伤残赔偿指数,如果赔偿权利人举证证明其住所地或者经常居住地城镇居民人均可支配收入或者农村居民人均纯收入高于天津市标准的,残疾赔偿金可以按照其住所地或者经常居住地的相关标准计算。

【相关案例】重庆市第五中级人民法院(2011)渝五中民终字第507号(载《人民法院报·案例指导》2012年11月15日)。

【条文】

9.1.8.3 赔偿期限二十年,60岁以上受害人赔偿期限的递减合法、准确。

【条文主旨】

明确残疾赔偿金的赔付期限应当符合的标准。

【条文理解】

残疾赔偿金的赔偿年限的计算应当符合《人身损害赔偿解释》的规定,做到合法、准确,具体为:自定残之日起按20年计算。受害人60周岁以上的,年龄每增加一岁减少一年。75周岁以上的,按五年计算。残疾赔偿金给付年限届满后受害人仍存活,并起诉请求继续给付残疾赔偿金的,应当判令赔偿义务人继续给付5~10年。

【条文】

9.1.8.4 伤残赔偿指数与伤残等级对应。

9.1.8.5 受害人构成多处伤残的,累加后的伤残赔偿指数不超过100%。

【条文主旨】

第9.1.8.4条和第9.1.8.5条系针对伤残赔偿指数计算的规定。

【条文理解】

伤残赔偿指数应当与受害人的伤残等级相对应,符合《道路交通事故受伤人员伤残评定》(GB 18667-2002)的规定,即一级伤残的伤残赔偿指数为100%、二级伤残为90%,以此类推,至十级伤残为10%。受害人构成多处伤残的,累加后的伤残赔偿指数不能超过100%,具体确定方法为:受害人构成多处伤残的且最高伤残等级非一级伤残的,在最高伤残等级的伤残赔偿指数的基础上,每增加一处伤残所增加的附加指数,按所增加伤残的伤残赔偿指数的十分之一确定,附加指数之和不超过10%,总赔偿指数不超过100%。例如:某受害人经评定为十级、九级、八级、六伤残各一处,则该受害人伤残赔偿指数的确定方法为:最高伤残等级六级伤残,系数为50%;十级、九级、八级伤残各一处,附加指数为1%+2%+3%=6%;总赔偿指数为:50%+6%=56%。

【条文】

9.1.9 残疾生活辅助具费

9.1.9.1 符合普通适用的原则。伤情有特殊需要的,有配制机构出具的意见。

9.1.9.2 更换周期和赔偿期限确定合理,有鉴定机构或者配制机构出具的意见。

【条文主旨】

明确个案中确定残疾生活辅助具费应当符合的标准。

【条文理解】

受害人为辅助生活、劳动而购买器具而产生的费用,人身损害赔偿解释称其为"残疾辅助器具费",侵权责任法称为"残疾辅助具费"。残疾辅助具的标准,根据《人身损害赔偿解释》第26条之规定,应当按照普通适用的标准确定。"普通适用器具",是指符合稳定安全、对受害人更能发挥有效补充作用、能够维持受害人基本生活需求并有助于其从事劳动和回归社交要求的器具。审判实务中,受害人的伤残情况各异,在裁判中应坚持的基本原则是,残疾辅助具费应有配置机构明确的书面意见,并由人民法院按照安全、稳定、有助于生活和劳动的标准进行审查确认。残疾辅助具的赔偿期限、更换周期应当根据受害人的年龄、健康状况等因素，参考配置机构或司法鉴定机构的意见确定，但最长不超过残疾赔偿金的给付年限。超过年限后，受害人确需继续配置辅助具的，赔偿义务人应继续给付残疾生活辅助具费用5～10年。

【条文】

9.1.10　死亡赔偿金

9.1.10.1　以天津市城镇居民人均可支配收入或者农村居民人均纯收入为标准。

9.1.10.2　以赔偿权利人住所地或者经常居住地的城镇居民人均可支配收入或者农村居民人均纯收入为标准的，有该标准高于天津市标准的证明材料。

9.1.10.3　赔偿期限二十年，60岁以上受害人赔偿期限的递减合法、准确。

9.1.10.4　因同一交通事故造成多人死亡的，赔偿标准一致。

【条文主旨】

明确个案中确定死亡赔偿金应当符合的标准。

【条文理解】

死亡赔偿金是对死者死亡后未来收入损失的赔偿，其计算方式与残疾赔偿金基本一致。根据《人身损害赔偿解释》第29条之规定，死亡赔偿金＝天津市上一年度城镇居民人均可支配收入/农村居民人均纯收入×赔偿年限。同一交通事故造成多人死亡的，即使其户籍性质不同，但可以以相同数额确定死亡赔偿金。

【条文】

9.1.11　丧葬费

9.1.11.1　以天津市上一年度职工月平均工资为标准，累积计算六个月。

【条文主旨】

明确个案中确定丧葬费应当符合的标准。

【条文理解】

丧葬费是因安葬死者所支出的费用，包括运尸费、冷藏费、整理仪容费用、遗体告别场地费、骨灰寄存费、购置墓地墓碑等费用。根据《人身损害赔偿解释》第27条之规定，丧葬费为固定数值，为受诉法院所在地上一年度职工月平均工资标准，以六个月总额计算。

【条文】

9.1.12 办理丧葬事宜的交通费、住宿费、误工费

9.1.12.1 受害人亲属有相关单据予以证明。

9.1.12.2 费用确定合理。

9.1.13 被扶养人生活费

9.1.13.1 以天津市城镇居民人均消费性支出或者农村居民人均年生活消费支出为标准。

9.1.13.2 以赔偿权利人住所地或者经常居住地的城镇居民人均消费性支出或者农村居民人均年生活消费支出为标准的,有该标准高于天津市标准的证明材料。

【条文主旨】

规定被扶养人生活费的计算标准。

【条文理解】

根据《人身损害赔偿解释》第28条之规定,被扶养人生活费=天津市上一年度城镇居民人均消费性支出/农村居民人均生活消费支出×扶养年限÷扶养义务人个数×伤残赔偿指数。被扶养人生活费的标准应当按照受害人身份状况,适用城镇居民或农村居民标准计算,受害人身份状况应与残疾赔偿金、死亡赔偿金的受害人身份状况一致。

【条文】

9.1.13.3 被扶养人范围的认定准确,有扶养人与被扶养人存在亲属关系的证明;被扶养人成年的,有既无劳动能力又无其他生活来源的证明。

【条文主旨】

规定被扶养人的认定标准。

【条文理解】

被扶养人,是指受害人依法应当承担扶养义务的未成年人或者丧失劳动能力且无其他生活来源的成年近亲属。在案件审理中,应当严格审查相关证据,准确认定被扶养人身份。尤其是对于赔偿权利人主张将成年人作为被扶养人的,应证明被扶养人无劳动能力、无生活来源。其中无劳动能力的证明可以是下列之一:能够证明被扶养人无劳动能力的残疾证;被扶养人劳动能力鉴定意见;被扶养人患有严重影响劳动疾病的诊断证明。

【相关案例】江苏省南京市中级人民法院(2009)宁民一终字第123号(载《人

民法院案例选》2009 年 12 月版)。

【条文】

9.1.13.4 扶养年限确定合理。

【条文主旨】

规定抚养年限的确定标准。

【条文理解】

扶养年限应当准确确定。计算被扶养人生活费,需要确定被扶养人年龄的,一般以受害人定残或死亡之时为起算点,扶养年限按照有利于受害人一方的原则取整数。被扶养人为未成年人的,扶养年限计算至 18 周岁;被扶养人无劳动能力又无其他生活来源的,计算 20 年,但 60 周岁以上的被扶养人,年龄每增加 1 岁,扶养年限减少 1 年,被扶养人 75 周岁以上的,扶养年限计算 5 年。

【条文】

9.1.13.5 扶养人有多人的,赔偿范围与受害人依法应承担的责任相符。

【条文主旨】

明确多个扶养义务人时,计算被扶养人生活费应符合的标准。

【条文理解】

扶养人有多人的,赔偿范围与受害人依法应承担的责任相符。具体而言,一般情况下,被扶养人为受害人未成年子女的,扶养人应为父母二人;被扶养人为受害人父母的,应当由受害人成年兄弟姐妹共同承担扶养义务,其扶养义务人人数应当按照有关机构出具的书面证明确定。

【条文】

9.1.13.6 被扶养人有多人的,年赔偿总额累计不超过上一年度城镇居民人均消费性支出额或者农村居民人均年生活消费支出额。

【条文主旨】

规定个案中确定的被扶养人生活费的上限。

【条文理解】

根据《人身损害赔偿解释》的规定,被扶养人生活费的年赔偿总额累计不得超过天津市上一年度城镇居民人均消费性支出额或农村居民人均年生活消费支出额。年赔偿总额累计超过上限的,赔偿义务人按照该上限数额支付该年度被扶养人生活费,各被扶养人在该年度中获得赔偿的被扶养人生活费数额,应予调整,调整方法为:首先,分别计算出每一年度中各位被扶养人的被扶养人生活费,并计算该年度中被扶养人生活费总和,确定是否需要调整;其次,用城镇居民人均消费性支出或农村居民人均生活消费支出÷该年度中被扶养人生活费总和,用该比例数分别乘以第一步中计算出的各位被扶养人的被扶养人生活费,结果即为各被扶养人实得的被扶养人生活费数额。

【条文】

9.1.13.7 被扶养人生活费计入残疾赔偿金和死亡赔偿金。

【条文主旨】

明确在制作裁判文书时,应当将被扶养人生活费计入残疾赔偿金和死亡赔偿金。

【条文理解】

侵权责任法条文中在列举人身损害赔偿范围时未涉及被扶养人生活费,故《最高人民法院关于适用〈中华人民共和国侵权责任法〉若干问题的通知》中规定,人民法院适用侵权责任法审理民事纠纷案件,如受害人有被扶养人的,应当依据《人身损害赔偿解释》第28条的规定,将被扶养人生活费计入残疾赔偿金或死亡赔偿金。

【条文】

9.1.14 精神损害抚慰金

9.1.14.1 与侵权人的过错程度、侵害情节、侵害后果、获利情况、承担责任的能力、受诉法院所在地的生活水平等相符。

9.1.14.2 在交强险范围内优先赔偿精神损害抚慰金的,符合相关规定。

【条文主旨】

规定个案中确定精神损害抚慰金应当符合的标准。

【条文理解】

精神损害抚慰金的赔偿权利人是遭受精神损害的受害人或死者近亲属。精神损害抚慰金数额,主要依据损害后果、侵权人和受害人过错程度确定。根据天津市审判实践中的经验,如果受害人未构成伤残,一般不支持精神损害抚慰金,但是根据个案情况,如果受伤部位特殊,严重影响受害人未来生活、就业、社会活动的,或者存在侵权情节恶劣、侵权行为发生时间节点特殊等情况的,在未构成伤残的情况下亦可以酌情支持精神损害抚慰金。由于商业三者险保险条款中普遍约定不赔偿精神损害抚慰金,故《交通事故赔偿解释》第16条规定,受害人或者其近亲属请求承保交强险的保险公司优先赔偿精神损害的,应予支持。在案件审理中,考虑到当事人的诉讼能力等问题,如果赔偿权利人对优先赔偿问题未做主张的,人民法院可以予以释明。

【相关案例】福建省厦门市湖里区人民法院(2009)湖民初字第3997号(载

《中国法院2012年度案例:道路交通纠纷》)。

【条文】

9.2　财产损失赔偿范围

【条文理解】

《交通事故赔偿解释》第15条规定,因道路交通事故造成下列财产损失,当事人请求侵权人赔偿的,人民法院应予支持:(1)维修被损坏车辆所支出的费用、车辆所载物品的损失、车辆施救费用;(2)因车辆灭失或者无法修复,为购买交通事故发生时与被损坏车辆价值相当的车辆重置费用;(3)依法从事货物运输、旅客运输等经营性活动的车辆,因无法从事相应经营活动所产生的合理停运损失;(4)非经营性车辆因无法继续使用,所产生的通常替代性交通工具的合理费用。在机动车交通事故责任纠纷案件的审理和评价中,对于财产损失赔偿范围的认定,应当符合以下标准:

【条文】

9.2.1　机动车修理费

9.2.1.1　有维修的进出厂检修证明及维修费单据等证据。

9.2.1.2　维修费票据与事故相关联。

【条文主旨】

明确个案中确定机动车修理费应当符合的标准。

【条文理解】

主张车辆维修费的赔偿权利人,应当提供支出车辆维修费用的合法凭证,维修支出应当与涉案交通事故具有关联性。赔偿权利人应提供车损部位明细或修理项目明细,赔偿义务人对于损坏或维修项目的必要性、合理性及费用等提出异议的,应承担举证责任。

【条文】

9.2.2　车载物品损失费

9.2.2.1　有价格认定部门出具的评估结论、购买发票、货物的承运单据等证据。

【条文主旨】

明确个案中确定车载物品损失费应当符合的标准。

【条文理解】

车载物品、车上人员携带物品在交通事故中损坏的,相关权利人可以主张赔偿,但是该物品损失一般应当在交通事故认定书中载明,否则赔偿权利人应对该物品损失的事实承担举证责任。车载物品损失费一般根据评估结论书、购买发票、市场价格、货物承运单等证据认定。

【条文】

9.2.3 施救费

9.2.3.1 有施救单位出具的施救费单据。

【条文主旨】

明确个案中确定施救费应当符合的标准。

【条文理解】

因对事故车辆救援所产生的施救费用,按照施救机构出具的发票所载金额予以赔偿。

【条文】

9.2.4 重置费

9.2.4.1 以车辆灭失或者无法修复为前提。

9.2.4.2 有对机动车重置费的鉴定意见或者机动车的使用年限、行驶公里数及市场参考价格等证据。

【条文主旨】

明确个案中确定车辆重置费应当符合的标准。

【条文理解】

车辆重置费用是一种以车辆灭失、无法修复或修复费用超过重置费用为赔偿前提的损失赔偿项目。在个案中确定的车辆重置费用金额,一般不应超过交通事故发生前该车辆的价值,具体数额可以根据鉴定意见或车辆原始价值、使用年限、行驶公里数、折旧情况等因素综合确定。

【条文】

9.2.5 经营性机动车停运损失费

9.2.5.1 有合法从事货物运输、旅客运输等经营性活动的资格证明。

【条文主旨】

明确支持停运损失的前提条件。

【条文理解】

事故车辆系依法从事货物运输、旅客运输等经营性活动的车辆,因交通事故无法从事相应经营活动所产生的合理停运损失,应予赔偿。赔偿权利人应提供道路运输证、运营证等证明事故车辆系合法从事经营性活动的车辆。

【条文】

9.2.5.2　有交通管理部门的扣放车证明,维修单位出具的维修期间的证明,维修费单据等证据。

【条文主旨】

有关停运期间的确定标准。

【条文理解】

停运期间,自事故发生日起算至车辆维修完毕之日或重置之日,赔偿义务人可提供公安交管部门出具的处理交通事故的扣车天数证明、车辆维修机构出具的进出厂证明、修理工时证明、购车发票、提车单等证据。赔偿义务人认为赔偿权利人存在故意拖延修理或重置车辆情形的,应承担举证责任。

【条文】

9.2.5.3　损失确定合理,综合考虑停运期间、损失的具体范围、受害人的运营成本、运营能力、近期平均利润等因素。

【条文主旨】

有关停运损失计算的标准。

【条文理解】

停运损失的数额,应当综合考虑运营成本、运营能力、近期平均利润率、行业平均利润率等因素予以认定。赔偿权利人无法提供证据或提供的证据无法直接证明其主张的停运损失数额的,可按照天津市上一年度交通运输行业在岗职工年平均工资计算。

【相关案例】北京市第二中级人民法院(2018)京02民终2346号。

【条文】

9.2.6　通常替代性交通工具费

9.2.6.1　替代性交通工具有必要性、合理性。

9.2.6.2　有交通管理部门的扣放车证明,维修单位出具的维修期间的证明、维修费单据及乘坐替代性交通工具的费用凭证。

9.2.6.3　费用确定合理,综合考虑事故车辆价值和一般使用用途、行驶里程等因素。

【条文主旨】

明确个案中确定通常替代性交通工具费用应当符合的标准。

【条文理解】

在案件审理中,支持替代性交通工具费用的,应当首先确认该费用产生及其具体数额应当具有必要性和合理性,对此可以根据赔偿权利人日常且合理的出行需要、车辆的用途等进行判断。赔偿权利人已实际支出且必要的公共交通费用、出租车费用应予支持。赔偿权利人主张租赁车辆作为替代性交通工具的,应严格审查租车的必要性、合理性、车型、是否已经实际发生租车费用等。

【相关案例】北京市第二中级人民法院(2018)京02民终3693号。

10. 规范性文件引用(略)

第六章　执行异议之诉案件审理标准的理解与适用

第一节　执行异议之诉概述

一、执行异议之诉的概念及类型分析

执行异议之诉是从执行程序中衍生出的一种兼有实体利益目的的特殊类型诉讼，具有确定当事人之间实体法律关系和排除法院强制执行的双重作用。就当前已经定型的执行异议之诉的三种类型而言，案外人执行异议之诉，是指案外人就执行标的享有足以排除强制执行之权利，请求法院不许对该标的实施执行之诉讼。[①] 当事人（申请执行人）执行异议之诉，是指申请执行人对人民法院中止对特定标的物的执行的裁定不服，认为案外人不享有足以排除强制执行之权利，请求法院继续对该执行标的进行执行的诉讼。[②] 执行分配方案异议之诉，是指参与分配执行财产过程中，债权人或债务人对执行法院分配方案提出异议，遇其他债权人或债务人反对，由持异议人对反对异议人提起的诉讼。[③] 2017 年《执行异议之诉征求意见稿》中又尝试创设第四种执行异议之诉类型——"申请变更、追加被执行人异议之诉"，给予申请执行人对在四种特殊情形下当执行法院驳回其对不予变更、追加被执行人的异议后，提起执行异议之诉的权利。

---

① 沈德咏主编：《最高人民法院民事诉讼法司法解释理解与适用》，人民法院出版社 2015 年版，第 813 页。

② 沈德咏主编：《最高人民法院民事诉讼法司法解释理解与适用》，人民法院出版社 2015 年版，第 813 页。

③ 其规范依据为《民诉法司法解释》第 512 条及《执行解释》第 25 条、第 26 条。定义依据沈德咏主编的《最高人民法院民事诉讼法司法解释理解与适用》第 512 条及其条文理解（第 1348 页）概述而成，部分参考陈娴灵的《我国民事执行异议之诉研究》第七章"参与分配异议之诉"（第 182～184 页）内容。

以上四种执行异议之诉类型的陆续创设,由执行异议之诉在民事诉讼法学中的基本理论定位问题引发,体现了学界及司法界对执行异议之诉制度性质持续加深的理解。执行异议之诉,有专家定义为,由执行程序当事人或其他利害关系人提出的,以改变民事强制执行程序的实体性构成要素为目的的,满足诉的构成要素并据以支撑相对独立之诉讼程序的请求。[①]民事强制执行程序的构成要素有程序性和实体性两个层面。程序性构成要素主要包括执行依据、执行管辖、执行措施等,实体性构成要素包括执行债权、执行程序主体、执行标的和参与分配程序中的"分配方案"四个方面。案外人执行异议之诉和申请执行人执行异议之诉,其指向的实体性构成要素均为执行标的,执行分配方案异议之诉指向分配方案,第四种类型的执行异议之诉指向执行程序主体。《执行异议之诉征求意见稿》的构造正是此种理论见解的展开。

根据以上叙述,笔者将执行程序中的不同主体针对不同的民事强制执行程序的实体性构成要素可能展开的执行异议之诉的具体程序架构如下(表6-1):

表6-1　执行异议之诉发起主体、诉讼目的及诉讼类型一览表

	针对执行依据	针对执行主体	执行标的	分配方案
案外人	不得提起执行异议之诉 1.申请再审; 2.提起第三人撤销之诉[②]	请求撤销变更或追加被执行主体执行异议之诉 (最近一版《执行异议之诉征求意见稿》内容)	案外人执行异议之诉 (就执行标的主张排除强制执行的实体权利) 此为执行异议之诉案由下,当前绝大多数案件	执行分配方案异议之诉 (案外人作为债权人参与分配并对分配方案提出书面异议,其他债权人反对的)
申请执行人	并不存在	请求变更或追加被执行主体执行异议之诉 (请求变更或追加被执行主体的申请被驳回,最近一版《执行异议之诉征求意见稿》内容)	许可执行之诉(案外人就执行标的提出实体性执行异议,执行机构据以排除强制执行)	执行分配方案异议之诉 (其他债权人就其对分配方案所确定的债权或分配金额的异议提出实质性反对)

① 丁宝同:《执行异议之诉:比较法视野下的谱系解读》,载《比较法研究》2015年第4期。

② 根据《民诉法司法解释》第303条条文及其理解与适用中的条文理解内容,当事人在申请再审和提起第三人撤销之诉两种救济程序中只能选择一种,不能同时启动两种,一旦选定即不许变更。

续表

	针对执行依据	针对执行主体	执行标的	分配方案
被执行人	不得提起执行异议之诉可以申请再审	或称为债务人异议之诉 （申请执行人要求变更执行主体或变更追加被执行主体反对，被执行人提出异议被驳回后提起的诉讼） 理论上可以允许，目前暂无	或称为债务人异议之诉 （在执行异议之诉中对他方诉求表示同意或反对） 理论上可以允许，目前暂无①	执行分配方案异议之诉 （被执行人就其对分配方案确定的债权或分配金额的异议提出实质性反对意见）

从表6－1可以看出，从执行异议之诉的提出主体而论，可以将之分为申请执行人（执行程序债权人）、被执行人（执行程序债务人）、执行程序案外人三种类型；从诉的目的而论，可以分为：针对执行主体、执行标的及分配方案三个类型，针对执行依据的不属于执行异议之诉制度范畴。目前本制度的程序法理论难点问题是体现为执行异议之诉的执行救济程序设计并没有实现理论上的周延。如表6－1所示，最近一版的《执行异议之诉征求意见稿》规范了“变更、追加被执行主体异议之诉”的内容，而截至目前债务人（被执行人）执行异议之诉还部分属于理论争论及立法层面空白区域。综上，鉴于审理标准这一规范文本必须严格以法律和司法解释为准绳的特殊属性，以及它为法院和法官筛选有利于判定评价裁判质量关键节点的实践功能，审理标准暂不能涉足存有立法空白和理论争议的领域。但审理标准有一年一修订的底层制度，紧跟立法和司法解释的脚步，及时更新修正是司法标准的题中应有之义。

二、执行异议之诉的性质定位

关于执行异议之诉的性质争议颇多。有学者将之界定为民事诉讼第三人保护特别程序，有的将之定性为判决瑕疵救济程序，有的将之纳入执行救济程序。

---

① 上海市第二中级人民法院课题组《对执行异议之诉的重新审视》一文写到一起债务人针对执行标的提出实体性异议的案例。案件的特殊性在于，执行过程中，被执行人与申请执行人之间权利义务关系发生变化。而对于债务人在执行过程中的实体权利救济仍处于缺失态。载《人民司法（应用版）》2016年第22期。

种种理论争议,都是指向了执行异议之诉中是否能够存在双重诉讼标的及其确权裁决的既判力问题。从诉的性质来讲,存在确认之诉、给付之诉、形成之诉、救济之诉以及命令之诉、新形成之诉等观点。确认之诉理论认为,异议之诉是案外人要求确认执行标的的非债务人责任财产的一种诉,或要求确认案外人对执行标的有排除执行行为之实体权利的一种诉,包括诉讼法意义上的确认之诉和实体法上的确认之诉。形成之诉的理论认为,异议之诉是案外人以其对执行标的拥有所有权或者其他足以阻却标的物转让或者交付的权力,请求排除法院的强制执行行为的一种诉,目的是阻却对特定标的物的强制执行。救济之诉的学说,认为案外人异议之诉是确认之诉与形成之诉的合成,而不是单一性质的诉。首先,案外人异议之诉最直接的功能在于排除对执行标的的强制执行,具有形成之诉的性质。其次,案外人所主张的实体法律关系是异议权的先决问题,否则难以做出是否排除执行的判决。故案外人执行异议之诉同时具有确认案外人所主张的实体权益的功能,兼具确认之诉的性质。此外还有命令之诉、新形成之诉、兼有之诉[①]等理论。最高法院最终将其定性为"一种具有复合性的新类型诉讼"[②],认为执行异议之诉属于执行救济程序,但从本质上讲却并非执行程序,而是一种新型审判程序,因而在民事诉讼法特别程序中占据一章。它由执行程序牵延而生,是对执行强制性的程序法上的救济,又与实体性权利的裁断问题密切相关。它的运行目的在于阻止或撤销执行机构对执行标的的强制执行,是执行进行中的救济,被限定在执行程序开始后到执行程序终结前的这段时间,通过撤销、终止执行措施来防止损害权利人利益的强制执行。执行救济属于公法领域的救济范畴,它以一定的执行行为或者执行裁决的存在为前提,有民事诉讼的效力,但不单单是发生在当事人之间的单纯的民事实体法律关系。它既可以保护第三人的合法权益,更能够保护债权人的利益,防止债务人与第三人恶意串通损害债权人的合法权益,最重要的是,它还负有平衡执行效率和公正的公法使命。

---

① 陈婀灵:《我国民事执行异议之诉研究》,湖北人民出版社 2009 年版,第 60~63 页。著者称,兼有之诉即以救济之诉的理论为基础,是其发展和替代。

② 杜万华、胡云腾主编,最高人民法院研究室编:《最高人民法院民事诉讼法司法解释逐条适用解析》,法律出版社 2015 年版,第 569 页。

第二节 执行异议之诉案件审理标准化的依据

一、执行异议之诉制度沿革

民事执行救济制度是实现民事执行程序功能与价值的重要保障。它是当事人或利害关系人的利益因法院的执行行为而受到侵害时，法律规定的救济手段。2007 年修改后的《民事诉讼法》通过第 202 条和第 204 条引入程序性救济和实体性救济，并基于第 204 条在民事诉讼基本立法层面确立了民事强制执行程序中的实体性救济制度——执行异议之诉制度。最初建立的执行异议之诉制度包含两种基本类型：案外人执行异议之诉、申请执行人（当事人）执行异议之诉[①]。而后，2009 年施行的《最高人民法院关于适用〈中华人民共和国民事诉讼法〉执行程序若干问题的解释》[②]（以下简称《执行解释》）为《民事诉讼法》第 204 条创设了基本程序框架，并进一步创设执行异议之诉门类中的第三种——"参与分配方案异议之诉"。2011 年 2 月 18 日，最高人民法院发布《关于印发〈修改后的民事案件案由规定〉的通知》，该通知所附《民事案件案由规定》将执行异议之诉放在第十部分"适用特殊程序案件案由"中，并确定了三个子案由，即案外人执行异议之诉（停止执行）、申请执行人启动的许可执行之诉以及执行分配方案异议之诉。执行异议之诉的三种类型案件就此由立法层面迈向司法实践，并开始独立于一般民事确权案件自成体系。紧随其后，《民事诉讼法》2012 年经历了第二次系统性修改，规范执行异议之诉制度的条文本身并无变化，调整为《民事诉讼法》第 227 条。至 2015 年，《最高人民法院关于适用〈中华人民共和国民事诉讼法〉的解释》（以下简称《民诉法司法解释》）以整章篇幅进一步构造和规范执行异议之诉案件，对此类案件审理的程序构造、法律适用、执行问题和处理结果等诸多问题予以定型。同年《最高人民法院关于人民法院办理执行异议和复议案件若干问题的规定》（以下简称《办理执行异议和复议案件规定》）[③]阐明了执行程序、案外人异议与执行异

① 沈德咏主编：《最高人民法院民事诉讼法司法解释理解与适用》（下），人民法院出版社 2015 年版，第 813 页。

② 法释〔2008〕13 号，参与分配方案异议之诉规定见《执行解释》第 25 条、第 26 条。

③ 法释〔2015〕10 号，自 2015 年 5 月 5 日起施行。

议之诉的诸多协调衔接问题,并对何谓“权利足以排除强制执行”的若干情形进行了初步界定。其间,陆续有涉及财产保全、查封、扣押、冻结财产等执行层面的司法解释类文件条文有限介入案外人异议之诉问题,前者将针对财产保全的案外人实体性异议纳入可以提出执行异议之诉的范畴①,后者则对“无过错买受人物权期待权”提出了保护与否的甄别判断标准②。此后,在民法总则、物权法、合同法等法律规定基础上,协调既有执行类司法解释所确立的权利判定规则,最高人民法院民事审判庭即开始酝酿并先后两次出台《关于审理执行异议之诉案件适用法律若干问题的规定(征求意见稿)》(以下简称《执行异议之诉征求意见稿》)。2017 年征求意见稿中将执行异议之诉划分为:执行标的异议之诉、执行分配方案异议之诉以及申请变更追加被执行人异议之诉。可以说,从一方面看执行异议之诉制度包含的案件类型仍在持续增长,制度涵盖力在逐步与学界理论层面的探索不断靠近、继续拓展;与此同时,另一方面,执行异议之诉的前两个案件类型虽实体权利方面的争议仍在继续,但许多审理程序上的问题已有定论,基本程序架构正在渐趋完善,程序安定性初步体现。

二、执行异议之诉审理标准之实践需求

执行异议之诉的审判实践显示,此制度运行以案外人执行异议之诉为绝对主体,以许可执行之诉为其特殊变形,而以执行分配方案异议之诉为有限例外的态势。经中国裁判文书网检索,执行异议之诉案由全国共有案件 26,411 件。其中案外人执行异议之诉 18,884 件,占 71.5%;申请执行人执行异议之诉 6376 件,占 24.1%;执行分配方案异议之诉仅有 860 件。截至目前,在天津全市执行异议之诉全部上网案件共有 385 件,其中案外人执行异议之诉 212 件,申请执行人异议

---

① 《最高人民法院关于人民法院办理财产保全案件若干问题的规定》(法释〔2016〕22 号)第 27 条规定:“人民法院对诉讼争议标的以外的财产进行保全,案外人对保全裁定或者保全裁定实施过程中的执行行为不服,基于实体权利对被保全财产提出书面异议的,人民法院应当依照民事诉讼法第二百二十七条规定审查处理并作出裁定。案外人、申请保全人对该裁定不服的,可以自裁定送达之日起十五日内向人民法院提起执行异议之诉。

人民法院裁定案外人异议成立后,申请保全人在法律规定的期限内未提起执行异议之诉的,人民法院应当自起诉期限届满之日起七日内对该被保全财产解除保全。”

② 《最高人民法院关于人民法院民事执行中查封、扣押、冻结财产的规定》(法释〔2005〕15 号)第 17 条规定:“被执行人将其所有的需要办理过户登记的财产出卖给第三人,第三人已经支付部分或者全部价款并实际占有该财产,但尚未办理过户登记手续的,人民法院可以查封、扣押、冻结;第三人已经支付全部价款并实际占有,但未办理过户登记手续的,如果第三人对此没有过错,人民法院不得查封、扣押、冻结。”本条款是《物权法》第 14 条的逻辑推演和延伸规定。

之诉91件,执行分配方案异议之诉5件。无论是案件数量还是审理上的难点都集中在案外人及申请执行人异议之诉领域。因此,从实践需要和程序安定性双重考虑下,天津法院出台的《执行异议之诉案件审理标准(试行)》决定仅对上述两个案件类型制定标准,进行规范。在最高人民法院执行异议之诉相关司法解释正式稿出台后,本项标准也仍有提升改造的空间。

第三节　执行异议之诉案件审理标准的相关问题

一、审理标准需要解决的主要程序问题

执行异议之诉案件制度程序设置在多个法律、司法解释的接力中日渐清晰,许多争议陆续得到解决:如执行异议之诉与执行异议程序的衔接、与审判监督程序的功能界分、受理条件、基本管辖、案件审理适用普通程序、诉讼主体确定、诉讼请求内容、自认原则特别限制、文书制作特殊性以及执行异议之诉审理期间不得对执行标的进行处分,等等。经过梳理,上述问题逐一纳入了此类案件的审理标准。此外还有部分标准条文属于不言自明的隐性规则的明确化:如一诉不再理原则的申明、强调参与执行异议审查的合议庭成员不得审理执行异议之诉案件、执行依据进入再审的执行异议之诉中止等条文。

标准条文拟定的前提条件是必须严格遵循法律法规、司法解释以及其他有法定效力的各层级规范性文件,必须给前述文件中悬而待决的问题留白。目前仍有争议的难点问题包括:法院执行部门、异议审查部门及执行异议之诉审理部门之间的衔接、协调不明确;多个生效法律文书之间存在冲突和竞合;程序性规范的漏洞填补功能难以及时应对审判实践的发展变化。

(一)管辖问题

执行异议之诉案件管辖问题的设定,显著体现了其作为执行救济程序紧随执行法院或异议审查法院的特性。《民诉法司法解释》规定,此类案件由执行法院管辖,《执行解释》第22条进一步确认。但执行程序的高度灵活性,继续引发了提级执行、指定执行、委托执行后,此类案件管辖问题如何解决的疑问。对此问题,2015年《办理执行异议和复议案件规定》第4条第2款规定率先解决了执行异议之诉的前置执行异议程序面临提级、指定、委托执行情况由谁管辖的问题。将执

行异议案件的管辖权明确为"提出异议时负责该案件执行的法院"。唯一例外情形,即受指定或委托的是下级,异议仍由原执行法院管辖。可以说,因为执行异议程序和异议之诉的高连带性,异议提起当时的管辖状态直接决定了执行异议之诉的管辖。《执行异议之诉征求意见稿》两次都认可并承袭了这一观点,确认"执行异议之诉案件由作出执行异议裁定的人民法院管辖"。而最新征求意见稿提出指定、提级、委托执行后,负责案件执行的法院管辖执行异议之诉,这一款规定与执行方面既有的司法解释条款存在矛盾。因为《办理执行异议和复议案件规定》中有这样一款:"执行案件被指定执行、提级执行、委托执行后,案外人对原执行法院的执行标的提出异议的,由提出异议时负责该案件执行的人民法院审查处理;受指定或者委托的人民法院是原执行法院的下级法院的,仍由原执行法院审查处理。"第一句仍是谁审查异议谁管辖的原则,第二句则意味着:执行案件向下级法院走的,根据执行方面的意见,异议审查归原执行法院,继而执行异议之诉也就留在原执行法院。这是基于上下级法院裁判效力体系不能颠倒的司法特有规律,另外,司法解释间的一致性也是非常重要的考量因素,因此这一问题仍属于待决事项。

(二)当事人诉讼地位的确定

根据《执行解释》第17条的规定,案外人异议之诉的原告为案外人,被告为申请执行人,被执行人反对案外人主张的为共同被告。2015年《民诉法司法解释》第307条进一步完善:被执行人不反对案外人异议的,列为第三人。《最高人民法院民事诉讼法司法解释理解与适用》第307条的条文理解[①]中进一步说明了设定为第三人的理由,即如果案外人没有提出确权诉讼请求,则其诉与被执行人无直接关系,没有必要列为共同被告;而执行异议之诉审理又势必会涉及权属问题,仍有必要列入其为第三人,便于查清事实。进一步推导:我们在审理标准中规定,案外人一并提出确权诉讼请求,不能直接送达被执行人时,被执行人列为被告。[②]

在最新《执行异议之诉征求意见稿》第8条亦尝试解决被执行人不发表意见或被执行人下落不明,无法对表明意见时如何列其诉讼地位的问题。条文将选择权留给原告,但继而规定,原告不发表意见,列为第三人。其意图是无论因为客观

---

① 沈德咏主编:《最高人民法院民事诉讼法司法解释理解与适用》,人民法院出版社2015年版,第824~828页。

② 此种意见在《最高人民法院民事诉讼法司法解释理解与适用》一书中亦有表述,是标准制定时的理论依据。具体章节、页码同上注。

还是主观原因没有发表意见的被执行人，在难以委决的情况下，其诉讼地位为第三人。条文并未将确权诉讼请求存在与否是否列入考量。该稿在征求意见过程中，天津法院还提出了在执行异议之诉审理中能否依申请或依职权追加第三人参加诉讼的问题。比如，多个债权人基于同一执行依据申请执行的必要共同诉讼，需要追加；而多个债权人不同执行依据的普通共同诉讼，视情追加；而若案外人排除特定标的物强制执行，影响到多个债权人，应当追加，等等。

（三）与强制执行、执行异议及再审程序的衔接问题

执行异议之诉案件处理横跨法院民事庭、执行庭、执裁部门、审监庭，在涉及提级、委托、指定执行时，还牵涉两个以上的法院，程序间的沟通衔接比较复杂。经过几轮司法解释，相当多的问题已经得到解决，具体包括：

1. 执行异议复议审查期间及执行异议之诉审理期间均不停止执行，但不得对执行标的处分。此为执行效率与实体权利人财产安全间的较优平衡。同时，本条文形成了对被执行人与案外人串通借执行异议之诉名义行阻碍执行之实行为的制度防范。

2. 执行异议程序中当事人同时提出程序、实体两种异议又如何界定？如当事人自身对异议实质内容存在误解如何处理？根据《办理执行异议和复议案件规定》第 8 条规定，按其异议主张的实质内容进行区别对待：或实体或双重，混淆者进行释明告知变更。审查后区分情况处理：一是异议理由不成立的，裁定驳回，执行程序继续；二是如果异议理由成立的，裁定中止执行。第二种情况下，如果异议提出者是申请执行人，且没有及时提起诉讼解决实体权利归属，根据《执行解释》第 23 条的规定，裁定送达之日起 15 日后，法院应当裁定解除已经采取的执行措施。此种自动衔接为执行异议之诉与强制执行程序协调的重要内容之一。德国、日本、我国台湾地区同理；“申请执行人在裁定中止执行后不诉，七日解除执行措施，无须另行申请。”

3. 作为执行依据的原判决、裁定等处于再审程序的，裁定中止诉讼。再审程序的开启直接动摇了执行依据的可执行性，因此产生停止执行的效果，同样执行异议之诉程序也因执行依据的动摇而陷入失去诉讼之必要性的局面，有必要裁定中止。审理标准明确提出这一规则，且得到了新版征求意见稿第 3 条的肯定意见。

4. 先予执行及保全阶段开启执行异议以及执行异议之诉的特别规定。根据 2011 年《最高人民法院关于执行权合理配置和科学运行的若干意见》第 17 条的规定，财产保全和先予执行的实施行为，可以适用《民事诉讼法》第 202 条和第 204

条提出异议乃至异议之诉。之后《最高人民法院关于人民法院办理财产保全案件若干问题的规定》第27条[①]再次明确将案外人或申请保全人针对诉讼争议标的以外的财产[②]保全提出执行异议之诉的时间节点提前到了执行依据尚未形成的诉讼阶段。而《执行异议之诉征求意见稿》虽未对此作出确认,却无独有偶地在第6条提出"先予执行中的执行异议之诉"问题,其制度意图及运行方式都与保全规定中条文极为近似,甚至更进一步明确,执行异议之诉与实施先予执行的诉讼案件可以并行,不必因其未结而中止审理。此一规定在执行异议之诉司法解释文本正式定型后,需引入审理标准。

（四）执行异议之诉与另案确权

最高人民法院将执行异议之诉视为新类型复合诉讼,即意味着已经认定了执行异议之诉自某个特定时间节点起就具有"吞噬"、取缔案外人另行确权之诉效力的能力。最初形成这一观点的是2015年《办理执行异议和复议案件规定》。该规定第26条规定了另案生效法律文书不可排除执行异议的时间节点:执行标的被查封、扣押、冻结后。最近《执行异议之诉征求意见稿》第9条明确:"在执行过程中,案外人以被执行人为被告就执行标的单独提起确权之诉的,人民法院不予受理;已经受理的,裁定驳回起诉。违反前款规定作出的生效判决书、调解书,人民法院应当通过审判监督程序依法撤销。"执行异议之诉"吞噬"另案确权的制度意图非常明确,仅仅是在"不够明确"的时间节点上引起基层法院反馈中的疑义。比如,有法院反馈,时间节点是否妥当?建议考虑将作出生效文书的时间点修改为另案起诉时诉讼标的是否被采取执行措施。[③]

---

① "人民法院对诉讼争议标的以外的财产进行保全,案外人对保全裁定或者保全裁定实施过程中的执行行为不服,基于实体权利对被保全财产提出书面异议的,人民法院应当依照民事诉讼法第二百二十七条规定审查处理并作出裁定。案外人、申请保全人对该裁定不服的,可以自裁定送达之日起十五日内向人民法院提起执行异议之诉。

人民法院裁定案外人异议成立后,申请保全人在法律规定的期限内未提起执行异议之诉的,人民法院应当自起诉期限届满之日起七日内对该被保全财产解除保全。"

② 这一财产属性限制是必须且绝对的,如果是针对诉讼争议标的的保全提出异议甚或是执行异议之诉,就意味着同一法院可能就同一争议给出双重裁决,从诉讼原理上是不可接受的。

③ 主要考虑如果确权案件在二审审理中,此时发生诉讼标的被执行法院查封,则该案只能驳回起诉,如作出文书则应通过审判监督程序依法撤销;一、二审中人民法院在审理确权案件时(主要为不动产),会对标的物是否查封情况进行审查但难以实时了解标的物被查封情形,且如果案件经一、二审审判期限较长,遇查封则无法进行审理,一是浪费司法资源,二是容易产生当事人恶意串通对诉争标的物进行查封的情形。

而《执行异议之诉征求意见稿》第 11 条、第 12 条①则对时间节点问题给出的答案结合了“执行标的被查封、扣押、冻结前后”“执行过程中”等多个时间点同时还考虑作出法律文书的具体性质，给出的答案极为精微复杂。但唯独对从执行标的被查封、扣押、冻结后到案件正式进入执行期间的另案生效确权或形成法律文书的效力给予了留白。我们试以表例理解：

表 6－2　另案生效法律文书及单独确权之诉效力表

<table>
<tr><td></td><td colspan="3">执行标的查封扣押冻结前</td><td colspan="2">查封、扣押、冻结后</td></tr>
<tr><td rowspan="2">金钱债权执行</td><td>另案生效确权或形成法律文书</td><td colspan="2">另案生效给付法律文书</td><td>另案生效法律文书</td><td>执行过程中单独确权之诉</td></tr>
<tr><td></td><td>租赁、借用、保管（不以转移财产权属为目的的合同纠纷）</td><td>债权纠纷裁决（除左侧合同之外）</td><td>债权纠纷裁决（除左侧合同之外）</td><td>不受理驳回起诉再审撤销</td></tr>
<tr><td>裁判效力</td><td>有效</td><td>有效</td><td>有效</td><td>有效</td><td>完全无效</td></tr>
<tr><td>执行异议之诉</td><td>支持</td><td>支持</td><td>不支持</td><td>不支持</td><td>完全无效</td></tr>
</table>

执行异议之诉与另案生效法律文书的效力等级孰高孰低，迄今仍是一个并未完全解决的问题。目前能确定的规则有：

1. 案外人依据另案确权判决或形成判决对执行标的物享有所有权应当优先于申请执行人的金钱债权得到保护。

2. 上述确权判决以及部分特定给付法律文书（如表 6－2）的生效时间须早于非执行依据确定的特定执行标的物查封、扣押、冻结时间的，才能得到优先保护。

二、执行异议之诉审理标准的实体难点

执行异议之诉审理标准规定的争议焦点极为明确：（1）案外人就执行标的是

① 《执行异议之诉征求意见稿》第 11 条规定：“金钱债权执行中，案外人依据做出的另案生效确权或形成法律文书对执行标的享有所有权，其据此提起执行异议之诉，请求排除对该标的执行的，人民法院应予支持，但法律、司法解释另有规定的除外。案外人依据的另案生效确权判决书、调解书系其在执行过程中单独提起确权之诉形成的，人民法院按照本规定第九条第二款的规定处理。”

否享有民事权益;(2)其民事权益是否足以排除对涉案执行标的的强制执行,本条可以延伸为两种更实质性的判定,即判断:其享有的实体权益对于申请执行人依据生效文书享有的债权是否具有优先效力以及申请执行人实现该债权的行为是否会妨害案外人权益。

而审判实践中的实体问题判断比理论界定更加艰难。因为,案外人提起异议之诉时,其实体权利往往并不充分,存在瑕疵。如涉动产,案外人已丧失占有;涉不动产,案外人并非登记权利人。因此,实体权利的确认实质上是物权公示主义与"实质物权"发生冲突如何裁判的问题,是实质物权人通过证明权利正当性,以实质物权排斥权利表象的过程。[①]此类案件最初的判断标准有:《物权法》及其司法解释关于财产权属的规定、《婚姻法》及其司法解释关于夫妻共同财产权属的规定、《合同法》第286条、《最高人民法院关于建设工程价款优先受偿权问题的批复》,以及更多地来源于执行程序相关司法解释的规定,如《办理执行异议和复议案件规定》第25条原本为案外人异议形式审查而设定的判断标准以及第28条至第30条涉及商品房买受人、二手房买受人、预告登记权利人的规定;以及《最高人民法院关于人民法院民事执行查封、扣押、冻结财产的规定》(以下简称《民事执行中查封、扣押、冻结规定》)等。

审理标准第5节"事实认定和裁量标准"首先确定了案件审理思路、指出了须查明事实的内容及展开步骤:一是认定执行依据、执行行为、执行异议审查情况的事实全面、准确。二是执行标的占有或者登记情况清晰。三是案外人主张的民事权益类型、取得方式清楚。四是认定案外人取得执行标的权益的基础法律关系是否真实、是否实际支付对价、是否实际占有执行标的物、案外人对未进行权属登记是否有过错等事实有充分证据证明。此节条文理解部分有详细说明,不再赘述。

此外,审理标准还分别列举了消费者商品房买受人、二手房买受人、预告登记权利人、借用资质开发房地产者、机动车等特殊动产买受人、建设工程优先受偿权人、承租人作为案外人的七种类型,执行异议之诉的审查重点并给予了裁量标准。迄今为止,在执行异议之诉司法解释未正式施行前,以上七类均属于根据现有法律、司法解释有明确结论的案件类型。实体裁量标准中还包括三种特定类型财产形态案件的审查要点:针对特定化的金钱提起的执行异议之诉、所有权保留情形下的执行异议之诉、针对被执行人购买的需要办理过户登记的财产提起的执行异

---

① 肖建国:《执行标的的实体权属的判断标准——以案外人异议的审查为中心的研究》,载《政法论坛》2010年第3期。

议之诉，后文详解。

最后，我们可以简要总结一下对“足以排除强制执行”的认定标准：

1. 同一执行标的物上存在不同性质的权利发生冲突时，应当坚持法定优先权优先于物权、物权优先于债权、法律规定的特殊债权优先于普通债权、普通债权平等的原则。

2. 在判断权利顺位、平衡权利冲突时适当引入过错原则，加强对无过错方的保护。

3. 在生存利益与经营利益发生冲突需要权衡时应当正视我国现阶段交易市场、登记管理制度不完善和部分群众法律意识不高的现实，在依法的前提下坚持消费者生存利益优先于银行、企业经营利益的原则，兼顾双方利益的前提下，向相对弱势方适度倾斜。

关于执行异议之诉程序及实体裁量的争议还远远未莅止境。审判实践中，对执行异议之诉案件，我们的观点是法官需要慎重审查基础性事实，善用执行阶段、执行异议阶段产生的证据材料，强化主张权利方的举证责任，在许多规则尚未定型之时，审慎注意案件细节，注重依职权调取证据，以扎实的事实认定、审慎的司法裁量，积极防范虚假诉讼、恶意串通者的陷阱。

第四节　天津法院执行异议之诉案件审理标准（试行）

1. 总则

1.1　为规范执行异议之诉案件审理工作，统一裁判尺度，依照有关法律、司法解释和相关规定，结合审判工作实际，制定本标准。

1.2　本标准用于指导、规范和评价执行异议之诉案件的审理工作。

1.3　本标准未规定的内容，适用其他相关标准化文件。

2. 适用范围

2.1　案外人为排除或者申请执行人为继续对特定执行标的的执行，依照《中华人民共和国民事诉讼法》第二百二十七条所提起的诉讼，适用本标准。

2.2　案外人、当事人对执行异议裁定不服，认为原判决、裁定错误的，依照审判监督程序办理,不适用本标准。

2.3 申请执行人对中止执行裁定未提起执行异议之诉,被执行人另行起诉的,不适用本标准。

3. 案件受理

3.1 受理条件合法

3.1.1 受理案外人提起执行异议之诉的,符合下列条件:

3.1.1.1 案外人的执行异议申请已经被人民法院裁定驳回;

3.1.1.2 案外人有明确的排除对执行标的执行的诉讼请求,且诉讼请求与原判决、裁定无关;

3.1.1.3 案外人自执行异议裁定送达之日起十五日内提起。

3.1.2 受理申请执行人提起执行异议之诉的,符合下列条件:

3.1.2.1 依案外人的执行异议申请,人民法院裁定中止执行;

3.1.2.2 申请执行人有明确的对执行标的继续执行的诉讼请求,且诉讼请求与原判决、裁定无关;

3.1.2.3 申请执行人自执行异议裁定送达之日起十五日内提起。

3.1.3 未经执行异议审查程序,案外人迳行提起执行异议之诉的,不予受理;已经受理的,裁定驳回起诉。

3.2 受理案件的法院为作出执行异议裁定的法院。

3.3 诉讼主体明确

3.3.1 案外人执行异议之诉案件,申请执行人为被告。

3.3.2 被执行人反对案外人异议的,被执行人与申请执行人为共同被告;不反对案外人异议的,被执行人列为第三人。

3.3.3 案外人一并提出确权诉讼请求,不能直接送达被执行人时,被执行人列为被告。

3.3.4 申请执行人执行异议之诉案件,案外人为被告。

3.3.5 被执行人反对申请执行人主张的,被执行人与案外人为共同被告;不反对申请执行人主张的,被执行人列为第三人。

4. 案件审理

4.1 适用普通程序符合法律规定。

4.2 参与执行异议审查的合议庭成员不得审理执行异议之诉案件。

4.3　作为执行依据的原判决、裁定等处于再审程序的，裁定中止诉讼。

4.4　案外人仅提出确权等实体权利请求，未主张停止对执行标的强制执行的，告知其增加排除对执行标的执行的诉讼请求，经释明不增加的，裁定驳回起诉。

4.5　申请执行人仅请求确认执行标的属于被执行人所有或者不属于案外人所有的，告知其变更诉讼请求为对执行标的继续执行，经释明不变更的，裁定驳回起诉。

4.6　争议焦点归纳准确，包括案外人就执行标的是否享有民事权益；享有民事权益的，是否足以排除对涉案执行标的的强制执行等。

4.7　举证责任分配合理

4.7.1　向案外人释明其就执行标的享有足以排除强制执行的民事权益的相关事实承担举证证明责任。

4.7.2　向申请执行人、被执行人释明就其主张各自承担举证证明责任。

4.7.3　被执行人承认案外人权利主张的，不免除案外人的举证证明责任。

5. 事实认定和裁量标准

5.1　认定执行依据、执行行为、执行异议审查情况等事实全面、准确。

5.2　执行标的占有或者登记情况清晰。

5.3　案外人主张的民事权益类型、取得方式清楚。

5.4　认定案外人取得执行标的权益的基础法律关系是否真实、是否实际支付对价、是否实际占有执行标的物、案外人对未进行权属登记是否有过错等事实有充分证据证明。

5.5　商品房买受人作为案外人的执行异议之诉

金钱债权执行中，对登记在被执行的房地产开发企业名下的商品房强制执行，商品房买受人作为案外人形成的执行异议之诉，审查重点包括：

5.5.1　在人民法院查封前是否已与房地产开发企业签订合法有效的书面买卖合同；

5.5.2　所购商品房系用于居住且买受人名下无其他用于居住的房屋；

5.5.3　已支付的价款是否已超过合同约定总价款的50%。

5.6　二手房买受人作为案外人的执行异议之诉

金钱债权执行中，对登记在被执行人名下的不动产强制执行，二手房买受人作为案外人形成的执行异议之诉，审查重点包括：

5.6.1　在人民法院查封之前是否已签订合法有效的书面买卖合同；

5.6.2 在人民法院查封之前是否已合法占有该不动产;

5.6.3 是否已支付全部价款,或者已按照合同约定支付部分价款且将剩余价款按照人民法院的要求交付执行;

5.6.4 未办理过户登记是否非因买受人自身原因。

5.7 预告登记权利人作为案外人的执行异议之诉

金钱债权执行中,房屋的预告登记权利人作为案外人形成的执行异议之诉,审查重点为:案外人是否在房屋查封前已经预告登记为权利人。

5.8 借用资质开发房地产者作为案外人形成的执行异议之诉

金钱债权执行中,对登记在被执行人名下的建设用地使用权、房屋所有权强制执行,案外人以其与被执行人存在房地产开发资质借用关系为由,请求停止执行并确认其权利的,不予支持。

5.9 机动车等特殊动产买受人作为案外人的执行异议之诉

金钱债权执行中,对登记在被执行人名下的机动车等特殊动产强制执行,特殊动产买受人作为案外人形成的执行异议之诉,审查重点包括:

5.9.1 案外人与被执行人在查封之前是否已签订合法有效的书面买卖合同;

5.9.2 案外人在查封之前是否已向被执行人支付了相应价款;

5.9.3 案外人在查封之前是否已实际占有并使用该动产;

5.9.4 案外人对于未办理过户登记是否有过错。

5.10 建设工程优先受偿权人作为案外人的执行异议之诉

金钱债权执行中,对特定建筑物强制执行,依据《合同法》第二百八十六条的规定主张对标的物享有建设工程优先受偿权的人作为案外人形成的执行异议之诉,审查重点为:建设工程价款优先受偿权是否成立。

5.11 承租人作为案外人的执行异议之诉

金钱债权执行中,承租人作为案外人形成的执行异议之诉,审查重点包括:

5.11.1 承租人在查封之前是否已经与被执行人签订合法有效的房屋租赁合同、是否已经按约支付租金、是否实际占有使用租赁物;

5.11.2 承租人在债权人设定权利之前是否已经与被执行人签订合法有效的房屋租赁合同、是否已经按约支付租金、是否实际占有使用租赁物;

5.11.3 承租人是否存在与被执行人恶意串通、以明显不合理的低价承租被执行人的不动产或者伪造租赁关系证据的情形。

5.12　针对特定化的金钱提起的执行异议之诉

金钱债权执行中,强制执行被执行人金钱账户时,银行等作为案外人主张账户内的金钱系以特户、封金、保证金等形式特定化后转移占有作为债权担保的质押动产形成的执行异议之诉,审查重点为:质权是否成立。

5.13　所有权保留情形下的执行异议之诉

5.13.1　金钱债权执行中,对已经出卖给被执行人但书面约定出卖人保留所有权的动产强制执行时,出卖人作为案外人形成的执行异议之诉,审查重点为:

5.13.1.1　被执行人是否已实际占有该动产;

5.13.1.2　被执行人是否按约定支付价款或者支付价款是否达到总价款的75%以上;

5.13.1.3　被执行人是否按约定完成特定条件;

5.13.1.4　被执行人是否存在将标的物不当处分对出卖人造成损害的情形。

5.13.2　金钱债权执行中,对被执行人已经出卖但书面约定被执行人保留所有权的动产强制执行,买受人作为案外人形成的执行异议之诉,审查重点为:

5.13.2.1　案外人是否已实际占有该动产;

5.13.2.2　案外人是否按约定支付价款或者支付价款是否达到总价款的75%以上;

5.13.2.3　案外人是否按约定完成特定条件;

5.13.2.4　案外人是否存在将标的物不当处分对被执行人造成损害的情形。

5.14　针对被执行人购买的需要办理过户登记的财产提起的执行异议之诉

被执行人向案外人购买依法需要办理产权过户登记的财产,但未办理产权过户登记手续的,被执行人已实际占有该财产,并已向案外人支付全部价款,或者已支付部分价款,申请执行人向案外人支付剩余价款的,对案外人主张停止执行的诉讼请求,不予支持。

6. 裁判文书制作

6.1　对案外人的诉讼请求不予支持的,判决主文为:驳回×××的诉讼请求;予以支持的,判决主文为:不得执行····(执行标的);如果案外人请求确认实体权利的,应一并裁判。

6.2　对申请执行人的诉讼请求不予支持的,判决主文为:驳回×××的诉讼请求;予以支持的,判决主文为:准许执行····(执行标的)。

6.3　执行异议之诉案件,在判决主文及理由中不作出维持、撤销、变更执行异议裁定的表述。

第五节　《天津法院执行异议之诉案件审理标准(试行)》释义

2007 年全国人大常委会修改《民事诉讼法》[①]在第三编执行程序中的第 204 条首次就执行救济问题设立了专门的诉讼,确立了我国的执行异议之诉制度。但是 2007 年《民事诉讼法》仅规定了执行异议之诉,对于执行异议之诉案件管辖等具体程序问题没有作出规定;最高人民法院为便于适用该规定,制定了《执行解释》,对执行异议之诉的程序作出了具体规定。2015 年《民诉法司法解释》[②]专门制定一章即第十五章执行异议之诉,使其与一、二审、审判监督程序并列,对执行异议之诉作出了更为细致的规定,显示出执行异议之诉的重要性。

执行异议之诉作为一种新型诉讼,体现了我国司法理念的更新与司法制度的进步,但是由于该项制度设立时间较短,法律规定过于笼统,导致在法律适用上存在诸多难点和争议,从立案到裁判的各个环节,都有诸多不同做法与争议问题。基于不同的理解与认识,也容易出现裁判尺度不统一的问题,亟待统一审理和裁判标准。

在此背景下,本课题组立足于天津市司法标准化的探索和实践,结合执行异议之诉案件的审判经验,以及前期调研成果,经过论证,制定《执行异议之诉案件审理标准(试行)》,并将其作为天津市法院标准化文件之一申报立项,于 2016 年 7 月完成了《执行异议之诉案件审理标准》(初稿)。之后,组织召开由三级法院相

---

① 本书叙述法律、法规、规章和规范性文件,如无特殊需要,在名称前标明其制定、修改年份,并采用简称,如 2007 年《民事诉讼法》,如无特指,本书中《民事诉讼法》指 2017 年 6 月修正后的《中华人民共和国民事诉讼法》。

② 下文中,如无必要,对于出现较多的司法解释和司法文件,使用缩略语,如《最高人民法院关于适用〈中华人民共和国民事诉讼法〉的解释》,简称《民诉法司法解释》。

关部门参与的专题座谈会,多次征求意见,同时参考《执行异议之诉征求意见稿》及最高人民法院法官的专题调研报告等最新研究成果,不断修改完善。根据各方面的反馈意见,课题组对标准化文件再次逐条进行论证,并对相关问题进行了修订。并于2017年5月向全市法院征求意见,最终于2017年5月形成送审稿。

1. 总则

【条文】

1.1 为规范执行异议之诉案件审理工作,统一裁判尺度,依照有关法律、司法解释和相关规定,结合审判工作实际,制定本标准。

【条文主旨】

总则部分的三个条文是介绍《天津市法院执行异议之诉案件审理标准(试行)》的目的、依据、用途。

【条文理解】

简要说明制定本标准的宗旨和依据,详见前文中的重点阐述。

【条文】

1.2 本标准用于指导、规范和评价执行异议之诉案件的审理工作。

【条文理解】

简要说明本标准制定的目的主要为三个方面,围绕执行异议之诉案件审判工作,重在指导、规范和评价三个方面。

【条文】

1.3 本标准未规定的内容,适用其他相关标准化文件。

【条文理解】

执行异议之诉案件属于新类型案件,相关法律规定还处于不断完善的过程中,尚未形成一个成熟完整的诉讼制度体系,最高人民法院也在就执行异议之诉的司法解释的出台进行调研、征询意见。本标准是对法律、司法解释规定明确的条款结合审判工作而制定的。但因为执行之诉异议案件极为特殊,其中的法律关系复杂,涉及的法律性文件很多,因此,对于本标准未规定的内容,应当适用其他相关规定。

2. 适用范围

【条文】

2.1 案外人为排除或者申请执行人为继续对特定执行标的的执行,依照《中华人民共和国民事诉讼法》第二百二十七条所提起的诉讼,适用本标准。

【条文主旨】

本条是对本标准适用范围的规定。

【条文理解】

法律依据是《民事诉讼法》第227条的规定:执行过程中,案外人对执行标的提出书面异议的,人民法院应当自收到书面异议之日起15日内审查,理由成立的,裁定中止对该标的的执行;理由不成立的,裁定驳回。案外人、当事人对裁定不服,认为原判决、裁定错误的,依照审判监督程序办理;与原判决、裁定无关的,可以自裁定送达之日起15日内向人民法院提起诉讼。本条正面规定了本标准的适用范围。

【条文】

2.2 案外人、当事人对执行异议裁定不服,认为原判决、裁定错误的,依照审判监督程序办理,不适用本标准。

【条文主旨】

本条系依据《民事诉讼法》第227条所作的除外规定。

【条文理解】

案外人对作为执行依据的生效判决、裁定、调解书并无异议,只是对执行行为指向的执行标的有异议。案外人申请再审之诉和第三人撤销之诉指向的是生效法律文书。

【条文】

2.3 申请执行人对中止执行裁定未提起执行异议之诉,被执行人另行起诉的,不适用本标准。

【条文主旨】

本条规定标明被执行人无权提起执行异议之诉。

【条文理解】

《民诉法司法解释》第309条规定:申请执行人对中止执行裁定未提起执行异议之诉,被执行人提起执行异议之诉的,人民法院告知其另行起诉。根据该条规定,被执行人无权提起执行异议之诉。案外人的执行异议申请被裁定支持,申请执行人未依照《民事诉讼法》第227条提起执行异议之诉,被执行人因与案外人之间的权益纠纷另行起诉的案件,不属于执行异议之诉的范围,不适用本标准。

3. 案件受理

【条文】

3.1　受理条件合法

【条文主旨】

本条项下分别对受理案外人执行异议之诉和申请执行人执行异议之诉的案件受理标准进行了规定。

【条文理解】

主要法律依据是《民事诉讼法》第 227 条、《民诉法司法解释》第 305 条、第 306 条的规定。

【条文】

3.1.1　受理案外人提起执行异议之诉的，符合下列条件：

【条文主旨】

规范案外人执行异议之诉案件的受理条件。

【条文】

3.1.1.1　案外人的执行异议申请已经被人民法院裁定驳回；

3.1.1.2　案外人有明确的排除对执行标的执行的诉讼请求，且诉讼请求与原判决、裁定无关；

【条文主旨】

本条规定明确案外人执行异议之诉必须与原裁判文书无关。

【条文理解】

《民诉法司法解释》第 305 条规定，案外人提起执行异议之诉，应当有明确的排除对执行标的执行的诉讼请求。案外人执行异议之诉的目的在于通过诉讼排除对执行标的物的强制执行，是法律赋予案外人的一种实体上的救济途径。诉讼目的也不是单纯地确认标的物的所有权或者交付标的物，而是在案外人提出执行异议被驳回的情况下进一步通过诉讼排除对特定标的物的执行。因此，案外人执行异议之诉的诉讼请求，除应符合"具体"这一一般要求外，必须有明确的排除对执行标的执行的诉讼请求。一般应为"对执行标的主张实体权利，并请求对执行标的停止执行"。

【条文】

3.1.1.3　案外人自执行异议裁定送达之日起十五日内提起。

【条文主旨】

本条规定了案外人提起执行异议之诉的期限。

【条文理解】

本条目的是明确起诉期限,督促案外人及时行使权利。立案部门应当对案外人起诉时间与执行异议裁定送达时间进行审查。

【条文】

3.1.2 受理申请执行人提起执行异议之诉的,符合下列条件:

【条文主旨】

规范申请执行人提起执行异议之诉案件的受理条件。

【条文】

3.1.2.1 依案外人的执行异议申请,人民法院裁定中止执行;

【条文主旨】

本条明确了申请执行人提起执行异议之诉的前提。

【条文理解】

案外人执行异议申请得到支持的情况下,才存在申请执行人提起执行异议之诉的可能,若案外人执行异议申请未获得支持,申请执行人则没有提起执行异议之诉的必要性。

【条文】

3.1.2.2 申请执行人有明确的对执行标的继续执行的诉讼请求,且诉讼请求与原判决、裁定无关;

【条文主旨】

本条规定明确申请执行人提起执行异议之诉必须与原裁判文书无关。

【条文理解】

明确申请执行人执行异议之诉的诉讼请求范围。一般而言,申请执行人属于胜诉方,也不会对原判决和裁定提出异议。

【条文】

3.1.2.3 申请执行人自执行异议裁定送达之日起十五日内提起。

【条文主旨】

本条规定明确申请执行人提起执行异议之诉的期限,与案外人提起的期限一致。

【条文理解】

本条目的是明确起诉期限,督促申请执行人及时行使权利。立案部门应当对申请执行人起诉时间与执行异议裁定送达时间进行审查。

【条文】

3.1.3　未经执行异议审查程序，案外人迳行提起执行异议之诉的，不予受理；已经受理的，裁定驳回起诉。

【条文主旨】

本条规定的是案外人未经执行异议审查程序直接起诉的处理。

【条文理解】

案外人提起执行异议之诉是否需要以其对执行标的提出异议并被裁定驳回为前提，在理论上存在争议。但是根据《民事诉讼法》第227条、《民诉法司法解释》第305条、第306条的规定，案外人提起执行异议之诉必须以其对执行标的提出书面异议被裁定驳回为前提。因此，本标准对于案外人未经法定前提而提起的执行异议之诉的处理，予以明确。

【条文】

3.2　受理案件的法院为作出执行异议裁定的法院。

【条文主旨】

本条规定的是管辖问题，明确受理执行异议之诉的法院只能是作出执行异议裁定的法院。

【条文理解】

依据法律及司法解释规定，执行异议、执行异议之诉以及与执行相关的代位析产之诉，均由执行法院管辖。《民诉法司法解释》第304条规定，案外人、当事人对执行异议裁定不服的，提起执行异议之诉的，由执行法院管辖。审判实践中应当注意，执行法院是指具体实施强制执行行为的法院，在委托执行的情况下，执行异议之诉由采取执行措施的受托人民法院管辖，案外人或当事人向委托人民法院提起的，告知其向受托人民法院起诉；指定执行的情况下，执行异议之诉也应当由受指定人民法院管辖。

执行异议之诉由执行法院专属管辖是大陆法国家和地区的通行做法，如《德国民事诉讼法》第771条规定，第三人向实施强制执行的地区法院提起异议之诉。《日本民事诉讼法》第38条、我国台湾地区“强制执行法”第15条均有相同规定。执行异议之诉由执行法院管辖主要基于以下考虑：一是由执行法院审理，更有利于沟通信息、提高效率，有利于防止案外人和被执行人恶意串通逃避执行，同时方便当事人和案外人参加诉讼；二是执行异议之诉由审判部门审理，并非由执行部门审查，审理核心是当事人之间的权属纠纷，不存在执行人员自己审查自己执行行为的问题;三是当事人对执行异议之诉的裁判不服,可以上诉,由执行法院管辖不会影响对当事人权益的保护。①

【条文】

3.3 诉讼主体明确

【条文主旨】

本部分项下规定了当事人在两大类执行异议之诉案件中的诉讼地位。

【条文理解】

《民诉法司法解释》第307条、第308条对于执行异议之诉的诉讼主体、诉讼地位予以明确规定,应当严格按照该条规定确定。

【条文】

3.3.1 案外人执行异议之诉案件,申请执行人为被告。

【条文主旨】

本条规定了申请执行人在案外人执行异议之诉中的诉讼地位。

【条文理解】

案外人执行异议之诉的主要目的是排除对特定执行标的的强制执行,而申请执行人的目的是请求法院对特定执行标的强制执行,二者主张针锋相对,因此案外人为原告的执行异议之诉,申请执行人为被告。

【条文】

3.3.2 被执行人反对案外人异议的,被执行人与申请执行人为共同被告;不反对案外人异议的,被执行人列为第三人。

【条文主旨】

本条规定了被执行人在案外人执行异议之诉中的诉讼地位。

【条文理解】

该条款表明案外人执行异议之诉中被执行人的诉讼地位,取决于其对案外人诉讼请求的答辩而定。案外人执行异议之诉处理的是案外人实体权益与申请执行人请求执行的权利之间的矛盾,但这一诉讼标的与案外人与被执行人对特定执行标的的权属纠纷相关联,此时,被执行人的答辩意见就决定了其诉讼地位。

【条文】

3.3.3 案外人一并提出确权诉讼请求,不能直接送达被执行人时,被执行

---

① 沈德咏主编:《最高人民法院民事诉讼法司法解释理解与适用》,人民法院出版社2015年版,第815~816页。

人列为被告。

【条文主旨】

本条规定了特殊情形下，被执行人在案外人执行异议之诉中的诉讼地位。

【条文理解】

审判实践中需要注意的是，人民法院应当将案外人提起执行异议之诉的事实告知被执行人，以便于其作出是否反对案外人异议的表示，保护其诉讼权利和实体权益，若涉及多个被执行人的，应当征询每一个被执行人的意见。当被执行人无法通知的情况下，如何确定被执行人诉讼地位呢？应当依据案外人的诉讼请求确定，若案外人提出确权请求的，应当列被执行人为被告，若案外人未提出确权请求的，应当列被执行人为第三人。①

【条文】

3.3.4　申请执行人执行异议之诉案件，案外人为被告。

【条文主旨】

本条规定了案外人在申请执行人执行异议之诉中的诉讼地位。

【条文理解】

申请执行人执行异议之诉与案外人执行异议之诉中，原告所提的诉讼请求是正好相反的，当事人的诉讼地位也必然相反。

【条文】

3.3.5　被执行人反对申请执行人主张的，被执行人与案外人为共同被告；不反对申请执行人主张的，被执行人列为第三人。

【条文主旨】

本条规定了被执行人在申请执行人执行异议之诉中的诉讼地位。

【条文理解】

申请执行人提起的执行异议之诉中，被执行人的诉讼地位也依据其答辩而定。该条款的制定，其含义可与第3.3.2条款参照理解。

4. 案件审理

【条文】

4.1　适用普通程序符合法律规定。

---

①　沈德咏主编：《最高人民法院民事诉讼法司法解释理解与适用》，人民法院出版社2015年版，第828页。

【条文主旨】

本条规定了审理执行异议之诉案件必须适用普通程序。

【条文理解】

《民诉法司法解释》第310条规定:人民法院审理执行异议之诉案件,适用普通程序。根据该规定,执行异议之诉案件应按普通程序审理,一审程序不适用简易程序。本条规定亦为强制性规定。

执行异议之诉涉及案外人、申请执行人和被执行人等,当事人多,争议焦点多,事实和法律关系复杂,既有权属纠纷,也涉及执行行为,诉讼标的具有复合性,利益平衡难,属于公认的疑难复杂案件,不属于事实清楚、权利义务关系明确、争议不大的简单民事案件,不应适用简易程序,也排除当事人约定适用简易程序。

【条文】

4.2　参与执行异议审查的合议庭成员不得审理执行异议之诉案件。

【条文主旨】

本条是对合议庭组成人员的规定。

【条文理解】

执行异议审查程序属于执行程序,执行异议之诉适用普通程序审理,属于审判程序。根据审执分离原则,执行异议之诉应由审判部门审理。为保障当事人合法权益,本标准明确,参与执行异议审查的合议庭成员不得审理执行异议之诉案件。

【条文】

4.3　作为执行依据的原判决、裁定等处于再审程序的,裁定中止诉讼。

【条文主旨】

本条规定了中止审理的情形。

【条文理解】

执行异议之诉的主要目的之一在于确定案外人主张的权益是否足以排除强制执行,在作为执行依据的原判决、裁定等处于再审程序的情况下,一般情况下,案件再审期间也会停止执行。再审结果会对执行标的是否继续执行产生先决效果,进而对执行异议之诉的裁判产生影响,因此,执行异议之诉应裁定中止诉讼,等待再审结果。

【条文】

4.4　案外人仅提出确权等实体权利请求,未主张停止对执行标的强制执行的,告知其增加排除对执行标的的执行的诉讼请求,经释明不增加的,裁定驳回起诉。

【条文主旨】

本条规定了裁定驳回案外人起诉的特殊情形。

【条文理解】

本标准第3.1.1.2条规定,案外人提起执行异议之诉,应当有明确的排除对执行标的执行的诉讼请求。本条则对当事人未按该规定提出诉讼请求情形下的处理标准进行了规定。

因执行异议之诉是《民事诉讼法》特别规定的较为特殊的诉讼,对当事人诉讼请求进行了特别要求,因此,司法实践中经常出现当事人因不了解法律规定,仅提出确权请求而不提出排除对执行标的执行请求的情况。鉴于执行异议之诉对诉讼请求的要求系特别规定,在当事人提出不当诉讼请求时,应予以适当释明。如经释明,当事人仍坚持不增加排除对执行标的执行的诉讼请求,则不符合法律规定的起诉条件,应裁定驳回起诉。

【条文】

4.5　申请执行人仅请求确认执行标的属于被执行人所有或者不属于案外人所有的,告知其变更诉讼请求为对执行标的继续执行,经释明不变更的,裁定驳回起诉。

【条文主旨】

本条规定了裁定驳回申请执行人起诉的特殊情形。

【条文理解】

本条规定是针对申请执行人诉讼请求的特别规定,与第4.4条规定相互对应。

【条文】

4.6　争议焦点归纳准确,包括案外人就执行标的是否享有民事权益;享有民事权益的,是否足以排除对涉案执行标的的强制执行等。

【条文主旨】

本条规定了审理执行异议之诉案件时归纳的争议焦点内容。

【条文理解】

《民诉法司法解释》第312条规定:对案外人提起的执行异议之诉,人民法院经审理,按照下列情形分别处理:(1)案外人就执行标的享有足以排除强制执行的民事权益的,判决不得执行该执行标的;(2)案外人就执行标的不享有足以排除强制执行的民事权益的,判决驳回诉讼请求。案外人同时提出确认其权利的诉讼请求的,人民法院可以在判决中一并作出裁判。《民诉法司法解释》第 313 条规定:对申请执行人提起的执行异议之诉,人民法院经审理,按照下列情形分别处理:(1)案外人就执行标的不享有足以排除强制执行的民事权益的,判决准许执行该执行标的;(2)案外人就执行标的享有足以排除强制执行的民事权益的,判决驳回诉讼请求。根据上述规定,执行异议之诉案件中,在作出判决前,人民法院首先要判断案外人对该执行标的是否享有实体权益。案外人对该执行标的享有实体权益的,则需要进一步判断案外人所享有的实体权益是否足以排除强制执行。因此,执行异议之诉案件中,案外人就执行标的是否享有民事权益;享有民事权益的,是否足以排除对涉案执行标的的强制执行既是双方当事人的主要争议焦点,也是法官在审理和裁判过程中主要考虑的问题。实践中,部分执行异议之诉案件归纳争议焦点不准确或不全面,导致审理过程偏离争议焦点及判决书论理不全面等问题,进而影响裁判结果的正确和权威,本条规定特别明确了执行异议之诉案件归纳争议焦点准确的标准。

【条文】

4.7 举证责任分配合理

【条文主旨】

本条项下对举证责任的分配提出明确要求。

【条文理解】

执行异议之诉的举证证明责任,有明确规定。在审判实践中应当严格依照规定分配举证责任。

【条文】

4.7.1 向案外人释明其就执行标的享有足以排除强制执行的民事权益的相关事实承担举证证明责任。

【条文主旨】

本条规定了法庭应当向案外人释明的举证证明责任的特定内容。

【条文理解】

本条依据《民诉法司法解释》第 311 条规定:案外人或者申请执行人提起执行异议之诉的,案外人应当就其对执行标的享有足以排除强制执行的民事权益承担举证证明责任。也即意味着,无论案外人是原告还是被告,均负有首要的必然的举证证明责任。原因在于:一是符合“谁主张,谁举证”的举证原则;二是符合举证远近、难易的客观形态和认知习惯,案外人既然主张其享有足以排除强制执行的民事权益,则距离相关证据更近、举证更易,若要求申请执行人举证,则不存在此种便宜,且对于案外人不享有民事权益或享有的民事权益不足以排除强制执行的消极事实,申请执行人也难以知晓案外人与被执行人之间就执行标的所存在的法律关系,因此申请执行人不应承担举证证明责任。

案外人对执行标的享有足以排除强制执行的民事权益承担的举证责任:包括但不限于执行标的转让或受让的相关合同的订立与履行情况、资金往来情况以及其他与执行标的相关的基础性法律关系的证据等。

【条文】

4.7.2　向申请执行人、被执行人释明就其主张各自承担举证证明责任。

【条文主旨】

本条规定了法庭应当向申请执行人、被执行人释明举证证明责任。

【条文理解】

虽然执行异议之诉中案外人应当就其对执行标的享有足以排除强制执行的民事权益承担举证证明责任,但根据《民诉法司法解释》第90条的规定:当事人对自己提出的诉讼请求所依据的事实或者反驳对方诉讼请求所依据的事实,应当提供证据加以证明。申请执行人、被执行人也应就其主张各自承担举证证明责任。因此,申请执行人应当对其诉讼主张承担初步的举证证明责任。包括具有执行内容的生效法律文书以及执行标的在被执行人名下的证据等。

【条文】

4.7.3　被执行人承认案外人权利主张的,不免除案外人的举证证明责任。

【条文主旨】

本条规定要求执行异议之诉案件对被执行人要慎用"自认"。

【条文理解】

在执行异议之诉中,被执行人对案件事实的承认可以作为认定案件事实的证据,但并不能当然免除案外人的举证证明责任。这也是基于防止被执行人与案外人恶意串通、逃避执行,妨害申请执行人权利实现的情况发生的考虑。

5. 事实认定和裁量标准

【条文】

5.1　认定执行依据、执行行为、执行异议审查情况等事实全面、准确。

【条文主旨】

本条围绕执行行为的事实调查进行规定。

【条文理解】

审理执行异议之诉案件,对于强制执行所依据的生效法律文书、执行行为以及执行异议等相关情况必须审查清楚。但是,需要注意的是,不对生效法律文书本身是否裁判错误进行审查。

【条文】

5.2 执行标的占有或者登记情况清晰。

【条文主旨】

本条要求审判人员对执行标的现状调查清楚。

【条文理解】

通常情况下,执行标的的权利外观一般与案外人主张的权利不符,审理者必须对权属证书的情况审查清楚。

【条文】

5.3 案外人主张的民事权益类型、取得方式清楚。

【条文主旨】

本条规定了审判人员对案外人所主张的民事权益的性质、取得方式时间应当调查清楚。

【条文理解】

案外人就其主张的民事权益负有举证证明责任,审判人员应当围绕其民事权益性质、类型,以及取得方式、取得时间等基础事实进行审查,对案外人所举证据需要重点审查,这是为判断其能否产生排除执行行为的基础事实。

【条文】

5.4 认定案外人取得执行标的权益的基础法律关系是否真实、是否实际支付对价、是否实际占有执行标的物、案外人对未进行权属登记是否有过错等事实有充分证据证明。

【条文主旨】

本条是对案外人取得权益深入审理的具体要求。

【条文理解】

本条是对第5.3条规定的进一步深化。无论当事人是否提出确认其权利的诉讼请求,都要作为基础法律关系查明相关实体权利的性质及其归属。

【条文】

5.5 商品房买受人作为案外人的执行异议之诉

金钱债权执行中,对登记在被执行的房地产开发企业名下的商品房强制执行，商品房买受人作为案外人形成的执行异议之诉，审查重点包括：

【条文主旨】

本条规定了涉及金钱债权执行的，商品房买受人作为案外人提起的执行异议之诉的审查重点。

【条文理解】

从本条规定开始，对常见的执行异议之诉案件类型的审理，作出基础性的明确要求。本条规定项下是商品房买受人作为案外人提起的执行异议之诉案件审理的要点。

【条文】

5.5.1　在人民法院查封前是否已与房地产开发企业签订合法有效的书面买卖合同；

【条文主旨】

本条要求审查书面合同的时间、合法有效性等内容。

【条文理解】

本条规定及第5.5.2条、第5.5.3条规定均依据《办理执行异议和复议案件规定》第29条规定：金钱债权执行中，买受人对登记在被执行的房地产开发企业名下的商品房提出异议，符合下列情形且其权利能够排除执行的，人民法院应予支持：(1)在人民法院查封之前已签订合法有效的书面买卖合同；(2)所购商品房系用于居住且买受人名下无其他用于居住的房屋；(3)已支付的价款超过合同约定总价款的50%。

【条文】

5.5.2　所购商品房系用于居住且买受人名下无其他用于居住的房屋；

【条文主旨】

本条要求审查涉案商品房居住情况和买受人名下房产及居住情况。

【条文理解】

参看第5.5.1条的条文理解。

【条文】

5.5.3　已支付的价款是否已超过合同约定总价款的50%。

【条文主旨】

本条要求审查支付价款的情况。

【条文理解】

参看第5.5.1条的条文理解。

【条文】

5.6　二手房买受人作为案外人的执行异议之诉

金钱债权执行中,对登记在被执行人名下的不动产强制执行,二手房买受人作为案外人形成的执行异议之诉,审查重点包括:

【条文主旨】

本条规定项下的是涉及金钱债权执行的,二手房买受人作为案外人提起的执行异议之诉。

【条文理解】

执行依据为金钱债权的,登记在被执行人名下的房屋,购买者作为案外人提起执行异议之诉的案件,近些年来,数量越来越多。本条规定了对此类型案件应当进行的审查重点。

【条文】

5.6.1　在人民法院查封之前是否已签订合法有效的书面买卖合同;

【条文主旨】

本条是关于审查书面合同的时间、有效性的规定。

【条文理解】

本条规定及第5.6.1条、第5.6.2条、第5.6.3条和第5.6.4条规定均依据《办理执行异议和复议案件规定》第28条规定:金钱债权执行中,买受人对登记在被执行人名下的不动产提出异议,符合下列情形且其权利能够排除执行的,人民法院应予支持:(1)在人民法院查封之前已签订合法有效的书面买卖合同;(2)在人民法院查封之前已合法占有该不动产;(3)已支付全部价款,或者已按照合同约定支付部分价款且将剩余价款按照人民法院的要求交付执行;(4)非因买受人自身原因未办理过户登记。

【条文】

5.6.2　在人民法院查封之前是否已合法占有该不动产;

【条文主旨】

本条规定对不动产占有情况要审查清楚。

【条文理解】

参见第5.6.1条的条文理解。

【条文】

5.6.3　是否已支付全部价款,或者已按照合同约定支付部分价款且将剩余价款按照人民法院的要求交付执行;

【条文主旨】

本条规定了对支付价款的情况以及能够支付价款的情况进行审查。

【条文理解】

参见第 5.6.1 条的条文理解。

【条文】

5.6.4　未办理过户登记是否非因买受人自身原因。

【条文主旨】

本条规定未办理过户登记的原因要排除买受人自身原因。

【条文理解】

参见第 5.6.1 条的条文理解。

【条文】

5.7　预告登记权利人作为案外人的执行异议之诉

金钱债权执行中,房屋的预告登记权利人作为案外人形成的执行异议之诉,审查重点为:案外人是否在房屋查封前已经预告登记为权利人。

【条文主旨】

本条规定项下的是涉及金钱债权执行的,预告登记权利人作为案外人提起的执行异议之诉。

【条文理解】

本条依据为《办理执行异议和复议案件规定》第 30 条规定:金钱债权执行中,对被查封的办理了受让物权预告登记的不动产,受让人提出停止处分异议的,人民法院应予支持;符合物权登记条件,受让人提出排除执行异议的,应予支持。

【条文】

5.8　借用资质开发房地产者作为案外人形成的执行异议之诉

金钱债权执行中,对登记在被执行人名下的建设用地使用权、房屋所有权强制执行,案外人以其与被执行人存在房地产开发资质借用关系为由,请求停止执行并确认其权利的,不予支持。

【条文主旨】

本条规定项下的是涉及金钱债权执行的,借用资质开发房地产者作为案外人提起的执行异议之诉。

【条文理解】

建设用地使用权与房屋所有权作为物权,均应当以登记为公示要件。挂靠协议不能对抗第三人,且挂靠协议本身是违法的,应由挂靠人承担不利后果。

【条文】

5.9 机动车等特殊动产买受人作为案外人的执行异议之诉

金钱债权执行中,对登记在被执行人名下的机动车等特殊动产强制执行,特殊动产买受人作为案外人形成的执行异议之诉,审查重点包括:

【条文主旨】

本条规定项下的是涉及金钱债权执行的,特殊动产买受人作为案外人提起的执行异议之诉。

【条文理解】

现实生活中,购买特殊动产的情形也不鲜见,如何审理也需要统一标准。如果同时满足以下条件,人民法院应予支持。

【条文】

5.9.1 案外人与被执行人在查封之前是否已签订合法有效的书面买卖合同;

【条文主旨】

本条是审查合同签订情况的规定。

【条文理解】

需要注意三个重点,一是书面买卖合同,二是合同签订日期须在查封之前,三是合同必须合法有效。

【条文】

5.9.2 案外人在查封之前是否已向被执行人支付了相应价款;

【条文主旨】

本条是审查价款支付情况的规定。

【条文理解】

重点审查作为特殊动产买受人的案外人是否在查封之前支付相应价款,一般而言,包括两种情况:一是在查封前已经向被执行人支付了全部价款;二是已经按照约定支付了部分价款,且按照人民法院要求交付执行剩余价款。

【条文】

5.9.3 案外人在查封之前是否已实际占有并使用该动产;

【条文主旨】

本条是审查查封前动产占有使用情况的规定。

【条文理解】

作为特殊动产买受人的案外人应就实际占有并使用该动产承担举证证明责

任,人民法院应当就特殊动产的占有和使用情况进行审查。

【条文】

5.9.4 案外人对于未办理过户登记是否有过错。

【条文主旨】

本条要求对案外人就未办理过户登记是否有过错进行审查。

【条文理解】

案外人对于为何未办理过户登记应当予以解释,原因在于,特殊动产价值较大,但是容易转移,变更占有使用情况,为避免案外人和被执行人就逃避强制执行恶意串通,损害申请执行人的利益,人民法院对于未办理过户登记的原因应当进行审查。

【条文】

5.10 建设工程优先受偿权人作为案外人的执行异议之诉

金钱债权执行中,对特定建筑物强制执行,依据《合同法》第二百八十六条的规定主张对标的物享有建设工程优先受偿权的人作为案外人形成的执行异议之诉,审查重点为:建设工程价款优先受偿权是否成立。

【条文主旨】

本条规定了涉及金钱债权执行的,建设工程优先受偿权人作为案外人提起的执行异议之诉的审查重点。

【条文理解】

本条规定的依据是《合同法》第286条规定:发包人未按照约定支付价款的,承包人可以催告发包人在合理期限内支付价款。发包人逾期不支付的,除按照建设工程的性质不宜折价、拍卖的以外,承包人可以与发包人协议将该工程折价,也可以申请人民法院将该工程依法拍卖。建设工程的价款就该工程折价或者拍卖的价款优先受偿。

【条文】

5.11 承租人作为案外人的执行异议之诉

金钱债权执行中,承租人作为案外人形成的执行异议之诉,审查重点包括:

【条文主旨】

本条项下规定了涉及金钱债权执行的,承租人作为案外人提起的执行异议之诉的审查重点。

【条文理解】

《办理执行异议和复议案件规定》第31条规定:承租人请求在租赁期内阻止

向受让人移交占有被执行的不动产,在人民法院查封之前已签订合法有效的书面租赁合同并占有使用该不动产的,人民法院应予支持。

承租人与被执行人恶意串通,以明显不合理的低价承租被执行的不动产或者伪造交付租金证据的,对其提出的阻止移交占有的请求,人民法院不予支持。

需要特别说明的是,最高人民法院《执行异议之诉征求意见稿》对于"基于或针对租赁权提起的执行异议之诉的处理"中有新的规定,"金钱债权执行中,人民法院对被执行人出租给案外人的租赁物实施强制执行,案外人以其对该物享有租赁权为由,提起执行异议之诉,请求排除对租赁物执行的,人民法院不予受理;已经受理的,裁定驳回起诉,并告知其可依据《中华人民共和国民事诉讼法》第225条的规定提出执行异议。金钱债权执行中,人民法院对被执行人出租给案外人的租赁物实施强制执行,案外人提出执行异议主张强制执行不应影响其租赁权,申请执行人提出执行异议之诉,请求认定租赁合同无效或者解除租赁合同、案外人腾退租赁物的,人民法院不予受理;已经受理的,裁定驳回起诉,并告知其可依据《中华人民共和国民事诉讼法》第225条的规定提出执行异议"。

最高人民法院草拟的该条款,明确了承租人以对执行标的享有租赁权为由提起执行异议之诉的,请求排除强制执行的,人民法院是不予受理的,承租人应依据《民事诉讼法》第225条规定提出执行异议。同时对于申请执行人提出的执行异议之诉的,在案外人提出执行异议主张不应影响其租赁权的前提下,人民法院也是不予受理的,申请执行人亦可依据《民事诉讼法》第225条的规定提出执行异议。该条款比较好地平衡了承租人和申请执行人的权利,避免了因租赁关系的存在,影响租赁物的执行,也合理地保护了承租人的合法权益。

【条文】

5.11.1 承租人在查封之前是否已经与被执行人签订合法有效的房屋租赁合同、是否已经按约支付租金、是否实际占有使用租赁物;

【条文主旨】

本条是关于审查房屋租赁合同签订、租金支付、租赁物占有使用等情况的规定。

【条文理解】

本条是对租赁关系相关的基础事实的审查,包括租赁合同签订时间、合同效力、租金的支付、占有使用租赁物的情况,时间定位在查封租赁物之前。

【条文】

5.11.2 承租人在债权人设定权利之前是否已经与被执行人签订合法有

效的房屋租赁合同、是否已经按约支付租金、是否实际占有使用租赁物；

【条文主旨】

本条也是关于审查房屋租赁合同签订、租金支付、租赁物占有使用等情况的规定。

【条文理解】

本条是对租赁关系相关的基础事实的审查,包括租赁合同签订时间、合同效力、租金的支付、占有使用租赁物的情况,时间定位在债权人设定权利之前。目的是,通过对基础事实的深入审查,形成审理者的内心确信,尽可能地避免恶意串通进而逃避执行情形的出现。

【条文】

5.11.3　承租人是否存在与被执行人恶意串通、以明显不合理的低价承租被执行人的不动产或者伪造租赁关系证据的情形。

【条文主旨】

本条是关于对承租人与被执行人之间是否存在恶意串通等情形加强审查的规定。

【条文理解】

《办理执行异议和复议案件规定》第31条规定:承租人请求在租赁期内阻止向受让人移交占有被执行的不动产,在人民法院查封之前已签订合法有效的书面租赁合同并占有使用该不动产的,人民法院应予支持。

承租人与被执行人恶意串通,以明显不合理的低价承租被执行的不动产或者伪造交付租金证据的,对其提出的阻止移交占有的请求,人民法院不予支持。

【条文】

5.12　针对特定化的金钱提起的执行异议之诉

金钱债权执行中,强制执行被执行人金钱账户时,银行等作为案外人主张账户内的金钱系以特户、封金、保证金等形式特定化后转移占有作为债权担保的质押动产形成的执行异议之诉,审查重点为:质权是否成立。

【条文主旨】

本条是关于对金钱特定化作为债权担保的情形下,执行异议之诉案件审查重点的规定。

【条文理解】

《担保法解释》第85条规定:债务人或者第三人将其金钱以特户、封金、保证金等形式特定化后,移交债权人占有作为债权的担保,债务人不履行债务时,债权人可以以该金钱优先受偿。

需要特别说明的是,最高人民法院《执行异议之诉征求意见稿》第34条“保证金账户质押权人提起的执行异议之诉的处理”规定:被执行人为获得贷款,按照与债权人签订的书面质押合同,以被执行人名义开立保证金专用账户并存入一定数量金钱作为质押,债权人实际控制和管理该账户。该账户因被执行人欠付另案当事人的金钱债权被冻结后,质押权人提起执行异议之诉,就账户内资金请求解除冻结的,人民法院不予支持;质押权人就账户内资金以其债权本金及利息金额为限,请求排除处分性强制执行措施的,人民法院应予支持。被执行人与该质押权之间的债权债务结清后,该笔保证金不再具有金钱质押的性质,不能排除人民法院的强制执行。

【条文】

5.13　所有权保留情形下的执行异议之诉

【条文主旨】

本条项下规定的是所有权保留情形下的执行异议之诉案件的处理。本条项下规定的是所有权保留情形下的执行异议之诉的处理。分为第5.13.1条和第5.13.2条两种情况,要注意区分。

【条文】

5.13.1　金钱债权执行中,对已经出卖给被执行人但书面约定出卖人保留所有权的动产强制执行时,出卖人作为案外人形成的执行异议之诉,审查重点为:

【条文主旨】

本条项下规定的是被执行人为动产买受人,案外人为动产出卖人并保留动产所有权情形的执行异议之诉案件的审查重点。

【条文理解】

注意保留所有权的约定应当是书面的,对形成时间要重点审查。

【条文】

5.13.1.1　被执行人是否已实际占有该动产;

【条文主旨】

本条是关于审查动产占有情况的规定。

【条文理解】

审查动产的实际占有人是不是被执行人、实际占有时间。

【条文】

5.13.1.2 被执行人是否按约定支付价款或者支付价款是否达到总价款的75%以上；

【条文主旨】

本条是关于审查支付价款的规定。

【条文理解】

审查对价的支付情况，主要包括是否按照约定支付，实际支付数额占总价款数额比例。上述事实需要通过合同约定条款、支付方式、支付时间等相应证据予以确定。本条与上一条规定的目的都是避免当事人之间串通逃避执行。

【条文】

5.13.1.3 被执行人是否按约定完成特定条件；

【条文主旨】

本条是关于被执行人履约情况的规定。

【条文理解】

审查合同特定条款的履行情况。对于保留所有权的情形，双方一般会约定特定条件，若特定条件成就，则所有权发生转移，对此要着重审查。

【条文】

5.13.1.4 被执行人是否存在将标的物不当处分对出卖人造成损害的情形。

【条文主旨】

本条是关于要求审查被执行人是否在未取得所有权即处分标的物的情形。

【条文理解】

《最高人民法院关于审理买卖合同纠纷案件适用法律问题的解释》（以下简称《买卖合同司法解释》）第34条规定：买卖合同当事人主张《合同法》第134条关于标的物所有权保留的规定适用于不动产的，人民法院不予支持。第35条规定：当事人约定所有权保留，在标的物所有权转移前，买受人有下列情形之一，对出卖人造成损害，出卖人主张取回标的物的，人民法院应予支持：(1)未按约定支付价款的；(2)未按约定完成特定条件的；(3)将标的物出卖、出质或者作出其他不当处分的。取回的标的物价值显著减少，出卖人要求买受人赔偿损失的，人民法院应予支持。第36条规定：买受人已经支付标的物总价款的75%以上，出卖人主张取回标的物的，人民法院不予支持。在本解释第35条第1款第3项情形下，第三人依据《物权法》第106条的规定已经善意取得标的物所有权或者其他物权，出卖人主张取回标的物的,人民法院不予支持。

【条文】

5.13.2 金钱债权执行中,对被执行人已经出卖但书面约定被执行人保留所有权的动产强制执行,买受人作为案外人形成的执行异议之诉,审查重点为:

【条文主旨】

本条项下规定的是被执行人为动产出卖人并保留动产所有权,案外人为动产买受人情形的执行异议之诉案件的审查重点。

【条文理解】

本条规定的情形与第5.13.1条规定的情形相反。但同样要注意,保留所有权的约定应当是书面的,对形成时间也要审查。

【条文】

5.13.2.1 案外人是否已实际占有该动产;

【条文主旨】

本条是关于审查动产占有情况的规定。

【条文理解】

审查案外人占有动产的相关情况。

【条文】

5.13.2.2 案外人是否按约定支付价款或者支付价款是否达到总价款的75%以上;

【条文主旨】

本条是关于审查支付价款的规定。

【条文理解】

审查对价的支付情况,主要包括是否按照约定支付,实际支付数额占总价款数额比例。上述事实需要通过合同约定条款、支付方式、支付时间等相应证据予以确定。本条与上一条规定的目的都是避免当事人之间串通逃避执行。

【条文】

5.13.2.3 案外人是否按约定完成特定条件;

【条文主旨】

本条是关于案外人履约情况的规定。

【条文理解】

审查合同特定条款的履行情况。对于保留所有权的情形,双方一般会约定特定条件，若特定条件成就，则所有权发生转移，对此要着重审查。

【条文】

5.13.2.4　案外人是否存在将标的物不当处分对被执行人造成损害的情形。

【条文主旨】

本条规定的是案外人不当处分标的物损害被执行人利益的情形。

【条文理解】

《买卖合同司法解释》第 34 条规定：买卖合同当事人主张《合同法》第 134 条关于标的物所有权保留的规定适用于不动产的，人民法院不予支持。第 35 条规定：当事人约定所有权保留，在标的物所有权转移前，买受人有下列情形之一，对出卖人造成损害，出卖人主张取回标的物的，人民法院应予支持：(1)未按约定支付价款的；(2)未按约定完成特定条件的；(3)将标的物出卖、出质或者作出其他不当处分的。取回的标的物价值显著减少，出卖人要求买受人赔偿损失的，人民法院应予支持。第 36 条规定：买受人已经支付标的物总价款的 75% 以上，出卖人主张取回标的物的，人民法院不予支持。在本解释第 35 条第 1 款第 3 项情形下，第三人依据《物权法》第 106 条的规定已经善意取得标的物所有权或者其他物权，出卖人主张取回标的物的，人民法院不予支持。

【条文】

5.14　针对被执行人购买的需要办理过户登记的财产提起的执行异议之诉

被执行人向案外人购买依法需要办理产权过户登记的财产，但未办理产权过户登记手续的，被执行人已实际占有该财产，并已向案外人支付全部价款，或者已支付部分价款，申请执行人向案外人支付剩余价款的，对案外人主张停止执行的诉讼请求，不予支持。

【条文主旨】

本条规定的是针对被执行人购买的需要办理过户登记的财产提起的执行异议之诉案件。

【条文理解】

重点审查占有情况和支付对价情况。权属登记本身并非物权的创设，在被执行人实际占有并支付对价的情况下，被执行人实际已经成为所有权人。因此，在此情况下，对案外人排除强制执行的诉请不予支持。

6. 裁判文书制作

【条文】

6.1　对案外人的诉讼请求不予支持的,判决主文为:驳回×××的诉讼请求;予以支持的,判决主文为:不得执行····(执行标的);如果案外人请求确认实体权利的,应一并裁判。

【条文主旨】

本条是关于如何制作案外人执行异议之诉案件判决书主文的规定。

【条文理解】

《民诉法司法解释》第312条规定:对案外人提起的执行异议之诉,人民法院经审理,按照下列情形分别处理:(1)案外人就执行标的享有足以排除强制执行的民事权益的,判决不得执行该执行标的;(2)案外人就执行标的不享有足以排除强制执行的民事权益的,判决驳回诉讼请求。案外人同时提出确认其权利的诉讼请求的,人民法院可以在判决中一并作出裁判。

【条文】

6.2　对申请执行人的诉讼请求不予支持的,判决主文为:驳回×××的诉讼请求;予以支持的,判决主文为:准许执行····(执行标的)。

【条文主旨】

本条是关于如何制作申请执行人执行异议之诉案件判决书主文的规定。

【条文理解】

《民诉法司法解释》第312条规定:对申请执行人提起的执行异议之诉,人民法院经审理,按照下列情形分别处理:(1)案外人就执行标的不享有足以排除强制执行的民事权益的,判决准许执行该执行标的;(2)案外人就执行标的不享有足以排除强制执行的民事权益的,判决驳回诉讼请求。

【条文】

6.3　执行异议之诉案件,在判决主文及理由中不作出维持、撤销、变更执行异议裁定的表述。

【条文主旨】

本条是关于不得在判决主文和理由中对执行异议裁定进行处理的规定。

【条文理解】

《民诉法司法解释》第314条规定:对案外人执行异议之诉,人民法院判决不得对执行标的执行的,执行异议裁定失效。对申请执行人执行异议之诉,人民法院判决准许对该执行标的执行的，执行异议裁定失效，执行法院可以根据申请执行人的申请或者依职权恢复执行。

根据上述规定，执行异议之诉案件判决主文及理由对执行异议裁定不作处理，但是执行异议之诉判决生效后，司法解释对执行异议裁定的效力作出规定。具体方式可以按照最高人民法院的《人民法院制作民事诉讼文书样式》第 395 页，在判决书最后一段："（判决不得对执行标的执行的，写明）本院（××××）……执异……号执行异议裁定于本判决生效时自动失效。"以及第 398 页，在判决书最后一段："（准予执行的，写明）本院（××××）……执异……号执行异议裁定于本判决生效时自动失效。"

7. 规范性文件引用（略）

《中华人民共和国民事诉讼法》（简称《民事诉讼法》）

《最高人民法院关于适用〈中华人民共和国民事诉讼法〉的解释》（简称《民诉法司法解释》）

《最高人民法院关于适用〈中华人民共和国民事诉讼法〉执行程序若干问题的解释》（简称《执行解释》）

《最高人民法院关于人民法院办理执行异议和复议案件若干问题的规定》（简称《办理执行异议和复议案件规定》）

《最高人民法院关于民事执行中变更、追加当事人若干问题的规定》（简称《民事执行中变更、追加当事人若干规定》）

《最高人民法院关于人民法院民事执行中查封、扣押、冻结财产的规定》（简称《民事执行中查封、扣押、冻结财产规定》）

《最高人民法院关于审理执行异议之诉案件适用法律若干问题的规定（征求意见稿）》（简称《执行异议之诉征求意见稿》）

第七章　侵害信息网络传播权纠纷案件审理标准的理解与适用

第一节　信息网络传播权概述

著作权法受传播技术影响较大，信息网络传播权主要保护著作权人在网络环境下对作品、表演等内容的控制。我国《信息网络传播权保护条例》第2条规定，除法律、行政法规另有规定外，任何组织或者个人将他人的作品、表演、录音录像制品通过信息网络向公众提供，应当取得权利人许可，并支付报酬。可见，我国信息网络传播权保护的对象主要有作品、表演、录音录像制品三种，与此相对应，只有作者和部分邻接权人享有信息网络传播权。但是我国的现行法律并没有对信息网络传播权进行明确的定义。在司法实践中，信息网络传播行为是一个十分核心的概念，对其概念的理解影响着侵权认定的标准。过去，信息网络传播行为是指在网络环境下，将作品、表演、录音录像制品通过上传或其他方式置于向公众开放的服务中。但是随着传播技术的发展，特别是深层链接技术的出现，提供行为的认定标准发生了动摇，这也导致信息网络传播权纠纷案件在定性上出现较多分歧，概念界定上的困境也折射出此类案件的复杂程度。

一、信息网络传播权纠纷案件的新发展

2012年12月，最高人民法院发布《关于审理侵害信息网络传播权民事纠纷案件适用法律若干问题的规定》，对审理侵害信息网络传播权纠纷案件进行规定。该司法解释实施后，解决了许多司法实践中的疑难问题。但随着信息网络传播技术的创新发展，特别是十八届五中全会提出实施网络强国战略、“互联网+”行动计划、国家大数据战略以来，以云计算、物联网、大数据为代表的新一代信息技术，催生出新的产业和新的业态。信息网络传播领域的纠纷呈井喷式发展，又出现许

多新型复杂的法律问题。

随着聚合链接和加框链接的出现，提供中立性质的搜索服务也产生了取代作品传播的效果，对技术中立原则及传统的服务器标准产生了颠覆性的冲击。随着三网融合技术的发展，体育赛事直播画面可以在网上进行直播，这造成了广播权与信息网络传播权的交叉，同时知识产权界就体育赛事直播画面是否构成作品引发了又一次分裂。随着电视台录制的大量节目在网络上的传播，使得准确区分录像制品与类电影作品也成为司法实践中的一个难题。随着云计算的发展，临时复制是否构成对复制权的侵犯，人们也存在不同认识。

二、信息网络传播权纠纷案件审理中存在的问题

天津法院受理的信息网络传播权纠纷案件也在大幅上升，2015 年收案数为 69 件，2016 年收案数为 603 件，2017 年收案数为 1198 件。天津此类案件激增主要有以下原因：一方面，天津市通过加大知识产权保护力度，吸引了很多互联网企业入驻天津，这些企业成为诉讼的主体；另一方面，随着产业的发展，电影、电视剧、网游等泛娱乐业蕴含的行业利益越来越大，涉案金额日益增多。随着案件的增多，信息网络传播权纠纷案件日益复杂化、多样化，案件的审理难度也日益增大，引发了一系列的司法难题。

（一）侵权对象覆盖面广且具有普遍性

侵害信息网络传播权纠纷案件在主体上具有特殊性，因为很多网络用户可以随意上传侵权作品或链接，提供中间网络服务商的平台很容易因未尽到注意义务而构成侵权。电影、电视剧、图片、音乐、文字作品、综艺节目等领域侵权现象严重，呈现侵权泛滥化。

其中影视作品成为侵权的主要对象，天津市受理的案件中绝大多数侵权对象均为影视作品，特别是热门影视剧。随着移动互联网的发展，影视剧已经成为人们主要的文化消费类型，所带来的流量十分巨大，广告收益也十分惊人。而且影视剧投资巨大，制作成本较高，对知识产权保护具有迫切的需要。影视剧的侵权也具有特殊性，不同于文学作品和音乐作品，人们观赏过一遍影视剧后，一般不愿意进行再次观赏或者多次观赏，因此影视剧的侵权对著作权人造成的损失更大且具有不可逆性。在产业方面，视频分享网站大量出现，消费者数量也在不断增加；在技术方面，视频压缩技术不断突破，网络用户压缩和上传视频变得更加简便，能够通过大幅压缩实现批量上传。在司法实践中，权利人起诉的对象往往不是上传者，而是网络服务提供商，因为网络用户的分散性，权利人无法进行集中维权，往

往会选择对明确且集中的服务商提起诉讼。

相较于影视作品,与文字作品、音乐作品、摄影作品相关的案件数量并不高,这主要是因为:知识产权诉讼成本较高,但这些作品相对于影视作品往往侵权数量小,多为片段化侵权,权利人能够搜集到的多为电子证据,举证困难也较大。在我国的赔偿机制尚不成熟的情况下,往往出现诉讼成本高于侵权赔偿数额的情况,因此很多当事人在知道被侵权后,考虑到时间、经济成本往往选择不进行诉讼。

(二)法院确定管辖缺乏统一性

信息网络传播权司法解释确定的管辖原则是以被告住所地和侵权行为实施地管辖为一般原则,以侵权结果发现地管辖为例外。《最高人民法院关于适用〈中华人民共和国民事诉讼法〉的解释》出台之后,对之前的管辖原则进行了较大的突破,确定了被侵权人住所地具有管辖权。综观现行的有关法律规定,规定的管辖标准过多,而且并没有规定管辖地之间的适用顺序,尤其是新《民事诉讼法》,确定被侵权人住所地具有管辖权之后,给了当事人可以通过变更住所地或结果发生地等方式进行选择管辖。有的当事人在天津进行公证,就以公证地作为侵权结果发生地,在天津进行诉讼。2017 年,最高人民法院在(2016)最高法民辖终 107 号裁定书中明确了原告通过网络购物取得被诉侵权产品,不能以网络购物收货地址作为侵权行为发生地。该案虽然是网络购物纠纷,并非信息网络传播权纠纷,但是该案标志着最高法院将收紧对管辖的宽松规定。

(三)避风港规则适用较为混乱

目前学界和著作权人通常认为,在司法实践中法院存在滥用避风港规则的现象。因为避风港规则可以免除网络服务商的赔偿责任,因此法院被批评纵容了一部分侵权行为。但实际情况并非如此,通过对案例的分析和统计,尽管在绝大多数的案件中,被诉侵权人都会进行避风港规则的抗辩,但是法院在认定是否构成“通知—删除”要件时,往往采用较高的认定标准。比如,侵权作品为热门影视作品,具有较高知名度,即便网络服务提供商即便已经删除,但会因未尽到注意义务,仍然承担赔偿责任。

避风港规则是保障网络服务提供商正常提供服务,以实现作品等内容得到有效传播的重要保障。避风港规则主要来源于技术中立原则,也是判断网络服务提供商是否尽到注意义务的重要标准。网络服务提供商在客观上没有能力也没有义务对作品是否侵权进行事前审查,但当被通知侵权时,其应当对被通知的作品进行审查,此时如果还未审查则构成侵权,如果进行了审查并及时删除,则不具有过错。但是各地法院在认定何为“有效的通知”,多长时间段为“合理的时间段内”,以及即便已经删除仍然因构成明知和应知要承担责任等问题时存在裁判不一致的问题。

(四)对网络服务提供商注意义务的判定标准不一

侵害信息网络纠纷案件绝大多数均为间接侵权案件,网络服务提供者是否构成“明知”与“应知”成为认定是否构成侵权的重要考虑因素。虽然,目前《信息网络传播权保护条例》对注意义务使用的是“不知道也没有合理理由知道”的表述,而司法解释使用的是“明知或应知”,但是通说认为两个不同表述之间是完全对应关系,仅仅为用词不同。《侵权责任法》对注意义务使用的是“知道”一词,但这里的知道也包含“明知”与“应知”两种情况。在司法实践中,对“明知”的认定较为统一,但对于“应知”的认定则比较混乱。对编辑、修改、整理等行为的性质认定,对热播影视剧的认定,对网络服务提供者所具有的信息管理能力的认定因存在较强的主观性,司法实践中经常出现裁判不统一的情况。

(五)确定损害赔偿数额过于主观化

知识产权侵权损害赔偿数额的确定需要考虑权利客体、权利类型、侵权手段、侵权持续时间等因素,因此无法完全依据一定的客观标准进行判断。在司法实践中,法院适用法定赔偿方法确定赔偿数额的比例过高,适用率均超过95%。而且在上诉案件中,二审法院一般不会就一审法院酌定的赔偿数额进行改判,维持率较高。赋予法官较大的自由裁量权导致侵犯影视作品信息网络传播权的赔偿数额裁量标准不统一。有的案件,单部影片判赔数额高达30万元,有的影片判赔数额仅为1万元,在电视剧和综艺节目中,此类现象也较为明显。天津市不同法院的判赔数额标准参差不齐,比如滨海新区法院判赔数额较高,二中院的判决数额较低。

判赔数据差距较大,既说明法官的自由裁量权过大,同时也符合案件差异化的审判规律。不同的作品,其市场价值不同,如果为了追求赔偿数额的趋同,只会导致机械司法和赔偿不公正。在案情、证据、侵权样态等不同因素的考量下,应当允许法官考虑具体案件而做出差异化的判决。但是差异化需要充分的论证和说理,而目前的实践中法官的说理部分比较单一,甚至普遍使用“套话”。通常在简单罗列影响赔偿数额的参考因素之后,不对这些因素的相关情况、权重以及关联性进行分析,直接得出结论,使得损害赔偿数额确定过程过于主观化。

第二节　侵害信息网络传播权纠纷案件审理标准化的依据

人民法院标准化工作是法院为推动司法改革、推进审判权运行机制改革、增加法院公信力、统一司法行为的有力工具。天津法院系统在做好执法办案第一要务的基础上,创新性地开展标准化研究和制定工作,目前已经发布了司法公开标准、庭审质量标准、裁判文书质量标准、案件质量标准、诉讼平台建设标准、涉诉信访流程标准等若干标准化文件。这些文件对于指导、规范、评价法院的相关活动,起到了极大的推动作用。这些标准化文件所规范的领域大都具有较强的程序性和要素性,可以用标准进行规范。实体法尤其是侵害信息网络传播权纠纷案件裁判过程多为法官自由心证的过程,对其进行标准化会面临一定的理论困境和技术难度。

一、侵害信息网络传播权纠纷案件审理标准化所面临的困境

不同于程序法领域可以进行要素分割,对其进行标准化具有一定的可行性;在实体法领域,法院的裁判过程需要一定的推理性、演绎性和主观性,对于不可名状的事物进行标准化是十分困难的。对侵害信息网络传播权纠纷案件的裁量过程进行精细化分析,其主要由以下几个方面组成:(1)对证据的分析和认证;(2)对注意义务的分析和认证;(3)对行为性质的分析和认证;(4)对责任承担的分析和论证。

关于证据,任何公正的判决都需要建立在查清案件事实的基础上,查清案件事实就是通过举证质证进行准确认证。在侵害信息网络传播权纠纷案件的审理过程中,首先要对举证责任进行分配,在适用举证责任一般规则时,法官并没有太多的裁量空间,只有当该证据对案件产生决定性影响且难以举证时,法官对该举证责任的分配则具有一定的裁判性质。且认证的过程也需要进行分析和推理,尤其对于技术性质的判断,比如被告使用的技术是否为搜索或链接技术,这些技术事实查明的过程往往需要借助一定的生活经验和理性分析,对分析的过程进行标准化具有较大难度。

关于注意义务,在侵害信息网络传播权纠纷案件中,认定间接侵权都需要以

被告未尽到注意义务而构成明知或应知为要件。注意义务的划分和认定具有较强的主观性,比如如何认定某影视作品热门程度足以引起网络服务提供者的注意,或者何种程度的编辑、整理构成对作品内容的了解,经常出现见仁见智的结果。对注意义务的分析多以生活经验和公众浏览习惯为标准,具有较强的主观性。

关于行为性质,即被告的行为是否构成侵权,需要综合全案事实、技术手段、注意义务、行为效果、法条理解、是否构成合理使用等多种因素进行综合判断,这个过程是案件审理中最为核心的环节,也是法官运用自己多年知识积累、审判经验、逻辑推理而充分发挥主观能动性的过程,智慧的灵活运用往往与刻板的标准化之间无法融合。

关于责任承担,在侵害信息网络传播权纠纷案件中,被告的损失往往难以计算,因此适用法定赔偿比较常见。在这个过程中,法官综合考虑作品类型、作者知名度、作品价值、侵权手段、侵权持续时间而做出的赔偿数额很难对应出客观的依据。确定法定赔偿数额的过程就是法官酌定的过程,是其意识的产物。

侵害信息网络传播权纠纷案件审理标准化存在上述四个方面的困境,但并非实体法领域就无法进行标准化。实体法标准化的定位是指导、规范和评价侵害信息网络传播权纠纷案件的审理。在审理前,对法官进行指引;在审理中,对法官的审理过程进行指导和规范;在审理后,对法官的审理活动进行评价。因此实体法领域的标准化并非对所有审理环节进行精细化的规范,更不是对法官思维活动、推理过程的机械化规定,而是对客观领域进行标准化考量,对主观领域进行宏观把握。作为评价标准,其更注重对法官审理活动是否达标规范进行评价,作为标尺对审理活动进行衡量,而非对思考过程进行模板化规定。

二、侵害信息网络传播权纠纷案件审理标准化的理论依据

(一)侵害信息网络传播权纠纷案件审理标准化的必要性

侵害信息网络传播权纠纷案件审理标准化尽管存在一定的制度困境和技术难度,但是司法审判过程中出现的认识不统一、裁判尺度不一的问题已经十分严重,而审理标准化与类案指引、司法解释、审理指南等方式一起构成统一司法认识、统一裁判尺度的有效途径。侵害信息网络传播权纠纷案件审理标准化的必要性主要体现在以下几个方面:

第一,司法实践中,侵害信息网络传播权纠纷案件裁判尺度差距过大,审理标准有助于统一裁判尺度。在现有的实践中,不同法院的裁量尺度不同,甚至同一

法院不同法官之间的裁量尺度也不同。有的案件,单部影片判赔数额高达 30 万元,有的影片数额仅为 1 万元。与此同时,对合理费用的认定也千差万别,有的将其计入法定赔偿中进行综合考虑,有的单独计算。不同法官对热播影视剧的认定也存在差异,对网络服务提供者所具有的信息管理能力的认定也没有固定的标准。

注意义务的划分和认定具有较强的主观性,比如如何认定某影视作品热门程度足以引起网络服务提供者的注意,或者何种程度的编辑、整理构成对作品内容的了解。行为定性难、数额差距大对标准化具有迫切的需求。

第二,侵害信息网络传播权领域不断出现新问题,现有司法认识理解不一,审理标准有助于统一对新问题的认识。在传统认识中,链接属于网络中间服务行为不构成侵权,但是随着深层链接的出现,即便未将作品上传至服务器,仍然产生传播作品的效果,因此对该行为的认定产生了较大分歧,一种观点认为构成提供行为,另一种观点认为仅构成不正当竞争。随着今日头条的发展,新闻聚合软件是否侵权也存在较大争议,一种观点认为其仅为搜索和链接技术,另一种观点认为其虽然本质为链接,但是这种链接消除了以往纸媒转载时所需要的时间差,已经可以代替原有的新闻作品,因此构成提供行为。除此之外,司法界对链接外加破坏技术措施行为的定性也存在较大争议,一种观点认为这种行为模式构成提供,另一种观点认为这种行为仅构成侵犯著作权中的其他权利,定性上的分歧导致法院裁判结果存在不同。除此之外,还有分工合作提供行为的认定,各地法官对何种程度的意思联络构成共同意思表示,收取何种广告费用可以认定为实现利益共享都存在不同认识。正是由于新技术的层出不穷,以及新技术对行为定性带来的难题不断变更,因此司法审判不能仅仅停留或局限在对某一个具体行为的认定上,而是要制定一个抽象宏观的审理标准,尽量统一人们的认识过程、思维过错、推理过程。

第三,审理标准有助于指引新法官尽快熟悉侵害信息网络传播权纠纷案件的审判规律。信息网络传播权虽然属于民事权利,但信息网络传播权纠纷案件不同于传统民事案件。在审理思路上,此类案件需要先认定权利基础,然后判断是否侵权,最后是确定责任,而民事案件不需要认定权利基础。另外,信息网络传播权纠纷案件因为涉及很多技术问题,新进入该领域的法官一时难以适应。而审理标准具有一定的宏观性和概括性,且清晰地规定了审理此类案件的审理思路,有助于新法官跳出具体的规则,从宏观上尽快熟悉此类案件。

第四,审理标准有助于司法公信力的提升。虽然世界上没有完全相同的案件，但是有基本相似的案情。同案不同判的现象对司法公信力的损害十分巨大，会引发群众对司法的猜疑和不信任。尤其是两个性质基本相似的行为，如果最终法院认定不一致，败诉一方会认为存在司法腐败。信息网络传播权纠纷案件的裁量过程主观性较强，更应该制定审理标准进行规范，通过对客观因素的标准化考量，统一裁判思维，限制裁判任意化。

（二）侵害信息网络传播权纠纷案件审理标准化的可行性

一般而言，解决同案不同判主要有三条途径：第一条途径是对案件进行公式化的规定，通过详细的规定，为法官的审理和裁判提供参展和依据。第二条途径是通过上级法院的发回改判，统一裁判标准。第三条途径就是统一裁判思维、统一审理思路。其中第一条途径会严重损害法官的自由裁量权，缺少弹性空间的裁量过程最终会导致司法的机械化。第二条途径，过于具体，且无法快速发挥统一裁判尺度的作用。第三条途径，既能保障法官的自由裁量权，同时又能从宏观上对审理思路进行统一，相较于其他两条途径，具有明显的优越性。而第三条途径对应具体路径就是审理的标准化。侵害信息网络传播权纠纷案件审理标准化的可行性主要体现在以下几个方面：

第一，实现具体操作性与宏观概括性的平衡。基于审理标准指导、规范和评价的定位，审理标准中的具体标准应该和信息网络传播权纠纷案件的审理过程的具体步骤相对应，因此审理标准应当具有一定的具体操作性。但是审理标准如果规定得过细，则会导致法官在审理活动中过分担心事后评价，而被审理标准所束缚。而且规定得过于具体，会导致以此进行检验时，发现案件的瑕疵和纰漏比比皆是，因此审理标准应当具有一定的概括性，实现具体操作性与宏观概括性的平衡。比如，本标准第 4.2 条规定，对享有信息网络传播权的权利人认定准确。并没有明确所有线下作品、数码摄影作品、影视作品、录像制品等的权利人确定规则，而是对此进行充分抽象和高度概括。

第二，实现标准化与法官自由裁量权之间的平衡。审理标准是为了解决裁判尺度过大，而非实现对判决的模板化生产。每个案件的案情不尽相同，即便是性质类似的案件，也应该实现审判结果的差别化。案件的审理过程，不仅仅是对证据的认证过程，更是一个法官充分利用其多年的知识积累和经验总结，展现其智慧与世界观，体现其对案件个体的态度和法律关系的思考。因此，法官的自由裁量权不仅是实现案件公正的重要保证，也是展现法官思维和推理魅力的重要途径。信息网络传播权纠纷案件审理标准并不是要将法官的思维活动模式化、具体化，而是通过对法官的思考和推理进行引导，保证裁判方向的一致。

第三,标准化应以实现裁判思维的方向统一为目的。本标准中,大量使用"确定侵权人承担的民事责任方式合法、适当""损害赔偿额的确定符合法律规定"等语言,其意图在于提醒审判者审理此类案件时,应当考虑这一因素,而且考虑这一因素时应当重点注意哪些问题。而非通过具体详细的规定告知法官应当裁判出何种结果。因此,这种仅列明参考因素的规定方式,可以避免裁判过程中对某些重要环节的省略,实现裁判思维的方向统一。

第四,审理标准要与类案指导制度、司法解释、司法政策制度等多保持一致。审理标准的重要作用之一为避免"同案不同判",使人民群众建立稳定的法律预期。审理标准在功能上与类案指导制度、司法解释、司法政策等制度基本相同,因此审理标准的内容应当与法律、司法解释、类案中总结的司法规律保持一致,避免法律适用上的冲突。

第五,可以采用审理标准配套审理指南的模式。审理标准因为要体现一定的抽象性和概括性,因此并不能为具体案件的审理提供法律适用的功能。但是审理标准是在概括和归纳司法解释、司法政策、案件规律的基础上总结出来的,一般而言,一个抽象性的标准往往对应若干条具体规定。而审理指南规定了案件审理中的具体情况以及裁判结果,具有清晰稳定的办案指导功能。因此审理标准是审理指南的再抽象,审理指南是审理标准的补充。审理标准配套审理指南的模式,具有较高的创造性,是对实体法领域进行标准化的重要路径创新。

三、侵害信息网络传播权纠纷案件审理标准化的法律依据

有关信息网络传播权的法律、法规、司法解释是侵害信息网络传播权纠纷案件审理标准的主要制定依据。信息网络传播权作为著作权的一项权能,规定在不同的法律规定中,制定侵害信息网络传播权纠纷案件审理标准的法律规定主要有以下三类:第一类是法律,主要有《侵权责任法》与《著作权法》;第二类是法规,主要有《著作权法实施条例》和《信息网络传播权保护条例》;第三类是司法解释,主要有《最高人民法院关于审理著作权民事纠纷案件适用法律若干问题的解释》和《最高人民法院关于审理侵害信息网络传播权民事纠纷案件适用法律若干问题的规定》。除此之外,标准的制定过程还参考了北京市、广东省、浙江省、湖南省等地出台的关于信息网络传播权的审理指南和指导意见。

因为规范信息网络传播权的法律规定比较多,因此不同法律规范之间就同一问题会发生冲突,在法律适用上课题组主要坚持两项原则:

第一,上位法或新法优先适用。在法律适用问题上,上位法优于下位法、新法

优于旧法、特别法优于普通法已经成为一般规则。比如,管辖的规定中,信息网络传播权司法解释规定为:侵权行为地包括实施被诉侵权行为的网络服务器、计算机终端等设备所在地。侵权行为地和被告住所地均难以确定或者在境外的,原告发现侵权内容的计算机终端等设备所在地可以视为侵权行为地。但是《最高人民法院关于适用〈中华人民共和国民事诉讼法〉的解释》规定为:侵害信息网络传播权纠纷案件中的侵权行为实施地包括实施被诉侵权行为的计算机等信息设备所在地,侵权结果发生地包括被侵权人住所地。因《最高人民法院关于审理侵害信息网络传播权民事纠纷案件适用法律若干问题的规定》是 2012 年公布,《最高人民法院关于适用〈中华人民共和国民事诉讼法〉的解释》是 2014 年公布,最后本标准采纳《最高人民法院关于适用〈中华人民共和国民事诉讼法〉的解释》的规定。

第二,对权利人保护力度大的法律优先适用。我国的知识产权法是从西方移植过来的,具有被动性,因此人们并不具备较强的知识产权保护意识。在创新驱动发展成为国家战略的国情下,应该加大知识产权保护力度。《侵权责任法》第 36 条规定:网络用户利用网络服务实施侵权行为的,被侵权人有权通知网络服务提供者采取删除、屏蔽、断开链接等必要措施。网络服务提供者接到通知后未及时采取必要措施的,对损害的扩大部分与该网络用户承担连带责任。该条规定网络服务提供者构成间接侵权的,仅对损害扩大部分承担连带责任。但《最高人民法院关于审理侵害信息网络传播权民事纠纷案件适用法律若干问题的规定》应对全部损失承担连带责任。后者对知识产权的保护力度更大,且在司法实践中被广泛接受,因此本标准采用《最高人民法院关于审理侵害信息网络传播权民事纠纷案件适用法律若干问题的规定》的规定。

第三节　天津法院侵害信息网络传播权纠纷案件审理标准(试行)

1. 总则

1.1　为规范侵害信息网络传播权纠纷案件审理工作,统一裁判尺度,确保审判质量,结合审判工作实际,制定本标准。

1.2　本标准用于指导、规范和评价侵害信息网络传播权纠纷案件的审理工作。

1.3　本标准未规定的内容,适用其他相关标准化文件。

2. 适用范围

2.1　本标准所称信息网络,包括以计算机、电视机、固定电话机、移动电话机等电子设备为终端的计算机互联网、广播电视网、固定通信网、移动通信网等信息网络,以及向公众开放的局域网络。

2.2　本标准所称信息网络传播权,是指以有线或者无线方式向公众提供作品、表演、录音录像制品,使公众可以在其个人选定的时间和地点获得作品、表演或者录音录像制品的权利。

3. 管辖

3.1　确定案件管辖符合法律、司法解释及最高人民法院相关批复的规定。

3.2　侵害信息网络传播权纠纷案件由侵权行为地或者被告住所地人民法院管辖。

3.2.1　侵害信息网络传播权纠纷案件中的侵权行为地,包括侵权行为实施地、侵权结果发生地。

3.2.2　侵害信息网络传播权纠纷案件中的侵权行为实施地包括实施被诉侵权行为的计算机等信息设备所在地,侵权结果发生地包括被侵权人住所地。

4. 主体资格审查

4.1　诉讼主体资格认定准确。

4.2　对享有信息网络传播权的权利人认定准确。

4.3　有权向人民法院提起诉讼的主体符合以下情形:

4.3.1　著作权独占许可使用合同的被许可人;

4.3.2　和著作权人共同起诉的排他许可使用合同的被许可人;

4.3.3　著作权人不起诉时自行起诉的排他许可使用合同的被许可人;

4.3.4　有著作权人明确授权的著作权普通许可使用合同的被许可人;

4.3.5　有著作权人明确授权的著作权集体管理组织。

4.4　侵害信息网络传播权的被告包括网络用户、网络服务提供者。

5. 受保护客体的审查

5.1 信息网络传播权保护的作品，属于文学、艺术和科学领域内，具有独创性，并能够以某种有形形式复制的智力成果。

5.2 信息网络传播权保护的表演，是指表演者对文学、艺术作品的再现。

5.3 信息网络传播权保护的录音制品，是指首次对表演的声音和其他声音的录制品。

5.4 信息网络传播权保护的录像制品，是指除电影作品和以类似摄制电影的方法创作的作品以外的，首次有伴音或者无伴音的连续相关形象、图像的录制品。

6. 侵权认定

6.1 除法律、行政法规另有规定外，网络用户、网络服务提供者未经许可，通过信息网络提供权利人享有信息网络传播权的作品、表演、录音录像制品的，认定构成侵害信息网络传播权行为。

6.2 认定构成信息网络提供行为，同时符合下列情形：

6.2.1 通过上传到网络服务器、设置共享文件或者利用文件分享软件等方式，将作品、表演、录音录像制品置于信息网络中；

6.2.2 公众能够在个人选定的时间和地点以下载、浏览或者其他方式获得。

6.3 网络服务提供者以提供网页快照、缩略图等方式实质替代其他网络服务提供者向公众提供相关作品的，认定构成提供行为。

提供行为没有影响相关作品的正常使用，且未不合理损害权利人对该作品的合法权益的，不认定构成侵害信息网络传播权。

6.4 网络用户、网络服务提供者未经许可以分工合作等方式共同提供作品、表演、录音录像制品的，认定构成共同侵权。

网络服务提供者能够证明其仅提供自动接入、自动传输、信息存储空间、搜索、链接、文件分享技术等网络服务的，不认定构成共同侵权。

6.5 网络服务提供者在提供网络服务时教唆或者帮助网络用户实施侵害信息网络传播权行为的，认定构成侵害信息网络传播权行为。

6.5.1 网络服务提供者以言语、推介技术支持、奖励积分等方式诱导、鼓励网络用户实施侵害信息网络传播权行为的，认定构成教唆侵权行为。

6.5.2 网络服务提供者明知或者应知网络用户利用网络服务侵害信息网络传播权,未采取删除、屏蔽、断开链接等必要措施,或者提供技术支持等帮助行为的,认定构成帮助侵权行为。

6.5.3 确定网络服务提供者是否构成教唆、帮助侵权,重点审查了网络服务提供者是否具有过错。

6.5.4 网络服务提供者的过错包括对网络用户侵害信息网络传播权行为的明知或者应知。

6.5.5 认定网络服务提供者构成明知的,符合下列情形之一:

6.5.5.1 网络服务提供者接到权利人以书信、传真、电子邮件等方式提交的有效通知,未及时采取删除、屏蔽、断开链接等必要措施的;

6.5.5.2 权利人有其他证据证明网络服务提供者原本知晓侵权事实存在的。

6.5.6 认定网络服务提供者构成应知的,重点审查网络用户侵害信息网络传播权的具体事实是否明显,并综合考虑了以下因素:

6.5.6.1 网络服务提供者提供服务的性质、方式及其引发侵权的可能性大小,具备的管理信息的能力;

6.5.6.2 传播的作品、表演、录音录像制品的类型、知名度及侵权信息的明显程度;

6.5.6.3 网络服务提供者是否主动对作品、表演、录音录像制品进行选择、编辑、修改、推荐等;

6.5.6.4 网络服务提供者是否积极采取了预防侵权的合理措施;

6.5.6.5 网络服务提供者是否设置便捷程序接收侵权通知并及时对侵权通知作出合理的反应;

6.5.6.6 网络服务提供者是否针对同一网络用户的重复侵权行为采取了相应的合理措施;

6.5.6.7 其他相关因素。

6.5.7 网络服务提供者未对网络用户侵害信息网络传播权行为主动进行审查的,不据此认定具有过错。

6.5.8 网络服务提供者能够证明已采取合理、有效的技术措施,仍难以发现网络用户侵害信息网络传播权行为的,不认定具有过错。

7. 举证责任的分配

7.1　原告主张被告单独或者与他人以分工合作方式共同实施了提供作品、表演、录音录像制品行为的，负有提交初步证据的义务。

7.2　被告主张其仅提供自动接入、自动传输、信息存储空间、搜索、链接、文件分享技术等网络服务的，对此承担举证证明责任。

8. 责任承担

8.1　确定侵权人承担的民事责任方式合法、适当。

8.2　判令侵权人承担删除侵权内容、断开链接等停止侵权责任的方式合法、适当。

8.3　结合权利人的诉讼请求，判令侵权人在网站上赔礼道歉、消除影响的，在判决主文中明确刊登声明的相关网站主页、主要内容、声明持续的时间及不执行的相关后果。

8.4　损害赔偿额的确定符合法律规定。

8.5　合理费用的确定综合考虑案件具体情况及行业标准。

8.6　认定网络服务提供者构成侵权但不承担赔偿责任的，符合法律、行政法规、司法解释的规定。

9. 规范性文件引用

9.1　《中华人民共和国著作权法实施条例》(国务院令第633号)

9.2　《信息网络传播权保护条例》(国务院令第634号)

9.3　《最高人民法院关于审理著作权民事纠纷案件适用法律若干问题的解释》(法释〔2002〕31号)

9.4　《最高人民法院关于审理侵害信息网络传播权民事纠纷案件适用法律若干问题的规定》(法释〔2012〕20号)

第四节 《天津法院侵害信息网络传播权纠纷案件审理标准(试行)》释义

1. 总则

【条文】

1.1 为规范侵害信息网络传播权纠纷案件审理工作,统一裁判尺度,确保审判质量,结合审判工作实际,制定本标准。

1.2 本标准用于指导、规范和评价侵害信息网络传播权纠纷案件的审理工作。

1.3 本标准未规定的内容,适用其他相关标准化文件。

2. 适用范围

【条文】

2.1 本标准所称信息网络,包括以计算机、电视机、固定电话机、移动电话机等电子设备为终端的计算机互联网、广播电视网、固定通信网、移动通信网等信息网络,以及向公众开放的局域网络。

【条文主旨】

该条对信息网络进行定义。

【条文理解】

明确信息网络的含义是确定信息网络传播权纠纷案件的前提,司法实践中涉及互联网的纠纷数量众多,但这些案件并不全是侵犯信息网络传播权纠纷的案件,对信息网络进行定义可以将不属于信息网络传播权的案件排除在外。本条的依据是《最高人民法院关于审理侵害信息网络传播权民事纠纷案件适用法律若干问题的规定》(以下简称《侵害信息网络传播权司法解释》)第 2 条规定:“本规定所称信息网络,包括以计算机、电视机、固定电话机、移动电话机等电子设备为终端的计算机互联网、广播电视网、固定通信网、移动通信网等信息网络,以及向公众开放的局域网络。”随着三网融合的技术发展,信息的网络传播突破了传统的计算机互联网,广播电视网、通信网也可以进行信息传播。局域网特点是人们只能在该局域网内获取作品,超出局域网范围之外无法获得作品,因此其限定了人们对地点的选择。对于局域网是否属于信息网络范畴的问题,曾经有侵犯的是复制权、放映权还是信息网络传播权的不同观点。随着大容量数据服务器的应用,使得盗版内容在局域网内的传播范围、影响力不断增大,在局域网内传播作品也会使作者失去对作品的控制,因此最高法院对"个人选定的地点"做宽泛的解释,将局域网也纳入信息网络。

【相关案例】武汉市中级人民法院(2010)武知初字第159号民事判决。

【条文】

2.2　本标准所称信息网络传播权,是指以有线或者无线方式向公众提供作品、表演、录音录像制品,使公众可以在其个人选定的时间和地点获得作品、表演或者录音录像制品的权利。

【条文主旨】

该条规定了信息网络传播权的概念。

【条文理解】

信息网络传播权的概念是本审理指南的核心,其中有两处比较关键:一处是"向公众提供",另一处是"个人选定的时间和地点",这两处用语形成了对信息网络传播权的界定。其中提供行为的界定在本标准后半部分有详细的规定,此处对"个人选定的时间和地点"进行详细的解释。《著作权法》第10条第1款第12项规定了信息网络传播权的定义:"信息网络传播权,即以有线或者无线方式向公众提供作品,使公众可以在其个人选定的时间和地点获得作品的权利。"同时《著作权法》第38条第1款第6项、第42条规定表演者、录音录像制作者也享有信息网络传播权。

信息网络传播行为的核心特征就是交互性——提供者和接收者对信息的传播均具有主动性。非交互性是指提供者占据主导地位,接收者只能在规定的时间和地点接收信息。对个人选定的地点可以进行宽泛理解,但对个人选定的时间仍应该严格认定。通过网络进行实时传播或定时播放则不属于信息网络传播行为。理论界和实务界曾经对定时播放的性质进行过讨论:一种观点认为,若初始传播是无线转播,则属于广播权;若初始传播是有线传播,则属于其他著作权控制的范围。另一种观点认为,网络实时转播属于其他著作权控制的范围。现在多数意见认为网络定时播放、网络直播不符合交互性,不属于提供行为,属于其他著作权控制的范围。

通过网络服务器直接将作品传送至非不特定公众的其他用户的行为,不是信息网络传播行为。将作品通过网络传送至特定用户的行为导致的后果是作品复制件数量的绝对增加,不符合信息网络传播行为“向公众传播”的特征,故不宜认定是信息网络传播行为。这种行为与以出售或者赠与的方式向公众提供作品的原件或复制件的发行行为存在很大差别,也不宜认定是发行行为,从传播效果看,这种行为可被认定为复制行为。

【相关案例】福建省福州市中级人民法院(2010)榕民初字第299号民事判决(载《人民法院案例选》)。

3. 管辖

【条文】

3.1　确定案件管辖符合法律、司法解释及最高人民法院相关批复的规定。

【条文主旨】

该条规定了确定信息网络传播权案件的管辖的一般规则。

【条文理解】

信息网络传播权案件的管辖具有一定的特殊性,除级别管辖外,还有专属管辖。此处并未列明具体的相关规定,目的是将本标准作为检验法院确定管辖是否得当的标准。

根据《最高人民法院关于调整地方各级人民法院管辖第一审知识产权民事案件标准的通知》、《最高人民法院关于印发〈基层人民法院管辖第一审知识产权民事案件标准〉的通知》、《最高人民法院关于同意指定天津市和平区人民法院审理部分知识产权纠纷案件的批复》和《最高人民法院关于同意指定天津市滨海新区人民法院管辖部分知识产权民事纠纷案件的批复》。

天津高院管辖诉讼标的额在2亿元以上的第一审著作权民事纠纷案件,以及诉讼标的额在1亿元以上且当事人一方住所地不在辖区或者涉外、涉港澳台地区的第一审著作权民事纠纷案件。

天津市第一、第二中级人民法院管辖滨海新区行政区域内、诉讼标的额高于300万元,以及在和平区、南开区、河北区、红桥区行政区域内、诉讼标的额在高于100万元,但均未达到高院管辖标准的第一审著作权民事纠纷案件,以及其他行政区域内标的额未达到高院管辖标准的第一审著作权民事案件。

滨海新区法院管辖发生在滨海新区行政区域内、诉讼标的额在300万元以下的第一审著作权民事纠纷案件;和平区法院管辖发生在和平区、南开区、河北区、红桥区行政区域内、诉讼标的额在100万元以下的第一审著作权民事纠纷案件。

【条文】

3.2　侵害信息网络传播权纠纷案件由侵权行为地或者被告住所地人民法院管辖。

3.2.1　侵害信息网络传播权纠纷案件中的侵权行为地，包括侵权行为实施地、侵权结果发生地。

【条文主旨】

本条规定侵权行为地包括侵权行为实施地和侵权结果发生地。

【条文理解】

依据是《最高人民法院关于适用〈中华人民共和国民事诉讼法〉的解释》（以下简称《民诉法司法解释》）第24条规定："民事诉讼法第二十八条规定的侵权行为地，包括侵权行为实施地、侵权结果发生地。"

【条文】

3.2.2　侵害信息网络传播权纠纷案件中的侵权行为实施地包括实施被诉侵权行为的计算机等信息设备所在地，侵权结果发生地包括被侵权人住所地。

【条文主旨】

本条重点明确了侵权结果发生地包括被侵权人住所地。

【条文理解】

《民诉法司法解释》第25条规定："信息网络侵权行为实施地包括实施被诉侵权行为的计算机等信息设备所在地，侵权结果发生地包括被侵权人住所地。"该司法解释改变了原告就被告的一般思路，主要考虑了利用网络侵权案件被告比较隐蔽或者难以发现等特点。在这些情况中，按照原告就被告很难找到被告，导致无法确定管辖地。另外，这也是打击跨境侵权行为的需要，网络侵权突破了地域性，可以超越国界进行侵权，如果侵权人在国外，仍适用原告就被告的管辖原则，无法为原告提供充分的保护，所以明确了被侵权人住所地具有管辖权。

4. 主体资格审查

【条文】

4.1　诉讼主体资格认定准确。

【条文主旨】

本条对主体问题提出一般性要求。

【条文理解】

信息网络传播权纠纷案件因为涉及分工合作提供作品侵权和间接侵权,因此案件中涉及的当事人数量众多,因此法院应当对诉讼主体资格进行严格审查、准确认定,本条对该问题提出一般性要求。

首先需要明确原告,可以提起侵害信息网络传播权民事诉讼的原告包括:权利人、利害关系人、著作权转让合同的受让人、被授权的著作权集体管理组织。利害关系人,是指著作权许可合同的被许可人、著作权的合法继受人。其次要准确认定侵权人,侵害信息网络传播权纠纷案件的被告包括网络用户、网络服务提供者。但司法实践中普遍存在侵害信息网络传播权案件中是否要追加被告和第三人的问题。如果原告仅起诉网络用户,网络用户请求追加涉嫌侵权的网络服务提供者为共同被告或者第三人的,人民法院应予准许。如果原告主张被诉侵权行为人构成教唆帮助侵权的,可以不起诉网络用户,直接起诉网络服务提供者。网络服务提供者要求追究网络用户为第三人参加诉讼的,是否准许,由人民法院予以确定。

【条文】

4.2　对享有信息网络传播权的权利人认定准确。

【条文主旨】

本条对权利人的认定提出一般性要求。

【条文理解】

首先,审理过程中应该准确适用《著作权法》上的作者推定制度,依据《著作权法》第 11 条第 4 款以及《最高人民法院关于审理著作权民事纠纷案件适用法律若干问题的解释》(以下简称《著作权司法解释》)第 7 条第 2 款可以确定如下规则:如无相反证据,在作品、表演或者制品上署名的自然人、法人和非法人组织视为著作权人、表演者、录音录像制作者。

其次,对于传统的线下作品,依据《著作权司法解释》第 7 条第 1 款,强调线下完成的作品无论是否发表,完成作品的底稿、原件、合法出版物、著作权登记证书、认证机构出具的证明以及取得权利的合同等证据均可以作为证明权利人身份的证据。

最后,对于数字化作品,比如匿名、署笔名或化名的数字化作品,可以通过查看上传作品的时间、IP 地址或者域名、核对用户账户、要求原告现场演示修改编辑内容等方式确认权利人身份。对于不能依据署名确定权利人身份的数码图片,可根据图片本身反映出来的拍摄时间、摄影设备制造商名称、摄影设备型号、序列号、图片类型、图像分辨率等技术参数予以确定。如无相反证据，原告提供的摄影设备、拍摄地点、角度、距离、光线明暗、取景构思、创作意图等证据能够体现出拍摄者富有个性化选择的拍摄因素与技术参数相一致的，可以认定拍摄者为权利人。

【条文】

4.3　有权向人民法院提起诉讼的主体符合以下情形：

4.3.1　著作权独占许可使用合同的被许可人；

4.3.2　和著作权人共同起诉的排他许可使用合同的被许可人；

4.3.3　著作权人不起诉时自行起诉的排他许可使用合同的被许可人；

4.3.4　有著作权人明确授权的著作权普通许可使用合同的被许可人；

4.3.5　有著作权人明确授权的著作权集体管理组织。

【条文主旨】

本条主要明确不同种类的许可人在诉讼中享有不同的权利和地位，同时也明确了著作权集体管理组织的诉讼地位。

【条文理解】

《著作权法》以及司法解释并没有对独占许可人、排他许可人、普通许可人的诉讼权利和地位进行规定，但是《专利法》和《商标法》的相关司法解释对此问题进行了规定。三部法律在该问题上，具有一致性，《专利法》《商标法》对该问题的规定也能适用于《著作权法》。本条主要参照了《最高人民法院关于对诉前停止侵犯专利权行为适用法律问题的若干规定》第1条的规定，专利实施许可合同被许可人中，独占实施许可合同的被许可人可以单独向人民法院提出申请；排他实施许可合同的被许可人在专利权人不申请的情况下，可以提出申请。

关于著作权集体管理组织的诉讼地位，在法律依据上并无障碍，在司法实践中也较为成熟，第4.3.5条主要依据《著作权法》第8条第1款规定："著作权人和与著作权有关的权利人可以授权著作权集体管理组织行使著作权或者与著作权有关的权利"，以及《著作权司法解释》第6条规定："依法成立的著作权集体管理组织，根据著作权人的书面授权，以自己的名义提起诉讼，人民法院应当受理。"应当注意的是，权利人提起的侵犯信息网络传播权诉讼中，被告提供证据证明权利人已明确授权著作权集体管理组织行使权利的，人民法院应当审查授权合同中是否对诉权的行使作出明确的约定。授权合同中未对诉权作出明确约定的，权利人可以行使诉权。

【条文】

4.4 侵害信息网络传播权的被告包括网络用户、网络服务提供者。

5. 受保护客体的审查

【条文】

5.1 信息网络传播权保护的作品,属于文学、艺术和科学领域内,具有独创性,并能够以某种有形形式复制的智力成果。

【条文主旨】

本条规定了作品的三个构成要件。

【条文理解】

可以请求进行信息网络传播权保护的客体有三种,其中最主要的就是作品,作品的认定是保护信息网络传播权的前提,本条就是为作品与非作品画线,并指出构成作品的要件有三个。

依据《著作权法实施条例》第2条规定:"著作权法所称的作品,是指文学、艺术和科学领域内具有独创性并能以某种有形形式复制的智力成果。"第一,属于文学、艺术和科学领域内,应当重点与商业领域以及其他具体应用领域相区别。第二,需要满足独创性的"独"和"创",独创性是判断是否构成作品的灵魂,本标准在第5.2条对其进行更加详细的规定。第三,能够被固定在物质载体上,并能被客观感知的,属于能够以某种有形形式复制。

【条文】

5.2 信息网络传播权保护的表演,是指表演者对文学、艺术作品的再现。

【条文主旨】

本条主要对表演进行了规定。

【条文理解】

表演的构成要件有三:一必须是表演者,即人的表演;二表演的客体必须属于文学、艺术领域内;三必须是对作品的表演。

本条依据《著作权法实施条例》第5条第6项的规定,著作权法所称的"表演者,是指演员、演出单位或者其他表演文学、艺术作品的人"。依据该规定,受著作权法保护的表演必须是通过演奏音乐、舞蹈等公开再现文学、艺术作品的行为,即表演必须是对作品的再现行为,而被表演的作品是否进入公有领域并不影响表演者应当享有的权利。目前的真人秀综艺节目以及模特走台步都不属于对作品的表演。

【条文】

5.3　信息网络传播权保护的录音制品，是指首次对表演的声音和其他声音的录制品。

5.4　信息网络传播权保护的录像制品，是指除电影作品和以类似摄制电影的方法创作的作品以外的，首次有伴音或者无伴音的连续相关形象、图像的录制品。

【条文主旨】

本条重点规定了录像制品的含义。

【条文理解】

该条的重点是想通过录像制品的定影，区分录像制品与类电影作品，这两者前者属于制品，后者属于作品。依据《著作权法实施条例》第5条第3项规定，受《著作权法》保护的“录像制品，是指电影作品和以类似摄制电影的方法创作的作品以外的任何有伴音或者无伴音的连续相关形象、图像的录制品”；以及第5项规定，受《著作权法》保护的“录像制作者，是指录像制品的首次制作人”。

区分录像制品与类电影作品是由于作为著作权保护客体的电影作品及类似摄制电影的方法创作的作品的保护范围，与作为邻接权保护客体的录音录像制品的保护范围完全不同，如电影作品权利人可以享有《著作权法》第9条规定的17项权利，而录音录像制作者只享有《著作权法》第42条规定的复制、发行、出租、通过信息网络向公众传播的权利，因此，区分受保护的客体的法律性质非常重要，也是司法实践中经常遇到的难题。

判断受保护的客体是录音录像制品还是电影作品及类似摄制电影的方法创作的作品，要严格审查作品的构成要件，主要考虑如下因素：第一，电影作品及类似摄制电影的方法创作的作品，一般能够表达制片者、导演的个性化创作特征；录音录像制品不能表达制作者的个性化特征。第二，电影作品及类似摄制电影的方法创作的作品，由演员、剧本、摄影、剪辑、服装设计、配乐、插曲、灯光、化妆、美工等多部门合作，在摄制技术上一般以分镜头剧本为蓝本，采用画面剪辑合成手法；录音录像制品没有或仅有简单的故事情节，制作组成人员一般仅包括摄影、剪辑等，主要是对已有声音和场景的录制再现。

【相关案例】北京知识产权法院（2015）京知民终字第1818号民事判决。

6. 侵权认定

【条文】

6.1 除法律、行政法规另有规定外,网络用户、网络服务提供者未经许可,通过信息网络提供权利人享有信息网络传播权的作品、表演、录音录像制品的,认定构成侵害信息网络传播权行为。

6.2 认定构成信息网络提供行为,同时符合下列情形:

6.2.1 通过上传到网络服务器、设置共享文件或者利用文件分享软件等方式,将作品、表演、录音录像制品置于信息网络中;

6.2.2 公众能够在个人选定的时间和地点以下载、浏览或者其他方式获得。

【条文主旨】

本条重点是对提供行为进行认定。

【条文理解】

提供行为是认定构成侵害信息网络传播权的关键,无论直接侵权还是间接侵权都需要以提供行为为前提。提供行为的认定应该严格,一是没有将"上传至服务器"作为唯一标准,而是将其与设置共享文件、利用分享软件并列,并采用了"等方式"的开放性表述,本标准并没有采用刻板的服务器标准。二是"置于信息网络中"的表述并不是置于服务器中的,此处的信息网络也不能视为对服务器概念的扩大理解。三是需要在个人选定的时间和地点获得。

依据著作权法定义的"信息网络传播权",是指权利人有权决定作品、表演、录音录像制品是否通过信息网络进行传播的权利,即任何人未经著作权人、表演者和录音录像制品制作人的同意,在网络上传播受保护的作品、表演、录音录像,除非法律有其他规定,均直接构成对信息网络传播权的侵害。因此,被控侵权人是否实施了"提供行为",是认定被控侵权人是否构成直接侵权行为的基础事实。关于"提供行为"的认定标准,理论和司法实践中主要存在多种观点。较为代表性的是三种:第一种为"服务器标准",即以传播的作品、表演、录音录像制品是由被控侵权人上传或者以其他方式置于向公众开放的网络服务器中为判断标准,这种判断标准具有较强的客观性,上传于服务器中,必然构成提供行为,但该标准过于技术化,现实生活中还有很多行为没有上传于服务器中,如利用文件分享软件等,因此该标准会遗漏一步提供行为,而且不能适应技术的发展;第二种为"用户感知标准",即以用户感觉到是否由网络服务提供者提供作品作为判断构成信息网络传播行为的标准,即便并未储存在网络服务提供者的服务器上,只要用户感觉到该作品系由网络服务提供者提供,即可认定构成提供行为,该标准虽然以用户为判断的核心,而不是技术标准为核心,但该标准过于主观,会不适当地扩大提供行为的范围,容易将一些服务行为也认定为提供行为;第三种是"实质替代标准",该服务使得作品的传播对著作权人所造成的损害及为行为人所带来的利益,与直接向用户提供作品的行为并无实质差别,导致著作权人失去对作品的控制,则可以认定为提供行为。

经过司法实践的探索,由于网络传播行为与传播技术手段的发展密切相关,坚持"服务器标准",会使权利人对一些特殊形式的未经许可的传播行为失去控制,因此《侵害信息网络传播权司法解释》第3条第2款对服务器标准的绝对地位进行了修正,即在坚持服务器标准的基础上对该标准进行了发展,认定是否实施了信息网络传播行为应当根据案件具体情况综合判断被控侵权人的行为是否实现了受保护的作品、表演、录音录像制品在网络上的传播,且使公众能够在个人选定的时间和地点以下载、浏览或者其他方式获得,如随着技术的发展,不通过上传至服务器,而通过文件分享技术、P2P、云端储存技术、碎片技术也能实现传播作品的实际效果。

【条文】

6.3 网络服务提供者以提供网页快照、缩略图等方式实质替代其他网络服务提供者向公众提供相关作品的,认定构成提供行为。

提供行为没有影响相关作品的正常使用,且未不合理损害权利人对该作品的合法权益的,不认定构成侵害信息网络传播权。

【条文主旨】

本条明确了提供行为还包括了网页快照、缩略图等行为。

【条文理解】

判断网页快照、缩略图等方式是否构成提供行为,关键是看其是否起到了实质替代的作用。

本条依据《侵害信息网络传播权司法解释》第5条规定:"网络服务提供者以提供网页快照、缩略图等方式实质替代其他网络服务提供者向公众提供相关作品的,人民法院应当认定其构成提供行为。前款规定的提供行为不影响相关作品的正常使用,且未不合理损害权利人对该作品的合法权益,网络服务提供者主张其未侵害信息网络传播权的,人民法院应予支持。"

本条标准对快照进行了定性,大部分的快照是一种提供行为。但快照和缓存是有区别的,缓存是临时性复制,属于即时形成的,用户在浏览的仍是目标网站的内容;快照是稳定、长期的复制,先将抓取的内容存在自己的服务器中,在用户搜索时将自己服务器中的内容调出提供给用户。因此缓存一般不构成提供行为,而快照一般会构成提供行为。

但并不是所有的快照都构成提供行为,第二款规定的是快照构成合理使用的三步检验法,按照技术中立的原则,快照技术方便大众和信息的传播,因此应当给快照一定的发展空间,符合三步检验法的快照不侵权。一般而言,网页快照、图片快照不构成侵权,歌词快照构成侵权。

第二款中的"实质替代",是指在来源网站和网页快照均可正常访问的情况下,网页快照可以实现网络用户无须进入来源网页即可获得相关网页内容,或者在来源网站已经不可访问时,网络用户仍能通过网页快照获得相关网页内容。一般而言,网页快照、图片快照符合合理使用,歌词快照不符合合理使用。

判断是否构成前款规定的未影响相关作品的正常使用、亦未不合理地损害权利人对该作品的合法权益,可以综合考虑提供网页快照、缩略图的主要用途;原告是否已明确通知被告删除网页快照、缩略图;被告是否具有过错;被告是否从网页快照、缩略图的提供行为中直接获取利益等因素进行判断。

【相关案例】北京市高级人民法院(2007)高民终字第1729号民事判决;北京市第二中级人民法院(2009)二中民终字第00010号民事判决。

【条文】

6.4 网络用户、网络服务提供者未经许可以分工合作等方式共同提供作品、表演、录音录像制品的,认定构成共同侵权。

网络服务提供者能够证明其仅提供自动接入、自动传输、信息存储空间、搜索、链接、文件分享技术等网络服务的,不认定构成共同侵权。

【条文主旨】

本条主要规定了分工合作提供行为。

【条文理解】

本条将一方提供作品,另一方提供平台的分工合作行为也认定为提供行为,避免了网络服务提供者以自己仅提供服务为由逃避责任。

将这种行为认定为共同提供行为是为了加重网络服务提供者的责任,提供行为承担的是严格责任。在实践中,提供技术、设施服务的网络服务提供者会利用与提供作品、表演、录音录像制品的网络服务提供者,在共建频道、栏目或在平台合作、开发应用软件接口、联合域名、软硬件等方面存在合作关系进行谋利,严重损害了著作权人的利益,因此这种行为应当被制止。

首先,要正确理解主观意思联络。“分工合作共同提供作品”的认定已经成为司法实践中的难点问题,是否构成分工合作较难把握。著作权法上的共同侵权,在主观上要求为“共同故意”还是“共同过错”,有两种观点,一种观点认为应当为“共同故意”,另一种观点为“共同过错”。如果采用“共同过错”,则共同侵权对主观过错的要求就大大降低,间接侵权往往表现为网络用户为故意但网络服务提供商为过失,如果采用“共同过错”大量间接侵权都会被认定为共同侵权,这会导致直接侵权和间接侵权之间划分标准上的混乱,且因共同侵权承担的责任较重,对主观过错的要求也相应较高,因此本标准采“共同故意”。一般而言,存在体现合作意愿的协议等证据,或者基于在案证据能够证明各方在内容合作、利益分享等方面紧密相连的,可以认定各方具有共同提供涉案作品、表演、录音录像制品的主观意思联络,但一方行为属于技术或者商业模式的客观需求并仅提供技术服务的除外。

其次,在客观上有内容合作行为,如共建频道、栏目,并从中收取利益的,认定为分工合作的提供行为。提供技术、设施服务的网络服务提供者利用侵权行为进行营利或以侵权行为为基础建立了相应的营利模式,可以认定构成共同提供行为。但仅仅技术上的合作并没有达到共同提供的程度,则不能对网络服务提供者苛以过重的责任,因此该条标准规定了但书。

最后,要将其与教唆、帮助侵权责任进行区分。共同提供行为属于共同侵权,需承担连带责任,教唆、帮助侵权也要承担连带责任,但是两者在侵权法中对应的基础不同,前者要求共同过意或共同过失,后者不要求。著作权法上的共同侵权不同于侵权法上的共同侵权,对共同意思联络要求较低,如果要求过高则提供行为也要求过错,这样背离了提供行为构成要件的本意。

【相关案例】江西省高级人民法院(2009)赣民三终字第38号民事判决;北京二中院(2002)二中民初字第03119号民事判决(载《最高人民法院公报》)。

【条文】

6.5 网络服务提供者在提供网络服务时教唆或者帮助网络用户实施侵害信息网络传播权行为的,认定构成侵害信息网络传播权行为。

【条文主旨】

该条意在明确间接侵权包括两种:一种为教唆侵权;另一种为帮助侵权。

【条文理解】

网络服务提供者构成教唆侵权或者帮助侵权应当以他人实施了提供行为为

前提条件。

【条文】

6.5.1 网络服务提供者以言语、推介技术支持、奖励积分等方式诱导、鼓励网络用户实施侵害信息网络传播权行为的，认定构成教唆侵权行为。

【条文主旨】

该条以列举的方式对教唆侵权定义。

【条文理解】

曾经有观点认为，诱导、鼓励网络用户上传侵权作品属于提供行为，随着实践的发展，现在普遍认为这种行为是典型的间接侵权行为。

【相关案例】上海市第一中级人民法院(2006)沪一中民五(知)初字第384号民事判决。

【条文】

6.5.2 网络服务提供者明知或者应知网络用户利用网络服务侵害信息网络传播权，未采取删除、屏蔽、断开链接等必要措施，或者提供技术支持等帮助行为的，认定构成帮助侵权行为。

【条文主旨】

该条实质上规定了间接侵权中的避风港规则。

【条文理解】

第一，提供行为不适用有关网络服务提供者的避风港免责条款。提供行为应当承担严格责任，这也是提供行为与帮助教唆行为之间的区别。第二，避风港免责条款仅免除了网络服务提供者的赔偿责任，要根据案情决定其是否还要承担其他责任。第三，原告不经通知直接起诉网络服务提供者的，网络服务提供者明知或应知网络用户提供的作品属于侵权，应当认定网络服务提供者承担侵权责任。因为通知不是必要的前置程序，被告不能以原告未经通知直接起诉进行抗辩。第四，有证据证明网络服务提供者明知或应知网络用户提供的作品属于侵权，网络服务提供者接到通知后及时采取删除、屏蔽、断开链接等必要措施，应当认定网络服务提供者承担侵权责任。接到通知后采取断开等措施，并不意味着其行为必然构成不侵权。第五，权利人发出的通知中，虽未指明相关侵权内容的网络地址，但根据通知提供的信息，网络服务提供者足以有效确定侵权行为地址、侵权作品所在网页、侵权作品所属栏目、侵权作品名称、上传者名称及其他识别特征等信息的，网络服务提供者以通知不符合相关要求为由抗辩的，其理由不能成立。通知不一定必须符合《信息网络传播权保护条例》规定的全部事项，只要达到能是网络服务提供者准确定位侵权作品即可。第六，网络服务提供者是否在合理期限内及时采取删除、屏蔽、断开链接等必要措施，应根据权利人提交的通知的形式、通知的准确性、通知中涉及的文件数量、删除或者断开链接的难易程度、网络服务的性质等因素综合认定。

【条文】

6.5.3　确定网络服务提供者是否构成教唆、帮助侵权，重点审查了网络服务提供者是否具有过错。

6.5.4　网络服务提供者的过错包括对网络用户侵害信息网络传播权行为的明知或者应知。

【条文主旨】

该条实质上规定了信息网络传播权中的"红旗规则"。

【条文理解】

在民法上，注意义务从高到低分为概括过错、一般过错、重大过失三种，前者是民法上的一般注意义务，后者是较低的注意义务。信息网络传播权中的注意义务采用的就是较低的注意义务即"红旗标准"，只有在侵权行为明显的情况下才能认定未尽到注意义务而构成侵权，其在程度上相当于重大过失。

【条文】

6.5.5　认定网络服务提供者构成明知的，符合下列情形之一：

6.5.5.1　网络服务提供者接到权利人以书信、传真、电子邮件等方式提交的有效通知，未及时采取删除、屏蔽、断开链接等必要措施的；

6.5.5.2　权利人有其他证据证明网络服务提供者原本知晓侵权事实存在的。

【条文主旨】

本条规定了构成明知的两种情形。

【条文理解】

网络服务提供者原本知晓侵权事实存在，是指该服务者曾经明确向他人表示知晓网站中存有他人上传的侵权内容，但为了提高网站的点击率而故意予以保留等属于第6.5.5.2条中规定的"其他证据"。

【相关案例】北京市朝阳区人民法院(2009)朝民初字第24032号民事判决。

【条文】

6.5.6 认定网络服务提供者构成应知的,重点审查网络用户侵害信息网络传播权的具体事实是否明显,并综合考虑了以下因素:

6.5.6.1 网络服务提供者提供服务的性质、方式及其引发侵权的可能性大小,具备的管理信息的能力;

6.5.6.2 传播的作品、表演、录音录像制品的类型、知名度及侵权信息的明显程度;

6.5.6.3 网络服务提供者是否主动对作品、表演、录音录像制品进行选择、编辑、修改、推荐等;

6.5.6.4 网络服务提供者是否积极采取了预防侵权的合理措施;

6.5.6.5 网络服务提供者是否设置便捷程序接收侵权通知并及时对侵权通知作出合理的反应;

6.5.6.6 网络服务提供者是否针对同一网络用户的重复侵权行为采取了相应的合理措施;

6.5.6.7 其他相关因素。

【条文主旨】

本条主要规定了判断应知时的考量因素。

【条文理解】

该条主要规定两方面的内容:一方面是"具体事实""明显"进一步明确了"红旗标准";另一方面,在信息网络传播领域,被诉侵权人尤其是平台商的是否属于"应知"的判断十分困难,本条规定了判断应知时的考量因素。

本条采用的是"明显事实"和"具体知情"的标准,这是对"红旗标准"的强调。对于信息网络传播权领域的注意义务,曾经有过争论,一种观点认为,只要有"概括知情"即可,只要通常情况下网络服务提供者所服务的作品整体或商业模式具有普遍侵权现象,就可以认定平台商属于应知。另一种观点认为,应该采用"具体主观",只有当侵权作品像红旗一样明显,才能认定平台商构成应知。最高人民法院在司法解释中采用第二种观点,再一次强调了"红旗标准",若采概括知情则会导致被侵权作品知名度越来越低,原告举证越来越简单的情况。比如,视频分享网站中的一般模式是设置频道或搜索功能,是为帮助用户查找到目标视频,不能以此认定其构成帮助侵权。不能以概括知情替代具体知情应以其是否明知或应知他人侵权的具体事实为标准。

平台商事实上管理信息的能力越强,就容易发现侵权作品和内容,因此对侵权行为的注意义务就越高；著作权没有登记程序，因此需要根据侵权信息的显著性程度判断其注意义务，侵权作品和信息的知名度越高，越容易引起平台商的注意；设置人气最高、用户推荐等栏目或在具有添加网站标识的行为一般构成编辑、整理和推介，平台商在编辑、整理和推介的过程中必然对网上的内容有所了解；积极主动采取预防措施应当鼓励，因此采取预防措施后，其注意义务应当降低；对重复侵权等进行甄别，说明其尽到了注意义务。

【相关案例】北京市海淀区人民法院(2012)海民初字第5555号民事判决。

【条文】

6.5.7　网络服务提供者未对网络用户侵害信息网络传播权行为主动进行审查的，不据此认定具有过错。

【条文主旨】

本条规定了网络服务提供者没有事先主动审查、监控的义务。

【条文理解】

著作权是私权，一方面网络服务提供者没有协助权利人保护私权的义务，另一方面网络服务提供者也没有对海量信息进行审查的客观能力，这样有助于网络技术的发展和网络用户的信息自由。

【条文】

6.5.8　网络服务提供者能够证明已采取合理、有效的技术措施，仍难以发现网络用户侵害信息网络传播权行为的，不认定具有过错。

【条文主旨】

一方面，通过对网络服务提供者注意义务的降低鼓励其采取合理、有效的技术措施去发现侵权；另一方面，采取了技术措施仍难以发现，说明该侵权信息不符合“明显”的标准。

【条文理解】

合理、有效的技术措施主要有进行权属证明的形式审查或者限制上传视频的文件大小或时长等。

7. 举证责任的分配

【条文】

7.1　原告主张被告单独或者与他人以分工合作方式共同实施了提供作品、表演、录音录像制品行为的，负有提交初步证据的义务。

【条文主旨】

本条主要规定了原告的举证责任。

【条文理解】

对原告不宜采取过高的举证责任,只要达到高度盖然性的表面证据即可。初步证据包括原告举证证明通过被告网站能够播放、下载或者以其他方式获得涉案作品、表演、录音录像制品。

【条文】

7.2　被告主张其仅提供自动接入、自动传输、信息存储空间、搜索、链接、文件分享技术等网络服务的,对此承担举证证明责任。

【条文主旨】

本条规定了被告的举证责任以及信息网络传播权的"推定侵权"制度。

【条文理解】

本条采用了举证责任倒置的方式,如果原告证明被告具有提供行为的外观,被告则需要通过举证责任倒置的方式进行证明其仅仅提供了网络服务行为,如果举证不能则推定其构成提供行为。

【相关案例】最高人民法院(2009)民提字第17号(载《最高人民法院公报》)。

8. 责任承担

【条文】

8.1　确定侵权人承担的民事责任方式合法、适当。

8.2　判令侵权人承担删除侵权内容、断开链接等停止侵权责任的方式合法、适当。

8.3　结合权利人的诉讼请求,判令侵权人在网站上赔礼道歉、消除影响的,在判决主文中明确刊登声明的相关网站主页、主要内容、声明持续的时间及不执行的相关后果。

8.4　损害赔偿额的确定符合法律规定。

【条文主旨】

损害赔偿额的计算方法具有适用顺序,确定计算方法时应当符合法律规定。

【条文理解】

适用法定赔偿方式确定赔偿数额时,可以综合考虑作品类型、作品市场价值、作品(作者)知名度、获奖情况、作品独创性程度、侵权使用方式、侵权的主观故意、侵权行为持续时间、侵权地域范围、被告的基本情况等因素。

【条文】

8.5 合理费用的确定综合考虑案件具体情况及行业标准。

【条文主旨】

本条主要规定了合理费用。

【条文理解】

合理费用一般包括调查取证费用和律师费。调查取证费包括公证费、购买侵权产品费用、当事人及其委托代理人为调查取证而产生的必要的交通住宿费等。律师费应考虑收费是否符合《律师服务收费管理办法》的规定,其次考虑律师职业所在地价格管理部门确定的行业收费标准,此外还需考虑案件的复杂程度、工作量、判赔数额等具体因素。在相关联的案件中,对于权利人为制止侵权行为而共同支付的合理费用已在其他案件中获得赔偿的,不再重复赔偿。依照法律法规的规定,权利人应当事先通知网络服务提供者的,权利人未通知网络服务提供者,直接向人民法院起诉的,调查取证费等不视为合理的支出。

【条文】

8.6 认定网络服务提供者构成侵权但不承担赔偿责任的,符合法律、行政法规、司法解释的规定。

【条文主旨】

本条主要规定了避风港规则。

【条文理解】

本条主要针对的是《信息网络传播权保护条例》第 20 ~ 23 条的规定。避风港规则只免除赔偿责任,并不免除全部责任,网络服务提供者是否应承担其他责任还需要根据案情进行具体判断。

【相关案例】北京市第三中级人民法院(2014)三中民终字第 00199 号民事判决。

9. 规范性文件引用(略)

第八章　政府信息公开案件审理标准的理解与适用

第一节　政府信息公开案件审理概述

政府信息公开，是指国家行政机关和经法律、法规授权的具有管理公共事务职能的组织，通过法定形式和程序，将其在履行国家行政管理职权过程中制作或者获取的，以一定形式记录、保存的信息予以主动公开，或者允许特定的个人或者组织通过依法申请查询、阅览、复制、下载等方式获得的行为和制度。

自1776年瑞典的《出版自由法》首先确立政府信息公开制度以来，世界各国纷纷依照本国情况制定了政府信息公开制度，我国于2008年5月1日正式实施的《政府信息公开条例》（以下简称《条例》）是第一部专门规范政府信息公开和保障公民依法获取政府信息、促进依法行政的法规，政府信息公开制度施行以来，大大拓宽了广大公民了解和参与国家行政的渠道，公民知情权得到有效落实，阳光行政得以有力推进。自此，我国的政府信息公开制度走上了制度化、法制化的道路。

信息公开案件主要涉及土地资源、城乡规划建设、民政行政登记、交通管理、经济和商务管理（企业改制）等领域，以不服不公开决定为主，部分涉及行政机关未答复。

一、政府信息公开主体

依照《条例》的有关规定，政府信息公开的主体是国家行政机关以及经法律、法规授权的具有管理公共事务职能的组织，同时，《条例》还规定了“教育、医疗卫生、计划生育、供水、供电、供气、供热、环保、公共交通等与人民群众利益密切相关的公共企事业单位在提供社会公共服务过程中制作、获取的信息的公开，参照本条例执行,具体办法由国务院有关主管部门或者机构制定”,这意味着政府信息公开的主体不再局限于行政机关,国有企事业单位也可以在信息公开案件中成为被告,如移动通信运营商、公立医院、大学等,这些企业或单位在社会活动中除具有一般民事主体外,往往还承担着一定的社会管理职责,将其纳入政府信息公开主体的范畴,更好地保障了公民的知情权。

二、政府信息公开内容

《条例》中规定的政府信息指的是行政机关等在履行职责过程中制作或者获取的,以一定形式记录、保存的信息。在实践中,绝大多数的信息公开案件正是因为当事人对于获取到的信息内容不满意才成讼。同时,相当一部分信息公开主体对于信息公开申请以不属于政府信息而拒绝公开。因此,如何确定当事人申请公开的信息属于政府信息则是本类型案件审理的关键及重点。而要确定该信息属于政府信息,首先要明确该行政机关依法履行的职责,该信息是不是在行政机关履行法定职责过程中制作或获取到的,该职责应是对外进行社会管理并产生效力及影响的行为,且并不需要行政机关予以加工、整理、搜集。

三、政府信息公开形式

《条例》规定政府信息公开分为主动公开及依申请公开,并规定了各种形式,对于依申请公开,能够当场答复的,应当当场予以答复。行政机关不能当场答复的,应当自收到申请之日起 15 个工作日内予以答复;如需延长答复期限的,应当经政府信息公开工作机构负责人同意,并告知申请人延长答复的期限最长不得超过 15 个工作日。强调要按照申请人要求的方式提供,无法按照申请人要求的形式提供的,可以通过安排申请人查阅相关资料、提供复制件或者其他适当形式提供,且行政机关依申请提供政府信息,除可以收取检索、复制、邮寄等成本费用外,不得收取其他费用。行政机关不得通过其他组织、个人以有偿服务方式提供政府信息。在实践中,有部分当事人认为,行政机关未按照申请人要求的形式提供信息,是故意为难申请人的情形。

四、实践中存在的问题

涉政府信息公开诉讼属新类型案件,也是近年来行政诉讼案件一个新的重要增长点。从审结的政府信息公开案件中,可以看出《条例》对政府信息公开工作提出了很高的要求和标准,但由于制度配套不到位和认识不充分,实施中还存在诸多不规范甚至不合法之处,主要有:一是“政府信息”界定过于狭窄。有的行政机关将政府信息界定为行政机关履行法定职责过程中制作或获取的信息,而将行政机关履行信访、承诺等职责过程中的政府信息认定为非政府信息;有的行政机关将政府信息界定为实际存在的信息,对本应答复政府信息不存在的政府信息公开申请,错误作出非政府信息答复。二是信息公开义务主体把握不准。有的行政机关对法律法规规定其为某项政府信息法定公开主体的认识不够到位,习惯于将其按照通常制作或获取信息履行公开义务;有的区县政府对其履行职责过程中制作的政府信息,告知由其职能部门或者下属单位履行公开义务;还有的行政机关限缩公开主体范围,对行政机关在履行职责中从行政相对人处获取并作为履行职责依据的政府信息,一律认定由制作机关公开。三是信息公开范围上标准混乱。有的行政机关以国家秘密作出不予公开,而又没有任何证据证明或标识该信息涉国家秘密;有的行政机关以没有法律法规或规章强制要求其公开为由不予公开,歪曲了信息公开“以公开为原则、以不公开为例外”的精神;有的行政机关不经初步认定,径行以政府信息涉商业秘密或个人隐私而不予公开,或者不经征询第三方意见径行作出不予公开答复,等等。四是信息公开答复普遍缺乏说明理由。许多行政机关对政府信息不予公开应当说明理由有模糊认识,所作答复往往只有结论,而欠缺说明理由内容;有的行政机关不注重法律依据说明,在所作答复中不援引可以援引的法律依据,甚至强词夺理认为法律没有强制要求援引法律依据;有的行政机关认为政府信息不存在无须说明理由,特别是对于依法应当存在而答复不存在政府信息,简单的答复很难让当事人信服。

五、政府信息公开意义

政府信息公开制度的建立是顺应时代发展和政府转型的需要,随着改革开放的进一步深入及依法行政、依法治国理念的逐步推广,推进政府信息公开成为政府转型的必要条件,政府信息公开首先保证了公民的知情权,我国《宪法》规定,我国一切权力属于人民,人民依照法律规定参与社会管理,这必然涉及了公民的知情权,同时,随着社会的不断发展,信息传播的便利和快捷也倒逼政府主动加快信息公开的步伐,一个阳光政府,首先做到的就是政府信息的公开透明,这样才有利于政府权威的树立,才能让公民信任政府,信赖政府。

第二节　政府信息公开案件审理标准化的依据

一、理论依据

政府信息公开案件之所以成诉可诉，主要是基于对行政相对人两个权利的保护：一是知情权，知情权作为一种基础性的权利，在建立政府信息公开制度中是至关重要的，在我国，权利与义务是相辅相成的，行政机关既然有应当及时、准确地公开政府信息的义务，相对应的就是行政相对人请求行政机关公开相关信息的权利，这就是一种知情权。实践中，个体相对于行政机关而言，总是处于弱势地位，就某一个行政行为来说，行政相对人往往只能了解到结果，但对于行政行为是如何产生并做出的则很难探查到，这种信息上的不对等直接带来的就是行政相对人对于行政机关的不信任，由此引发抗拒不配合乃至信访，而加强对知情权的保护，赋予行政相对人要求行政机关信息公开的权利并将之纳入行政诉讼的程序，由司法保护行政相对人的知情权，可以让行政相对人充分了解到涉及自身的行政行为是如何做出的，加强了行政相对人与行政机关之间的沟通与交流，增加行政相对人对于行政机关的信任，尽可能地避免二次诉讼或信访的发生。

二是监督权，本书说的监督权是指针对个案的监督，即行政相对人对于认为侵害到自己利益的行政行为通过提起信息公开申请掌握相关信息，再要求行政机关履行职责予以纠正，以此来达到监督行政机关依法行政的目的。因此，监督的目的是纠正行政机关的某种行政行为对自身利益损害的情况，应是一种狭义上的监督。但正如前段所述，行政相对人与行政机关处于信息不对等的地位，相对人不掌握相关信息，该项监督就无从下手。而信息公开则是行政相对人了解行政行为做出程序的重要途径，行政相对人提起信息公开的目的往往在于为接下来的复议或诉讼收集证据，一个信息公开案件后面，往往带来其他相关诉讼案件。因此，信息公开案件可以说是其他类型案件的基础，其标准化也十分有必要，只有有了一个统一的审判标准流程，才能充分保障当事人的诉讼权利，避免“同案不同判”现象的发生，只有让当事人充分了解到行政行为的做出程序和相关信息，才有可能避免后续更多诉讼案件的发生，也只有通过统一的标准流程，才能让当事人对行政机关，对司法机关增添信任，才能对行政机关的处理、司法机关的裁判心悦诚服。但是,这种监督极容易转化成滥诉问题,随着政府信息公开制度的逐步完善,信息公开案件数量增长迅猛,滥诉问题随之显现,滥诉目前尚无法定概念,但并不妨碍我们在丰富实践的基础上进行理论探究,滥诉的当事人往往与行政机关有其他行政管理法律关系,但因为错过提起针对原行政管理法律关系的形成之诉和确认之诉或虽曾提起但无果而终,导致原行政管理法律关系已被行政文书或生效判决固定。为继续主张权利,相对人通过申请公开与原行政管理法律关系有关的信息并提起信息公开诉讼,得以与行政机关再次对簿公堂,有机会对原行政管理法律关系"复盘"。同时,法律关系"复盘"的目的实为主张利益。从起诉理由看,信息公开诉讼大多围绕已确定的拆迁安置利益。由于安置利益数额较大而行政诉讼成本极低,一些起诉人已放弃就业转而全身心投入诉讼中,以求通过大量、连续、多角度的诉讼,在行政机关的疲于应诉中寻找错误并视其为将原行政管理法律关系推倒重来的突破口。孤注一掷,对于没有实现安置利益的所有信息答复或行政诉讼,起诉人就会不断复议、起诉或上诉①。

政府信息公开诉讼要以保护相对人知情权为主要诉讼价值,其监督行政机关依法行政的诉讼价值,也须通过审理行政机关是否依法保护了相对人知情权来体现。当知情权已经得到满足或应当已得到满足时,信息公开诉讼就丧失了成讼的诉讼价值,法院没有必要对已经得到保护的知情权进行二次保护,如此对诉讼救济权利的滥用就应当认定为滥诉。

二、法律依据

《行政诉讼法》及《最高人民法院关于适用〈中华人民共和国行政诉讼法〉的解释》适用于所有行政诉讼案件,政府信息公开案件作为行政诉讼的一类案件也不例外,但相对于其他类型行政案件,但真正体现政府信息公开案件特色及引用条文作为依据最多的还是作为行政法规于 2008 年施行的《政府信息公开条例》和 2011 年施行的《最高人民法院关于审理政府信息公开行政案件若干问题的规定》的司法解释。《政府信息公开条例》作为我国第一部规范信息公开制度的行政法规,规定了政府信息公开的范围、方式和程序等一系列原则和措施,它的公布施行是推进社会主义民主、完善社会主义法制的重要举措,是提高科学执政、民主执政和依法执政能力的必然要求,是建设行为规范、运转协调、公正透明、廉洁高效的

① 天津高院行政庭、河西区法院联合课题组《关于政府信息公开行政案件违法滥诉、无理缠诉等问题的调研》。

行政体制的重要内容。《条例》对于统一规范政府信息公开工作，强化行政机关公开政府信息的责任，明确政府信息的公开范围，畅通政府信息的公开渠道，完善政府信息公开工作的监督和保障机制，切实保障公民、法人和其他组织依法获取政府信息，提高政府工作的透明度，促进依法行政、充分发挥政府信息对人民群众生产、生活和经济社会活动的服务作用发挥着重要意义。同时，《条例》还从我国实际出发，规定了政府信息公开的主体和范围，明确了主动公开、依申请公开和不予公开三个方面的范围。

《最高人民法院关于审理政府信息公开行政案件若干问题的规定》的司法解释则解决了政府信息公开案件在受理、审理、判决等各个环节面临无规则可依、标准难统一的问题。分别从受案范围、举证责任分配、审理方式、裁判方式等方面做了具体的解释。但随着社会形势的快速发展，信息公开诉讼又有了新的变化，在此基础上，我们又根据新的变化和要求，参照上述法律、法规的规定，总结制定了本审理标准。

第三节　天津法院关于政府信息公开案件审理标准(试行)

1. 总则

1.1　为规范政府信息公开案件审理工作，依照法律、行政法规、司法解释及相关规定，结合审判工作实际，制定本标准。

1.2　本标准用于指导、规范和评价政府信息公开案件的审理工作。

1.3　本标准未规定的内容，适用其他相关标准化文件。

2. 案件受理

2.1　合并审理的案件，符合下列情形之一：

2.1.1　多人申请相同信息且均提起诉讼；

2.1.2　一份信息公开告知书对应多人，且均提起诉讼或者部分提起诉讼。

2.2　以明显滥用信息公开申请权为由径行裁定驳回起诉的案件，符合下列情形之一：

2.2.1 明显针对同一信息重复申请;

2.2.2 申请公开自己在行政程序中提供的材料;

2.2.3 无正当理由以不正当方式大量申请公开同类信息;

2.2.4 明显不具备政府信息正当用途。

3. 诉讼主体

3.1 具有下列情形之一的,行政机关负责人出庭应诉:

3.1.1 涉及重大公共利益的案件;

3.1.2 社会高度关注的案件;

3.1.3 可能引发群体性事件的案件;

3.1.4 人民法院认为行政机关负责人有必要出庭的案件。

3.2 认定行政机关负责人资格,符合下列情形之一:

3.2.1 正职负责人;

3.2.2 副职负责人;

3.2.3 其他参与分管的负责人。

3.3 行政机关负责人不依法出庭应诉的,采取以下措施:

3.3.1 记录在案并在裁判文书中载明;

3.3.2 依照行政诉讼法第六十六条第二款的规定予以公告;

3.3.3 建议任免机关、监察机关或者上一级行政机关对相关责任人员严肃处理。

3.4 除提交授权委托书外,公民代理同时符合下列情形之一:

3.4.1 当事人的近亲属提交身份证件和与委托人有近亲属关系的证明材料;

3.4.2 当事人的工作人员提交身份证件和与当事人有合法劳动人事关系的证明材料;

3.4.3 当事人所在社区、单位推荐的公民提交身份证件,当事人所在社区、单位的推荐材料和当事人属于该社区、单位的证明材料;

3.4.4 社会团体推荐的公民提交身份证件和符合《最高人民法院关于适用〈中华人民共和国民事诉讼法〉的解释》第八十七条规定条件的证明材料。

4. 事实认定与裁量标准

4.1　起诉行政机关不履行政府信息公开法定职责的案件，重点审查以下内容：

4.1.1　原告申请的证据；

4.1.2　被告收到申请的证据；

4.1.3　是否超过法定期限的证据；

4.1.4　被告提供已经履行政府信息公开法定职责的证据。

4.2　不属于政府信息的案件，重点审查以下内容：

4.2.1　原告申请的证据；

4.2.2　被告关于申请信息属于咨询、党务信息、刑事侦查信息、非履行职责过程中制作或者获取的信息等非政府信息的具体理由；

4.2.3　履行法定告知和说明理由义务的情况。

4.3　属于不予公开范围的案件，重点审查以下内容：

4.3.1　原告申请的证据；

4.3.2　被告关于政府信息公开后可能危及国家安全、公共安全、经济安全及社会稳定或者属于过程性信息、内部管理信息等不属于公开范围的具体理由；

4.3.3　履行法定告知和说明理由义务的情况。

4.4　不属于被告公开的案件，重点审查以下内容：

4.4.1　原告申请的证据；

4.4.2　被告具有行政主体资格和法定职权的依据；

4.4.3　能够确定该政府信息公开机关的证据；

4.4.4　履行法定告知和说明理由义务的情况。

4.5　被告以申请公开的信息涉及国家秘密为由不予公开的案件，采用保密审查方式，重点审查以下内容：

4.5.1　因政府信息涉及国家秘密，被告请求在诉讼中不予提交的申请；

4.5.2　被告证明政府信息涉及国家秘密的证据。

4.6　被告以申请公开的信息涉及商业秘密、个人隐私为由不予公开的案件，采用适当审查方式，重点审查以下内容：

4.6.1　被告证明涉及商业秘密、个人隐私的证据；

4.6.2　被告已征询具有合法权益的第三方的意见，且其不同意公开的证据。

4.7 被告以申请公开的信息与原告自身生产、生活、科研等特殊需要无关为由不予提供的案件,重点审查以下内容:

4.7.1 原告对特殊需要事由作出说明的证据;

4.7.2 被告已经履行法定告知或者说明理由义务的证据。

4.8 被告答复政府信息不存在的案件,重点审查以下内容:

4.8.1 原告对其申请的政府信息存在状态提供的线索和初步证明材料;

4.8.2 被告已经尽到了合理检索义务的证据。

4.9 原告认为被告公开的信息不完全或者错误的案件,重点审查以下内容:

4.9.1 原告申请公开政府信息具体内容的证据;

4.9.2 原告提供的关于信息不完全或者错误的证据线索和初步证明材料;

4.9.3 被告提供的证明信息完整或者正确的证据。

4.10 原告对政府信息公开形式不服的案件,重点审查以下内容:

4.10.1 被告是否按照原告要求的形式提供;

4.10.2 无法按照原告要求的形式提供的,是否通过安排原告查阅相关资料、提供复制件或者其他适当形式提供。

4.11 申请人之外的第三人提起诉讼,认为被告公开的信息侵害其个人隐私、商业秘密的案件,重点审查以下内容:

4.11.1 原告认为公开的信息侵害其个人隐私、商业秘密的证据;

4.11.2 被告认定公开的信息是否涉及个人隐私、商业秘密的证据;

4.11.3 被告认定涉及个人隐私、商业秘密的政府信息不公开可能对公共利益造成重大影响的证据。

4.12 原告要求被告更正与自身相关的政府信息,被告拒绝更正的案件,重点审查以下内容:

4.12.1 原告提出更正申请的证据;

4.12.2 原告认为政府信息与其自身相关且记录不准确的证据;

4.12.3 被告对提出的拒绝理由进行举证和说明的证据。

5. 规范性文件引用

5.1 《中华人民共和国政府信息公开条例》(国务院令第 492 号)

5.2 《最高人民法院〈关于审理政府信息公开行政案件若干问题的规定〉》

（法释〔2011〕17 号）

5.3　《最高人民法院〈关于行政诉讼应诉若干问题的通知〉》（法〔2016〕260 号）

5.4　《国务院办公厅〈关于做好政府信息依申请公开工作的意见〉》（国办发〔2010〕5 号）

5.5　《国务院办公厅关于施行〈中华人民共和国政府信息公开条例〉若干问题的意见》（国办发〔2008〕36 号）

第四节　《天津法院关于政府信息公开案件审理标准（试行）》释义

1. 总则

【条文】

1.1　为规范政府信息公开案件审理工作，依照法律、行政法规、司法解释及相关规定，结合审判工作实际，制定本标准。

【条文】

1.2　本标准用于指导、规范和评价政府信息公开案件的审理工作。

【条文】

1.3　本标准未规定的内容，适用其他相关标准化文件。

【条文主旨】

本条规定了本标准制定的目的依据及功能。

【条文理解】

本条概述了标准的制定目的、依据、功能，也释明本标准仅是针对政府信息公开案件特殊性的规定，案件审理还需要参照庭审质量标准等其它标准。

2. 案件受理

【条文】

2.1　合并审理的案件，符合下列情形之一：

2.1.1　多人申请相同信息且均提起诉讼；

2.1.2　一份信息公开告知书对应多人,且均提起诉讼或者部分提起诉讼。

【条文主旨】

本条规定了合并审理的适用情形。

【条文理解】

司法实践中,信息公开案件由于往往涉及房屋征收、不动产规划审批等情况,涉及人员众多,多人申请公开同一信息的情况时有发生,而合并审理不但可以提高审判效率还能有效地避免同案不同判的情况出现,故在此处特别予以规定。《行政诉讼法》第27条规定:“当事人一方或者双方为二人以上,因同一行政行为发生的行政案件,或者因同类行政行为发生的行政案件、人民法院认为可以合并审理或者经当事人同意的,为共同诉讼。”《最高人民法院关于适用〈中华人民共和国行政诉讼法〉的解释》第73条对于可以决定合并审理的案件予以了进一步的解释,其中包括行政机关就同一事实对若干公民、法人或者其他组织分别作出行政行为,公民、法人或者其他组织不服分别向同一人民法院起诉的。本条款规定的第一种情形“多人申请相同信息且均提起诉讼”,主要指多人分别向同一行政机关提出相同的信息公开申请,并且行政机关分别予以答复或未答复,多人就自己收到的答复或就未予答复的行为分别提起诉讼的情况。第二种情形“一份信息公开告知书对应多人,且均提起诉讼或者部分提起诉讼”,是指多位申请人同时向同一行政机关提起信息公开申请,行政机关针对多位申请人仅作出一份告知书,多位申请人或部分申请人提起诉讼的情形。

【条文】

2.2　以明显滥用信息公开申请权为由径行裁定驳回起诉的案件,符合下列情形之一:

2.2.1　明显针对同一信息重复申请;

2.2.2　申请公开自己在行政程序中提供的材料;

2.2.3　无正当理由以不正当方式大量申请公开同类信息;

2.2.4　明显不具备政府信息正当用途。

【条文主旨】

本条规定了以滥用信息公开申请权为由而裁定驳回起诉的适用情形。

【条文理解】

随着立案登记制的推行,行政诉讼立案门槛降低,而在行政诉讼中,信息公开案件因其仅需要当事人提起一份信息公开申请即可发起一场行政诉讼,极易出现滥诉情形。有时当事人多次、反复向行政机关申请获取政府信息,其真实目的并非获取相关政府信息，而是达到其解决其他诉求的目的，甚至是形成复议、诉讼而申请。而在一场行政诉讼中，无论原告起诉是否合理，行政机关必须严格依法应诉，人民法院必须依法审理，诉讼程序不得省略。如果出现当事人大量恣意滥诉的情况，将严重浪费公共资源。因此，司法实践中，对于滥诉行为的限制成为解决了“立案难”问题后出现的另一难题。但是诉权是公民的基本权利，对诉权的限制应当慎之又慎，《标准》依据相关法律规定并结合司法实践情况，对明显滥用信息公开申请权的情形予以了列举，并规定了此几种情形下，应当裁定驳回起诉。

第一种情形是明显针对同一信息重复申请，即同一申请人就同一信息重复提出申请。政府信息公开案件作为行政诉讼案件的一种，同样适用行政诉讼法及相关司法解释关于受案范围的规定。《最高人民法院关于适用〈中华人民共和国行政诉讼法〉的解释》第 1 条第 2 款第 4 项规定，“驳回当事人对行政行为提起申诉的重复处理行为”不属于人民法院行政诉讼的受案范围。行政机关对于同一申请人就同一内容反复提出政府信息公开申请的重复处理以及不重复答复行为，也应当排除在行政诉讼的受案范围之外。《国务院办公厅关于施行〈中华人民共和国政府信息公开条例〉若干问题的意见》规定：“对于同一申请人向同一行政机关就同一内容反复提出公开申请的，行政机关可以不重复答复。”重复处理行为没有重新作出实质性审查，对申请没有作出新的实质决定，对相对人的权利以往没有重新作出新的影响。[①] 因此重复处理行为以及不重复答复行为均应排除在受案范围之外。

需要注意两个问题：(1)此处申请人两次提出的信息问题语言措辞不要求完全一致，只要能够达到可以明显识别为同一信息的即可；(2)如果申请人不是向同一行政机关提出能否适用？笔者认为，即使申请人是向不同的行政机关或相关单位提出同一申请，如果申请在先的行政机关或相关单位已经作出公开答复，即申请人已经获取、知悉所申请政府信息的情况下，再向其他行政机关申请并进而提起行政诉讼，因其并不存在司法救济的客观需要，即不具有诉的利益，因此也应予裁定驳回起诉。

第二种情形是申请公开自己在行政程序中提供的材料。行政程序中的卷宗阅览权，不属于政府信息公开条例调整的范畴，应当适用不同的救济，对于以信息公开的名义达到卷宗阅览的目的的诉讼，法院应当不予受理。即使行政机关在行

---

① 江必新主编：《最高人民法院关于审理政府信息公开行政案件若干问题的规定理解与适用》，中国法制出版社 2011 年版，第 47～48 页。

政程序中拒绝申请人的案卷阅览申请,这种单纯的程序性决定,并不属于已经成熟的具体行政行为,尚未侵犯其实体法上的权益,申请人并无法律上的依据申请行政复议或者提起行政诉讼。① 因此行政程序中的当事人、利害关系人以政府信息公开名义申请查阅案卷材料的,行政机关告知其应当按照相关法律、法规的规定办理的,不属于信息公开案件受理范围。而申请人申请公开自己在行政程序中提供的材料进而形成诉讼,则也属滥用信息公开申请权之情形,应径行裁定驳回起诉。

第三种情形“无正当理由以不正当方式大量申请公开同类信息”以及第四种情形“明显不具备政府信息正当用途”均属于申请人无法说明其提出的信息公开申请系根据自身生产、生活、科研等特殊需要的情形。司法实践中出现多人多次交叉提出类似的信息公开申请,造成了行政机关、司法机关的不堪重负,此两类情形下,申请人申请公开的信息实际与其自身并不存在利害关系,被申请的行政机关是否公开其申请的信息,对于申请人的权利义务并不产生实际影响,故也应径行裁定驳回起诉。

第四种情形是明显不具备政府信息正当用途。《最高人民法院关于审理政府信息公开行政案件若干问题的规定》第12条第6项规定,“不能合理说明申请获取政府信息系根据自身生产、生活、科研等特殊需要,且被告据此不予提供的”,被告已经履行法定告知或者说明理由义务的,人民法院应当判决驳回原告的诉讼请求。

3. 诉讼主体

【条文】

3.1　具有下列情形之一的,行政机关负责人出庭应诉:

3.1.1　涉及重大公共利益的案件;

3.1.2　社会高度关注的案件;

3.1.3　可能引发群体性事件的案件;

3.1.4　人民法院认为行政机关负责人有必要出庭的案件。

【条文主旨】

本条规定了行政机关负责人出庭应诉的适用情形。

---

① 江必新主编:《最高人民法院关于审理政府信息公开行政案件若干问题的规定理解与适用》,中国法制出版社2011年版,第46~47页。

【条文理解】

行政机关负责人出庭应诉制度是2015年《行政诉讼法》修改的一大亮点,《行政诉讼法》第3条规定,被诉行政机关负责人应当出庭应诉。不能出庭的,应当委托行政机关相应的工作人员出庭。新法施行一年后,最高人民法院发布《关于行政诉讼应诉若干问题的通知》,对该项制度涉及的相关具体问题予以了明确。其中第3条明确规定了涉及重大公共利益、社会高度关注或者可能引发群体性事件等案件以及人民法院书面建议行政机关负责人出庭的案件,被诉行政机关负责人应当出庭。本条据此规定了行政机关负责人应当出庭应诉的情形,将行政机关负责人出庭应诉相关法律、中央文件、司法解释精神予以落实。之后2018年2月8日施行的《最高人民法院关于适用〈中华人民共和国行政诉讼法〉的解释》也对于行政机关负责人出庭应诉制度专设章节予以解释,其第129条第1款对行政机关负责人应当出庭的情形作出了相应规定。表述略有不同的是,将"人民法院书面建议行政机关负责人出庭的案件"调整为"人民法院认为行政机关负责人有必要出庭的案件",因司法实践中,人民法院认为行政机关负责人有必要出庭的案件通常会向行政机关送达《行政机关负责人出庭通知书》,因此二者并不冲突。

【条文】

3.2 认定行政机关负责人资格,符合下列情形之一:

3.2.1 正职负责人;

3.2.2 副职负责人;

3.2.3 其他参与分管的负责人。

【条文主旨】

本条规定了行政机关负责人的资格认定问题。

【条文理解】

行政机关负责人出庭应诉制度,解决了"告官不见官"的问题,为了更好地施行该项制度,同时也考虑到行政机关日常工作的实际情况,最高人民法院在《关于行政诉讼应诉若干问题的通知》中扩大了行政机关负责人的概念范围,之后《最高人民法院关于适用〈中华人民共和国行政诉讼法〉的解释》第128条第1款亦作出了一致的规定。同时规定,行政机关负责人出庭应诉的,可以另行委托一至二名诉讼代理人。行政机关负责人不能出庭的,应当委托行政机关相应的工作人员出庭,不得仅委托律师出庭。

【条文】

3.3 行政机关负责人不依法出庭应诉的,采取以下措施:

3.3.1 记录在案并在裁判文书中载明;

3.3.2 依照行政诉讼法第六十六条第二款的规定予以公告;

3.3.3 建议任免机关、监察机关或者上一级行政机关对相关责任人员严肃处理。

【条文主旨】

本条规定了行政机关负责人不依法出庭应诉时可采取的措施。

【条文理解】

一项制度能否切实落地实行,还要看有没有相应的制约措施,本条即规定了如果行政机关负责人没有依法出庭应诉如何处理,与《最高人民法院关于行政诉讼应诉若干问题的通知》的相关规定完全一致,值得注意的是,2018年2月8日施行的《最高人民法院关于适用〈中华人民共和国行政诉讼法〉的解释》相应的规定出现了变化,仅规定"应当记录在案和在裁判文书中载明,并可以建议有关机关依法作出处理"。(按照该解释第163条规定,最高人民法院以前发布的司法解释与该解释不一致的不再适用,因此本条建议进行修改,应与《解释》的规定相一致。)

【条文】

3.4 除提交授权委托书外,公民代理同时符合下列情形之一:

3.4.1 当事人的近亲属提交身份证件和与委托人有近亲属关系的证明材料;

3.4.2 当事人的工作人员提交身份证件和与当事人有合法劳动人事关系的证明材料;

3.4.3 当事人所在社区、单位推荐的公民提交身份证件,当事人所在社区、单位的推荐材料和当事人属于该社区、单位的证明材料;

3.4.4 社会团体推荐的公民提交身份证件和符合《最高人民法院关于适用〈中华人民共和国民事诉讼法〉的解释》第八十七条规定条件的证明材料。

【条文主旨】

本条规定了公民代理应提交的材料。

【条文理解】

政府信息公开诉讼中违反或者规避委托代理相关规定的现象严重,人民法院在案件审理中应当严格审查委托代理人的委托手续,既要保障公民委托代理人进行诉讼的权利,也要遏制个别人通过鼓动他人诉讼并代理牟取不正当利益的现象。《行政诉讼法》第31条规定,当事人、法定代理人,可以委托一至二人作为诉讼代理人。下列人员可以被委托为诉讼代理人:(1)律师、基层法律服务工作者;(2)当事人的近亲属或者工作人员;(3)当事人所在社区、单位以及有关社会团体推荐的公民。制定本《标准》时,行政诉讼法及相关解释,对公民代理的相关规定还不完善,所以本《标准》规定对社会团体推荐的公民提交的材料的标准适用民事诉讼法的相关规定。而之后施行的《最高人民法院关于适用〈中华人民共和国行政诉讼法〉的解释》对公民代理相关条件进行了完善。明确规定以当事人的工作人员身份参加诉讼活动,应当提交以下证据之一加以证明:(1)缴纳社会保险记录凭证;(2)领取工资凭证;(3)其他能够证明其为当事人工作人员身份的证据。其第33条对有关社会团体推荐公民担任诉讼代理人条件作出了具体的规定,与《最高人民法院关于适用〈中华人民共和国民事诉讼法〉的解释》第87条的规定完全一致,即(1)社会团体属于依法登记设立或者依法免予登记设立的非营利性法人组织;(2)被代理人属于该社会团体的成员,或者当事人一方住所地位于该社会团体的活动地域;(3)代理事务属于该社会团体章程载明的业务范围;(4)被推荐的公民是该社会团体的负责人或者与该社会团体有合法劳动人事关系的工作人员。专利代理人经中华全国专利代理人协会推荐,可以在专利行政案件中担任诉讼代理人。

4. 事实认定与裁量标准

【条文】

4.1　起诉行政机关不履行政府信息公开法定职责的案件,重点审查以下内容:

4.1.1　原告申请的证据;

4.1.2　被告收到申请的证据;

4.1.3　是否超过法定期限的证据;

4.1.4　被告提供已经履行政府信息公开法定职责的证据。

【条文主旨】

本条规定了对起诉行政机关不履行政府信息公开法定职责案件应重点审查的内容。

【条文理解】

1. 此类案件举证责任的分配

行政诉讼举证责任,应当根据行政行为的内容和当事人的主张来分配。如果原告的诉讼请求是申请行政机关为一定行政行为,行政机关不作为的,对于提出申请的事实,应当由原告承担举证责任。当然如果原告因被告受理申请的登记制度不完备等正当事由不能提供相关证据材料并能够作出合理说明的,仍得由行政机关举证。[①]《行政诉讼法》第38条规定,在起诉被告不履行法定职责的案件中,原告应当提供其向被告提出申请的证据。因此,该类诉讼中原告提出申请、被告收到申请的举证责任应由原告来承担。

2. 对于是否超过法定答复期限的审查

如果被告答辩,原告在法定答复期限内起诉,行政机关尚未予以答复的,行政机关应当提供相应的证据材料证明原告提出申请的时间、行政机关受理的时间以及法律法规等规范性文件规定的办理时限等。《政府信息公开条例》第24条规定,行政机关收到政府信息公开申请,能够当场答复的,应当当场予以答复。行政机关不能当场答复的,应当自收到申请之日起15个工作日内予以答复;如需延长答复期限的,应当经政府信息公开工作机构负责人同意,并告知申请人,延长答复的期限最长不得超过15个工作日,申请公开的政府信息涉及第三方权益的,行政机关征求第三方意见所需时间不计算在上述规定期限内。

3. 裁判方式

(1)被告没有履行政府信息公开职责的,确认被告未履行法定职责违法,判决被告于一定期限内履行政府信息公开职责;

(2)被告已经履行政府信息公开职责的,判决驳回原告的诉讼请求;

(3)原告起诉时尚在被告答复期限内的,裁定驳回起诉。

4. 注意情形

(1)行政机关按照申请人预留的邮寄地址邮寄送达,但由于申请人原因导致未送达成功,应认定行政机关已尽到政府信息公开职责。当事人以邮寄方式提交信息公开申请书,亦没有提供其他送达地址或者其他送达方式的,视为其选择获取政府信息的方式为邮寄,如果行政机关按申请人邮寄申请的地址向其寄送相关告知书,即使未能实际送达(如快递回单显示迁移新址不明、当事人拒收等情况)也应视为已经履行了相应的答复、送达等法定义务。

【相关案例】(2016)最高法行申2453号;(2017)最高法行申1166号。

(2)当事人申请公开的信息已在行政机关官方网站主动公开,行政机关在其答复中简明告知其查询方式符合法律规定,视为已经履行了相应职责。

【相关案例】(2016)最高法行申1026号。

---

① 江必新、梁凤云:《行政诉讼法理论与实务》,北京大学出版社2009年版,第503~504页。

（3）一般情况下，信息公开答复应当由收到政府信息公开申请的行政机关作出。申请人同时向两个机关申请公开，其中具有行政职权的机关告知其根据另一机关的转办进行答复，亦可认定另一机关履行了信息公开职责。申请人同时向两个行政机关提出了内容相同的政府信息公开申请，如果申请公开的内容不明确，需要相关部门进一步调查，且该内容不属于其中一个行政机关在履行职责过程中制作或者获取的信息，该行政机关将申请转另一机关进行答复，而另一行政机关在答复时亦明确告知申请人系根据相关转办要求进行答复的，此种答复方式没有对申请人的实际权利造成实质性损害，应视为另一机关已经履行了信息公开职责。

【相关案例】（2016）最高法行申4356号。

【条文】

4.2　不属于政府信息的案件，重点审查以下内容：

4.2.1　原告申请的证据；

4.2.2　被告关于申请信息属于咨询、党务信息、刑事侦查信息、非履行职责过程中制作或者获取的信息等非政府信息的具体理由；

4.2.3　履行法定告知和说明理由义务的情况。

【条文主旨】

本条规定了对被告答复原告申请公开的信息不属于政府信息案件应重点审查的内容。

【条文理解】

此类案件审理的重点是对于原告申请公开信息是否属于政府信息的判断。

1. 是否属于政府信息

《政府信息公开条例》第2条明确规定，“本条例所称政府信息，是指行政机关在履行职责过程中制作或者获取的，以一定形式记录、保存的信息”。从上述规定可以看出，政府信息包括三个基本要素：（1）信息制作和保存的主体是行政机关，行政机关之外的，如司法机关、军事部门、党委部门等掌握的信息，不属于政府信息；（2）信息是行政机关在履职过程中制作或获取的，如果是行政机关作为民事主体因民事法律行为制作或获取的信息不属于政府信息；（3）政府信息必须是以一定形式记录、保存的信息，即具有一定的载体，是现实存在的信息，具备直接公开的条件，如不能要求行政机关提供尚未存在的需要加工、统计汇总的信息。如果原告申请公开的信息不属于行政机关在职责范围内所形成的政府信息，则可界定为“不属于政府信息”。

2. 举证责任的分配

《最高人民法院关于审理政府信息公开行政案件若干问题的规定》第 5 条规定,被告拒绝向原告提供政府信息的,应当对拒绝的根据以及履行法定告知和说明理由义务的情况举证。通常情况下,由于行政机关掌握信息的内容,其应当就拒绝向原告提供信息的根据以及已经履行法定告知和说明义务进行举证。实践中,一些原告申请公开的信息明显不属于政府信息,也可从原告的申请内容叙述直接认定,如原告申请行政机关公开党委文件。

3. 此类案件的裁判方式

(1) 申请公开的信息属于咨询、党务信息、公安刑事侦查信息、非履行职责过程中制作或获取的信息等非政府信息,被告履行法定告知或者说明理由义务的,判决驳回原告的诉讼请求。《最高人民法院关于审理政府信息公开行政案件若干问题的规定》第 12 条规定,不属于政府信息的,被告已经履行法定告知或者说明理由义务的,人民法院应当判决驳回原告的诉讼请求。

(2)明显不属于政府信息的,可以裁定驳回起诉。例如,要求行政机关提供政府公报、报纸、杂志、书籍等公开出版物,或者要求行政机关为其制作、搜集政府信息,或者对若干政府信息进行汇总、分析、加工的。《最高人民法院关于审理政府信息公开行政案件若干问题的规定》第 2 条规定,上述情形人民法院不予受理。按照《最高人民法院关于适用〈中华人民共和国行政诉讼法〉的解释》第69 条的规定,应当裁定驳回起诉。

(3) 被告答复不属于政府信息不成立,撤销政府信息公开答复,判决被告于一定期限内公开或重新答复。

4. 实践中常见的不属于政府信息类型

(1)申请公开党委文件或党委职能部门、党委成立的联席会制作的文件。

【相关案例】(2016)最高法行申 4433 号;(2016)最高法行申 1870 号;(2016)最高法行申 1333 号。

(2)申请公开司法信息,如法院工作人员相关信息、人民法院司法建议书。

【相关案例】(2017)最高法行申 552 号;(2016)最高法行申 208 号。

(3)申请公开作出的行政行为的依据、申请公开政府文件的效力、申请解释相关定义等咨询行为,此类案件通常予以裁定驳回起诉。

【相关案例】(2016)最高法行申 655 号;(2016)最高法行申 3756 号;(2017)最高法行申 174 号;(2016)最高法行申 3760 号。

【条文】

4.3　属于不予公开范围的案件，重点审查以下内容：

4.3.1　原告申请的证据；

4.3.2　被告关于政府信息公开后可能危及国家安全、公共安全、经济安全及社会稳定或者属于过程性信息、内部管理信息等不属于公开范围的具体理由；

4.3.3　履行法定告知和说明理由义务的情况。

【条文主旨】

本条规定了对被告答复原告申请公开的信息依法属于不予公开范围案件应重点审查的内容。

【条文理解】

此类案件审查的重点是原告申请公开的信息是否依法属于不应予公开范围。

1. 不予公开的范围

原告申请公开的政府信息，如果存在不予公开的法定情形，则其要求公开的请求就不能得到支持。而不予公开的范围，散见于信息公开的相关规定中。《政府信息公开条例》第14条第2款、第4款规定，行政机关在公开政府信息前，应当依照《保守国家秘密法》以及其他法律、法规和国家有关规定对拟公开的政府信息进行审查。行政机关不得公开涉及国家秘密、商业秘密、个人隐私的政府信息，但是，经权利人同意公开或者行政机关认为不公开可能对公共利益造成重大影响的涉及商业秘密、个人隐私的政府信息，可以予以公开。《国务院办公厅关于施行〈中华人民共和国政府信息公开条例〉若干问题的意见》规定，对申请人申请的信息，如公开可能危及国家安全、公共安全、经济安全和社会稳定，按规定不予提供，可告知申请人不属于政府信息公开的范围。《国务院办公厅关于做好政府信息依申请公开工作的意见》规定，行政机关在日常工作中制作或者获取的内部管理信息以及处于讨论、研究或者审查中的过程性信息，一般不属于《政府信息公开条例》所指应公开的政府信息。从上述规定可以看出，不予公开的法定情形，主要包括以下四类：

(1)涉及国家秘密、商业秘密、个人隐私等情形；

(2)如公开可能危及国家安全、公共安全、经济安全和社会稳定的信息；

(3)行政机关在日常工作中制作或者获取的内部管理信息；

(4)处于讨论、研究或者审查中的过程性信息。

对于第一类涉及国家秘密、商业秘密、个人隐私情形的案件，因其典型性，将单独予以论述。本条主要审查的是后三种情形。

2. 裁判方式

(1) 政府信息公开后可能危及国家安全、公共安全、经济安全及社会稳定或者申请公开的政府信息属于过程性信息、内部管理信息等,被告履行法定告知或者说明理由义务的,判决驳回原告的诉讼请求。

(2) 申请公开的政府信息不属于上述信息的,撤销被告的政府信息公开答复,判决其于一定期限内重新答复。

3. 实践中,常见的不予公开政府信息类型

(1)申请公开行政机关内部管理信息,如会议纪要。

【相关案例】(2017)最高法行申 1310 号;(2017)最高法行申 2720 号。

(2)申请公开处于讨论、研究或者审查中的过程性信息,如审批材料、批示材料等。

【相关案例】(2016)最高法行申 110 号;(2016)最高法行申 1359 号。

【条文】

4.4 不属于被告公开的案件,重点审查以下内容:

4.4.1 原告申请的证据;

4.4.2 被告具有行政主体资格和法定职权的依据;

4.4.3 能够确定该政府信息公开机关的证据;

4.4.4 履行法定告知和说明理由义务的情况。

【条文主旨】

本条规定了对被告答复原告申请公开的信息不属于被告公开的案件应重点审查的内容。

【条文理解】

此类案件审查的重点是被告是否为原告所申请信息的公开义务主体。

1.《政府信息公开条例》第 17 条规定,行政机关制作的政府信息,由制作该政府信息的行政机关负责公开;行政机关从公民、法人或者其他组织获取的政府信息,由保存该政府信息的行政机关负责公开。法律、法规对政府信息公开的权限另有规定的,从其规定。如果原告申请公开的事项虽然属于政府信息,也属于公开范围,但并非被告行政机关制作,也并非由其保存,则不属于被告公开。政府信息是行政机关在履行职责过程中制作或获取的,因此原告申请公开的信息是否属于被告行政机关公开,与该行政机关的职责范围息息相关。因此,此类案件要重点审查被告的行政主体资格和法定职权,以确定原告申请公开的信息,是否属于

被告的职责范围内，是不是被告在履行法定职责过程中制作或获取保存的。被告需举证证明该信息不属于被告公开的职权范围，并举证证明履行了告知和说明义务。此类案件中，被告完成初步举证后，如果原告坚持主张被告具有相关的职责，则应由原告进行举证。

2. 裁判方式

（1）不属于被告公开，且被告履行了法定告知或者说明理由义务的，判决驳回原告的诉讼请求。

（2）被告为公开义务主体的，撤销政府信息公开答复，判决被告于一定期限内公开或重新答复。

【条文】

4.5　被告以申请公开的信息涉及国家秘密为由不予公开的案件，采用保密审查方式，重点审查以下内容：

4.5.1　因政府信息涉及国家秘密，被告请求在诉讼中不予提交的申请；

4.5.2　被告证明政府信息涉及国家秘密的证据。

【条文主旨】

本条规定了对被告答复原告申请公开的信息因涉及国家秘密不予公开的案件应重点审查的内容。

【条文理解】

此类案件的审理重点是确认原告申请公开的信息是否属于国家秘密。

1. 特殊的审查方式。政府信息公开案件中，涉诉的政府信息是最主要的证据，一般情况下，被告应当向人民法院提供，人民法院才能作出判断。但是对于涉及国家秘密的政府信息，由于其保密性，应当采取特殊的审查方式。《最高人民法院关于审理政府信息公开行政案件若干问题的规定》第5条第4款规定，被告能够证明政府信息涉及国家秘密，请求在诉讼中不予提交的，人民法院应当准许。第6条规定，人民法院审理政府信息公开行政案件，应当视情况采取适当的审理方式，以避免泄露涉及国家秘密、商业秘密、个人隐私或法律规定的其他应当保密的政府信息。因此，该类案件中，被告如果提交不予提交信息的申请，且能够提供书面证据材料，证明其拒绝公开的政府信息已经依照法定程序确定为国家秘密或者能够提供有关主管部门、同级保密工作部门出具的政府信息公开保密审查结论的，人民法院可以不要求其提供该政府信息，但下列情况除外：（1）人民法院认为相关证据材料不充分的；（2）人民法院认为需要对政府信息中含有的不应当公开的内容与可以公开的内容作区分处理的。同时，由于国家秘密的特殊性，如果被告在诉讼过程中要求补充证据,以证明政府信息涉及国家秘密,也是应当被准许的,甚至在诉讼开始后才确定为国家秘密,人民法院也应当允许被告补充提供这方面的证据,否则,就难以避免国家秘密遭到泄露。而且人民法院审查涉及国家秘密的政府信息应当在被告单方参加下进行。用于证明政府信息涉及国家秘密的相关证据材料,可以公开出示,并由当事人质证。①

2. 裁判方式

(1) 已经被有权机关定为国家秘密或经法院保密审查确实涉及国家秘密的,判决驳回原告的诉讼请求。

(2) 经法院保密审查不涉及国家秘密的,撤销政府信息公开答复,判决被告于一定期限内公开或重新答复。

(3) 被告不予公开的政府信息内容可以作区分处理的,判决被告于一定期限内公开可以公开的内容。

【条文】

4.6　被告以申请公开的信息涉及商业秘密、个人隐私为由不予公开的案件,采用适当审查方式,重点审查以下内容:

4.6.1　被告证明涉及商业秘密、个人隐私的证据;

4.6.2　被告已征询具有合法权益的第三方的意见,且其不同意公开的证据。

【条文主旨】

本条规定了对被告答复原告申请公开的信息涉及商业秘密、个人隐私不予公开的案件应重点审查的内容。

【条文理解】

此类案件应当重点审查原告申请公开的信息是否涉及商业秘密、个人隐私以及行政机关是否向第三人征询意见且第三人不同意公开。

1. 商业秘密、个人隐私的界定。不同于国家秘密有法定程序予以确定或者有相关部门出具保密审查结论、人民法院仅审查这些外围证据即可,商业秘密、个人隐私的界定需要人民法院在被告举证的基础上全面考量予以认定。因此在诉讼中需要被告对于上述信息的提供,且要求审判人员对于商业秘密能够准确的界定。

---

① 江必新主编:《最高人民法院关于审理政府信息公开行政案件若干问题的规定理解与适用》,中国法制出版社2011年版,第86~87页。

(1)商业秘密。《反不正当竞争法》第9条第3款规定，商业秘密，是指不为公众所知悉、具有商业价值并经权利人采取相应保密措施的技术信息和经营信息。构成商业秘密的技术信息是指利用科学技术知识、信息和经验做出的产品、工艺、材料及其他改进等技术方案。包括以物理的、化学的、生物的或其他形式的载体所表现的设计、工艺、数据、配方、诀窍等形式的技术和技术信息。构成商业秘密的经营信息是指技术信息以外的能够为权利人带来竞争优势的用于经营活动的各类信息。包括管理诀窍、客户名单、货源情报、产销策略、招标投标的标底及标书内容等信息。

由此可见，判定某一技术信息或经营信息是否属于商业秘密，应当从以下三个方面考量：①不为公众所知悉，即该信息未向社会公开或仅在特定范围内公开。②具有商业价值，即该信息能够为权利人带来现实的或潜在的经济利益。③权利人采取了相应的保密措施加以保护。权利人是否采取了合理的保密措施，应从权利人所采取保密措施的形式、对象、范围等方面综合审查，一般可以同一行业中公认的对某一类信息应采取的保密措施作为保密措施是否合理的参考标准。①

(2)个人隐私。个人隐私并无明确界定，结合学理和实践来看，个人隐私的范围包括三类信息：一是私人信息，如个人的姓名、性别、年龄、职业、身体缺陷或者特点、社会关系、财产等私人状况信息。二是私人活动，尤其是那些不愿意为人所知的私人活动信息。三是私人空间，如住宅内部情况。②

2. 对行政机关向第三人征询意见情况的审查。《政府信息公开条例》第23条规定，行政机关认为申请公开的政府信息涉及商业秘密、个人隐私，公开后可能损害第三方合法权益的，应当书面征求第三方的意见；第三方不同意公开的，不得公开。对于向第三人征询意见以及第三方不同意公开的情况，应由被告行政机关进行举证，一般应包括行政机关向第三方发出的征询意见书面材料、第三方的回复材料等。

3. 特殊的审理方式。此类案件在特定的庭审阶段，不是各方当事人都在一起，而是为了避免泄露应当保密的信息，另外的当事人也不能在场。

---

① 江必新主编：《最高人民法院关于审理政府信息公开行政案件若干问题的规定理解与适用》，中国法制出版社2011年版，第94～95页。

② 江必新主编：《最高人民法院关于审理政府信息公开行政案件若干问题的规定理解与适用》，中国法制出版社2011年版，第136页。

4. 裁判方式

(1) 第三人不同意公开,法院审查后认为确实涉及第三人商业机密、个人隐私,不公开不会对公共利益产生重大影响的,判决驳回原告的诉讼请求。

(2) 第三人不同意公开,但法院审查后认为涉及第三人商业机密、个人隐私的理由不能成立,撤销政府信息公开答复,判决被告于一定期限内公开或重新答复。

(3) 第三人不同意公开,法院审查后认为确实涉及第三人商业机密、个人隐私,但经价值衡量,认为不公开会对公共利益产生重大影响的,撤销政府信息公开答复,判决被告于一定期限内公开。

(4) 被告不予公开的政府信息内容可以作区分处理的,判决被告于一定期限内公开可以公开的内容。

【条文】

4.7 被告以申请公开的信息与原告自身生产、生活、科研等特殊需要无关为由不予提供的案件,重点审查以下内容:

4.7.1 原告对特殊需要事由作出说明的证据;

4.7.2 被告已经履行法定告知或者说明理由义务的证据。

【条文主旨】

本条规定了对被告以申请的政府信息不符合“三需要”要求而不予公开的案件应重点审查的内容。

【条文理解】

此类案件应重点审查原告提出的特殊需要事由是否符合“三需要”的规定。

1. 举证责任

被告负担举证责任是行政诉讼的一项原则,但这并不意味着原告不需要提供证据。《国务院办公厅关于实施〈中华人民共和国政府信息公开条例〉若干问题的意见》规定,行政机关对于申请人申请公开与本人生产、生活、研究等特殊需要无关的政府信息,可以不予提供。由此可见,原告对于其申请获取相关政府信息系根据其自身生产、生活、科研等特殊需要承担举证责任。被告在行政程序中应当要求原告释明其申请信息的具体要求。在诉讼过程中,人民法院可以要求原告对于特殊事由作出说明。

2. 裁判方式

(1) 被告以不符合原告生产、生活、科研需要为由不予公开,法院经审查被告的理由不成立的，撤销政府信息公开答复，判决被告于一定期限内公开或重新答复；

（2）被告以不符合原告生产、生活、科研需要为由不予公开，法院经审查被告的理由成立的，判决驳回原告的诉讼请求；

（3）原告明显不是基于正当需要的，裁定驳回起诉。

【条文】

4.8　被告答复政府信息不存在的案件，重点审查以下内容：

4.8.1　原告对其申请的政府信息存在状态提供的线索和初步证明材料；

4.8.2　被告已经尽到了合理检索义务的证据。

【条文主旨】

本条规定了对行政机关答复政府信息不存在案件应重点审查的内容。

【条文理解】

所谓政府信息不存在，是指原告申请的政府信息没有相关记录。

1. 举证责任。行政机关主张信息不存在的，应当说明理由。理由的成立需要证据支持的，应提供进行合理搜索的证据。申请人对其申请的政府信息存在状态提供线索和初步证明的，不影响行政机关承担举证责任。

2. 告知义务。该政府信息不存在的，行政机关应当告知申请人，对能够确定该政府信息的公开机关的，应当告知申请人该行政机关的名称、联系方式。

3. 裁判方式

（1）被告尽到了合理检索义务的，判决驳回原告的诉讼请求；

（2）被告未尽到合理检索义务的，撤销政府信息公开答复，判决被告于一定期限内重新答复。

【条文】

4.9　原告认为被告公开的信息不完全或者错误的案件，重点审查以下内容：

4.9.1　原告申请公开政府信息具体内容的证据；

4.9.2　原告提供的关于信息不完全或者错误的证据线索和初步证明材料；

4.9.3　被告提供的证明信息完整或者正确的证据。

【条文主旨】

本条规定了对于被告已经向原告公开了信息，但原告认为被告公开的信息有误或者不完全的案件应重点审查的内容。

【条文理解】

1. 举证责任分配。被告已经向原告公开了信息,但原告认为被告公开的信息有误或者不完全,此时应当由原告承担初步证明责任,然后举证责任转移到被告,由被告举证证明其公开行为的正确性和完整性。

2. 裁判方式

(1)原告未能证明信息不完全或错误的,判决驳回原告的诉讼请求;

(2)原告证明被告公开的信息不完全或错误,撤销信息公开答复,判决被告于一定期限重新答复或公开完全、准确的信息。

【条文】

4.10　原告对政府信息公开形式不服的案件,重点审查以下内容:

4.10.1　被告是否按照原告要求的形式提供;

4.10.2　无法按照原告要求的形式提供的,是否通过安排原告查阅相关资料、提供复制件或者其他适当形式提供。

【条文主旨】

本条规定了对原告主张被告信息公开形式不当案件应重点审查的内容。

【条文理解】

1.《政府信息公开条例》第26条规定,行政机关依申请公开政府信息,应当按照申请人要求的形式予以提供;无法按照申请人要求的形式提供的,可以通过安排申请人查阅相关资料、提供复制件或者其他适当形式提供。对于信息公开,要尽量满足申请人的要求,按照其要求的形式提供信息,但是并不必须按照其要求提供,如果其要求公开的形式不适当,则行政机关只要依照法律法规规定的适当形式公开政府信息就视为履行了法定职责。被告应当对其提供政府信息形式的适当性进行举证。

2. 裁判方式

(1) 被告已按照原告要求的形式提供的,判决驳回原告的诉讼请求;

(2) 被告未按原告要求的形式提供,但通过安排原告查阅相关资料、提供复制件或者其他适当形式提供的,判决驳回原告的诉讼请求;

(3) 被告未按原告要求的形式提供,也未通过安排原告查阅相关资料、提供复制件或者其他适当形式提供的,判决被告以原告要求的形式或法律、法规规定的适当形式提供政府信息。

【条文】

4.11　申请人之外的第三人提起诉讼,认为被告公开的信息侵害其个人隐私、商业秘密的案件，重点审查以下内容：

4.11.1　原告认为公开的信息侵害其个人隐私、商业秘密的证据；

4.11.2　被告认定公开的信息是否涉及个人隐私、商业秘密的证据；

4.11.3　被告认定涉及个人隐私、商业秘密的政府信息不公开可能对公共利益造成重大影响的证据。

【条文主旨】

本条规定了对违反信息公开诉讼案件应重点审查的内容。

【条文理解】

1. 举证责任。《最高人民法院关于审理政府信息公开行政案件若干问题的规定》第5条规定，因公共利益决定公开涉及商业秘密、个人隐私政府信息的，被告应当对认定公共利益以及不公开可能对公共利益造成重大影响的理由进行举证和说明。因此，此类案件中被告应当对涉及的公共利益进行说明，并对其判断可能对公共利益造成重大影响的过程进行说明。

2. 裁判方式

（1）原告理由不成立的，判决驳回原告的诉讼请求；

（2）原告理由成立且不存在公共利益等法定事由的，确认政府信息公开行为违法，并可判决被告采取相应的补救措施；造成损害的，根据原告请求判决被告承担赔偿责任；政府信息尚未公开的，判决被告不得公开；

（3）原告理由成立，但不公开该政府信息可能对公共利益造成重大不利影响，判决驳回原告的诉讼请求。

【条文】

4.12　原告要求被告更正与自身相关的政府信息，被告拒绝更正的案件，重点审查以下内容：

4.12.1　原告提出更正申请的证据；

4.12.2　原告认为政府信息与其自身相关且记录不准确的证据；

4.12.3　被告对提出的拒绝理由进行举证和说明的证据。

【条文主旨】

本条规定了对原告就被告拒绝更正与原告相关的政府信息案件应重点审查的内容。

【条文理解】

1. 举证责任。此类案件中原告应当提供以下证据：(1)其向被告提出过更正申请的材料；(2)政府信息与其自身相关的材料；(3)政府信息记录不准确的证据材料。被告应当对拒绝的理由进行举证和说明。

2. 裁判方式

(1) 原告提出更正申请但未证明政府信息与自身相关,判决驳回原告的诉讼请求或裁定驳回起诉;

(2) 原告无证据证明政府信息不准确,判决驳回原告的诉讼请求;

(3) 原告证明政府信息与其自身相关且记录不准确,被告拒绝更正的理由不成立的,判决被告于一定期限内更正或重新答复;被告无权更正的,责令其转送有权更正的机关处理。

5. 规范性文件引用(略)

第九章 国家赔偿自赔案件办理标准的理解与适用

第一节 国家赔偿自赔案件办理概述

近年来,随着改革开放的深入推进,人民群众对于维护自身合法权益有了更高的关切和期待,人民法院自赔案件的数量有稳步上升的趋势,工作要求也随之提高。实践中,许多法院积极创新工作方式,在办理自赔案件时,引入听证程序,提高司法透明度,加强协调力度,妥善处理涉赔矛盾的成效较为明显;但也存在工作方式简单,未充分听取赔偿请求人意见,说理不充分,作出决定难以服人等问题。这些情况,未能满足人民群众通过正当程序实现合法权益的期待,难以实现改善涉赔矛盾源头治理、推动涉赔纠纷实质性解决的目标。

2010 年 12 月 1 日,全国人民代表大会常务委员会对 1994 年《国家赔偿法》进行了许多重要修订,其中,关于自赔程序部分增加了充分听取赔偿请求人意见、依法协商以及明确决定与通知送达期限等重要内容,体现了扩大程序参与、促进协商协调、加强赔偿说理、明确工作时效等方面的立法精神。人民法院办理自赔案件,应当通过具体工作贯彻落实国家赔偿法的具体要求和立法精神。2012 年 10 月 26 日,全国人民代表大会常务委员会又根据新修订的《刑事诉讼法》,对《国家赔偿法》第 19 条第 3 项进行了修改。

一、国家赔偿自赔案件的概念

国家赔偿法既是实体法,也是程序法。公民、法人或者其他组织认为国家机关及其工作人员行使职权侵犯其合法权益的,应循法定程序申请国家赔偿。根据新修正的《国家赔偿法》,除行政赔偿案件外,由人民法院负责审查处理的国家赔偿案件可分为两类:一类即是本章所述的自赔案件,即人民法院自身作为赔偿义务机关办理的国家赔偿案件;另一类是中级以上人民法院赔偿委员会审理的国家赔偿案件。根据《国家赔偿法》第 23 ~ 24 条的规定,以上两类案件分别适用不同的审查处理程序,两种程序共同构成人民法院国家赔偿程序制度的基本内容。根据《国家赔偿法》的规定,赔偿请求人认为人民法院在刑事诉讼中违法使用审判职权,或在民事诉讼、行政诉讼中,违法采取对妨害诉讼的强制措施、保全措施或者对判决、裁定及其他生效法律文书执行错误,对其合法权益造成损害并请求国家赔偿的,应当先向赔偿义务机关提出。在这一程序中,人民法院办理赔偿请求人提出的赔偿申请,系因自身错误或违法行使职权导致国家赔偿纠纷所致,属于国家赔偿程序中赔偿义务机关先行处理自身问题的阶段,实践中将其形象地称为"自赔案件"。故"自赔案件"实际上仅指人民法院办理的本院作为赔偿义务机关的国家赔偿案件。

二、自赔制度的法理学渊源

自赔案件的程序设置实际上是参考了行政诉讼法中的先行处理原则。行政先行处理原则,是指在行政赔偿请求人向法院提起行政诉讼之前,应先向行政赔偿义务主体请求赔偿,由行政机关依法进行处理。只有对赔偿义务机关的处理结果不满意,包括逾期不予处理,赔偿请求人才可以向法院提起赔偿诉讼,根据这一原则设计的程序也称先行处理程序。

行政先行处理是世界各国的普遍做法。如《美国联邦侵权赔偿法》第 2675 条规定:"联邦行政机关的处理为请求之先决条件。"《韩国国家赔偿法》第 9 条规定:"依本法之损害赔偿诉讼,须经赔偿审议会为赔偿金的支付或驳回的决定后始得提起。但自赔偿金支付申请之日起 3 个月而未决定时,不在此限。"其他如奥地利、瑞士以及我国台湾地区等,均有类似规定。根据我国《行政诉讼法》和《国家赔偿法》可知,赔偿请求人单独提起赔偿请求时,也适用该原则。

行政先行处理制度设计之初,曾被认为是具有极大优越性的:[①]第一,利用行政手段在内部处理赔偿争端,程序简单、迅速,使受害人与行政机关都免进司法程序,省时省力,对受害人权利保护和行政机关工作的开展均不无好处。第二,实践证明,大量的赔偿请求基本都可以在行政处理过程中得到解决,在美国,大约有 80% ~ 90% 的国家赔偿案件都是在行政机关得到解决的。[②] 第三,它体现了对赔

---

① 皮纯协、冯军主编:《国家赔偿法释论》,中国法制出版社 1996 年版,第 137 ~ 138 页。

② 参见贝尔蒙:《美国国家赔偿制度》,载《行政立法研究参考资料》1989 年第 14 辑。

偿义务机关的尊重，行政职权之于赔偿义务机关，既是权利也是义务，是必须行使的，带有“强制性”，因而当职权的行使出现差错时，亦应使其有机会采取“补救措施”，救助差错，赋予其“主动权”。况且，“过错”自纠既表示对赔偿义务机关的“纠错”能力之信心，又能调动其努力工作的积极性。

但是，经过十几年的时间，先行程序在我国并没有获得一致认可。有人认为，与赔偿义务机关协商处理，使赔偿请求人的权利变成了义务，理论上是没有依据的，对赔偿请求人不公平。另外，实践中，先行处理程序成了拖延受害人获得国家赔偿救济的一个办法，使受害人获得赔偿的时间成本、精力成本和经济成本增大。有些赔偿义务机关以协商为名，与受害人进行“马拉松”式协商或谈判，最后仍然没有达成结果，此时受害人已经有超过申请期限的危险；个别情况下，赔偿义务机关故意采取先拖延后拒绝的战术，妨碍受害人行使诉权。因此，应当将其改造为可选择的程序。[①]

我国《国家赔偿法》对自赔案件这一程序的设计属于可选择的先行处理程序，虽然属于国家赔偿的必经程序，但经作为赔偿义务机关的人民法院先行处理后，如果赔偿请求人对赔偿方式、项目、数额有异议，或对作为赔偿义务机关的人民法院作出不予赔偿的决定不服，或作为赔偿义务机关的人民法院逾期未作出是否赔偿决定的，赔偿请求人可向其上一级人民法院赔偿委员会申请作出赔偿决定。

三、自赔案件的办理程序

基层人民法院国家赔偿小组、中级以上人民法院赔偿委员会负责办理本院的自赔案件。首先，人民法院应当指定 1 名审判员负责具体承办自赔案件，由承办人查清事实并提出处理意见，专人专办提高效率。其次，规定承办人提出处理意见后，应当将案件提交国家赔偿小组或赔偿委员会讨论，遵循了程序法上对合议制的规律要求，也符合最高人民法院《赔偿委员会工作规则》第 2 条的相关规定。最后，因自赔案件常涉及人民法院审判、执行等多个部门，涉赔矛盾容易激化，且是否赔偿的决定最终以人民法院名义作出，因此规定将自赔案件报请院长决定，既符合院长负责制的要求，也有利于审慎处理案件，确保办案质量。

赔偿义务机关应当自收到申请之日起两个月内，作出是否赔偿的决定。赔偿义务机关作出赔偿决定，应当充分听取赔偿请求人的意见，并可以与赔偿请求人

① 杨小君：《国家赔偿法律问题研究》，北京大学出版社 2005 年版，第 189 页。

就赔偿方式、赔偿项目和赔偿数额依照本法第四章的规定进行协商,必要时人民法院可以采取调取原审判、执行案卷,向原案件承办部门或有关人员调查、核实情况等,这属于依职权主动调查案件事实的手段。针对争议较大、案情疑难复杂的自赔案件,规定人民法院可以组织赔偿请求人、原案件承办人以及其他相关人员举行听证,属于国家赔偿书面审查原则之外,对特定案件采取的更为公开、透明的特殊办案方式。

赔偿请求人基于真实意思对自己权利进行处分,人民法院应当予以尊重。赔偿请求人在人民法院作出赔偿决定前撤回赔偿申请的,人民法院应当准许。实际操作中,对撤回赔偿的申请,人民法院应审查其是否为赔偿请求人的真实意思表示,还要审查其是否存在与法律法规等相关规定相违背等情形。准许撤回的,人民法院应当制作准予撤回国家赔偿申请的决定书。对于赔偿请求人撤回赔偿申请后,在国家赔偿法规定的时效内又向作为赔偿义务机关的人民法院请求赔偿的,人民法院原则上不予受理,除非一并满足两个条件:一是该申请在《国家赔偿法》第39条规定的时效期内;二是有证据证明其撤回赔偿的申请确属违背真实意思表示或者有其他正当理由的。人民法院不管作出赔偿或不予赔偿的决定,均应在作出决定之日起10日内将国家赔偿决定书送达给赔偿请求人。

四、自赔程序存在的问题

首先,司法机关和受害人为赔偿争议的双方当事人,而由司法机关负责解决争议,违反了"任何人不能为自己案件的法官"的法理原则。其次,司法机关和普通公民、组织的关系,是一种权力服从关系,而赔偿的目的是恢复争议双方的平等,这种方式非但不能恢复平等,甚至有可能加强争议双方的不平等。①

在《国家赔偿法》实施的二十多年中,这些推论中的弊端在现实中得到一定程度的印证。其一,一些义务机关利用先行处理程序阻碍和拖延赔偿责任的承担,以各种理由将赔偿申请压着不办或找理由搪塞请求人,使其获得赔偿的时间成本、精力成本和经济成本增大。比如,根据《国家赔偿法》的规定,先行处理程序的期限是两个月,只有义务机关"逾期不予赔偿"或者请求人对决定有异议的,才可以在30日内向上一级机关申请复议,对复议不服才可向人民法院赔偿委员会申请作出赔偿决定。一些赔偿义务机关以各种借口拖延,进行马拉松式的协商,甚至拖到请求人超过了向复议机关、法院赔偿委员会提出申请的期限,丧失了权利。

---

① 皮纯协、冯军:《国家赔偿法释论》,中国法制出版社1996年版,第187~188页。

其二,有些机关甚至为了所谓的“尊严”和“面子”,采取威胁、恐吓的手段,使请求人撤回赔偿请求。比如,再审改判无罪后,无罪被告人申请赔偿,义务机关就告诉他,如果申请赔偿就把无罪的再审判决撤销另行改判。

五、天津法院对自赔案件集中管辖的探索

(一)有利于国家赔偿法救济功能的充分实现

我国宪法明确规定,国家尊重和保障人权;由于国家机关和国家工作人员侵犯公民权利而受到损失的人,有依照法律规定取得赔偿的权利。这是以根本大法的形式确立了公民的广泛的赔偿请求权。宪法的规定是国家赔偿的依据来源,国家赔偿法是通过立法方式为受害的公民取得赔偿提供法律上的直接依据包括程序和实体依据。由此可见,国家赔偿法的立法价值、国家赔偿制度的核心功能即是对公民、法人和其他组织遭受的损害给予救济与修复。管辖规则的确立,不仅应当考虑法院、当事人的因素,更要对立法的目的价值进行综合考量。管辖规则的确立应当有利于立法目的和制度价值的实现,有利于当事人双方在一个公正、客观、平等的平台上进行充分的抗衡,有利于法院公正行使审判权。同时还要关注到在现实司法体制背景下,任何一项司法制度创新,必须考虑司法的成本和体制的障碍。实践证明,在国家赔偿部分范围内实行案件集中管辖,是在现行司法体制改革尚处于进行时,体制机制转变尚未到位条件下,不进行大规模审判组织调整,用较低的成本来改变当前国家赔偿案件审理困境,从制度上保证国家赔偿立法目的实现、国家赔偿救济功能充分发挥的有效途径。

(二)有利于完善国家责任法律体系和国家责任追究机制

推进国家治理体系和治理能力现代化是全面深化改革的总目标之一。完善的国家责任法律体系和有效的国家责任追究机制无疑是国家治理体系和治理能力现代化的应有之义。随着经济社会的发展、技术的进步,国家和社会事务日益复杂,在国家治理中公权力运行的风险亦不断增加。权力本身是一柄“双刃剑”,任何权力的行使都可能会由于各种主客观因素的影响而偏离轨道,侵害相对一方的合法权益。因此,按照“有权力即有救济、有损害即有赔偿”的原则,国家应当承担公权力侵害的责任后果,保证受害人及时得到救济。国家赔偿法是国家责任法律体系的重要构成部分,它通过损害赔偿责任的设置倒逼权力谨慎行使,促进国家公职人员严格规范执法行为,从而使公民权利真正得到保护和实现。自赔案件集中管辖制度有利于减少来自于法院外部或者内部对案件审理的干预压力,增强

法院公正审理案件的能力,有助于实现国家赔偿法促进权力依法行使的重要目标,形成对公权力强有力的监督,其制度价值与国家治理现代化的目标高度契合。此外,国家赔偿中通过赔偿金的支付,一方面使受害人被损害的权益获得补救和恢复,另一方面也使责任政府的形象得以重塑,从而有助于增强民众对党和政府的信心,为国家的长治久安赢得坚固的社会基础。

(三)有利于保证公正司法,提高司法公信力

党的十八届四中全会将“保证公正司法、提高司法公信力”确立为全面推进依法治国的重大任务之一。司法公正具有引领社会公正的重要作用。人民法院审理案件应以公平正义为实质追求,公正的内涵不仅包括实质内容上的公正,还包括程序上的公正。而现行国家赔偿法对司法赔偿中自赔案件的程序设定,明显违背了“任何人都不得做自己案件的法官”的公正原则要求。没有程序上的公正本身就是一个缺陷和不足,难以取信于人是必然的,由此导致国家赔偿案件申诉信访大量增加在所难免。最高人民法院通过司法解释推行自赔案件公开公正的听证、质证等程序,以期对此有所补救,增加双方对赔偿决定公正性的可信度,这也恰恰证明了现行国家赔偿法对自赔案件程序规定的不足。虽然国家赔偿法的立法原意是给赔偿义务机关提供一个有错必纠的机会以维护其形象及威信,但正如前文所述,在我国现行司法体制存在的地方化和行政化弊端尚未得到根本改善,法院的独立审判权难以获得坚实保障的情况下,这一制度设计极易被扭曲为有错不纠的护身符,从而损害人民法院公正为民的应有形象,降低司法公信力。集中管辖实质上是阻断了赔偿义务机关与案件审理权之间的直接联系,保障审理案件的法院能够居于相对中立的地位,从而最大限度地保障赔偿决定的公正性,提升民众对国家赔偿案件审理结果的认同感和接受度,提升司法的公信力。以获得坚实保障的情况下,这一制度设计极易被扭曲为有错不纠的护身符,从而损害人民法院公正为民的应有形象,降低司法公信力。集中管辖实质上是阻断了赔偿义务机关与案件审理权之间的直接联系,保障审理案件的法院能够居于相对中立的地位,从而最大限度地保障赔偿决定的公正性,提升民众对国家赔偿案件审理结果的认同感和接受度,提升司法的公信力。

天津法院通过对集中管辖制度的探索,取得了以下几个方面的效果:一是集中管辖有利于保障人权,确保人民法院依法独立公正审理案件。因集中管辖实现了异地审理,使司法审判区与行政管理区域能够适当分离,这样有助于增强法院抵抗干扰特别是行政干预的能力,消除赔偿请求人对法院中立地位的合理怀疑,保证公正审理案件,提高司法公信力。二是集中管辖有利于整合审判资源,打造

专业化的国家赔偿审判队伍。目前基层人民法院赔偿小组普遍设在行政庭或审判监督庭，由于案件数量少，并未专门设置审理赔偿案件的机构和人员，常常陷入案件数量少，审理经验少，审理质量不高，申诉、信访率高的恶性循环。实行集中管辖之后，行使集中管辖权的人民法院受理的赔偿案件数量增加，国家赔偿案件审理力量得以加强，从而实现审判资源的优化配置，提高司法效率，也有助于逐步形成专业化的国家赔偿审判队伍。三是集中管辖有利于统一案件处理标准，提升案件审理质量，节约司法成本。实行集中管辖后，行使集中管辖权的人民法院便于统一案件处理标准，防止大量出现同案不同判等问题，有效提高赔偿案件的审理质量。赔偿请求人对案件处理结果认可度提高，从而有利于实现案结事了，既能减轻赔偿请求人讼累，也可以提高司法效率，节约司法成本。

第二节　国家赔偿自赔程序集中管辖的依据

一、法院办理自赔案件的理论和法律依据

《宪法》是我国的根本大法，是写着公民权利的大宪章，更是公民免受国家违法侵犯的保障书。《宪法》第 41 条第 3 款明确规定了“由于国家机关和国家工作人员侵犯公民权利而受到损失的人，有依照法律规定取得赔偿的权利”，为建立国家责任追究机制和法律体系提供了宪法依据。

1995 年 1 月 1 日实施的《国家赔偿法》进一步完善了国家责任法律体系和国家责任追究机制，制度化了国家尊重和保障人权的重要原则。其中第 22 条、第 24 条、第 25 条规定了刑事赔偿中，法院作为赔偿义务机关的处理程序；第 38 条规定了民事诉讼、行政诉讼过程中，因违法采取对妨害诉讼的强制措施、保全措施或者对判决、裁定及其他生效法律文书执行错误，法院作为赔偿义务机关的处理程序。

为正确实施《国家赔偿法》，最高人民法院发布了《关于人民法院办理自赔案件程序的规定》等相关司法解释，确定人民法院办理的本院作为赔偿义务机关的国家赔偿案件，即“自赔案件”的管辖程序。

自此，从宪法到法律，再到司法解释，我国构建了立体化的自赔案件办理依据。

二、自赔案件集中管辖的理论依据

(一)正当程序原则

古今中外的历史证明,对程序正义的追求是深埋在丰沃的人性泥土当中的。古希腊时期的苏格拉底,因为坚持要遵守合乎程序的判决而拒绝逃跑,体现了古代智者对于程序正义的认同。而随着我国经济建设的发展,当代中国人民对司法正义的需求也日益增长。2003 年和 2005 年,马增悦、郝劲松,均对于铁路法院审理案件的程序合法性提出了质疑,并且引起了强烈的反响,反映了我国人民对于程序正义的迫切需求。此外,国务院于 2004 年颁布的《全面推进依法行政实施纲要》中,亦将“程序正当”列为依法行政的基本要求之一。

程序正义的内容颇为丰富,其中一条就是“任何人不能做自己案件的法官”。这一拉丁法谚经过英国柯克勋爵在 1610 年的博纳姆医生案中发扬光大,并随着我国市场经济及中国特色社会主义法律体系的建立和完善在我国生长发芽。为此,我国的三大诉讼法中,均规定了回避制度。

和行政赔偿案件、法院赔偿委员会对其他刑事侦查、检察机关的决定程序相比,我国不存在除法院之外的其他对法院作为赔偿义务机关的赔偿案件进行审查的国家机构。为最大限度保证公平和当事人获得程序公正的权利,法院尽量在系统内部进行制度建设,通过构建回避等制度努力实现程序正义要求。但随着人民群众对司法正义的需求日益增长,单纯的内部权力制约难以保障案件审查的客观中立。在案件的实际办理过程中,赔偿请求人不信任办理机构现象严重,造成了各种各样的困难。

自赔案件的集中管辖能够有效弥补现行制度的缺陷,满足人民群众对于司法程序正义的需求。将辖区内法院的自赔案件集中到一个法院管辖,至少就受管辖法院来说,能够杜绝自己做自己案件法官的现象出现,不仅有利于人民群众在案件办理过程中获得程序上的正义,减少不必要的猜疑,也有利于管辖法院居中办案,实质化解争议,维护双方利益。虽然现有的集中管辖制度不能彻底地解决程序正义的需求,但在现阶段下,确是回应人民诉求、发挥司法能动性的典型范例和现实之选,能够为国家赔偿制度的进一步完善提供宝贵的经验和路径选择。

(二)中国特色社会主义法治的自我完善

党的十八大报告指出,要进一步深化司法体制改革,坚持和完善中国特色的社会主义司法制度,确保审判机关依法独立公正行使审判权、健全司法权力运行机制，优化司法职权配置。十八届三中全会发布的《中共中央关于全面深化改革若干重大问题的决定》更进一步明确提出："确保依法独立公正行使审判权、检察权。改革司法管理体制……探索建立与行政区划适当分离的司法管辖制度，保证国家法律统一正确实施。"习近平总书记在十八届四中全会所作的《关于〈中共中央关于全面推进依法治国若干重大问题的决定〉的说明》中指出，探索设立跨行政区划的人民法院和人民检察院，推进以审判为中心的诉讼制度改革。实在法之上存在自然法，虽然人们随着历史进程和社会制度的不同对于自然法内涵的理解各有不同，但对善和正义的追求确是自古不变的主线。基于此，满足人民群众的对善和正义的司法需求成为我们不断完善各项法律制度的出发点和落脚点。

公正行使审判权就包含审判机关严格司法的内涵，就要求审判机关在各种类型案件中坚持以事实为根据、以法律为准绳，健全事实认定符合客观真相、办案结果符合实体公正、办案过程符合程序公正的法律制度。此外，为了更好地发挥司法保障人权的功能，必须保障受国家及其工作人员侵犯的公民得到公平审理的权利。实行集中管辖，将立案权交由与原司法行为无利害关系的第三方，实现行政区划与管辖权法院的分离，减少了来自本辖区政府等部门外部的压力以及来自赔偿义务机关内部的干扰，使裁判权远离法外因素的干扰，改善了司法环境，确保人民法院依法独立裁决，公平、公正保护赔偿请求人实体权利。

江必新副院长在2013年全国法院国家赔偿座谈会上也指出，要坚持司法为民和公正司法的工作主线，不断提升国家赔偿工作的法治含量和公正品质，确实解决立案难、决定难的问题。基层人民法院自赔案件的集中管辖，是借鉴了知识产权案件、海商、海事等案件集中管辖的思路提出的，该制度实现了行政区划与审判权的分离，为破解国家赔偿立案难、决定难的问题提出了解决思路，为国家赔偿案件的公正审理提供了程序保障，推动了我国国家赔偿审判工作的诉讼化进程，符合中央司法改革精神和最高法院司法改革的方向。

"他山之石，可以攻玉。"域外法治体系的成熟经验亦是我们建立中国特色社会主义法治体系的有益借鉴。从法国、德国、美国等几个主要国家的司法赔偿程序①的相关规定可以看出，苏联、罗马尼亚等最终由普通法院的民事诉讼程序解决；美国和我国台湾地区由设立在法院系统之外的专门机构解决，均实行裁判者和被裁者分离。自赔案件集中管辖工作使国家赔偿案件审理程序向诉讼化、专业化趋势发展，符合国家赔偿工作发展规律。尤其是在混合侵权案件处理领域，基

---

①　皮纯协、冯军主编：《国家赔偿法释论》，中国法制出版社1996年版，第186页。

层人民法院自赔案件实行集中管辖将自赔案件由办理向审理的方向推进,使得国家赔偿程序可以与其他审判程序的审级完美对接,可谓解决混合侵权案件问题的一剂良方。

三、自赔案件集中管辖的现实依据

(一)自赔案件集中管辖有助于实现审判团队专业化

在现有模式下,我国基层人民法院自赔案件存在如下特征:(1)案件数量少。统计数据显示,全国法院 2011 年 ~ 2013 年共审结国家赔偿案件 6145 件(分别为 2035 件、2065 件、2045 件[①]),其中基层人民法院 2011 年 ~ 2013 年审结自赔案件数共 972 件(分别为 360 件、281 件、331 件),对比同期三大诉讼程序中案件数较少的全国法院一审行政案件共 385,661 万件(分别为 136,361 件[②]、128,625 件[③]、120,675 件[④])明显偏少。自赔案件按全国 3115 个基层人民法院[⑤]计算,平均每个法院每年审理 0.1 件自赔案件。(2)案件分布不均。通过对北京市、天津市、重庆市三个直辖市法院的自赔案件数据分析发现,基层人民法院自赔案件均呈现分布不均的现象,部分法院多年没有国家赔偿案件,案件向少数几个法院集中。如北京市共有 16 个基层人民法院,2011 年至 2013 年全市基层人民法院共审结自赔案件 35 件,其中 2 个基层人民法院三年共审结自赔案件 18 件,占全部案件的 51.4%,有 6 个基层人民法院连续三年没有案件。天津市共有 16 个基层人民法院,2011 年至 2013 年共审结自赔案件 48 件,其中 2 个基层人民法院审结 19 件,占全部案件的 39.6%,有 8 个基层人民法院连续三年没有案件。重庆市共有 38 个基层人民法院, 2011 年至 2013 年共审结自赔案件 206 件,有 2 个基层人民法院审结 56 件案件,占全部案件的 27.2%,有 6 个基层人民法院连续三年没有案件。

---

① 数据源自《最高人民法院办公厅印发〈关于国家赔偿法修改后人民法院国家赔偿工作的调研报告〉的通知》。

② 最高人民法院:《二〇一一年全国法院审理各类案件情况》,载最高人民法院网站:www. court. gov. cn/fabu – xiangqing – 4212. html,访问日期:2018 年 6 月 6 日。

③ 最高人民法院:《2012 年人民法院审理一审案件情况》,载最高人民法院网站:www. court. gov. cn/fabu – xiangqing – 5928. html,访问日期:2018 年 6 月 6 日。

④ 最高人民法院:《2013 年人民法院工作基本情况》,载中国人大网:http://www. npc. gov. cn/npc/xinwen/lfgz/2014 – 03/06/content_1840789. htm,访问日期:2018 年 6 月 6 日。

⑤ 王胜俊:《最高人民法院关于人民法院加强基层建设促进司法公正工作情况的报告》,载中国人大网:http://www. npc. gov. cn/wxzl/gongbao/2011 – 12/30/content_1686377. htm,访问日期:2018 年 6 月 6 日。

上述状况导致法院对国家赔偿工作重视不足，在司法供给能力越发紧张的现实压迫下，造成国家赔偿机构不独立，人员配备不合理。《国家赔偿法》实施20年来，我国基层人民法院的国家赔偿小组绝大部分内设在审监庭或行政庭，有名无实，没有独立机构和编制。各级法院未能配备很强的审判队伍来承担这项工作，配备的人员也是兼职从事国家赔偿工作；审判人员缺乏对国家赔偿业务的学习，同时案件较少也造成办案经验不足，一旦有国家赔偿案件发生反而不知该如何处理，形成"案件数量少、人员专业素质低、案件质量不高"的恶性循环。

自赔案件集中管辖能够促进国家赔偿机构队伍调整优化，提高综合全面的司法能力。实行集中管辖，将案件集中交由具备审判优势的法院管辖，对大部分法院而言解放了审判力量，克服了人员闲置、机构空转的问题，节约了资源。同时，有管辖权法院的法官办案数量增加，经验得以丰富，审理案件人员也相对集中，队伍相对稳定，便于高院的审判指导与业务培训，进而有利于打造专业化的国家赔偿审判队伍，符合国家赔偿科学发展的方向。

（二）自赔案件集中管辖有助于提升案件质量

当前国家赔偿工作中，除了上述人员编制、法院赔偿机构中立性问题外，长期以来，由于受到"赔偿义务机关受理或者作出赔偿决定就意味着自我否定"等错误国家赔偿观念影响，许多赔偿义务机关即使明知应当决定赔偿也采取"能不立就不立，能拖就拖，能不赔就不赔"的办法，加之国家赔偿案件作为绩效考核的减分项等因素，从而导致自赔案件出现立案难、"逾期多"、案件质量不高等问题：

1. 立案难问题突出。据统计，2011年至2013年，天津市基层人民法院国家赔偿案件应予受理而未予受理最终被上级法院赔偿委员会指令受理的案件7件，占基层人民法院已结案件的14.6%；而同期高、中级人民法院没有被上级法院赔偿委员会指令受理的案件。

2. "逾期"现象突出。2011年～2013年天津市基层人民法院"逾期"案件12件，占基层人民法院已结案件的25%；中级人民法院"逾期"案件2件，占中级人民法院已结案件的4.5%，高院无一件"逾期"案件。

3. "上诉率"[①]相对较高。统计数据显示，2011年至2013年，北京市基层人民法院案件"上诉率"为60%，中级人民法院"上诉率"为32.8%；天津市基层人民法院"上诉率"为60.4%，中级人民法院"上诉率"为29.5%，高级人民法院"上诉

① "上诉率"此处借指国家赔偿案件中，赔偿请求人向上一级人民法院赔偿委员会申请的案件占全部案件的比例。

率”为20.7%。上述统计数据在一定程度上反映出赔偿请求人对基层人民法院办理自赔案件结果的不信任。

4. 发回、改判率相对较高。统计数据显示,2011年至2013年,天津市基层人民法院被上一级人民法院赔偿委员会发回和改判的案件10件,占基层人民法院已结案件的20.8%;而中级人民法院被上一级人民法院赔偿委员会发回和改判的案件4件,占中级人民法院已结案件的9.1%;高级人民法院被上一级人民法院赔偿委员会发回和改判的案件0件。有的案件基层人民法院明知应当赔偿,也往往由于法院内部或外部的压力,做出了不予赔偿的决定。

自赔案件集中管辖,能够降低赔偿请求人对于管辖法院中立性的怀疑,有助于建立专业、精简的审判团队,有助于减少来自地方党委、财政部门的外部压力和来自赔偿义务机关内部的压力,有助于管辖法院在案件处理过程中充分说理、直面案件的焦点问题,有助于通过程序争议保障案件的实体公正,有助于国家赔偿程序保障人权目的的实现。

国家赔偿集中管辖,是突破现有法律框架对自赔案件管辖制度作出的重大有益探索,具有深厚的法哲学和法理学基础,具有依法治国的战略依据和强大的领导核心,具有改善自赔案件管辖弊端、不断满足人民群众日益增长的司法需求的改革正当性,是天津市法院系统在当前司法改革大背景下做出的卓越贡献,必将在国家赔偿改革史上留下浓重一笔。

第三节 天津法院关于国家赔偿自赔案件办理标准(试行)

1. 总则

1.1 为规范国家赔偿自赔案件办理工作,确保依法公正办理自赔案件,依照法律、司法解释及相关规定,结合审判工作实际,制定本标准。

1.2 本标准所称自赔案件是指人民法院作为赔偿义务机关的国家赔偿案件。

1.3 本标准用于指导和评价自赔案件的办理工作。

1.4 本标准未规定的内容,适用其他相关标准化文件。

2. 办理机构

2.1　高级法院、中级法院及海事法院设立赔偿委员会，下设赔偿委员会办公室，负责办理本院作为赔偿义务机关的自赔案件。

2.2　集中管辖法院设立国家赔偿小组，负责办理本院及集中管辖区域内基层法院作为赔偿义务机关的自赔案件。

2.3　其他基层法院设立国家赔偿小组，负责涉及本院的应诉及理赔工作。

2.4　高级法院、中级法院及海事法院赔偿委员会，基层法院国家赔偿小组由3名以上法官组成且为单数。

3. 立案审查

3.1　赔偿请求人向赔偿义务机关提出赔偿申请的，无管辖权的基层法院告知其向集中管辖法院提出申请及时。

3.2　赔偿申请材料的收取。

3.2.1　赔偿请求人到院提交赔偿申请的，当场出具加盖本院专用印章并注明收讫日期的书面凭证；

3.2.2　赔偿请求人以邮寄等方式提交赔偿申请的，及时登记。

3.2.3　经审查需补正申请材料的，在五日内一次性告知。

3.3　立案审查包括以下事项：

3.3.1　赔偿请求人具备法律规定的主体资格；

3.3.2　申请事项和理由具体、明确；

3.3.3　属于国家赔偿案件受案范围；

3.3.4　属于本院受案范围；

3.3.5　有赔偿请求人确认的通讯地址及电话号码。

3.4　确定案由。

3.4.1　符合《关于国家赔偿案件案由的规定》的要求。

3.4.2　确定并列案由符合下列条件：

3.4.2.1　涉及同一赔偿义务机关的两个以上司法行为；

3.4.2.2　赔偿申请对应同一权利且应当一并审理。

3.5　立案审查于收到赔偿申请之日起七日内完成。

3.5.1　决定立案的，在立案之日起五日内向赔偿请求人送达受理案件通知书；

3.5.2 不予受理的,在作出决定之日起十日内送达不予受理决定。

3.6 集中管辖法院向赔偿义务机关送达案件受理通知书及调卷函于立案之日起五个工作日内完成。

3.7 受理赔偿请求人撤回赔偿申请后再次申请赔偿的,符合下列条件:

3.7.1 符合《国家赔偿法》第三十九条规定的时效;

3.7.2 有充分证据证明撤回申请违背真实意思表示;

3.7.3 有其他正当理由。

4. 审查决定

4.1 赔偿义务机关于收到案件受理通知书及调卷函之日起十五个工作日内移送全部相关卷宗、材料及书面答辩意见。

4.2 赔偿义务机关就案件事实、证据向集中管辖法院提出相关意见,并配合调查。

4.3 审查案卷材料全面细致,听取赔偿请求人及赔偿义务机关的意见充分,提出处理意见有事实基础。

4.4 决定程序。

4.4.1 高级法院、中级法院及海事法院作为赔偿义务机关的自赔案件,经合议庭合议后,提交赔偿委员会讨论,报请院长决定;

4.4.2 基层法院作为赔偿义务机关的自赔案件,提交国家赔偿小组讨论后,报请院长决定;

4.4.3 重大、疑难、复杂案件,合议庭难以做出决定的,提交审判委员会讨论决定。

4.5 作出是否赔偿的决定符合法律规定的期限。

4.6 国家赔偿决定书载明以下事项:

4.6.1 赔偿请求人的基本情况;

4.6.2 申请事项及理由;

4.6.3 认定的事实理由及法律依据;

4.6.4 决定内容;

4.6.5 申请上一级法院赔偿委员会作出赔偿决定的期间和上一级法院名称。

4.7 赔偿决定作出之日起十日内送达国家赔偿决定书。

4.7.1 本院作为赔偿义务机关的,送达赔偿请求人;

4.7.2　集中管辖的自赔案件,送达赔偿请求人和赔偿义务机关。

5. 听证和协商

5.1　听证

办理自赔案件进行听证的,参照《最高人民法院关于人民法院赔偿委员会适用质证程序审理国家赔偿案件的规定》。

5.2　协商

适用协商的自赔案件符合下列情形:

5.2.1　坚持自愿、合法原则;

5.2.2　协商内容限于赔偿方式、赔偿项目和赔偿数额;

5.2.3　有协商笔录;

5.2.4　协商达成协议的,通过国家赔偿决定书确定,协商不成的及时作出决定。

6. 撤回申请审查

6.1　准许撤回申请的,符合以下条件:

6.1.1　有撤回申请书和询问笔录;

6.1.2　撤回申请出于自愿;

6.1.3　撤回申请不侵害国家利益、社会公共利益。

6.2　撤回赔偿申请的审查,于申请提交之日起十五日内完成。

6.3　由赔偿委员会或者国家赔偿小组决定是否准许撤回赔偿申请。

6.4　是否准许撤回国家赔偿申请的决定书于赔偿委员会或者国家赔偿小组作出决定之日起五个工作日内作出。

6.5　决定的送达。

6.5.1　本院作为赔偿义务机关的,送达赔偿请求人;

6.5.2　集中管辖的自赔案件,送达赔偿请求人和赔偿义务机关。

7. 赔偿金支付

7.1　赔偿义务机关支付赔偿金符合下列情形:

7.1.1　支付申请书;

7.1.2　赔偿请求人身份证明;

7.1.3　生效国家赔偿决定书。

7.2 赔偿请求人当面递交申请支付材料的,赔偿义务机关出具收讫凭证。赔偿请求人提出口头申请的,赔偿义务机关记入笔录,由赔偿请求人签名、捺印或者盖章。

7.3 申请支付材料真实、有效、完整的,赔偿义务机关自受理之日起七个工作日内,依照预算管理权限向有关财政部门提出支付申请。

7.4 申请支付材料不完整的,赔偿义务机关于三个工作日内一次性告知赔偿请求人需要补正的全部材料。

7.5 申请支付材料虚假、无效的,赔偿义务机关自不予受理决定作出之日起三个工作日内书面通知赔偿请求人并说明理由。

7.6 赔偿请求人对不予受理申请支付的通知向上级人民法院申请复核的,上级人民法院自收到申请复核之日起五个工作日内作出复核决定,并在作出复核决定之日起三个工作日内送达赔偿请求人。

7.7 财政部门告知赔偿义务机关申请支付材料不符合要求的,赔偿义务机关自接到通知之日起五日内按照要求提交补正材料。需要赔偿请求人补正材料的,赔偿义务机关五日内通知赔偿请求人。

7.8 财政部门已支付国家赔偿费用的,赔偿义务机关五个工作日内通知赔偿请求人。

7.9 赔偿义务机关在赔偿金支付之日起五个工作日内,将支付证明送交集中管辖法院。

8. 规范性文件引用

8.1 最高人民法院《关于人民法院办理自赔案件程序的规定》(法释〔2013〕19号)

8.2 最高人民法院《关于国家赔偿案件立案工作的规定》(法释〔2012〕1号)

8.3 最高人民法院《关于人民法院赔偿委员会审理国家赔偿案件程序的规定》(法释〔2011〕6号)

8.4 《人民法院国家赔偿案件文书样式》(法办发〔2012〕11号)

8.5 《天津市高级人民法院关于印发〈关于基层人民法院自赔案件集中管辖试点工作的意见〉的通知》(津高法〔2014〕175号)

第四节　《天津法院关于国家赔偿自赔案件办理程序标准(试行)》释义

1. 总则

【条文】

1.1　为规范全市法院国家赔偿自赔案件办理工作,确保依法公正办理自赔案件,依照法律、司法解释及相关规定,结合审判工作实际,制定本标准。

【条文主旨】

本标准制定的目的和依据。

【条文理解】

本条依照法律、司法解释及相关规定,主要指:《国家赔偿法》(2012 年修正)、最高人民法院《关于人民法院办理自赔案件程序的规定》(法释〔2013〕19 号)、最高人民法院《关于国家赔偿案件立案工作的规定》(法释〔2012〕1 号)、最高人民法院《关于人民法院赔偿委员会审理国家赔偿案件程序的规定》(法释〔2011〕6 号)、《天津市高级人民法院关于印发〈关于基层人民法院自赔案件集中管辖试点工作的意见〉的通知》(津高法〔2014〕175 号)等。

【条文】

1.2　本标准所称自赔案件是指人民法院作为赔偿义务机关的国家赔偿案件。

【条文主旨】

本标准的适用范围。

【条文理解】

根据《国家赔偿法》第 23 条、第 24 条的规定,除行政赔偿案件以外,由人民法院负责审查处理的国家赔偿案件可分为两类:一类是人民法院作为赔偿义务机关办理的国家赔偿案件;另一类是中级以上人民法院赔偿委员会审理裁决的国家赔偿案件。两类案件分别适用不同的审查处理程序,两种程序共同构成人民法院国家赔偿程序制度的基础内容。其中,第一类案件即通常所称的“自赔案件”。

“自赔案件”的概念源于《最高人民法院关于人民法院办理自赔案件程序的规

定》第1条规定:“本规定所称自赔案件,是指人民法院办理的本院作为赔偿义务机关的国家赔偿案件。”具体是指,赔偿请求人认为人民法院在刑事诉讼中违法行使审判职权,在民事诉讼、行政诉讼中,违法采取对妨害诉讼的强制措施、保全措施或者对判决、裁定及其他生效法律文书执行错误,对其合法权益造成损害并请求国家赔偿的,应当先向赔偿义务机关提出。在此环节,人民法院办理赔偿请求人提出的赔偿申请,系审查是否存在自身错误或违法行使职权导致涉赔纠纷的阶段。

【条文】

1.3　本标准用于指导和评价自赔案件的办理工作。

【条文主旨】

本标准的适用目的。

【条文理解】

本条中所指的“自赔案件的办理工作”,既包括负责办理自赔案件的人民法院,也包括其他负责本院作为赔偿义务机关应诉工作的基层人民法院。

【条文】

1.4　本标准未规定的内容,适用其他相关标准化文件。

【条文主旨】

本标准与其他标准化文件的关系。

【条文理解】

略。

2. 办理机构

【条文】

2.1　高级法院、中级法院及海事法院设立赔偿委员会,下设赔偿委员会办公室,负责办理本院作为赔偿义务机关的自赔案件。

【条文主旨】

高级法院、中级法院及海事法院办理自赔案件的组织机构。

【条文理解】

参见《国家赔偿法》(2012年修正)第29条第1款规定:中级以上的人民法院设立赔偿委员会,由人民法院三名以上审判员组成,组成人员的人数应当为单数。

【条文】

2.2　集中管辖法院设立国家赔偿小组,负责办理本院及集中管辖区域内基层法院作为赔偿义务机关的自赔案件。

【条文主旨】

集中管辖法院办理自赔案件的组织机构。

【条文理解】

参见《关于基层人民法院自赔案件集中管辖试点工作的意见》第2条规定："指定天津市红桥区人民法院管辖天津市第一中级人民法院辖区内所有基层人民法院的自赔案件；指定天津市滨海新区人民法院管辖塘沽、汉沽、大港、功能区四个审判区的自赔案件；指定天津市东丽区人民法院管辖天津市第二中级人民法院辖区内其他所有基层人民法院的自赔案件。"第3条规定："集中管辖法院国家赔偿小组设在审判监督庭，由三名以上审判员组成，依照《中华人民共和国国家赔偿法》及相关司法解释办理自赔案件。"以上规定是人民法院内设机构改革前的情况。人民法院内设机构改革后，天津市国家赔偿案件由集中管辖法院行政审判庭承办。据此，集中管辖法院国家赔偿小组设在行政审判庭，由三名以上法官组成，依照《国家赔偿法》及相关司法解释、标准化文件办理自赔案件。

【条文】

2.3　其他基层法院设立国家赔偿小组，负责涉及本院的应诉及理赔工作。

【条文主旨】

无管辖权的基层法院应诉及理赔工作的组织机构。

【条文理解】

人民法院内设机构改革后，国家赔偿案件由无管辖权的基层法院行政审判庭负责应诉。据此，其他基层法院国家赔偿小组设在行政审判庭。需要明确的是，涉及其他基层法院的国家赔偿应诉工作亦应予立案，应诉材料归入卷宗，结案后归档。这种做法，一方面能够规范和评价负责应诉的其他基层法院国家赔偿小组的工作，另一方面也便于其他基层法院结案后查找案件相关材料。

【条文】

2.4　高级法院、中级法院及海事法院赔偿委员会，基层法院国家赔偿小组由3名以上法官组成且为单数。

【条文主旨】

赔偿委员会、国家赔偿小组的人员构成。

【条文理解】

参见《最高人民法院关于人民法院赔偿委员会审理国家赔偿案件程序的规定》第7条第3款规定："赔偿委员会作赔偿决定，必须有三名以上审判员参加，按照少数服从多数的原则作出决定。"《关于基层人民法院自赔案件集中管辖试点工作的意见》第3条规定:“集中管辖法院国家赔偿小组设在审判监督庭,由三名以上审判员组成,依照《中华人民共和国国家赔偿法》及相关司法解释办理自赔案件。”人民法院内设机构改革后,国家赔偿小组设在行政审判庭。

3. 立案审查

【条文】

3.1　赔偿请求人向赔偿义务机关提出赔偿申请的,无管辖权的基层法院告知其向集中管辖法院提出申请及时。

【条文主旨】

无管辖权的基层法院如何处理赔偿请求人的申请。

【条文理解】

无管辖权的基层法院负有及时、准确告知赔偿请求人向集中管辖法院提出申请的义务,包括集中管辖法院名称、地点、联系方式等。

【条文】

3.2　赔偿申请材料的收取。

3.2.1　赔偿请求人到院提出赔偿申请的,当场出具加盖本院专用印章并注明收讫日期的书面凭证;

3.2.2　赔偿请求人以邮寄等方式提出赔偿申请的,及时登记。

3.2.3　经审查需补正申请材料的,在五日内一次性告知。

【条文主旨】

赔偿申请材料的收取。

【条文理解】

参见《最高人民法院关于国家赔偿案件立案工作的规定》第3条第3款规定:“申请材料不齐全的,收到申请的人民法院应当在五日内一次性告知赔偿请求人需要补正的全部内容。收到申请的时间自人民法院收到补正材料之日起计算。”

“本院专用印章”指集中管辖法院专用印章。集中管辖法院统一收取申请材料并进行立案审查,无管辖权的基层法院不负责接收申请材料。这也与《最高人民法院关于国家赔偿案件立案工作的规定》第3条第3款“收到申请的人民法院”保持一致,使得接收材料和审查材料都由集中管辖法院负责。值得注意的是,在极特殊情况下,例如,赔偿请求人在请求时效的最后一日向赔偿义务机关提出赔偿申请的,且因合理事由不能在当日到达集中管辖法院提出申请的;又如,赔偿义务机关已收取赔偿请求人的申请进行审查,延误了请求时效,导致赔偿请求人向集中管辖法院申请国家赔偿时,客观上已经超过了请求时效等情况,应视为赔偿请求人在法定时效内提出了国家赔偿申请。集中管辖法院可以向无管辖权的基层法院核实情况,其他基层法院应予以配合。

依据《民事诉讼法》有关规定,期间不包括在途时间,赔偿请求人以邮寄方式提出赔偿申请的,在请求时效期满前交邮的,不算过期。

需补正申请材料的,以当面告知为首选,但鉴于赔偿请求人可能距离集中管辖法院较远,可以通过电话进行告知,最好采用录音电话,没有录音电话的,立案部门法官应做好情况记录,并随卷移送本院国家赔偿小组。

【条文】

3.3 立案审查包括以下事项:

3.3.1 赔偿请求人具备法律规定的主体资格;

3.3.2 申请事项和理由具体、明确;

3.3.3 属于国家赔偿案件受案范围;

3.3.4 属于本院受案范围;

3.3.5 有赔偿请求人确认的通讯地址及电话号码。

【条文主旨】

立案审查事项。

【条文理解】

参见《最高人民法院关于国家赔偿案件立案工作的规定》第1条规定,本规定所称国家赔偿案件,是指《国家赔偿法》第17条、第18条、第21条、第38条规定的下列案件:

(1)违反刑事诉讼法的规定对公民采取拘留措施的,或者依照刑事诉讼法规定的条件和程序对公民采取拘留措施,但是拘留时间超过刑事诉讼法规定的时限,其后决定撤销案件、不起诉或者判决宣告无罪终止追究刑事责任的;

(2)对公民采取逮捕措施后,决定撤销案件、不起诉或者判决宣告无罪终止追究刑事责任的;

(3)二审改判无罪,以及二审发回重审后作无罪处理的;

(4)依照审判监督程序再审改判无罪,原判刑罚已经执行的;

(5)刑讯逼供或者以殴打、虐待等行为或者唆使、放纵他人以殴打、虐待等行为造成公民身体伤害或者死亡的;

(6)违法使用武器、警械造成公民身体伤害或者死亡的;

(7)在刑事诉讼过程中违法对财产采取查封、扣押、冻结、追缴等措施的;

(8)依照审判监督程序再审改判无罪,原判罚金、没收财产已经执行的;

(9)在民事诉讼、行政诉讼过程中,违法采取对妨害诉讼的强制措施、保全措施或者对判决、裁定及其他生效法律文书执行错误,造成损害的。

《最高人民法院关于国家赔偿案件立案工作的规定》第 4 条规定,赔偿请求人向作为赔偿义务机关的人民法院提出赔偿申请,收到申请的人民法院经审查认为其申请符合下列条件的,应予立案:

(1)赔偿请求人具备法律规定的主体资格;

(2)本院是赔偿义务机关;

(3)有具体的申请事项和理由;

(4)属于本规定第一条规定的情形。

为贯彻人民法院立审分离的工作原则,方便人民群众请求赔偿,《关于人民法院办理自赔案件程序的规定》第 3 条规定,人民法院应当对自赔案件予以立案审查,凡赔偿请求人的申请符合该规定第 4 条所列举条件的(即赔偿请求人具备法律规定的主体资格、受理申请的人民法院是赔偿义务机关、有具体的申请事项和理由,且属于《国家赔偿法》第 17 条、第 18 条、第 21 条、第 38 条规定的管辖范围),人民法院应予立案受理。

赔偿请求人的主体资格审查,应适用《国家赔偿法》第 6 条的规定,"受害的公民、法人和其他组织有权要求赔偿。受害的公民死亡,其继承人和其他有扶养关系的亲属有权要求赔偿。受害的法人或者其他组织终止的,其权利承受人有权要求赔偿"。

申请事项和理由具体、明确,是指赔偿请求人应当在申请书中明确指出受到某一案件或某一事件的侵害。

属于国家赔偿案件受案范围,是指符合最高人民法院《关于国家赔偿案件立案工作的规定》第 1 条的规定。

属于本院受案范围,是指符合《天津市高级人民法院关于印发〈关于基层人民法院自赔案件集中管辖试点工作的意见〉的通知》(津高法〔2014〕175 号)的规定。

【条文】

3.4 确定案由。

3.4.1 符合《关于国家赔偿案件案由的规定》的要求。

3.4.2 确定并列案由符合下列条件:

3.4.2.1 涉及同一赔偿义务机关的两个以上司法行为;

3.4.2.2　赔偿申请对应同一权利且应当一并审理。

【条文主旨】

案由的确定。

【条文理解】

参见《最高人民法院关于国家赔偿案件立案、案由有关问题的通知》第3条规定,"关于国家赔偿案件案由的适用:对于赔偿请求人提出的赔偿申请属于《立案规定》第一条规定情形的,应当根据《案由规定》确定案由。在适用《案由规定》第六项至第十项时,一般应根据赔偿申请的具体情况择一确定案由,如赔偿申请涉及违法使用警械造成公民死亡的,案由为违法使用警械致死赔偿,如赔偿申请涉及虐待造成公民身体伤害的,案由为虐待致伤赔偿。

赔偿请求人提出的赔偿申请涉及同一赔偿义务机关的两个以上司法行为,且对应同一权利,应当一并审理的,可以确定并列案由。如赔偿申请既涉及刑事违法查封,又涉及刑事违法追缴的,案由为刑事违法查封、追缴赔偿;如赔偿申请既涉及违法保全,又涉及错误执行的,案由为违法保全、错误执行赔偿。"

依据上述规定,案由包括以下十四种:违法刑事拘留赔偿(《国家赔偿法》第17条第1项),无罪逮捕赔偿(《国家赔偿法》第17条第2项),二审无罪赔偿(《国家赔偿法》第21条第4款),重审无罪赔偿(《国家赔偿法》第21条第4款),再审无罪赔偿(《国家赔偿法》第17条第3项),刑讯逼供致伤、致死赔偿(《国家赔偿法》第17条第4项),殴打、虐待致伤、致死赔偿(《国家赔偿法》第17条第4项),以殴打、虐待等行为或者唆使、放纵他人以殴打、虐待等行为造成公民身体伤害或者死亡的赔偿案件,违法使用武器、警械致伤、致死赔偿(《国家赔偿法》第17条第5项),刑事违法查封、扣押、冻结、追缴赔偿(《国家赔偿法》第18条第1项),错判罚金、没收财产赔偿(《国家赔偿法》第18条第2项),违法司法罚款赔偿(《国家赔偿法》第38条),违法司法拘留赔偿(《国家赔偿法》第38条),违法保全赔偿(《国家赔偿法》第38条),错误执行赔偿(《国家赔偿法》第38条)。

【条文】

3.5　立案审查于收到赔偿申请之日起七日内完成。

3.5.1　决定立案的,在立案之日起五日内向赔偿请求人送达受理案件通知书;

3.5.2　不予受理的,在作出决定之日起十日内送达不予受理决定。

【条文主旨】

立案审查的完成时限及文书送达。

【条文理解】

参见《最高人民法院关于国家赔偿案件立案工作的规定》第 9 条规定,“人民法院应当在收到申请之日起七日内决定是否立案。

决定立案的,人民法院应当在立案之日起五日内向赔偿请求人送达受理案件通知书。属于人民法院赔偿委员会审理的国家赔偿案件,还应当同时向赔偿义务机关、复议机关送达受理案件通知书、国家赔偿申请书或者《申请赔偿登记表》副本。

经审查不符合立案条件的,人民法院应当在七日内作出不予受理决定,并应当在作出决定之日起十日内送达赔偿请求人”。

送达不予受理决定书,是指向赔偿请求人送达不予受理决定书。

【条文】

3.6　集中管辖法院向赔偿义务机关送达案件受理通知书及调卷函于立案之日起五个工作日内完成。

【条文主旨】

集中管辖法院向赔偿义务机关送达立案手续的时限。

【条文理解】

本条规定了集中管辖法院向赔偿义务机关送达受理通知书和调卷函的时间节点。

【条文】

3.7　受理赔偿请求人撤回赔偿申请后再次申请赔偿的,符合下列条件:

3.7.1　符合《国家赔偿法》第三十九条规定的时效;

3.7.2　有充分证据证明撤回申请违背真实意思表示;

3.7.3　有其他正当理由。

【条文主旨】

撤回赔偿申请后再次提出赔偿申请的条件。

【条文理解】

《最高人民法院关于人民法院办理自赔案件程序的规定》第 9 条规定,“人民法院作出决定前,赔偿请求人撤回赔偿申请的,人民法院应当准许。

赔偿请求人撤回赔偿申请后,在国家赔偿法第三十九条规定的时效内又申请赔偿,并有证据证明其撤回申请确属违背真实意思表示或者有其他正当理由的,人民法院应予受理。”

《国家赔偿法》第 39 条规定,“赔偿请求人请求国家赔偿的时效为两年,自其知道或者应当知道国家机关及其工作人员行使职权时的行为侵犯其人身权、财产权之日起计算，但被羁押等限制人身自由期间不计算在内。在申请行政复议或者提起行政诉讼时一并提出赔偿请求的，适用行政复议法、行政诉讼法有关时效的规定。

赔偿请求人在赔偿请求时效的最后六个月内，因不可抗力或者其他障碍不能行使请求权的，时效中止。从中止时效的原因消除之日起，赔偿请求时效期间继续计算。”

自赔案件办理过程中，赔偿请求人撤回赔偿申请，并经赔偿义务机关准许后，再次向赔偿义务机关申请国家赔偿的，原则上不予受理。除非一并满足第3.7.1条符合《国家赔偿法》第39条规定的时效，第3.7.2条有充分证据证明撤回申请违背真实意思表示，以及第3.7.3条有其他正当理由。“所谓确属违背真实意思表示，在实践中一般表现为以下情形：其一，赔偿请求人自己对撤回行为的内容、性质和结果理解错误；其二，他人曲解法律，致使赔偿请求人陷于错误而撤回申请；其三，他人以胁迫方式，使赔偿请求人陷于恐惧而撤回申请；其四，他人利用赔偿请求人的急迫需要或危难处境，迫其违背本意而撤回申请；其五，他人违法以其他条件诱使赔偿请求人违背本意而撤回赔偿申请。除此以外，该条还以其他正当理由概括未能穷尽列举的其他情形，如作为赔偿义务机关的人民法院承诺赔偿、补偿、帮扶救助，但赔偿请求人撤回赔偿申请后人民法院在合理期限内未予兑现的，或是其他违反法律、法规强制性规定的情形等。”①

需要注意的是，《关于国家赔偿案件立案工作的规定》第10条规定了不服人民法院不予受理决定的救济途径，仍可向上一级人民法院赔偿委员会提出赔偿申请。也就是说，如果赔偿请求人依据本条规定向赔偿义务机关申请国家赔偿，人民法院决定不予受理或者逾期未予立案的，赔偿请求人可以向上一级人民法院赔偿委员会提出赔偿申请。

4. 审查决定

【条文】

4.1　赔偿义务机关于收到案件受理通知书及调卷函之日起十五个工作日内移送全部相关卷宗、材料及书面答辩意见。

---

①　杨临萍、苏戈、杨磊：《〈关于人民法院办理自赔案件程序的规定〉的理解与适用》，载《人民司法·应用》2013年第19期。

【条文主旨】

赔偿义务机关移送卷宗、材料及书面答辩意见的时间节点。

【条文理解】

本条细化规定了移送卷宗、材料及书面答辩意见的时间节点。依据天津市高级人民法院《关于规范国家赔偿案件调卷工作的通知》(津高法办〔2015〕41 号)第3 条规定,“相关原审法院已将纸质案卷材料转换成电子档案的,经核对电子档案与纸质案卷材料一致后,可以只报送电子档案,不报送纸质案卷材料。在自赔案件审理过程中,相关原审法院提交电子档案的,应当向集中管辖法院书面明确经核对电子档案与纸质案卷材料一致”。

【条文】

4.2 赔偿义务机关就案件事实、证据向集中管辖法院提出相关意见,并配合调查。

【条文主旨】

赔偿义务机关配合集中管辖法院调查的义务。

【条文理解】

参见《关于基层人民法院自赔案件集中管辖试点工作的意见》第 8 条规定,“赔偿义务机关应当就案件事实、证据等向集中管辖法院提出相关意见”。

【条文】

4.3 审查案卷材料全面细致,听取赔偿请求人及赔偿义务机关的意见充分,提出处理意见有事实基础。

【条文主旨】

案件承办法官的全面审查工作。

【条文理解】

《最高人民法院关于人民法院办理自赔案件程序的规定》第 7 条第 1 款规定,“人民法院应当全面审查案件,充分听取赔偿请求人的意见。必要时可以调取原审判、执行案卷,可以向原案件承办部门或有关人员调查、核实情况。听取意见、调查核实情况,应当制作笔录”。本条规定了人民法院办理自赔案件的一般方法和基本要求,即承办法官在办理自赔案件中,应当全面审查案卷材料,充分听取赔偿请求人和赔偿义务机关的意见;必要时,承办法官也可以依职权主动向原案件承办部门或有关人员调查、核实情况。

【条文】

4.4 决定程序。

4.4.1　高级法院、中级法院及海事法院作为赔偿义务机关的自赔案件，经合议庭合议后，提交赔偿委员会讨论，报请院长决定；

4.4.2　基层法院作为赔偿义务机关的自赔案件，提交国家赔偿小组讨论后，报请院长决定；

4.4.3　重大、疑难、复杂案件，合议庭难以做出决定的，提交审判委员会讨论决定。

【条文主旨】

自赔案件的决定程序。

【条文理解】

参见《最高人民法院关于人民法院办理自赔案件程序的规定》第 4 条规定，"人民法院办理自赔案件，应当指定一名审判员承办。

负责承办的审判员应当查清事实并提出处理意见，经国家赔偿小组或者赔偿委员会讨论后，报请院长决定。重大、疑难案件由院长提交院长办公会议讨论决定"。

第 7 条规定，"人民法院应当全面审查案件，充分听取赔偿请求人的意见。必要时可以调取原审判、执行案卷，可以向原案件承办部门或有关人员调查、核实情况。听取意见、调查核实情况，应当制作笔录。

案件争议较大，或者案情疑难、复杂的，人民法院可以组织赔偿请求人、原案件承办人以及其他相关人员举行听证。听证情况应当制作笔录"。

本条规定了高级人民法院、中级人民法院及海事法院和集中管辖法院办理自赔案件的决定程序，具体是指人民法院应当指定一名法官负责具体承办自赔案件，先由承办法官查清事实并提出处理意见，后提交国家赔偿小组或赔偿委员会讨论，报请院长决定，重大、疑难、复杂案件提交审判委员会讨论决定。

【条文】

4.5　作出是否赔偿的决定符合法律规定的期限。

【条文主旨】

作出赔偿决定的期限。

【条文理解】

参见《最高人民法院关于人民法院办理自赔案件程序的规定》第 12 条规定，"人民法院应当自收到赔偿申请之日起两个月内作出是否赔偿的决定，并制作国家赔偿决定书。

申请人向人民法院申请委托鉴定、评估的，鉴定、评估期间不计入办理期限"。

关于自赔案件的办案时限,在特定案件中,对相关财产损害进行鉴定、评估,有利于查清事实,确定损害后果,也有利于作为赔偿义务机关的人民法院与赔偿请求人协商处理涉赔纠纷。需要注意的是,不计入办理案件期限的情形,仅指赔偿请求人向人民法院申请委托鉴定、评估,鉴定评估期间不予计入办案期限而言。

【条文】

4.6 国家赔偿决定书载明以下事项:

4.6.1 赔偿请求人的基本情况;

4.6.2 申请事项及理由;

4.6.3 认定的事实理由及法律依据;

4.6.4 决定内容;

4.6.5 申请上一级法院赔偿委员会作出赔偿决定的期间和上一级法院名称。

【条文主旨】

国家赔偿决定书的应当载明的事项。

【条文理解】

参见《最高人民法院关于人民法院办理自赔案件程序的规定》第13条规定,"国家赔偿决定书应当载明以下事项:

(一)赔偿请求人的基本情况;

(二)申请事项及理由;

(三)决定的事实理由及法律依据;

(四)决定内容;

(五)申请上一级人民法院赔偿委员会作出赔偿决定的期间和上一级人民法院名称"。

【条文】

4.7 赔偿决定作出之日起十日内送达国家赔偿决定书。

4.7.1 本院作为赔偿义务机关的,送达赔偿请求人;

4.7.2 集中管辖的自赔案件,送达赔偿请求人和赔偿义务机关。

【条文主旨】

赔偿决定的送达时限。

【条文理解】

参见《最高人民法院关于人民法院办理自赔案件程序的规定》第14条规定,"人民法院决定赔偿或不予赔偿的,应当自作出决定之日起十日内将国家赔偿决定书送达赔偿请求人”。

本条延续了《最高人民法院关于人民法院办理自赔案件程序的规定》的规定，要求人民法院作出赔偿或不予赔偿的决定后，均应在作出决定之日起十日内将国家赔偿决定书送达给赔偿请求人（集中管辖的自赔案件，另送达赔偿义务机关）。这一点较《国家赔偿法》第 13 条规定的“赔偿义务机关决定不予赔偿的，应当自作出决定之日起十日内书面通知赔偿请求人，并说明不予赔偿的理由”更加严格。

5. 听证和协商

【条文】

5.1　听证

办理自赔案件进行听证的，参照《最高人民法院关于人民法院赔偿委员会适用质证程序审理国家赔偿案件的规定》。

【条文主旨】

听证程序标准化的主要依据。

【条文理解】

自赔案件以书面审查为原则，但争议较大、案情疑难复杂的自赔案件，人民法院可以组织赔偿请求人、原案件承办人等相关人员举行听证，集中管辖的自赔案件可以组织赔偿请求人和赔偿义务机关举行听证。这属于国家赔偿书面审查原则之外，对特定案件采取的更为公开、透明的特殊办案方式。

【条文】

5.2　协商

适用协商的自赔案件符合下列情形：

5.2.1　坚持自愿、合法原则；

5.2.2　协商内容限于赔偿方式、赔偿项目和赔偿数额；

5.2.3　有协商笔录；

5.2.4　协商达成协议的，通过国家赔偿决定书确定，协商不成的及时作出决定。

【条文主旨】

本条规定了自赔案件协商的原则、内容、协商后果的处理等。

【条文理解】

参见《最高人民法院关于人民法院办理自赔案件程序的规定》第 8 条规定，“人民法院可以与赔偿请求人就赔偿方式、赔偿项目和赔偿数额在法律规定的范围内进行协商。协商应当遵循自愿、合法的原则。协商情况应当制作笔录。

经协商达成协议的,人民法院应当制作国家赔偿决定书。协商不成的,人民法院应当依法及时作出决定”。

自赔案件协商应注意以下几个问题:

第一,协商应遵循自愿、合法原则,赔偿义务机关与赔偿请求人进行协商的,应当遵循各方意愿。需要注意的是,集中管辖的自赔案件,赔偿义务机关与赔偿请求人的协商应当在集中管辖法院的主导下进行。

第二,协商内容法定,协商内容包括赔偿方式、赔偿项目和赔偿数额等,均不能超出法律规定的范围和标准。

第三,本院作为赔偿义务机关的,协商笔录由人民法院制作,赔偿请求人签名或捺印;集中管辖的自赔案件,由集中管辖法院制作协商笔录,赔偿请求人和赔偿义务机关应诉人员签名或捺印。

第四,经协商达成协议的,本院作为赔偿义务机关的自赔案件由人民法院制作国家赔偿决定书,集中管辖的自赔案件由集中管辖法院制作国家赔偿决定书。经协商达成一致意见的,决定书中应写明进行协商的情况、达成协议的内容、决定赔偿的方式和数额。双方协商不成的,人民法院应当依法及时作出赔偿决定。

6. 撤回申请审查

【条文】

6.1 准许撤回申请的,符合以下条件:

6.1.1 有撤回申请书和询问笔录;

6.1.2 撤回申请出于自愿;

6.1.3 撤回申请不侵害国家利益、社会公共利益。

【条文主旨】

撤回赔偿申请的审查内容。

【条文理解】

参见《最高人民法院关于人民法院办理自赔案件程序的规定》第9条第1款规定,“人民法院作出决定前,赔偿请求人撤回赔偿申请的,人民法院应当准许”。

本条规定了撤回赔偿申请的审查内容,包括形式审查和实质审查。形式审查主要指有撤回申请书,并载明撤回申请的理由。实质审查主要审查撤回申请是否系赔偿请求人的真实意思表示,是否自愿,自赔案件承办法官应当就此询问赔偿请求人,并制作笔录;此外,实质审查须审查撤回赔偿申请理由是否正当,是否存在与法律法规等相关规定相违背,撤回申请是否侵害国家利益、社会公共利益等情形。

【条文】

6.2　撤回赔偿申请的审查,于申请提交之日起十五日内完成。

【条文主旨】

撤回赔偿申请的审查时限。

【条文理解】

注意是十五日,不是工作日。

【条文】

6.3　由赔偿委员会或者国家赔偿小组决定是否准许撤回赔偿申请。

【条文主旨】

撤回赔偿申请的审查决定机构。

【条文理解】

首先由承办法官审查撤回赔偿申请,并提出意见。其次,集中管辖的自赔案件由国家赔偿小组决定是否准许赔偿请求人撤回赔偿申请;高级法院、中级法院和海事法院作为赔偿义务机关的案件和申请上一级人民法院赔偿委员会作出决定的案件,由赔偿委员会决定是否准许赔偿请求人撤回赔偿申请。需要注意的是,与其他国家赔偿决定的决定程序不同,撤回赔偿申请的审查不必经院长决定。

【条文】

6.4　是否准许撤回国家赔偿申请的决定书于赔偿委员会或者国家赔偿小组作出决定之日起五个工作日内作出。

【条文主旨】

是否准许撤回国家赔偿申请决定的作出时限。

【条文理解】

准许撤回的,人民法院应当制作准予撤回国家赔偿申请的决定书。

【条文】

6.5　决定的送达。

6.5.1　本院作为赔偿义务机关的,送达赔偿请求人;

6.5.2　集中管辖的自赔案件,送达赔偿请求人和赔偿义务机关。

【条文主旨】

准许撤回国家赔偿申请决定书的送达。

【条文理解】

略。

7. 赔偿金支付

【条文】

7.1　赔偿义务机关支付赔偿金符合下列情形:

7.1.1　支付申请书;

7.1.2　赔偿请求人身份证明;

7.1.3　生效国家赔偿决定书。

【条文主旨】

赔偿义务机关支付赔偿金的条件。

【条文理解】

参见《最高人民法院关于人民法院办理自赔案件程序的规定》第15条规定,"赔偿请求人依据国家赔偿法第三十七条第二款的规定向人民法院申请支付赔偿金的,应当递交申请书,并提交以下材料:

(一)赔偿请求人的身份证明;

(二)生效的国家赔偿决定书。

赔偿请求人当面递交申请支付材料的,人民法院应当出具收讫凭证。赔偿请求人书写申请书确有困难的,可以口头申请,人民法院应当记入笔录,由赔偿请求人签名、捺印或者盖章"。

【条文】

7.2　赔偿请求人当面递交申请支付材料的,赔偿义务机关出具收讫凭证。赔偿请求人提出口头申请的,赔偿义务机关记入笔录,由赔偿请求人签名、捺印或者盖章。

【条文主旨】

支付赔偿金的申请方式。

【条文理解】

参见《最高人民法院关于人民法院办理自赔案件程序的规定》第15条规定,"赔偿请求人依据国家赔偿法第三十七条第二款的规定向人民法院申请支付赔偿金的,应当递交申请书,并提交以下材料:

(一)赔偿请求人的身份证明;

(二)生效的国家赔偿决定书。

赔偿请求人当面递交申请支付材料的，人民法院应当出具收讫凭证。赔偿请求人书写申请书确有困难的，可以口头申请，人民法院应当记入笔录，由赔偿请求人签名、捺印或者盖章”。

赔偿金的支付申请，应在国家赔偿决定书生效后，由赔偿请求人直接向赔偿义务机关申请。

【条文】

7.3　申请支付材料真实、有效、完整的，赔偿义务机关自受理之日起七个工作日内，依照预算管理权限向有关财政部门提出支付申请。

7.4　申请支付材料不完整的，赔偿义务机关于三个工作日内一次性告知赔偿请求人需要补正的全部材料。

7.5　申请支付材料虚假、无效的，赔偿义务机关自不予受理决定作出之日起三个工作日内书面通知赔偿请求人并说明理由。

【条文主旨】

对赔偿请求人提交申请支付材料的审查。

【条文理解】

参见《最高人民法院关于人民法院办理自赔案件程序的规定》第 16 条规定，“申请支付材料真实、有效、完整的，人民法院应当受理，并书面通知赔偿请求人。人民法院受理后，应当自收到支付申请之日起七日内，依照预算管理权限向有关财政部门提出支付申请。

申请支付材料不完整的，人民法院应当当场或者在三个工作日内一次性告知赔偿请求人需要补正的全部材料。收到支付申请的时间自人民法院收到补正材料之日起计算。

申请支付材料虚假、无效，人民法院决定不予受理的，应当在三个工作日内书面通知赔偿请求人并说明理由”。

第 7.3 条至第 7.5 条规定了对赔偿请求人提交申请支付材料的审查，区分了申请材料真实有效完整、不完整需补正与虚假无效三种情形，明确了相应的处理方式、补正方法和工作时限。其中，收到支付申请的时间自人民法院收到补正材料之日起计算。

【条文】

7.6　赔偿请求人对不予受理申请支付的通知向上级人民法院申请复核的，上级人民法院自收到申请复核之日起五个工作日内作出复核决定，并在作出复核决定之日起三个工作日内送达赔偿请求人。

【条文主旨】

申请支付异议的复核及处理。

【条文理解】

参见《最高人民法院关于人民法院办理自赔案件程序的规定》第17条规定,“赔偿请求人对人民法院不予受理申请支付的通知有异议的,可以自收到通知之日起十日内向上一级人民法院申请复核。上一级人民法院应当自收到复核申请之日起五个工作日内作出复核决定,并在作出复核决定之日起三个工作日内送达赔偿请求人”。

本条规定了申请支付异议的复核及处理,由上一级人民法院由赔偿委员会办公室负责审查。

【条文】

7.7 财政部门告知赔偿义务机关申请支付材料不符合要求的,赔偿义务机关自接到通知之日起五日内按照要求提交补正材料。需要赔偿请求人补正材料的,赔偿义务机关五日内通知赔偿请求人。

【条文主旨】

财政部门审查后的补正材料情况。

【条文理解】

参见《最高人民法院关于人民法院办理自赔案件程序的规定》第18条规定,“财政部门告知人民法院申请支付材料不符合要求的,人民法院应当自接到通知之日起五个工作日内按照要求提交补正材料。

需要赔偿请求人补正材料的,人民法院应当及时通知赔偿请求人”。

【条文】

7.8 财政部门已支付国家赔偿费用的,赔偿义务机关五个工作日内通知赔偿请求人。

【条文主旨】

赔偿义务机关通知领款义务。

【条文理解】

参见《最高人民法院关于人民法院办理自赔案件程序的规定》第19条规定,“财政部门告知人民法院已支付国家赔偿费用的,人民法院应当及时通知赔偿请求人”。

本条规定了财政部门告知人民法院已经支付国家赔偿费用的,人民法院应当及时通知赔偿请求人。为便于赔偿请求人及时知晓财政部门支付赔偿金的情况,赔偿义务机关负有及时通知赔偿请求人的义务。

【条文】

7.9　赔偿义务机关在赔偿金支付之日起五个工作日内,将支付证明送交集中管辖法院。

【条文主旨】

赔偿义务机关送交支付证明。

【条文理解】

集中管辖法院收到支付证明后,应及时入卷。

8. 规范性文件引用(略)

第十章　民事申请再审案件审查标准的理解与适用

第一节　民事申请再审案件审查程序概述

一、民事申请再审程序的概念和特征

民事申请再审审查程序是人民法院依法审查再审申请，确定再审事由是否成立，依法作出裁定所适用的程序，是人民法院履行审判监督职能的重要内容，是保障当事人诉讼权利的法定手段，是纠正错误裁判，启动民事再审程序的主要途径。

民事申请再审制度是我国民事诉讼制度审判监督程序中的重要组成部分，但必须明确的是，其只是我国民事诉讼两审终审制度之外的审判监督程序，是针对部分当事人和案外人不服生效判决提出再审申请的纠错程序。2007 年《民事诉讼法》第一次修正后，这一审查程序终于取得了法定地位，从内部程序上升为法定程序、公开程序。明确规定了其始于当事人提出符合要求的再审申请，终结于人民法院作出再审、驳回或者其他裁定的严格程序。2012 年，《民事诉讼法》进行了第二次修正，对民事申请再审条款作了大篇幅的修改，对相关制度进行了细化，对部分程序进行了重新设计，使该制度日益成为维护当事人合法权益，彰显人民法院司法为民职能和提高司法公信力的有力保障。

民事申请再审制度有以下特点：

一是监督性。民事申请再审程序作为审判监督程序中的重要组成部分，体现了司法的监督机制，其价值在于保障人民法院依法行使审判权，督促审判人员不断提高审判质量，避免错误，纠正错案，维护司法公正。

二是补救性。审判监督程序不是审判程序中的一个审级，只是在特殊情况下才启动的程序，是对受错误判决、裁定、调解书约束的当事人的事后救济。只有一审、二审过程中的纠错机制都未能保证正确认定当事人之间的民事权利义务关

系,才有必要进入审判监督程序,使特定当事人的合法权益得到保护。我国在一、二审程序之外设置审判监督程序,并非实行三审终审制,而是在维护和尊重二审终审制基础上的事后补救机制。

三是准诉权。现行申请再审制度以明确、具体、系统的程序性规范,赋予当事人申请再审权类似"诉权"的基本特征,主要表现在:(1)对当事人申请再审,人民法院应即行受理。这就使当事人申请再审权,享有了类似一审起诉权、二审上诉权一样的权利地位,从形式上说,已具有了"有诉必理"的"诉权"特征。(2)对当事人申请再审,以"申、辩"的对抗方式审查。民事诉讼法明确规定当事人申请再审的,应提交再审申请书等材料;法院应将再审申请书副本发送对方当事人;对方当事人可提交书面意见。此外,司法解释还规定了询问、听证形式的"申、辩"集中对抗方式,具有了类似于"诉、辩"对抗的"诉权"特征。(3)对当事人申请再审,以裁定的方式作出处理。民事诉讼法明确规定,当事人的再审申请不符合法律规定的,裁定驳回申请。这就使当事人申请再审权,采用了类似一审起诉权、二审上诉权一样的文书样式,从形式上说,已具有了"诉讼裁处"的"诉权"特征。另外,当事人申请再审虽不必然引起再审程序的启动,但必然引起申请再审审查程序。申请再审审查程序运行的直接目的,就是审查当事人再审申请理由是否符合法律规定的再审事由,只要符合法律规定的再审条件,即应裁定再审。也就是说,从最终的审查结果看,确有部分案件要裁定立案再审,从而进入再审程序。由此,在当事人申请再审权中,已现实地包含了实现当事人再审启动之请求的"诉权"之"颗粒"。①

近年来,随着社会经济的快速发展和群众权利意识的日益增强,民事再审申请案件的数量逐年增长。以天津市高级人民法院为例,2014 年受理民事申请再审案件数量为 1711 件,2015 年为 1769 件,2016 年达到 2198 件。从当前的审判实践来看,民事申请再审审查程序仍有诸多问题值得引起我们的重视,如申请再审事由不够明确,询问、听证程序不够规范,对下级法院案件的监督和指导不统一,裁判文书质量有待提高等问题一直未能得到充分解决,有必要进行系统性的程序设计和整体规范。

---

① 王信峰:《民事申请再审制度的抽象思考和多维审视》,载《山东审判》2015 年第 6 期。

二、民事申请再审程序与民事再审程序的区别和联系

(一)概念释义

1. 再审程序

再审程序又称审判监督程序,是指案件当事人、人民检察院和人民法院对人民法院作出的已经发生法律效力的判决、裁定和调解书,发现错误,依法申请提起和决定再审以及如何再审所适用的程序,包括登记立卷、再审审查、再审审理三个阶段。审判监督程序是在两审终审制度基础上纠正人民法院错误裁判的补救程序。

2. 民事申请再审审查程序

人民法院依法审查再审申请,确定再审事由是否成立,依法作出裁定所适用的程序,是人民法院履行审判监督职能的重要内容,是保障当事人诉讼权利的法定手段,是启动民事再审程序的主要途径,包括立案受理、再审审查、作出裁定三个环节。

3. 申诉

申诉的基本含义是指公民或者企业、事业单位等,认为对某一问题的处理结果不正确,而向国家的有关机关申述理由,请求重新处理的行为。分为两种:一是诉讼上的申诉,是指当事人、被害人及其家属或者知道案件情况的其他公民,认为人民法院已经发生法律效力的判决或裁定有错误,向人民法院或者人民检察院提出要求依法处理,予以纠正的行为;二是非诉讼上的申诉,是指公民或者企业、事业单位等,因本身的合法权益问题,不服行政部门的处理、处罚或纪律处分,而向该部门或其上级机关提出要求重新处理,予以纠正的行为。

(二)相关概念之间的关系

1. 民事申请再审审查程序与审判监督程序

民事申请再审审查程序和审判监督程序既有联系又有区别。民事申请再审审查程序包含在审判监督程序之中,是由当事人和案外人申请启动的审判监督程序。

2. 民事申请再审审查程序与民事再审审理程序

根据《民事诉讼法》的规定,民事申请再审审查和民事再审审理是审判监督程序中相对独立的程序阶段,二者的审理对象、法律依据、裁判标准、主要功能均不同。审判监督程序可以分为三个阶段:第一阶段为登记立卷,即受理再审申请的

法官负责形式要件的审查，符合条件的应予登记立案；第二阶段为再审审查，即再审审查法官对当事人再审事由是否成立进行审查，决定是否裁定再审；第三阶段为再审审理，即对裁定再审的案件进行审判。民事申请再审审查程序包括上述前两个阶段，民事再审审理指第三个阶段。民事申请再审审查的主要任务是依据再审审查程序对再审申请是否符合法定再审事由进行审查，决定是否裁定再审；民事再审审理的主要任务是依据再审审理程序对进入再审的案件进行审理，确定生效裁判是否确有错误，依法作出再审裁判。再审审查具有权益救济、预防监督、再审过滤、矛盾化解等多重功能；再审审理则重在纠正错误和化解矛盾的功能。

3. 申请再审与申诉

《民事诉讼法》赋予当事人申请再审权后，申诉与申请再审并存，在民事诉讼中发挥不同的作用。申诉与申请再审在权利性质、权利行使期限、权利行使主体、受理机关方面均不相同。申诉是宪法赋予每一位公民的基本权利，而申请再审是适格当事人才享有的民事诉讼权利。而且，相对于民事诉讼而言，申诉是公民在起诉、上诉、申请再审等法定方式之外，对人民法院作出的裁判和诉讼行为发表意见的方式，是人民法院发现错误裁判的途径之一，一般没有条件限制，而申请再审是当事人的诉讼权利，必须符合法定条件，人民法院才受理。另外，对于申请再审的审查，我国《民事诉讼法》规定了明确的程序，而对申诉的审查没有规定明确的程序。

三、民事申请再审案件审查程序概述

民事申请再审案件审查主要是再审审查法官在立案后，对再审事由是否成立进行审查和裁定是否再审。但作为一个完整的程序，该审查程序在广义上还应包括此前的立案受理审查和审查结果的选择和处理等。

1. 立案受理

根据现行《民事诉讼法》及其司法解释和最高人民法院《关于适用〈中华人民共和国诉讼法〉审判监督程序若干问题的解释》和《关于受理审查民事申请再审案件的若干意见》等的规定，立案受理阶段的审查主要包含以下主要内容：审查申请再审人的主体是否适格；审查判决、裁定、调解书是否发生法律效力；审查生效的裁判是否允许申请再审；审查受理法院是否有管辖权；审查申请再审是否超过法定期间；审查申请再审的材料是否符合法律规定；审查再审申请书是否列明再审事由及再审事由是否属于法定事由；审查申请再审人是否曾申请过再审。

另外，有人认为在立案登记制的背景下，“有案必立”应当同样适用于民事申请再审案件审查制度,立案受理环节完全不必也不应该对申请人的申请条件进行审查。但是根据《最高人民法院关于人民法院登记立案若干问题的规定》第1条的规定,只有一审民事起诉、行政起诉和刑事自诉才实行立案登记制,且该规定第18条明确规定申请再审不适用本规定。所以,从维护民事诉讼制度的稳定性和已决案件的既判力的角度出发,有必要在立案受理环节进行必要的审查,此程序与立案登记制度并不冲突。

2. 审查

立案受理法官对申请再审案件登记立案后,通过法院综合信息管理系统随机分配办案人。办案人收到案件后,审查的事项与立案受理阶段基本一致,也要审查申请再审人的主体是否适格,判决、裁定、调解书是否发生法律效力,生效的裁判是否允许申请再审,受理法院是否有管辖权,申请再审是否超过法定期间,申请再审的材料是否符合法律规定,再审事由是否成立。但再审审查阶段的审查与立案登记阶段不同,立案登记阶段的审查主要是形式审查,而再审审查阶段再审审查法官通过阅卷、询问、听证等方式,对上述事项进行进一步审查,并按照民事诉讼法的规定作出处理。

3. 审查结果

申请再审案件经再审审查后,有六种审查结果:裁定驳回、裁定提审或指令再审、裁定终结审查、裁定准许或不准许撤回再审申请、裁定按撤回再审申请处理、民事调解结案。这六种审查结果中,终结审查、撤回或按撤回再审申请处理三项处理方式在实践过程中没有太多问题,对于裁定驳回的理由及说理方式、提审和指令再审的区别和适用范围、调解的结案方式等,仍有诸多疑问,有必要通过标准化文件予以表述。

第二节 民事申请再审案件审查工作标准化的依据

人民法院标准化工作是法院深化司法改革,推进中国特色社会主义审判权力运行体系建设的重要举措。法院标准化工作可以分为管理标准化、行为标准化和信息标准化三个层面。民事申请再审案件审查工作标准化是司法行为标准化的重要一环,对于指导、评价人民法院的民事申请再审案件审查工作具有现实的重要意义。民事申请再审案件审查工作标准化不是空中楼阁,不是凭空产生的,其有着自身的理论依据、实践依据以及法律依据。

一、理论依据

(一)民事申请再审案件审查工作标准化是法律续造的新发展

人类社会的法治实践证明,只有通过司法者的不断运用,才能使业已成文的法律条文保持其常青的生命力。尽管在一般意义上司法被认为是三段论式的形式逻辑过程,但无论是普通法系还是大陆法系,司法早已不是单纯、机械的法条发声器。法官在个案裁判中,通过法律解释、漏洞填补、利益衡量、价值判断等方法,在现有法律条文基础上,发展出更具体、更精确,甚至新的裁判规则,此可谓司法的法律续造。[①] 从2007年《民事诉讼法》修改正式构建了完整的当事人申请再审制度以来,天津市高级人民法院一直深入扎根于审判工作实践,积累总结了许多民事申请再审案件的审查经验,也发现了许多亟待解决和统一的法律问题。因此,民事申请再审审查工作标准化应运而生,通过总结司法经验,填补法律漏洞,同意裁判尺度等多种方法,将审查工作加以标准化,这是法律续造的重要新发展。

(二)民事申请再审案件审查工作标准化是提高法官司法能力的应有之义

早期的法官培养模式类似于工厂的学徒制,老法官作为师父,将法律知识和审判经验、技巧通过言传身教,教授给年轻法官。后来随着大批法学院校毕业生通过公务员招考进入法院,学徒制的培养模式逐渐被入职培训、集中学习所取代,这些新招录的人员通常都是大学本科学历,其中还不乏研究生、博士生,理论水平高,学习能力强,只是缺乏审判经验。民事申请再审案件审查工作标准化,为新任法官提供了一本生动翔实的审判教科书,书中既有以往优秀审判经验的总结,又有详尽的法律规定要求,民事申请再审案件如何审查,新任法官一目了然。对于资深法官而言,民事申请再审案件审查工作标准化同样具有重要意义,该标准相当于提供了一个指导性案例平台,用于展示案件审查的典范,对于进一步提高法官的司法能力,具有明显效果。

(三)民事申请再审案件审查工作标准化是建立相关案件评价机制的重要基础

民事申请案件再审审查工作是案件正式进入再审程序的前提,直接关系到当

① [德]卡尔·拉伦茨:《法学方法论》,陈爱娥译,商务印书馆2003年版,第247页。

事人的权利救济和人民法院的错案纠正,具有重要意义。长期以来,民事申请再审案件的审查工作一直发挥着对一、二审案件的监督和评价功能,但对其本身如何监督评价,缺乏切实有效可操作的依据。法律和司法解释虽然都对审查工作进行了规定,但都是从立法的角度,重在保护当事人权利和保障人民法院依法行使司法权,且有关规定分布比较分散,查阅的便利性上有所欠缺。民事申请再审案件审查工作标准化填补了相关案件评价机制欠缺的空白,在总结归纳有关法律司法解释规定的基础上,进一步从审判工作层面,包括立案受理、通知当事人、阅卷、询问、听证、裁判文书撰写等方面,进行了具体详细的规定,有助于建立科学合理的民事申请再审案件评价机制。

二、实践依据

民事申请再审案件审查工作标准的制定,绝不是坐而论道、纸上谈兵,其初衷就是根据多年来天津市高级人民法院对该类案件的调研,解决审判实践中存在的问题和困惑,统一裁判尺度和工作方式方法,具有很强的针对性和现实意义。目前,民事申请再审案件审查工作中存在的主要问题有:

(一)判后答疑效果不尽理想

民事诉讼法修改后,天津市高级人民法院对当事人申请再审审查的程序制定了相关规范性文件,进一步规范申请再审案件的提起程序,其中重要的一项制度是对于双方当事人为自然人或者一方人数众多的,可以在作出生效裁判的法院申请再审,同时要求二审法院对再审申请人进行判后答疑。但在实践中,二审法院有的法官虽安排了判后答疑,但工作方法简单,流于形式,对当事人的释疑解惑不够深入,仅是程序性的询问并记录申请人对生效裁判的意见,对裁判结果正当性和法律适用相关问题的解释只是一笔带过,有的甚至在判后答疑表、笔录中未见任何对裁判结果的释法明理,非但没有起到化解矛盾的效果,反而浪费了大量的审判资源,拖延了当事人的时间。

(二)调卷、送达问题较为突出

个别法院不执行申请再审统一规定,自行设置调卷门槛,人为增加障碍的现象仍然存在,比如有的法院要求调卷需要有办公室主任签字,有的法院对直接到档案室调卷的不予接待,有的法院以之前的调卷没有归还为由拒绝调新卷,有的法院接到调卷函后"沉默",使调卷函石沉大海。由此导致立案后很长时间才能调齐案件审理需要的卷宗。另外,"送达难"也存在于申请再审阶段中,由于申请再审案件是对已经生效的裁判进行重新审查，被申请人往往获得了胜诉判决，不愿意主动配合法院工作，而案件自一审到申请再审阶段的时间里，被申请人的地址和联系方式都有可能发生变化，申请人无法及时掌握，加之调卷耗费时间较长，不易及时获得被申请人的相关信息，致使法律文书送达渠道不畅，询问听证活动无法顺利开展。上述问题的存在影响了申请再审案件的审查效率。

（三）询问、听证程序不够规范

《最高人民法院关于民事申请再审案件受理审查工作细则（试行）》第12条规定：人民法院审查申请再审案件，可以根据申请再审事由、审查阶段和案件具体情况采取以下审查方式：（1）审查当事人提交的再审申请书、书面意见等材料；（2）审阅原审卷宗；（3）询问当事人；（4）组织当事人听证。根据规定，以上四种审查方式，应根据申请再审事由、审查阶段和案件具体情况选择其中一种或几种，而不是每件案件都要穷尽全部方式。但是在实际工作中，很多法官将询问、听证程序视为为审查的必经程序。同时，由于询问、听证与开庭不同，申请再审阶段重点应围绕申请人申请再审的事由进行审查，而法律、司法解释以及有关规范性文件均未对询问、听证程序的步骤和内容作出规定，使得实践中询问、听证程序缺乏标准。有的法官将询问、听证程序定位成普通案件开庭程序，往往脱离再审事由，纠缠于一些与再审事由无关的细节，用时冗长，效果不佳，既未能切中案件的要害，又影响了工作成效，浪费了审判资源。

（四）申请再审事由不够明确

根据最高人民法院的规定，人民法院审查民事申请再审案件，应当围绕当事人主张的法定再审事由是否成立进行，当事人未主张的事由不予审查。① 审查程序的展开和询问活动的组织都应当紧紧围绕法定再审事由进行。但在司法实践中，很多当事人对法定再审事由这一概念不够了解，往往以法官枉法裁判、程序违法、事实不清等空泛而没有针对性的理由申请再审，在其提交的再审申请书中也往往不写明法定再审事由，需要法官在立案过程中作进一步释明。在询问过程中，一些当事人随意变更法定再审事由，或其陈述的事实和理由与法定再审事由毫无关联，影响了询问的效率和质量。相应地，有的法官在审查过程中忽视法定

---

① 该规定出自于最高人民法院《第一次全国民事再审审查工作会议纪要》（法〔2011〕159号）第12条。另外，2015年2月4日施行的《最高人民法院关于适用〈中华人民共和国民事诉讼法〉的解释》第378条将“法定再审事由”这一概念称作“申请再审的法定情形”。由于“法定再审事由”概念已经在目前的再审审查工作中广泛使用，本书沿用这一概念。

再审事由的重要性,偏离审查主题,将时间和精力耗费在无关法定再审事由的案件事实上,任由当事人在发言时自由发挥。在再审审查裁定书的撰写中,有的法官对申请人的法定再审事由不能进行有效回应和论理,有的甚至疏漏了当事人的部分再审事由。

(五)对"新证据"的认识和把握不统一

由于偏重实体公正的社会传统,民事诉讼中的证据规则和"证据裁判主义"与社会大众仍有一定距离,一些再审申请人在原审中因个体认识能力和收集证据能力不足而导致败诉,在再审审查过程中经常主张提出并不符合法律和司法解释规定的所谓"新证据",请求重新认定案件事实。部分法官对于现行民事诉讼法及相关司法解释关于"新证据"的理解也不尽一致。有的法官在审查过程中对申请人提出的"新证据"未能按照相关规定进行详细审查并进行判断,以"再审审查中不能提出新证据"为由一概不予采纳;有的法官则不合理地扩大了"新证据"的解释范围,对本不属于法律规定的"新证据"予以认定,甚至依职权进行深入调查,耗费了大量的司法资源。有的法官在裁定书的说理中未能对当事人提出的"新证据"进行有效评析,或仅以"不属于法律规定的新证据"为由简单回应,结案后又无法及时有效地进行判后答疑,造成申请人对再审审查裁定结果依然不服。

(六)对下级法院案件监督和指导需要协调

目前天津市高级人民法院申请再审案件由四个民事审判庭和立案一庭按照案由分工审查,存在案件与各庭业务不对口的客观情况。如占民三庭审查案件较大比例的机动车交通事故案件并不属于天津市三级法院民三庭的主要案件类型,有很多法院由其他民庭进行审理。高级人民法院在对下级法院进行业务指导和案件监督时,由于上下级法院没有直接对口部门,无法与相关部门进行有效沟通和协调,案件中存在的规律性或普遍性问题不能及时进行总结和解决。另外,中级人民法院、基层人民法院一个业务庭的案件到高级人民法院后由不同部门审查,高级人民法院不同部门在指导协调工作中难免会出现不一致的现象,影响裁判尺度的统一,三级法院之间亟须更加有效的沟通协调机制。

三、法律依据

民事申请再审案件审查工作标准的主要法律依据是《民事诉讼法》、相关司法解释和天津市高级人民法院的有关规定,关于审查工作的整体流程和工作节点要求,基本上按照程序法的规定进行细化设计。具体来说,制定民事申请再审案件审查工作标准的法律依据只要有三大类：一是《民事诉讼法》和《最高人民法院关于适用〈中华人民共和国民事诉讼法〉的解释》；二是最高人民法院早期出台的有关规定、司法解释，包括《最高人民法院关于民事申请再审案件受理审查工作细则（试行）》、《最高人民法院关于受理审查民事申请再审案件的若干意见》和《最高人民法院关于民事审判监督程序严格依法适用指令再审和发回重审若干问题的规定》；三是天津市高级人民法院的有关标准化文件和规定，包括《天津法院审判流程标准》、《天津法院裁判文书质量标准》、《天津法院立案工作标准》和天津市高级人民法院《关于民事申请再审案件审查有关问题的（暂行）规定》、《天津市高级人民法院关于受理民事申请再审案件若干问题的意见》等。

（一）《民事诉讼法》及其司法解释

根据2012年8月31日第十一届全国人民代表大会常务委员会第二十八次会议《关于修改〈中华人民共和国民事诉讼法〉的决定》，《民事诉讼法》进行了第二次修正，根据2017年6月27日第十二届全国人民代表大会常务委员会第二十八次会议《关于修改〈中华人民共和国民事诉讼法〉和〈中华人民共和国行政诉讼法〉的决定》，进行了第三次修正。2015年2月4日，《最高人民法院关于适用〈中华人民共和国民事诉讼法〉的解释》正式实施。《民事诉讼法》第十六章和司法解释第十八章均专章规定了审判监督程序，构成了民事申请再审案件审查工作标准的基础。尤其是《民事诉讼法》第200条规定的十三项法定再审事由，是审查工作的核心和重中之重，整个审查工作均应该围绕申请人所主张的法定再审事由展开。

（二）最高人民法院早期出台的有关规定、司法解释

《最高人民法院关于民事申请再审案件受理审查工作细则（试行）》施行于2008年4月1日，《最高人民法院关于受理审查民事申请再审案件的若干意见》施行于2009年4月27日，两个规定虽然与民事申请再审案件审查工作关系最为密切，但由于两个规定出台时间较早，均是在2012年《民事诉讼法》大范围修改以前，其中有些规定与现行法律和司法解释存在一定冲突，也不能完全适应目前的民事申请再审案件审查工作实际，因此，在起草本标准时，两个规定主要作为指定参考，直接加以引用和依据的并不多。

《最高人民法院关于民事审判监督程序严格依法适用指令再审和发回重审若干问题的规定》虽然现在仍为现行有效的司法解释，但其中有部分关于申请再审审查的规定，尤其是案外人申请再审的规定，也与现行法律和司法解释存在一定冲突，故也主要作为参考依据。

(三)天津市高级人民法院的有关标准化文件和规定

2014年起,天津市高级人民法院持续推进司法标准化工作,统一制定、发布、实施了一系列司法标准,以统一司法尺度,落实司法责任制,提升审判工作质效和公信力,取得显著效果。《天津法院审判流程标准》构建了公正、高效、有序的审判流程,明确了关键基础节点的工作标准,增强了审判管理的科学性,提高了审判质效。《天津法院裁判文书质量标准》规范了裁判文书制作,提高了裁判文书质量。《天津法院立案工作标准》依法保护了当事人诉权,规范了立案工作。以上三个标准既是适用于所有案件的统一标准,又是我们制定民事申请再审案件审查标准的前提和依据。在本标准的指定过程中,课题组均在《天津法院立案工作标准》、《天津法院审判流程标准》和《天津法院裁判文书质量标准》的基础上根据民事申请再审案件的特点进行了细化。

第三节　天津法院民事申请再审案件审查标准(试行)

1. 总则

1.1　为依法保护当事人申请再审的权利,统一规范全市法院民事申请再审案件的审查工作,依照民事诉讼法及相关司法解释的规定,结合审判工作实际,制定本标准。

1.2　本标准用于指导和评价民事申请再审案件的审查工作。

1.3　本标准未规定的内容,适用其他相关标准化文件。

2. 受理范围

2.1　申请再审符合法定受理范围:

2.1.1　发生法律效力的判决,法律另有规定的除外;

2.1.2　发生法律效力的裁定仅限于不予受理、驳回起诉两类;

2.1.3　当事人有证据证明违反自愿原则或调解协议内容违法的发生法律效力的调解书,法律另有规定的除外。

3. 立案审查

3.1　再审申请人适格

3.1.1　再审申请人一般为原审案件的当事人。

3.1.2　以当事人权利义务承继者身份申请再审的，自然人当事人已经死亡，法人和其他组织当事人已经终止。

3.1.3　案外人申请再审的，有人民法院的驳回执行异议裁定，且未曾提出第三人撤销之诉。

3.1.4　被申请人及原审其他当事人在人民法院审查再审申请期间提出再审申请的，符合法律、司法解释规定。

3.2　再审申请符合法定期限

3.2.1　申请再审在判决、裁定或调解书发生法律效力后六个月内。

3.2.2　针对生效判决、裁定申请再审，有民事诉讼法第二百条第一项、第三项、第十二项、第十三项规定情形的，自知道或者应当知道之日起六个月内。

3.3　申请材料齐全

3.3.1　有再审申请书及与被申请人和原审其他当事人人数相当的副本；

3.3.2　有申请人及诉讼代理人的身份证明材料；

3.3.3　有原审判决书、裁定书、调解书等法律文书；

3.3.4　有反映案件基本事实的主要证据及其他材料；

3.3.5　有送达地址确认书；

3.3.6　身份证明材料、法律文书、反映案件基本事实的主要证据及其他材料应当是与原件核对无异的复印件。

3.4　立案受理符合要求

3.4.1　申请人的再审申请符合法律和司法解释的规定。

3.4.2　材料欠缺或不符合要求的，限期补正应一次性告知。

3.4.3　拒绝补正材料且无正当理由以及法律规定不得申请再审的，不予接收申请材料。

4. 审查前准备

4.1　通知当事人依法及时

4.1.1　立案后向申请人发送的有受理通知书，向被申请人及原审其他当事人发送的有应诉通知书、再审申请书副本等材料。

4.1.2 受理、应诉通知书包含案号、立案日期、案件查询码、合议庭组成人员、书记员名单及当事人的诉讼权利义务。

4.2 调卷规范及时

4.2.1 调取纸质卷宗的限于原审无电子档案的情形。

4.2.2 调取纸质卷宗的,有调卷函。原审法院将全部卷宗移送再审审查法院,应当在接到调卷函后十五日内。

4.2.3 书记员将全部卷宗和材料移交法官审阅,应当在卷宗及受理、应诉通知书的送达回执齐全后三日内。

4.3 阅卷突出重点

4.3.1 阅卷应围绕的重点是:

4.3.1.1 再审申请人的再审请求及理由;

4.3.1.2 再审申请人提交的新证据;

4.3.1.3 被申请人及其他当事人的意见。

4.3.2 合议庭阅卷后经审查申请材料认为再审事由成立,迳行裁定进入再审程序的情形有:

4.3.2.1 审判组织的组成不合法或者依法应当回避的审判人员没有回避的;

4.3.2.2 无诉讼行为能力人未经法定代理人代为诉讼或者应当参加诉讼的当事人,因不能归责于本人或者其诉讼代理人的事由,未参加诉讼的;

4.3.2.3 违反法律规定,剥夺当事人辩论权利的;

4.3.2.4 未经传票传唤,缺席判决的;

4.3.2.5 原判决、裁定遗漏或者超出诉讼请求的;

4.3.2.6 据以作出原判决、裁定的法律文书被撤销或者变更的;

4.3.2.7 审判人员审理该案件时有贪污受贿,徇私舞弊,枉法裁判行为事实,有生效刑事法律文书或者纪律处分决定予以确认的。

5. 审查方式

5.1 审查方式包括书面审查、询问和听证。

5.2 询问

5.2.1 通过审查申请材料和原审卷宗,根据需要询问当事人,但有新证据可能推翻原判决、裁定的属于必须询问的情形。

5.2.2　询问的准备

5.2.2.1　询问前将询问时间、地点通知当事人。

5.2.2.2　审阅案卷材料，确定再审事由，归纳审查重点。

5.2.2.3　询问在法庭进行，有书面记录，并全程录音录像。

5.2.3　询问程序

5.2.3.1　核对当事人身份、委托手续，确认诉讼文书送达地址。

5.2.3.2　宣布合议庭成员、书记员名单，询问当事人是否申请回避，告知当事人相关权利义务。

5.2.3.3　申请人陈述再审请求、法定再审事由以及具体的事实与理由。

5.2.3.4　被申请人和原审其他当事人发表意见。

5.2.3.5　针对法定再审事由询问当事人。

5.2.3.6　各方当事人都到庭的，经当事人同意，主持和解。

5.3　特殊案件的听证

5.3.1　应当听证的特殊案件有：

5.3.1.1　申请人长期信访，当事人对立情绪严重的；

5.3.1.2　社会关注度高，有重大社会影响的。

5.3.2　听证的准备

5.3.2.1　由合议庭决定听证后层报主管院长批准。

5.3.2.2　提前三日向社会公布听证时间、地点和案件信息。

5.3.2.3　听证向社会公开，邀请有关方面的代表、新闻媒体等参加。

5.3.2.4　人民法院协调相关机构指派律师作为代理人参加听证的，当事人符合法律援助条件。

5.3.3　听证程序由合议庭全体成员参加，参照询问程序进行。

6. 审查结果

6.1　调解

6.1.1　调解符合合法自愿原则。

6.1.2　调解后通过再审程序作出调解书：

6.1.2.1　当事人向原生效法院申请再审的，应裁定再审后按照审判监督程序以“民再”案号作出调解书。

6.1.2.2　当事人向上一级法院申请再审的，应裁定提审后按照审判监督程序以“民再”案号作出调解书。

6.2 裁定终结审查的,需满足以下条件之一:

6.2.1 再审申请人死亡或者终止,且无权利义务承继者或者权利义务承继者声明放弃再审申请的;

6.2.2 在给付之诉中,负有给付义务的被申请人死亡或者终止,无可供执行的财产,也没有应当承担义务的人的;

6.2.3 当事人达成和解协议且已履行完毕的,但当事人在和解协议中声明不放弃申请再审权利的除外;

6.2.4 他人未经授权以当事人名义申请再审的;

6.2.5 原审或者上一级人民法院已经裁定再审的;

6.2.6 再审申请被驳回后再次提出申请的;

6.2.7 对再审判决、裁定提出申请的;

6.2.8 在人民检察院对当事人的申请作出不予提出再审检察建议或者抗诉决定后又提出申请的。

6.3 裁定驳回再审申请的,符合以下情形之一:

6.3.1 当事人主张的再审事由不成立的;

6.3.2 当事人申请再审超过法定申请再审期限的;

6.3.3 当事人再审申请超出法定再审事由范围的。

6.4 因当事人申请裁定再审的案件一般由裁定再审的人民法院审理。高级人民法院指令再审的,符合以下情形之一:

6.4.1 原判决、裁定认定事实的主要证据未经质证的;

6.4.2 对审理案件需要的主要证据,当事人因客观原因不能自行收集,书面申请人民法院调查收集,人民法院未调查收集的;

6.4.3 违反法律规定,剥夺当事人辩论权利的;

6.4.4 发生法律效力的判决、裁定、调解书是由第一审人民法院作出的;

6.4.5 当事人一方人数众多或者当事人双方为公民的;

6.4.6 经审判委员会讨论决定的其他情形。

6.5 合议庭认为再审事由成立的,层报主管院长决定再审。

7. 裁判文书制作规范

7.1 裁定样式符合最高人民法院民事诉讼文书样式的规定。

7.2 事实认定和论理部分应当叙事明晰,论理透彻,逻辑严密,有论理结论和论理过程。

7.3　对申请人申请再审的事由,应在本院认为部分一一回应。

7.3.1　申请人针对事实认定申请再审的,在回应中有必要的证据分析,证据采信与事实认定相互呼应,不能割裂。

7.3.2　申请人针对法律适用申请再审的,在回应中有对适用法律的分析和解释。

7.4　疑难复杂、新类型或者具有重大社会影响的案件,论理和适用法律有借鉴意义和引领作用。

8. 案件移送

8.1　案件移送再审法院的,应当在审结后十五日内。

8.2　移送材料有移送函、裁定书、原审卷宗。

9. 规范性文件引用

9.1　《最高人民法院关于适用〈中华人民共和国民事诉讼法〉的解释》(法释〔2015〕5 号)

9.2　最高人民法院《关于受理审查民事申请再审案件的若干意见》(法发〔2009〕26 号)

9.3　《最高人民法院关于民事申请再审案件受理审查工作细则(试行)》(法〔2008〕122 号)

9.4　《最高人民法院关于民事审判监督程序严格依法适用指令再审和发回重审若干问题的规定》(法释〔2015〕7 号)

第四节　《天津法院民事申请再审案件审查标准(试行)》释义

2008 年民事诉讼法的修改对民事审判监督程序进行了全面的修订,明确了当事人对生效裁判不服向上一级人民法院申请再审的原则,并对民事申请再审事由和案件审理程序作出明确规定。2012 年民事诉讼法的修改又在此基础上进行了进一步的完善。上述修改旨在实现民事申请再审案件审理的诉讼化、规范化,对人民法院审理申请再审案件提出了更高的要求。天津法院在民事申请再审案件审查中,依法保护当事人申请再审的权利,充分发挥审判监督职能,对符合再审条件的依法裁定再审,对不符合再审条件的,依法驳回再审申请,保障了当事人的合法权利,也维护了生效裁判的既判力。

近年来,天津市高级人民法院申请再审案件数量一直维持在高位运行,2014年受理数量为1711件,2015年为1769件,2016年达到2198件。为研究全市法院民事申请再审案件存在的问题,自2011年以来,天津市高级人民法院坚持每年通过对本院审理的申请再审案件情况进行统计分析和调研,并提出问题和对策。从当前的审判实践来看,如申请再审事由不够明确,询问、听证程序不够规范,对下级法院案件的监督和指导不统一,裁判文书质量有待提高等问题一直未能得到充分解决,需要引起重视。

2017年4月,天津市高级人民法院将民事申请再审案件审查标准化工作作为一项重点工作,组织全市法院申报立项。在此背景下,确定制定《天津法院民事申请再审案件审查标准(试行)》,并选派业务骨干组成课题组进行攻关。课题组立足于天津市司法标准化的探索和实践,通过组织会议、广泛调研等方式,征求多方意见,反复修订,把孤立、零散、抽象的有关民事申请再审案件的规定上升为系统、科学、可评价的标准,从而使全市法院的民事申请再审案件审查工作有章可循,极大地提高了审查工作的规范化水平。

《天津法院民事申请再审案件审查标准(试行)》共分为九部分,主要内容简述如下:

第一部分,总则。阐明文件的制定依据、制定目的和适用范围。

第二部分,受理范围。明确可以申请再审的案件类型及不得申请再审的情形。

第三部分,立案审查。主要涉及法院受理民事申请再审案件时当事人的条件、法定期限、申请材料等,以及对不符合受理条件的处理方法。

第四部分,审查前准备。根据民事申请再审案件特点,明确审查前的通知、调卷、阅卷等程序。对阅卷后可径行裁定再审的情形作出列举。

第五部分,审查方式。明确询问和听证两种审查方式的适用情形、准备环节和具体程序等。

第六部分,审查结果。对调解的具体适用和结案方式作出表述。对终结审查、裁定驳回、裁定提审、裁定指令再审的情形作出详细表述。对再审事由成立而进入再审程序的决定环节作出表述。

第七部分，裁判文书制作规范。提出裁判文书的制作要求。

第八部分，案件移送。针对案件的移送程序和移送材料的内容提出要求。

第九部分，规范性文件引用。列举本标准所引用的相关规范性文件。

1. 总则

【条文】

1.1　为依法保护当事人申请再审的权利，统一规范全市法院民事申请再审案件的审查工作，依照民事诉讼法及相关司法解释的规定，结合审判工作实际，制定本标准。

【条文主旨】

明确制定本标准的宗旨和依据。

【条文】

1.2　本标准用于指导和评价民事申请再审案件的审查工作。

【条文主旨】

明确制定本标准的作用。

【条文】

1.3　本标准未规定的内容，适用其他相关标准化文件。

【条文主旨】

明确本标准的未规定情况仅适用其他标准化文件，以便保证标准的统一适用和相互呼应。

2. 受理范围

【条文】

2.1　申请再审符合法定受理范围：

2.1.1　发生法律效力的判决，法律另有规定的除外；

2.1.2　发生法律效力的裁定仅限于不予受理、驳回起诉两类；

2.1.3　当事人有证据证明违反自愿原则或调解协议内容违法的发生法律效力的调解书，法律另有规定的除外。

【条文主旨】

明确民事申请再审案件的受理范围。

【条文理解】

关于民事申请再审案件的受理范围，《民事诉讼法》第 199 条和第 201 条作出了原则性规定,对于发生法律效力的判决、裁定,一般均允许当事人申请再审,对于发生法律效力的调解书,则需要当事人提出证据证明违反自愿原则或调解协议内容违法。

同时,根据《民事诉讼法》第202条规定:当事人对已经发生法律效力的解除婚姻关系的判决、调解书,不得申请再审,以及《最高人民法院关于适用〈中华人民共和国民事诉讼法〉的解释》第383条规定:当事人申请再审,有下列情形之一的,人民法院不予受理:(1)再审申请被驳回后再次提出申请的;(2)对再审判决、裁定提出申请的;(3)在人民检察院对当事人的申请作出不予提出再审检察建议或者抗诉决定后又提出申请的,并非所有发生法律效力的判决、裁定都可以申请再审,法律及司法解释将不得申请再审的情形规定得非常明确,因此在本标准的表述中,加入了但书,即"法律另有规定的除外"。

关于管辖权异议裁定和其他生效裁定能否申请再审的问题,《最高人民法院关于适用〈中华人民共和国民事诉讼法〉的解释》只是正向规定了不予受理、驳回起诉两类裁定可以申请再审,即第381条规定:当事人认为发生法律效力的不予受理、驳回起诉的裁定错误的,可以申请再审。其他生效裁定能否申请再审,没有反向列举,在审判实践中存在一定争议。课题组查阅了《最高人民法院民事诉讼法司法解释理解与适用(下)》中的有关说明和最高人民法院最近的相关判例,均认为管辖权异议的救济已经通过一审程序及二审程序来保障,从程序稳定性讲,允许对该类裁定申请再审将严重拖延诉讼,且实体判决错误的,可以通过对判决申请再审予以救济,故除不予受理、驳回起诉两类终局性裁定外,其他裁定不可以申请再审。

3. 立案审查

【条文】

3.1 再审申请人适格

3.1.1 再审申请人一般为原审案件的当事人。

【条文主旨】

明确一般情况下再审申请人的主体资格。

【条文理解】

根据《民事诉讼法》第199条和第201条的规定,当事人不服生效的判决、裁定和调解书,可以申请再审,此处的当事人自然应当理解为原审案件的当事人。但由于特殊情况下,当事人权利义务承继者以及案外人等也可以申请再审,故此处表述为一般为原审案件的当事人。

【条文】

3.1.2 以当事人权利义务承继者身份申请再审的，自然人当事人已经死亡，法人和其他组织当事人已经终止。

【条文主旨】

明确当事人权利义务承继者申请再审的主体资格。

【条文理解】

根据《最高人民法院关于适用〈中华人民共和国民事诉讼法〉的解释》第375条的规定，当事人死亡或者终止的，其权利义务承继者可以根据《民事诉讼法》第199条、第201条的规定申请再审，即以当事人权利义务承继者身份申请再审的，当事人是自然人的，该当事人已经死亡，当事人是法人和其他组织的，该法人和其他组织已经终止，此时该权利义务承继者才是适格的再审申请人。

【条文】

3.1.3 案外人申请再审的，有人民法院的驳回执行异议裁定，且未曾提出第三人撤销之诉。

【条文主旨】

明确案外人申请再审的条件。

【条文理解】

再审申请人一般为原审案件的当事人，包括一审原告、被告、第三人，案外人如果认为生效判决、裁定侵害其权益的，如何寻求权利救济，是针对生效判决、裁定申请再审还是启动第三人撤销之诉程序？实践中不甚明晰。

《民事诉讼法》第227条规定：执行过程中，案外人对执行标的提出书面异议的，人民法院应当自收到书面异议之日起十五日内审查，理由成立的，裁定中止对该标的的执行；理由不成立的，裁定驳回。案外人、当事人对裁定不服，认为原判决、裁定错误的，依照审判监督程序办理；与原判决、裁定无关的，可以自裁定送达之日起十五日内向人民法院提起诉讼。《最高人民法院关于适用〈中华人民共和国民事诉讼法〉的解释》第303条规定：第三人提起撤销之诉后，未中止生效判决、裁定、调解书执行的，执行法院对第三人依照《民事诉讼法》第227条规定提出的执行异议，应予审查。第三人不服驳回执行异议裁定，申请对原判决、裁定、调解书再审的，人民法院不予受理。案外人对人民法院驳回其执行异议裁定不服，认为原判决、裁定、调解书内容错误损害其合法权益的，应当根据《民事诉讼法》第227条规定申请再审，提起第三人撤销之诉的，人民法院不予受理。

根据以上规定,笔者认为,案外人如果认为生效判决、裁定侵害其权益的,只能按照案外人申请再审与第三人撤销之诉启动程序的先后,选择一种相应的救济程序,不能同时启动两种程序,且一旦选定则不允许变更。先启动执行异议程序,对驳回其执行异议裁定不服,认为原判决、裁定错误的,按照《民事诉讼法》第 227 条的规定通过审判监督程序救济;先启动第三人撤销之诉程序的,即使第三人又在执行程序中提出执行异议,第三撤销之诉继续进行,第三人不能再按照《民事诉讼法》第 227 条规定申请再审,以提高诉讼效率,也便于当事人诉讼和法院审理案件。

【条文】

3.1.4 被申请人及原审其他当事人在人民法院审查再审申请期间提出再审申请的,符合法律、司法解释规定。

【条文主旨】

明确原审各方均申请再审的处理。

【条文】

3.2 再审申请符合法定期限

3.2.1 申请再审在判决、裁定或调解书发生法律效力后六个月内。

3.2.2 针对生效判决、裁定申请再审,有民事诉讼法第二百条第一项、第三项、第十二项、第十三项规定情形的,自知道或者应当知道之日起六个月内。

【条文主旨】

明确申请再审的期限。

【条文理解】

申请再审的法定期限,根据法律及司法解释的规定,原则上均为法律文书生效后六个月内。

针对生效判决、裁定申请再审的,一般情况下,期限为法律文书生效后六个月内。特殊情况下,期限的起算点有所不同。根据《民事诉讼法》第 205 条规定:当事人申请再审,应当在判决、裁定发生法律效力后六个月内提出;有本法第 200 条第 1 项、第 3 项、第 12 项、第 13 项规定情形的,自知道或者应当知道之日起六个月内提出。也就是说,当事人主张生效判决、裁定符合《民事诉讼法》第 200 条第 1 项、第 3 项、第 12 项、第 13 项规定情形的,申请再审的起算点从知道或者应当知道之日开始计算。

针对生效调解书申请再审的,期限的起算点一律为调解书生效之日,不存在特殊的起算点。《最高人民法院关于适用〈中华人民共和国民事诉讼法〉的解释》第384条规定:当事人对已经发生法律效力的调解书申请再审,应当在调解书发生法律效力后六个月内提出。调解书的生效,须以当事人收到调解书为前提,即当事人已经清楚的知悉了调解书的内容。而且,针对调解书申请再审,只有两种情况:一是调解违反自愿原则,二是调解协议内容违法,不存在《民事诉讼法》第200条第1项、第3项、第12项、第13项规定的四种情形,因此申请再审期限的起算点一律为调解书生效之日。

【条文】

3.3 申请材料齐全

3.3.1 有再审申请书及与被申请人和原审其他当事人人数相当的副本;

3.3.2 有申请人及诉讼代理人的身份证明材料;

3.3.3 有原审判决书、裁定书、调解书等法律文书;

3.3.4 有反映案件基本事实的主要证据及其他材料;

3.3.5 有送达地址确认书;

3.3.6 身份证明材料、法律文书、反映案件基本事实的主要证据及其他材料应当是与原件核对无异的复印件。

【条文主旨】

明确申请再审所需的材料。

【条文理解】

关于当事人申请再审应当提交的基本材料,《最高人民法院关于适用〈中华人民共和国民事诉讼法〉的解释》第377条已经做了明确规定,本条按照标准化文件的语言规则,对相关规定进行了总结提炼。上述材料主要分为三类:一是再审申请书、身份证明及授权委托书;二是原审判决书、裁定书、调解书,包括一审、二审、发回重审的一审及其二审等程序形成的判决书、裁定书、调解书;三是证据材料,当事人以有新的证据足以推翻原判决、裁定为由申请再审的,还应当提交新证据材料。

实践中,对申请人提交的身份证明、营业执照、授权委托书、法律文书以及有原件的证据材料等,应当注意与原件核实。申请人提交的证据材料已经在原一、二审中提交,申请再审时可以不再提交。

关于再审申请书应当包含的要素,在本标准化文件的初稿中曾予以规定,但经过课题组讨论,还是决定将该部分删去,主要是因为立案大厅或立案窗口一般都有制式的再审申请书模板,申请人按照模板撰写再审申请书即可。

【条文】

3.4 立案受理符合要求

3.4.1 申请人的再审申请符合法律和司法解释的规定。

【条文主旨】

明确申请再审的具体要求。

【条文】

3.4.2 材料欠缺或不符合要求的,限期补正应一次性告知。

【条文主旨】

明确一次性告知制度。

【条文】

3.4.3 拒绝补正材料且无正当理由以及法律规定不得申请再审的,不予接收申请材料。

【条文主旨】

明确不予接收申请材料的情形。

【条文理解】

关于对民事申请再审的立案审查,是坚持形式审查还是实质审查,在标准的起草过程中,曾产生一定分歧。虽然民事申请再审不适用立案登记制,但对申请再审案件立案后的审查本身即是对是否符合再审条件的实质审查,因此此处的立案审查,应当坚持形式审查为主,实质审查作为必要补充。

《民事诉讼法》第205条、《最高人民法院关于适用〈中华人民共和国民事诉讼法〉的解释》第377条、第378条就申请再审的期限、应提交的立案材料以及再审申请书应包含的要素作了详细规定,《天津法院立案工作标准》第3.5.2~3.5.4条也对一次性告知以及拒绝补正的后果作了规定,法院在对当事人的再审申请进行审查时应按照以上规定,坚持形式审查为主,实质审查作为必要补充。例如,当事人以新证据为由申请再审的,在立案阶段一般不对是否属于"新证据"进行实质审查。再如,对于法律明确规定不得申请再审、超过再审期限以及拒绝补正材料且无正当理由的,还要实质审查,对以上情况,不予接收申请材料。

关于再审申请书的审查问题,主要应注意以下几点:一是再审申请人与被申请人以及原审其他当事人的基本信息应当完整。二是再审申请书中应写明原审人民法院的名称与案号。三是再审申请书中应写明具体的再审请求。四是再审申请书中应写明申请再审所依据的法定事由,即依据《民事诉讼法》第200条的哪一项或哪几项申请再审。五是再审申请书应当有申请人的签名或盖章。

4. 审查前准备

【条文】

4.1　通知当事人依法及时

4.1.1　立案后向申请人发送的有受理通知书，向被申请人及原审其他当事人发送的有应诉通知书、再审申请书副本等材料。

【条文主旨】

明确立案材料的发送问题。

【条文理解】

经人民法院依法审查，申请人的再审申请及提交的相关材料符合法律规定的立案受理条件的，应当依法予以立案。立案后，根据《最高人民法院关于适用〈中华人民共和国民事诉讼法〉的解释》第385条的规定，人民法院应当依法向再审申请人发送受理通知书，向被申请人及原审其他当事人发送应诉通知书、审申请书副本等材料。如果再审申请人以有新证据为由申请再审并提交了新证据的，还应当将新证据材料副本发送给对方当事人。

【条文】

4.1.2　受理、应诉通知书包含案号、立案日期、案件查询码、合议庭组成人员、书记员名单及当事人的诉讼权利义务。

【条文主旨】

明确受理、应诉通知书的内容。

【条文理解】

受理、应诉通知书应包含的要素参照《民事诉讼文书样式》的规定，主要应包含案号、立案日期、合议庭组成人员、书记员名单及当事人的诉讼权利义务。同时，根据司法公开的要求，还应当包含案件查询码和查询网址，方便当事人及时查阅自己案件的审批流程，促进审判流程信息公开。

【条文】

4.2　调卷规范及时

4.2.1　调取纸质卷宗的限于原审无电子档案的情形。

【条文主旨】

明确调取纸质卷宗的情形。

【条文】

4.2.2　调取纸质卷宗的，有调卷函。原审法院将全部卷宗移送再审审查法院,应当在接到调卷函后十五日内。

【条文主旨】

明确调取纸质卷宗的流程。

【条文】

4.2.3　书记员将全部卷宗和材料移交法官审阅,应当在卷宗及受理、应诉通知书的送达回执齐全后三日内。

【条文主旨】

明确法官与书记员的工作衔接问题。

【条文理解】

根据天津市高级人民法院的审判工作实际,民事申请再审案件在立案时会同步引入一、二审案件信息和电子档案,为法官办案提供便捷化服务。但由于系统故障以及原审归档不及时等原因,个别情况下仍然存在案件信息管理系统中没有原审电子档案的情况,故针对以上问题,可以通过跨院借阅电子档案和调取纸质卷宗的方式加以解决。同时,根据《天津法院审判流程标准》第 5.4 条的规定,原审法院将全部案卷移送再审审查法院,应当在接到调卷函后 15 日内。

关于法官与书记员的工作衔接问题,目前还没有较为明确的规定,故在本标准化文件中加以明确。需要说明的是,书记员移交法官审阅的应是全部案卷材料,避免多次移交可能带来的遗失风险,这就要求移交时,须卷宗材料齐备,受理、应诉通知书的送达回执齐全。

【条文】

4.3　阅卷突出重点

4.3.1　阅卷应围绕的重点是:

4.3.1.1　再审申请人的再审请求及理由;

4.3.1.2　再审申请人提交的新证据;

4.3.1.3　被申请人及其他当事人的意见。

【条文主旨】

明确阅卷的重点。

【条文理解】

《民事诉讼法》第 200 条规定了当事人申请再审的十三项法定事由,涉及证据的真实性、合法性与关联性,证据是否应当被采信,事实认定,法律适用,审判程序等,而阅卷是法官审查此类案件的第一道必经程序,直接关系到后续的审查方向与结果,因此,我们在这里做了一个提示性的规定,阅卷应围绕再审申请人提出的再审事由，针对再审申请人提交的新证据和被申请人及其他当事人的意见，对原审证据的真实性、合法性与关联性，证据是否应当被采信，事实认定，法律适用，审判程序等方面的问题重点加以关注。

【条文】

4.3.2 合议庭阅卷后经审查申请材料认为再审事由成立，迳行裁定进入再审程序的情形有：

4.3.2.1 审判组织的组成不合法或者依法应当回避的审判人员没有回避的；

4.3.2.2 无诉讼行为能力人未经法定代理人代为诉讼或者应当参加诉讼的当事人，因不能归责于本人或者其诉讼代理人的事由，未参加诉讼的；

4.3.2.3 违反法律规定，剥夺当事人辩论权利的；

4.3.2.4 未经传票传唤，缺席判决的；

4.3.2.5 原判决、裁定遗漏或者超出诉讼请求的；

4.3.2.6 据以作出原判决、裁定的法律文书被撤销或者变更的；

4.3.2.7 审判人员审理该案件时有贪污受贿，徇私舞弊，枉法裁判行为事实，有生效刑事法律文书或者纪律处分决定予以确认的。

【条文主旨】

明确迳行裁定进入再审程序的情形。

【条文理解】

《最高人民法院关于受理审查民事申请再审案件的若干意见》第15条规定：对于以下列事由申请再审，且根据当事人提交的申请材料足以确定再审事由成立的案件，人民法院可以径行裁定再审：(1)违反法律规定，管辖错误的；(2)审判组织的组成不合法或者依法应当回避的审判人员没有回避的；(3)无诉讼行为能力人未经法定代理人代为诉讼，或者应当参加诉讼的当事人因不能归责于本人或者其诉讼代理人的事由未参加诉讼的；(4)据以作出原判决、裁定的法律文书被撤销或者变更的；(5)审判人员在审理该案件时有贪污受贿、徇私舞弊、枉法裁判行为，并经相关刑事法律文书或者纪律处分决定确认的。

根据以上规定，对于审判程序违法、据以作出原判决、裁定的法律文书被撤销或者变更、审判人员枉法裁判等程序性违法事项，经审查当事人提交的申请材料足以确定再审事由成立的案件，人民法院可以径行裁定再审。本标准依据修订后的新《民事诉讼法》第200条的规定，将以上程序性违法事项的表述与法律相统一。

在课题组多次讨论和征求全市法院意见的过程中,有人主张,对于经审查当事人提交的申请材料足以确定原判决、裁定适用法律确有错误的,也应当可以迳行裁定再审。本标准没有吸纳这种观点,即使在当事人对原审事实认定无异议的情况下,由于法律适用问题涉及对法律的理解与裁判尺度问题,此种情况下迳行裁定再审,程序上不够严谨,可能导致法官的自由裁量权过于随意,一眼看高,一眼看低。组织询问当事人或者听证,有利于充分保障当事人的陈述权,使其充分阐述有关法律适用错误的理由,以便法官更好地审查案件。而且,法律适用问题直接关系到上下级法院的裁判尺度问题,此种尺度的把握目前不宜直接赋予主审法官或者合议庭,通常情况还应报请审委会讨论决定。

5. 审查方式

【条文】

5.1 审查方式包括书面审查、询问和听证。

【条文主旨】

明确审查的方式。

【条文理解】

关于审查的方式,审判实践中多有异议。综合民事诉讼法和相关司法解释的规定,并梳理历年来民事申请再审审查的相关文件,笔者认为,审查方式应当包含书面审查、询问和听证三种。在前述通过合议庭书面阅卷迳行裁定的情形之外,询问和听证一般是审查的主要方式。其中,听证作为一个特殊形式,在实践中有不同理解,为保证程序的逻辑一致性,我们将听证作为某些特殊案件的审查方式。

【条文】

5.2 询问

5.2.1 通过审查申请材料和原审卷宗,根据需要询问当事人,但有新证据可能推翻原判决、裁定的属于必须询问的情形。

【条文主旨】

明确询问的适用情形。

【条文理解】

民事诉讼法并未对询问作出具体规定,《最高人民法院关于适用〈中华人民共和国民事诉讼法〉的解释》第397条规定:“人民法院根据审查案件的需要决定是否询问当事人。新的证据可能推翻原判决、裁定的,人民法院应当询问当事人。”在民事申请再审案件审查工作实践中,各庭根据案件具体情况,对大部分案件都以询问方式进行审查。从审查效果看，通过询问审查案件，可以充分听取当事人特别是申请人一方的具体意见，在此基础上能深入了解争议焦点和案件背景，体现了司法为民的理念，保障了当事人对案件的知情权和参与权，对于案结事了具有较大的作用，也从形式上保证了当事人的对“看得见的公正”的期望。所以，笔者认为，应当继续鼓励通过询问方式审查民事申请再审案件。但是，针对申请人提出新证据的，因此种情况往往涉及实体问题的判断，需要慎重对待，该情况下承办法官应当进行询问。

【条文】

5.2.2　询问的准备

5.2.2.1　询问前将询问时间、地点通知当事人。

【条文主旨】

询问的通知。

【条文理解】

《最高人民法院民事诉讼法司法解释理解与适用（下）》对于其中第397条的规定认为，“决定询问的案件，一般应当在询问五日前将询问的时间、地点、联系人及联系方式通知当事人。当事人路途较远的，应当留出必要的在途时间”。此理解符合审查实践，笔者认可这一理解。对于通知的方式，有意见认为应当通过传票方式。起草小组经讨论后认为，民事一审案件简易程序尚可通过电话、电子邮件及捎口信方式传唤当事人，如在申请再审案件审查过程中规定以传票方式通知当事人，对于案件的审查效率将有直接影响，也浪费了当事人的时间，所以此处不宜作出硬性规定，应当允许根据案件具体情况采取传唤方式。

【条文】

5.2.2.2　审阅案卷材料，确定再审事由，归纳审查重点。

5.2.2.3　询问在法庭进行，有书面记录，并全程录音录像。

【条文主旨】

询问的准备和具体方式。

【条文理解】

承办法官或合议庭在询问前进行阅卷，并确定争议焦点和案件重点，是一、二审开庭前的必要步骤。在申请再审案件审查中，为保证询问程序的效果，亦有必要强调阅卷的重要性，此应当作为标准程序。

【条文】

5.2.3 询问程序

5.2.3.1 核对当事人身份、委托手续,确认诉讼文书送达地址。

5.2.3.2 宣布合议庭成员、书记员名单,询问当事人是否申请回避,告知当事人相关权利义务。

5.2.3.3 申请人陈述再审请求、法定再审事由以及具体的事实与理由。

5.2.3.4 被申请人和原审其他当事人发表意见。

5.2.3.5 针对法定再审事由询问当事人。

5.2.3.6 各方当事人都到庭的,经当事人同意,主持和解。

【条文主旨】

询问的具体程序。

【条文理解】

《最高人民法院民事诉讼法司法解释理解与适用(下)》对于其中第397条的规定的理解中详细列明了询问的具体程序,对询问的准备、当事人陈述、法庭调查、主持和解及核对笔录都进行了表述。笔者对此予以重述。根据我们的审查实践,此程序应当作为审查标准。

【条文】

5.3 特殊案件的听证

5.3.1 应当听证的特殊案件有:

5.3.1.1 申请人长期信访,当事人对立情绪严重的;

5.3.1.2 社会关注度高,有重大社会影响的。

【条文主旨】

应当听证的特殊案件类型。

【条文理解】

关于听证程序,作为民事申请再审案件审查的一种形式,在2008年《最高人民法院关于民事申请再审案件受理审查工作细则(试行)》(以下简称《工作细则》)和2009年《最高人民法院关于受理审查民事申请再审案件的若干意见》(以下简称《若干意见》)中均有规定,在这两个文件中,"组织当事人听证"与"询问当事人"同为审查方式之一,系并列关系。这两个文件均对听证作出了较为详细的、类似于当前询问方式的规定,却未对询问程序作出进一步解释。在此后的审查实践中,很多人将此两种方式混用,有人甚至认为听证即是询问。2008年《最高人民法院关于适用〈中华人民共和国民事诉讼法〉审判监督程序若干问题的解释》中没有规定听证程序，此后民事诉讼法两次修订亦未提及听证程序，2015 年民诉法解释系统采纳了上述《最高人民法院关于适用〈中华人民共和国民事诉讼法〉审判监督程序若干问题的解释》的规定，仅规定了询问程序，未对听证程序作出规定。起草小组经过研究讨论并广泛征求意见后认为，首先，听证不同于询问，是一个独立的审查方式。从形式上看，听证更强调公开性和程序性，是比询问更严格的审查方式，注重广泛听取当事人的意见，强调案件所有各方当事人均应到场，并积极主动向社会公开。而询问程序相对灵活，可询问单方当事人，对公开性也没有更高的要求。其次，询问程序应当是一种主要的询问方式。《最高人民法院关于适用〈中华人民共和国民事诉讼法〉审判监督程序若干问题的解释》和《最高人民法院关于适用〈中华人民共和国民事诉讼法〉的解释》相对于上述《工作细则》和《若干意见》两文件更正式、更全面，施行日期更新，是指导民事申请再审案件审查的根本依据，其舍弃听证程序未作规定，是从整体上将询问程序作为一种主要的审查方式。最后，听证程序可作为其他审查方式的一种有益补充。最新司法解释未对听证作出规定，但并不意味着听证程序不能作为审查方式之一。《工作细则》和《若干意见》仍现行有效，听证程序仍有规范性依据。从审查方式的效果看，听证程序有独特的价值，对于真正的案结事了，化解长期信访案件、社会风险性较高的民事申请再审案件有不可替代的作用。由于听证程序的特殊性，从司法成本的角度考虑，应当严格限制其适用范围。起草小组认为，当事人长期信访，对立情绪严重，存在社会风险的案件和社会关注度高，有舆论风险的案件应当适用听证程序，此两类案件分别强调生效裁判的说服力欠缺问题和案件本身的社会热点属性。通过听证程序，以充分的形式公正性和广泛公开性，可以有效化解案件的社会风险和舆论风险。

【条文】

5.3.2　听证的准备

5.3.2.1　由合议庭决定听证后层报主管院长批准。

【条文主旨】

听证的决定程序。

【条文理解】

由于听证程序的司法成本较高，需要协调的事项较多，应适当提高其启动门槛。听证应由合议庭决定，这是应有之义。批准权归属主管院长，这是考虑到法院司法行政实际和管理体系现状，笔者认为，这与司法责任制并不冲突，主管院长虽然有批准启动听证程序的权力，但具体案件的审查权仍归属于合议庭，合议庭及承办人对案件裁判结果负责。

【条文】

5.3.2.2 提前三日向社会公布听证时间、地点和案件信息。

【条文主旨】

听证的社会公开程序。

【条文理解】

基于听证程序所需协调事项较多,注重程序的最大公开性,笔者认为,有必要提前三日向社会公布相关信息。至于具体的公开平台或载体,因各院实践情况不一,不宜硬性规定具体的公开平台。

【条文】

5.3.2.3 听证向社会公开,邀请有关方面的代表、新闻媒体等参加。

【条文主旨】

听证的社会参与。

【条文理解】

为提高听证程序的公开性和透明性,最大限度地保障当事人权利,我们充分借鉴了行政机关听证的做法,参考天津市法院实践经验,认为应当将邀请人大代表、政协委员或新闻媒体旁听听证程序作为听证的一项标准。

【条文】

5.3.2.4 人民法院协调相关机构指派律师作为代理人参加听证的,当事人符合法律援助条件。

【条文主旨】

听证程序中的法律援助。

【条文理解】

当事人委托诉讼代理人参加民事申请再审案件审查,是其法定权利,但在听证程序中,对于未委托诉讼代理人的当事人,是否有必要由法院为其协调相关机构指派律师代为参加听证,有一定争议。笔者认为,对未委托律师的当事人通过指派律师参加听证程序,虽有诸多益处,但不宜突破《法律援助条例》的规定而给予参加听证程序的当事人特殊权利,尤其在标准化文件中,不宜作出突破现行法律、行政法规的表述。所以,笔者认为,法院在当事人未委托律师,又未主动申请法律援助的情况下,可以主动协调相关机构指派律师代为代理人参见听证;但同时,该指派行为亦须符合法律规定的援助条件。

【条文】

5.3.3　听证程序由合议庭全体成员参加，参照询问程序进行。

【条文主旨】

听证的具体程序。

【条文理解】

听证作为一种比询问更为严格的程序，除了公开性外，还主要体现在程序的严谨性上，不但要满足普通询问程序的要求，还有特殊要求。为此，有必要由合议庭全体成员参加程序。

6. 审查结果

【条文】

6.1　调解

6.1.1　调解符合合法自愿原则。

【条文主旨】

调解应当遵循的原则。

【条文理解】

调解是民事诉讼的一项原则性制度，贯穿于一审、二审和再审过程中，但对于民事申请再审案件的审查程序是否可以适用调解，法律和司法解释并无规定。起草小组经研究讨论后认为：首先，审查过程中应当适用调解原则。根据民事诉讼法律的相关精神，调解是充分化解纠纷的一项重要方式，具有很好的社会效果，在民事申请再审案件审查程序中进行调解，对案结事了有很大的促进作用，应当值得大力推广。其次，在立案后至审查结案前，符合调解情形的，均应组织调解。因审查程序没有一、二审和再审程序的正式性，调解方式可适当灵活，但如果有调解可能的，均应及时组织调解。另外，合法和自愿原则是调解的根本原则。民事申请再审案件的审查亦应坚持此原则，无论调解的时间、方式如何，如有一方当事人不同意调解，或者调解内容违反了法律的规定，即应及时审查，作出结案裁定。

【条文】

6.1.2　调解后通过再审程序作出调解书：

6.1.2.1　当事人向原生效法院申请再审的，应裁定再审后按照审判监督程序以“民再”案号作出调解书。

6.1.2.2　当事人向上一级法院申请再审的，应裁定提审后按照审判监督程序以“民再”案号作出调解书。

【条文主旨】

调解后的结案程序。

【条文理解】

民事申请再审案件是针对已经生效的判决、裁定、调解书提出的,在审查过程中达成调解协议,显然不能以调解书方式结案。天津市法院现行做法是,先裁定再审或提审,再作出调解书,该做法符合《第一次全国民事再审审查工作会议纪要》的精神,也符合审判的程序逻辑,应当延续此种做法。另外,部分法官对裁定再审或提审后调解书的案号问题有疑问,结合 2016 年 1 月 1 日施行的新案号规定,我们明确裁定再审或提审后应当以“民再”案号作出调解书。

【条文】

6.2 裁定终结审查的,需满足以下条件之一:

6.2.1 再审申请人死亡或者终止,且无权利义务承继者或者权利义务承继者声明放弃再审申请的;

6.2.2 在给付之诉中,负有给付义务的被申请人死亡或者终止,无可供执行的财产,也没有应当承担义务的人的;

6.2.3 当事人达成和解协议且已履行完毕的,但当事人在和解协议中声明不放弃申请再审权利的除外;

6.2.4 他人未经授权以当事人名义申请再审的;

6.2.5 原审或者上一级人民法院已经裁定再审的;

6.2.6 再审申请被驳回后再次提出申请的;

6.2.7 对再审判决、裁定提出申请的;

6.2.8 在人民检察院对当事人的申请作出不予提出再审检察建议或者抗诉决定后又提出申请的。

【条文主旨】

终结审查的条件。

【条文理解】

《最高人民法院关于适用〈中华人民共和国民事诉讼法〉的解释》第 402 条规定:“再审申请审查期间,有下列情形之一的,裁定终结审查:(一)再审申请人死亡或者终止,且无权利义务承继者或者权利义务承继者声明放弃再审申请的;(二)在给付之诉中,负有给付义务的被申请人死亡或者终止,无可供执行的财产,也没有应当承担义务的人的;(三)当事人达成和解协议且已履行完毕的,但当事人在和解协议中声明不放弃申请再审权利的除外;(四)他人未经授权以当事人名义申请再审的;(五)原审或者上一级人民法院已经裁定再审的;(六)有本解释第三百八十三条第一款规定情形的。”该解释第383条第1款规定,“当事人申请再审,有下列情形之一的,人民法院不予受理:(一)再审申请被驳回后再次提出申请的;(二)对再审判决、裁定提出申请的;(三)在人民检察院对当事人的申请作出不予提出再审检察建议或者抗诉决定后又提出申请的”。该解释对终结审查的情形规定的极为详尽,笔者完整采纳该解释的规定。

【条文】

6.3 裁定驳回再审申请的,符合以下情形之一:

6.3.1 当事人主张的再审事由不成立的;

6.3.2 当事人申请再审超过法定申请再审期限的;

6.3.3 当事人再审申请超出法定再审事由范围的。

【条文主旨】

驳回再审申请的条件。

【条文理解】

《最高人民法院关于适用〈中华人民共和国民事诉讼法〉的解释》第395条第2款规定:“当事人主张的再审事由不成立,或者当事人申请再审超过法定申请再审期限、超出法定再审事由范围等不符合民事诉讼法和本解释规定的申请再审条件的,人民法院应当裁定驳回再审申请。”该条款详尽规定了裁定驳回再审申请的情形,笔者完整采纳该条款的规定。

【条文】

6.4 因当事人申请裁定再审的案件一般由裁定再审的人民法院审理。高级人民法院指令再审的,符合以下情形之一:

6.4.1 原判决、裁定认定事实的主要证据未经质证的;

6.4.2 对审理案件需要的主要证据,当事人因客观原因不能自行收集,书面申请人民法院调查收集,人民法院未调查收集的;

6.4.3 违反法律规定,剥夺当事人辩论权利的;

6.4.4 发生法律效力的判决、裁定、调解书是由第一审人民法院作出的;

6.4.5 当事人一方人数众多或者当事人双方为公民的;

6.4.6 经审判委员会讨论决定的其他情形。

【条文主旨】

高级人民法院指令再审的条件。

【条文理解】

《最高人民法院关于民事审判监督程序严格依法适用指令再审和发回重审若干问题的规定》第2条第1款规定:“因当事人申请裁定再审的案件一般应当由裁定再审的人民法院审理。有下列情形之一的,最高人民法院、高级人民法院可以指令原审人民法院再审:(一)依据民事诉讼法第二百条第(四)项、第(五)项或者第(九)项裁定再审的;(二)发生法律效力的判决、裁定、调解书是由第一审法院作出的;(三)当事人一方人数众多或者当事人双方为公民的;(四)经审判委员会讨论决定的其他情形。”其中,《民事诉讼法》第200条第4项、第5项或者第9项分别为:“原判决、裁定认定事实的主要证据未经质证的”;“对审理案件需要的主要证据,当事人因客观原因不能自行收集,书面申请人民法院调查收集,人民法院未调查收集的”;“违反法律规定,剥夺当事人辩论权利的”。其中,如果当事人向高级人民法院申请再审,所指“发生法律效力的判决、裁定、调解书是由第一审法院作出的”中的“第一审法院”是指中级人民法院。

【条文】

6.5 合议庭认为再审事由成立的,层报主管院长决定再审。

【条文主旨】

决定再审的审批程序。

【条文理解】

起草小组经讨论认为,为确保民事申请再审案件审查的严肃性,维护生效裁判的既判力,提升再审审查的整体水平,应适当提高进入再审程序的门槛,由主管院长予以把关,此做法应当坚持。

7. 裁判文书制作规范

【条文】

7.1 裁定样式符合最高人民法院民事诉讼文书样式的规定。

7.2 事实认定和论理部分应当叙事明晰,论理透彻,逻辑严密,有论理结论和论理过程。

7.3 对申请人申请再审的事由,应在本院认为部分一一回应。

7.3.1 申请人针对事实认定申请再审的,在回应中有必要的证据分析,证据采信与事实认定相互呼应,不能割裂。

7.3.2 申请人针对法律适用申请再审的,在回应中有对适用法律的分析和解释。

7.4　疑难复杂、新类型或者具有重大社会影响的案件，论理和适用法律有借鉴意义和引领作用。

【条文主旨】

明确裁判文书的制作规范。

【条文理解】

从2011年至2015年，笔者连续5年对我院受理的民事申请再审案件进行了调研。在调研中笔者发现，裁判文书的质量问题始终未能得到有效解决，主要表现有三：(1)说理过于简单，在行文中往往以“申请人无法提出相应证据予以证明……本院不予采信”等词语作为主要内容，难以使当事人信服。(2)未有效固定再审事由，被当事人繁杂的申请理由所束缚，“头痛医头，脚痛医脚”，影响了裁判的整体表达效果。(3)申请人明确以原审证据采纳、举证责任分配或事实认定错误为由申请再审，但在本院认为部分只是将原审证据名称罗列，对当事人对证据的意见避而不谈，也不分析证据，割裂了证据认定与事实认定之间的关系。针对以上问题，笔者在本标准中对裁判文书的撰写作了明确的规定，尤其是围绕法定再审事由，论证事实认定与法律适用应达到什么标准。笔者认为，裁判文书的说理，应有必要的证据分析，以说明认定的事实，防止证据认定与事实认定相互割裂；应有对法律的分析和解释，以论证法律适用与事实认定之间的内在关系。尤其是疑难复杂、新类型或者具有重大社会影响的案件，事实认定和论理部分更应当叙事明晰，论理透彻，逻辑严密，有借鉴意义和指导作用。

8. 案件移送

【条文】

8.1　案件移送再审法院的，应当在审结后十五日内。

8.2　移送材料有移送函、裁定书、原审卷宗。

【条文主旨】

明确案卷移送的规范。

【条文理解】

天津市高级人民法院《关于民事申请再审案件审查有关问题的(暂行)规定》第三条第(一)项规定：负责申请再审案件审查的业务庭，对案件裁定由本院再审的，在裁定书生效后十五日内将全部卷宗移送到立案庭，由立案庭登记后移送至审判监督庭审理。(三)最高人民法院指令再审的案件由立案庭登记立案后移送审判监督庭审理。

参照《天津法院审判流程标准》第5.5条规定:案件审结后需退卷的,承办人再案件报结之日起15日内,将原审卷宗退回原审法院。《天津法院立案工作标准》第5.2.1条规定:案件登记立案后,及时移送有关审判庭。第5.2.3条规定:各类案件的移转,办理移交手续,注明移交日期。

9. 规范性文件引用(略)

第十一章　劳动争议案件审理标准的理解与适用

第一节　劳动争议案件审理概述

一、劳动争议案件的基本状况及特点

（一）劳动争议案件数量阶梯式上升

天津作为全国经济发达的地区之一，各类企业密集，人员流动频繁，用工情况复杂。从近三年来天津法院受理劳动争议一审案件数量看，呈现阶梯式上升趋势。2014 年受理 5958 件，2015 年猛增至 8917 件，增幅高达 49.66%。2016 年继续保持在 8413 件高位，2017 年达到 8625 件，同比增加 2.52%。首先，在经济新常态下，国家调整国民经济结构的力度空前，很多行业进入调整结构、升级换代的新态势，经济下行压力加大，用人单位自身经营状况的变化必然带来劳动用工情况的变化，劳动争议数量上升不可避免。其次，部分民营企业尤其是中小型民营企业用工管理制度不规范，导致劳动争议数量较多。最后，劳动者法律意识普遍增强，劳动争议诉讼成本较低，且存在涉及人数众多产生诉讼的示范效应的特点，我市劳动争议案件数量自 2013 年以来进入增长通道。

（二）普通劳动者涉案较多，高层劳动者涉案数量呈现快速增长趋势

统计数据显示，大多数劳动人事争议纠纷的主体是普通岗位的劳动者，农民工在劳动争议案件中所占比例较大。但值得注意的是，涉及高级管理人员和高级技术人员为主体的高层劳动者的案件较以往增加趋势明显，而且经常以“团队”模式出现，即一个原单位领导带领若干普通劳动者与原单位发生劳动争议诉讼。究其原因，普通劳动者就个体而言，在劳动关系中处于相对弱势地位，自我保护能力不足，其合法权益易受到用人单位的忽视和侵犯。

(三)民营企业、中小微企业劳动争议较多,国有企业劳动争议处理难度大

天津市劳动争议案件以民营企业、中小微企业涉案居多,这一特点已经伴随天津市劳动争议审判工作多年。一方面,这些企业设立时间普遍不长,在此工作的劳动者对企业的归属感不强,人员流动比较频繁;另一方面,部分民营企业由于资金不稳定、经营状况波动、管理滞后等因素,在劳动用工方面存在较多缺陷和漏洞,缺乏完善合法的用工制度,忽视劳动者合法权利的保护,容易触发劳动争议。部分国有企业由于经济效益不好、历史欠账较多,劳动管理方式陈旧,劳资纠纷比较突出,处理难度较大。

(四)案件类型相对集中,劳动者诉求呈多元化发展,相当部分的诉求触及法律空白地带

近年来,天津法院受理的劳动争议案件几乎涵盖了劳动关系的各个方面,但争议内容仍相对集中,主要是确认劳动关系、追索劳动报酬、解除劳动合同经济补偿金和赔偿金、社会保险待遇等。但是,劳动者在诉讼中提出的社保损失计算、档案丢失损失、要求单位配合办理退休手续、因岗位认定导致待遇纠纷、竞业禁止合同纠纷、保密义务纠纷等疑难及新类型案件,大多触及法律法规空白地带,而且许多案件表现为“一案多求”,诉求的多元化增加了案件的复杂性和处理难度,给劳动审判工作带来较大压力。

(五)群体性劳动争议案件风险较大

群体性劳动人事争议波及人数多、影响范围大、触及的利益广,此类纠纷的处理是否得当直接影响到用人单位整体劳动关系甚至相关企业的稳定。此类纠纷往往涉及的时间较长,双方矛盾较为尖锐,化解难度和压力较大。尤其值得注意的是,隐性群体性纠纷更为突出。如一些法院在审理案件过程中,已数次发现前来参加庭审的旁听人员或出庭作证的证人,均系被告用人单位的劳动者,有相当一部分群体性劳动人事争议体现出“投石问路、引而待发”的隐性特点,即多数劳动者通过观望与其情况相似的、先行诉讼的个别人的诉讼情况来决定是否就自己的权益问题提起诉讼。对于这类隐性的群体性劳动人事争议纠纷,一旦处理不当,从众心理和效仿效应极可能引发大量的群体性劳动人事争议风险,容易诱发社会不稳定因素。

(六)劳动争议案件上诉率偏高,调解难度较大

2015 年至 2017 年的劳动争议案件上诉率分别为 47.56%、56.57%、58.58%,

明显呈现上升趋势。而且，近年来绝大多数年份的上诉率都超过50%，平均上诉率达到53.58%，明显高于其他民事案件的上诉率平均水平。上述数据表明，劳动争议案件的争议较为激烈、审理难度较大。由于劳动争议案件直接诉讼成本较低，当事人一旦启动程序，如果裁决结果不如其意，往往选择将官司打到底。根据劳动仲裁部门的数据初步统计，近年来在劳动仲裁机构作出仲裁裁决后，大约有八成左右的案件当事人不服仲裁结果提起诉讼。当事人将"一裁两审"的程序穷尽以求利益最大化的表现，反映出劳动争议案件当事人穷尽维权路径的趋向。此类案件调解难度逐年加大，虽然法院采取了包括委托调解、联合调解、委派调解等诸多调解手段，也努力创新调解方法，创造调解环境，但调解撤诉率在近年来始终都在50%上下徘徊。

二、劳动争议案件审理特点的原因分析

（一）劳资双方自主协商解决纠纷的意识有待增强，协商解决的机制尚需进一步完善

劳动关系中的劳动者与企业双方虽有利益对立的一面，更是相互依存的利益共同体。双方之间只有彼此尊重、相互协商，才可能实现双方的利益最大化，并使劳动关系得到良性的运行。但实践中部分用人单位与劳动者缺乏自主协商解决意识和平等通畅的纠纷协调处理机制，出现劳动纠纷时，用人单位往往表现出"冷、硬、横"的态度，导致了矛盾激化；而少数劳动者虽然法律意识与权利意识有所增强，但对如何合理有效维权缺乏正确认识，出现纠纷时不主动与企业协商，动辄仲裁诉讼，过度维权甚至恶意诉讼索要天价赔偿，劳资双方发生直接利益冲突时不能及时自我消化，导致引发大量劳动争议案件，加剧了劳资双方互不信任，使劳动力市场秩序受到破坏。

（二）部分用人单位法律意识淡薄，用工管理制度不健全

规范用工是企业良性发展的重要基础，规范用工的前提是依法建立完善管理制度并对劳动关系进行有序的调整。虽然劳动合同法已实施四年，但仍有部分用人单位法律意识淡薄，用工欠规范，具体表现为：一是部分企业领导一言堂的"家长式"管理模式根深蒂固，缺乏制度规范，任意性比较明显。落后的企业内部治理结构现状无法适应员工年轻化、思想活跃化、权利意识觉醒的用工现状。二是部分用人单位特别是小微企业为降低用工成本，抱有侥幸心理，故意违法用工，想方设法规避法律责任，如不签订劳动合同、拖欠劳动者报酬、不为职工缴纳社会保险

等。三是用人单位管理制度执行不到位,考勤制度管理不完善,随意确定或者变更工时制度,在劳动合同的变更解除过程中存在较为明显的瑕疵,以及未妥善保管劳动者档案,等等。

（三）滥用劳务派遣呈蔓延趋势,劳动者合法权益隐性受损

劳务派遣作为一种新兴的用工形式,具有节省劳务派遣单位(用人单位)劳动力使用和管理成本,帮助实际用工单位提高企业经营效率、为劳动者拓宽就业渠道等优势。虽然目前法院审理的劳动派遣纠纷尚不是很多,例如,2012 年滨海新区法院审理的劳务派遣案件占全部案件的 2.4% ,但从中暴露出的劳务派遣行业管理不规范问题应当引起重视。部分用人单位滥用劳务派遣借以规避用人单位正常用工义务的现象比较严重,他们利用现行劳务派遣制度尚不完善的漏洞,对于不属于"临时性、辅助性、替代性"的岗位大量使用派遣工,使派遣工在工资报酬、福利待遇、社会保险、岗位晋升等诸多方面均处于不利境地,合法权益受到隐性侵害,加剧了劳资关系的紧张。甚至有个别用人单位为了甩包袱,强行与本单位员工解除劳动合同,通过设立劳务派遣公司或者与劳务派遣机构合作再与这些员工重新订立劳动合同,由该派遣机构将这些员工再派回本单位继续工作,即所谓的"逆向劳务派遣",规避企业法定义务和社会责任,扭曲劳动力市场。

（四）劳动争议领域存在法律空白和司法裁判尺度不统一的情况,亟须立法规范和统一司法尺度

劳动人事争议处理涉及《劳动法》、《劳动合同法》、《劳动争议调解仲裁法》、最高法院司法解释以及《劳动合同法实施条例》、《工伤保险条例》等多部法律法规,这些法律法规时间跨度大,体系庞杂,个别条款过于原则,加之新情况、新问题不断出现,导致审理劳动人事争议案件适用法律法规的难度较大,仍然有大量的问题尚待进一步研究与规范:一是一些特殊用工方式的法律关系难以界定。如送报工与报业公司,汽车司机与车辆所挂靠的公司,高尔夫球场与球童,车辆销售中心与推销员,网络主播、外卖送餐员、网约车司机与网络平台等之间的用工具有多样性、灵活性特点,不同于传统的典型性用工方式。如果这些特殊形式的用工性质认定出现偏差,对用工方甚至整个行业的管理模式必定会产生冲击,直接影响到行业的布局以及社会的稳定。由于缺乏法律的规制,易引发群体性纠纷。二是用工领域历史遗留问题难以解决。主要包括:企业与职工因内退协议引发的争议,企业职工待岗期间的生活费问题,因丢失或延迟转移档案、无法享受退休养老待遇等引发的纠纷等。这类历史遗留问题引发的用工纠纷由于有历史和政策的

背景，时间跨度长，涉及范围广，牵扯多元利益，不仅涉及企业和劳动者的利益，还可能涉及行业的利益，或者更大范围地影响到用工环境，极易引起社会连锁反应和诱发潜在的纠纷，劳动仲裁部门和法院在处理这些纠纷时，无法用现行法律衡量和裁判，纠纷解决的难度极大。三是某些法律适用的尺度尚未统一，导致同案不同判的现象屡见不鲜，严重损害了司法公正性。例如，因劳动者原因未订立书面劳动合同，用人单位是否需要向劳动者支付未订立书面劳动合同的二倍工资。有的法院认为只要是没有订立书面劳动合同，用人单位就应当向劳动者支付二倍工资；而有的法院则认为，需要考察未订立书面劳动合同的具体原因，如果系劳动者原因导致，则用人单位不需要支付二倍工资。再如，没有建立工会的用人单位在单方解除与劳动者的劳动合同时是否需要履行通知工会的义务。有的法院认为用人单位没有建立工会的，应当通知所在地工会组织或者该单位所在行业的行业工会组织，没有通知的，则应当认定用人单位违法解除劳动合同；而有的法院则认为用人单位建立工会的，用人单位应当通知工会，没有建立工会的则无须通知所在地工会或者行业工会。

第二节　劳动争议案件审理标准化的依据

一、劳动争议审理标准的起草背景

党的十八大明确提出构建和谐劳动关系。2015 年 3 月 21 日，《中共中央、国务院关于构建和谐劳动关系的意见》正式发布，明确提出在新的历史条件下，努力构建中国特色和谐劳动关系，是加强和创新社会管理、保障和改善民生的重要内容，是建设社会主义和谐社会的重要基础，是经济持续健康发展的重要保证，是增强党的执政基础、巩固党的执政地位的必然要求。劳动争议审判工作是贯彻党中央决策的重要方面。近年来，天津市劳动争议案件呈现出快速上涨、高位运行的态势，审判压力越来越大。劳动争议案件作为民生类案件具有诉讼请求多、事实认定难、政策法律适用复杂、调解难度大、矛盾对抗激烈容易引发群体性纠纷等特点，历来是民事审判的焦点和难点。目前，由于现行劳动法律法规比较原则，加之劳动行政部门颁布的各类劳动政策和规范性文件数量巨大、内容繁杂，虽然市高院民一庭通过通知、会议等方式就部分问题的裁判尺度进行过统一，但从总体上看,我市法院对劳动争议案件的审理仍缺乏相对统一、明确的裁量尺度。

在此背景下,以天津市司法标准化的探索和实践为立足点,结合近年来全市劳动争议案件的审判工作实践和调研成果,经过反复论证制定《天津法院劳动争议案件审理标准(试行)》,并将其作为我市法院第三批标准化文件之一申报立项,于2016年8月完成了《天津法院劳动争议案件审理标准(试行)》初稿。之后,通过组织会议、广泛调研等方式,征求协办单位和各级法院的意见。根据各方面的反馈意见,又对标准化文件又逐条进行论证并对相关问题进行了修订,最终于2016年12月形成了《天津法院劳动争议案件审理标准(试行)》送审稿。最后,经过天津市高级人民法院审判委员会讨论通过。

需要说明的是,由于劳动争议案件涉及的领域广、法律法规及司法观点繁多,不宜在《天津法院劳动争议案件审理标准(试行)》中一并作出规定。故,在本审理标准之外单独制定了《天津法院劳动争议案件审理指南》,旨在对我市劳动争议案件中的普遍性、热点性、难点性问题的司法观点和尺度进行明确和统一。

二、劳动争议案件审理标准化的具体依据

(一)宪法中的劳动法基本规范

我国宪法在公民基本权利与义务部分规定了很多劳动法方面的基本规范,这些规范具有最高的法律效力,其他法律法规都不得与之相冲突。但是,宪法中的规范都只是原则性的规定,一般不能直接适用,需要立法机关或者政府制定配套的法律法规及政策。

(二)劳动法律

劳动法律是指全国人大及其常委会制定的劳动方面的基本法律与一般法律。专门的劳动法律包括:《劳动法》《劳动合同法》《劳动争议调解仲裁法》《社会保险法》《就业促进法》《工会法》《矿山安全法》《职业教育法》《职业病防治法》《安全生产法》等。另外,还有一些法律也与劳动法相关,此类法律包括《妇女权益保障法》《未成年人保护法》《老年人权益保障法》《公司法》等。劳动法律没有规定的,实践中一般均适用相应的民事法律,如《民法通则》《民法总则》《合同法》《侵权责任法》等。

(三)劳动行政法规

劳动行政法规是指国务院制定的法律规范文件。目前仍然生效的重要劳动行政法规包括:《劳动合同法实施条例》《女职工劳动保护特别规定》《禁止使用童

工规定》《国务院关于职工工作时间的规定》《职工带薪年休假条例》《工伤保险条例》《失业保险条例》《国务院关于建立城镇职工基本医疗保险制度的决定》《社会保险费征缴暂行条例》等。

（四）司法解释

最高人民法院出台的劳动争议司法解释中较重要的有：《最高人民法院关于审理劳动争议案件适用法律若干问题的解释》《最高人民法院关于审理劳动争议案件适用法律若干问题的解释（二）》《最高人民法院关于审理劳动争议案件适用法律若干问题的解释（三）》《最高人民法院关于审理劳动争议案件适用法律若干问题的解释（四）》《最高人民法院关于人民法院审理事业单位人事争议案件若干问题的规定》《最高人民法院关于在民事审判工作中适用〈中华人民共和国工会法〉若干问题的解释》等。上述司法解释中有些规定如与《劳动法》《劳动合同法》《劳动争议调解仲裁法》《社会保险法》等法律存在冲突的，不能适用。

（五）地方性劳动法规

天津市人大及其常委会根据我市的实际情况，制定了很多地方性劳动法规，也是我市各级人民法院审理案件时应当依照执行的法律依据。例如，1996 年 1 月 10 日施行的《天津市劳动保护条例》，2000 年 11 月 1 日施行、2005 年 3 月 24 日修改的《天津市劳动就业管理条例》，2001 年 5 月 23 日通过、2002 年 7 月 18 日和 2016 年 7 月 29 日两次修正的《天津市失业保险条例》，2009 年 3 月 1 日、2016 年 6 月 30 日修正的《天津市就业促进条例》等。

（六）部门规章

部门规章，是指国务院各部门制定的与劳动有关的规范性文件。由于目前我国劳动法体系还很不完善，因此人力资源社会保障部制定的大量部门规章事实上在规范劳动关系中起着至关重要的作用。目前，重要的劳动部门规章主要有《劳动部关于贯彻执行〈中华人民共和国劳动法〉若干问题的意见》《企业经济性裁减人员规定》《违反和解除劳动合同的经济补偿办法》（2017 年 11 月 24 日已被废止）、《集体合同规定》《最低工资规定》《工资支付暂行规定》《企业职工带薪年休假实施办法》等。部门规章只要不与宪法、法律、行政法规和司法解释相抵触的，人民法院在审理劳动争议案件时可以参照适用，但不得在裁判文书中作为判案的法律依据引用。

（七）地方劳动规章

地方劳动规章，是指省、自治区、直辖市、省、自治区政府所在地的市以及国务院批准的较大的市的人民政府根据法律和行政法规制定的适用于本地区的规范性文件。地方劳动规章与部门规章具有同等的效力,在各自的权限范围内实施。人民法院在审理劳动争议案件时也可以参照地方劳动规章,但是不得在裁判文书中作为判案的法律依据加以引用。

第三节 天津法院劳动争议案件审理标准(试行)

1. 总则

1.1 为规范劳动争议案件的审理工作,统一裁判尺度,依照有关法律法规、司法解释等的规定,结合审判工作实际,制定本标准。

1.2 本标准用于指导、规范和评价劳动争议案件的审理工作。

1.3 本标准未作规定的内容,适用其他相关标准化文件。

2. 受理

2.1 受理劳动争议案件,依据充分,符合法律、行政法规、司法解释等的规定。

2.2 当事人的起诉依法不属于人民法院劳动争议案件受理范围的,裁定不予受理;已经受理的,裁定驳回起诉。

3. 诉讼主体

3.1 诉讼主体认定准确,未遗漏当事人。

3.2 诉讼主体一般包括用人单位、劳动者,劳务派遣关系中还包括用工单位。

4. 事实认定

4.1 审查劳动关系的相关事实全面、准确。

4.1.1 审查了劳动合同的合同主体、订立时间、合同期限、工作内容、工作地点、工时制度、劳动报酬、福利待遇、劳动保护、劳动条件、休息休假、社会保险等内容。

4.1.2 审查了劳动报酬给付、福利待遇给付、实际工作时间、劳动条件提供、工作内容及工作成果、休息休假情况、社会保险费缴付等劳动关系履行情况。

4.1.3　审查了劳动合同变更的时间、形式、内容、过程等事实。

4.1.4　审查了劳动关系解除或者终止的时间、形式、过程、经济补偿、档案和社会保险关系转移手续办理等情况。

4.1.5　对于劳务派遣关系,审查了用人单位、用工单位、劳动者的法律地位及权利义务关系等。

4.2　审查事实劳动关系比照了劳动合同关系。

4.3　审查社会保险关系的相关事实全面、准确。

4.3.1　审查了社会保险关系登记、社会保险费缴纳、社会保险待遇享受情况等事实。

4.3.2　审查了未能享受社会保险待遇的事实、原因、损失情况。

5. 法律适用

5.1　正确适用法律、行政法规和司法解释等的规定,参照适用部门规章、地方性法规、政府规章等规范性文件准确适当。

5.2　劳动关系、劳务关系、劳务派遣关系的认定准确,依据充分。

5.3　认定劳动合同效力及其订立、变更、解除、终止的合法性,依据充分。

5.4　认定劳动报酬、福利待遇、社会保险待遇的性质和金额准确,依据充分。

5.5　认定用人单位、用工单位、劳动者承担的法律责任准确,依据充分。

6. 规范性文件引用

6.1　《中华人民共和国劳动法》《中华人民共和国劳动合同法》《中华人民共和国劳动争议调解仲裁法》《中华人民共和国社会保险法》等法律。

6.2　《中华人民共和国劳动合同法实施条例》《职工带薪年休假条例》《工伤保险条例》《失业保险条例》等行政法规。

6.3　《最高人民法院关于审理劳动争议案件适用法律若干问题的解释》《最高人民法院关于审理劳动争议案件适用法律若干问题的解释(二)》《最高人民法院关于审理劳动争议案件适用法律若干问题的解释(三)》《最高人民法院关于审理劳动争议案件适用法律若干问题的解释(四)》等司法解释。

6.4　人民法院可以参照适用的地方性法规、部门规章、地方政府规章等规范性文件。

第四节 《天津法院劳动争议案件审理标准(试行)》释义

1. 总则

【条文】

1.1 为规范劳动争议案件的审理工作,统一裁判尺度,依照有关法律法规、司法解释等的规定,结合审判工作实际,制定本标准。

1.2 本标准用于指导、规范和评价劳动争议案件的审理工作。

1.3 本标准未作规定的内容,适用其他相关标准化文件。

2. 受理

【条文】

2.1 受理劳动争议案件,依据充分,符合法律、行政法规、司法解释等的规定。

2.2 当事人的起诉依法不属于人民法院劳动争议案件受理范围的,裁定不予受理;已经受理的,裁定驳回起诉。

【条文主旨】

解决劳动争议案件审理的前提。

【条文理解】

劳动争议属于民事争议。劳动争议案件的审理工作区别于其他民商事案件的一个重要特点是首先应当关注当事人的纠纷是否属于人民法院劳动争议案件受理范围。在劳动争议领域,有一部分纠纷属于行政权专属调整的范围,有一部分纠纷属于企事业单位内部行政管理问题,它们在本质上均不属于平等主体之间因人身关系和财产关系发生的纠纷,故不属于劳动争议范畴。在此,要特别注意司法权和行政权的区分,对于性质上属于民事纠纷的劳动争议案件要坚决依法受理,对于属于行政权专属调整的领域以及其他不宜由司法权介入的纠纷领域要坚决依照现有法律、司法解释的规定不予受理。

《民事诉讼法》第119条规定:"起诉必须符合下列条件:(一)原告是与本案有直接利害关系的公民、法人和其他组织;(二)有明确的被告;(三)有具体的诉讼请求和事实、理由；（四）属于人民法院受理民事诉讼的范围和受诉人民法院管辖。”《劳动争议调解仲裁法》第 2 条规定：“中华人民共和国境内的用人单位与劳动者发生的下列劳动争议，适用本法：（一）因确认劳动关系发生的争议；（二）因订立、履行、变更、解除和终止劳动合同发生的争议；（三）因除名、辞退和辞职、离职发生的争议；（四）因工作时间、休息休假、社会保险、福利、培训以及劳动保护发生的争议；（五）因劳动报酬、工伤医疗费、经济补偿或者赔偿金等发生的争议；（六）法律、法规规定的其他劳动争议。”

《最高人民法院关于审理劳动争议案件适用法律若干问题的解释》第 1 条、第 4 条至第 7 条，《最高人民法院关于审理劳动争议案件适用法律若干问题的解释（二）》第 4 条至第 8 条，《最高人民法院关于审理劳动争议案件适用法律若干问题的解释（三）》第 1 条至第 3 条，《最高人民法院关于审理劳动争议案件适用法律若干问题的解释（四）》第 1 条、第 2 条等均对人民法院受理劳动争议案件的范围作出规定。此外，最高人民法院还专门就某些事项是否受理的问题颁布了司法解释类文件，如 1987 年 10 月 31 日的《最高人民法院研究室关于工龄计算问题的电话答复》规定：“……经我们研究，同意劳动人事部的意见，鉴于工龄问题不属于法院审判工作的管辖范围，因此，请你们向主管部门提出建议，请其妥善解决。”

综上，人民法院在审理劳动争议案件时首先应当依法认定该案件是否属于受理范围。对于不属于受理范围的应当裁定不予受理，已经受理的应当裁定驳回起诉。

3. 诉讼主体

【条文】

3.1　诉讼主体认定准确，未遗漏当事人。

3.2　诉讼主体一般包括用人单位、劳动者，劳务派遣关系中还包括用工单位。

【条文主旨】

法院在审理不同类型的劳动争议案件时，需要注意诉讼主体身份，避免遗漏当事人或者所列当事人不适格。

【条文理解】

劳动关系的当事人一般为两造关系，即用人单位与劳动者。涉及劳务派遣关系的，则有三方关系，即用人单位、用工单位、劳动者。

(一)用人单位

《劳动法》第 2 条规定:“在中华人民共和国境内的企业、个体经济组织(以下统称用人单位)和与之形成劳动关系的劳动者,适用本法。国家机关、事业组织、社会团体和与之建立劳动合同关系的劳动者,依照本法执行。”《劳动合同法》第 2 条规定:“中华人民共和国境内的企业、个体经济组织、民办非企业单位等组织(以下称用人单位)与劳动者建立劳动关系,订立、履行、变更、解除或者终止劳动合同,适用本法。国家机关、事业单位、社会团体和与其建立劳动关系的劳动者,订立、履行、变更、解除或者终止劳动合同,依照本法执行。”据此,用人单位包括企业、个体经济组织、民办非企业单位、国家机关、事业单位、社会团体等。

企业包括国有企业、集体企业、私营企业、股份制企业、非法人企业(合伙企业、个人独资企业等)。个体经济组织是依法经工商行政管理部门核准登记,并领取营业执照从事工商业生产、经营活动的个体单位,《民法通则》将其规定为“个体工商户”。民办非企业单位,是指企业事业单位、社会团体和其他社会力量以及公民个人利用非国有资产举办的,从事非营利性社会服务活动的社会组织。根据《民办非企业单位登记管理暂行条例》的规定,我国的民办非企业单位主要有各类民办学校、医院、文艺团体、科研院所、体育场馆、职业培训中心、福利院、人才交流中心等。

在某些特殊情况下,自然人也可以成为劳动争议案件中具有用人单位地位的诉讼主体。《最高人民法院关于审理劳动争议案件适用法律若干问题的解释(三)》第 4 条规定:“劳动者与未办理营业执照、营业执照被吊销或者营业期限届满仍继续经营的用人单位发生争议的,应当将用人单位或者其出资人列为当事人。”当出资人为自然人时,该自然人就会成为具有用人单位性质的适格当事人。

(二)劳动者

根据我国法律规定,劳动者的最低年龄为 16 周岁,但是对于未满 16 周岁的未成年人被招用从事文艺、体育和特种工艺的依国家有关规定而除外。《劳动法》第 15 条规定:“禁止用人单位招用未满十六周岁的未成年人。文艺、体育和特种工艺单位招用未满十六周岁的未成年人,必须依照国家有关规定,履行审批手续,并保障其接受义务教育的权利。”国务院《禁止使用童工规定》第 2 条第 1 款规定:“国家机关、社会团体、企业事业单位、民办非企业单位或者个体工商户(以下统称用人单位)均不得招用不满 16 周岁的未成年人。”第 13 条第 1 款规定:“文艺、体育单位经未成年人的父母或者其他监护人同意,可以招用不满 16 周岁的专业文艺工作者、运动员。用人单位应当保障被招用的不满16周岁的未成年人的身心健康,保障其接受义务教育的权利……”

我国法律并未规定劳动者成立劳动关系的年龄上限,但是对于劳动者退休年龄却有规定。这就让实践中对于超过了法定退休年龄的劳动者是否还能够和原用人单位维持劳动关系,或者与新用人单位成立劳动关系产生争议,有相当多的劳动争议案件均系此情况。

(三)用工单位与劳务派遣单位

劳务派遣关系中,由劳务派遣单位与派遣劳工订立劳动合同,将劳动者派向其他用工单位,再由其用工单位向劳务派遣单位支付服务费用。劳动者与劳务派遣单位形成劳动关系,劳动者与用工单位形成实际用工关系,用工单位与劳务派遣单位之间形成基于劳务派遣的民商事合同关系。劳动力给付的事实发生于派遣劳工与用工单位(亦称要派单位)间,用工单位向劳务派遣单位支付服务费,劳务派遣单位向劳动者支付劳动报酬。劳务派遣关系的典型特点在于劳动给付与劳动关系相分离,劳动关系从二方关系变为三方关系。《劳动合同法》第57条规定:“经营劳务派遣业务应当具备下列条件:(一)注册资本不得少于人民币二百万元;(二)有与开展业务相适应的固定的经营场所和设施;(三)有符合法律、行政法规规定的劳务派遣管理制度;(四)法律、行政法规规定的其他条件。经营劳务派遣业务,应当向劳动行政部门依法申请行政许可;经许可的,依法办理相应的公司登记。未经许可,任何单位和个人不得经营劳务派遣业务。”法律对于劳务派遣单位的设立进行了特别规定,实践中应当注意识别劳务派遣单位是否属于合法主体。

4.事实认定

【条文】

4.1　审查劳动关系的相关事实全面、准确。

【条文主旨】

整体审查标准。

【条文理解】

第4.1条从整体上对劳动争议案件的核心即劳动关系相关事实的审查进行了总体上的规定,要求全面、具体。劳动争议案件涉及的诉讼请求往往涉及劳动关系从建立到履行直至解除或终止的全过程。查清争议事实,妥善处理劳动争议案件,需要法院结合案情对劳动关系的各个节点事实进行全面审查,故《审理标准》作出了如上规定。

【条文】

4.1.1 审查了劳动合同的合同主体、订立时间、合同期限、工作内容、工作地点、工时制度、劳动报酬、福利待遇、劳动保护、劳动条件、休息休假、社会保险等内容。

【条文主旨】

对劳动合同本身的审查标准。

【条文理解】

劳动合同是确定当事人双方是否存在劳动关系以及劳动权利义务的重要依据。劳动争议案件审理中,应当首先对劳动合同主体、订立时间、内容等进行详细审查,以决定法律规定的各项法律责任的适用条件是否成就。劳动合同主体涉及劳动关系各方身份;订立时间涉及未签订书面劳动合同二倍工资的法律责任审查;合同期限涉及劳动关系终止或者解除以及再次订立劳动合同的合同种类;工作内容、工作地点、劳动保护、劳动条件等涉及工作岗位确定、调岗合法性等用人单位用工管理的内容;工时制度、劳动报酬、福利待遇、休息休假等涉及加班工资计算和发放、拖欠工资的经济补偿等常见的劳动争议类型;社会保险的相关事实则涉及劳动关系确认、社保损失等确认问题。综上,上述合同内容均与《劳动法》《劳动合同法》等法律规定的多种法律责任密切联系,有必要在劳动争议案件审查过程中予以全面、明确、具体地审查。

【条文】

4.1.2 审查了劳动报酬给付、福利待遇给付、实际工作时间、劳动条件提供、工作内容及工作成果、休息休假情况、社会保险费缴付等劳动关系履行情况。

【条文主旨】

对劳动关系实际履行情况的审查标准。

【条文理解】

劳动关系的最重要特点在于劳动合同的履行与劳动合同约定往往存在不一致,这种不一致的情形有时是劳动合同履行中对合同约定所作出的必要变更,属于合法情形;有时则属于违法变更劳动合同,需要承担法律责任。所以,在查清劳动合同约定内容的前提下,必须对劳动合同履行中的实际履行状况进行全面具体的审查。结合不同案件的争议焦点,法官应当重点对于劳动报酬给付、福利待遇给付、实际工作时间、劳动条件提供、工作内容及工作成果、休息休假情况、社会保险费缴付等劳动关系履行情况进行事实审查。

【条文】

4.1.3　审查了劳动合同变更的时间、形式、内容、过程等事实。

【条文主旨】

对劳动合同变更事实的审查标准。

【条文理解】

《劳动合同法》第35条规定:"用人单位与劳动者协商一致,可以变更劳动合同约定的内容。变更劳动合同,应当采用书面形式。变更后的劳动合同文本由用人单位和劳动者各执一份。"《最高人民法院关于审理劳动争议案件适用法律若干问题的解释(四)》第11条规定:"变更劳动合同未采用书面形式,但已经实际履行了口头变更的劳动合同超过一个月,且变更后的劳动合同内容不违反法律、行政法规、国家政策以及公序良俗,当事人以未采用书面形式为由主张劳动合同变更无效的,人民法院不予支持。"实践中,劳动合同变更的情况比比皆是,是否合法变更决定了用人单位是否存在违约违法用工、单位管理秩序是否稳定、是否需要承担法律责任的问题。鉴于法律、司法解释对变更劳动合同均有明确规定,法院在审理此问题时需要全面、具体地审查合同变更的各个方面,为正确适用法律打好事实基础。

【条文】

4.1.4　审查了劳动关系解除或者终止的时间、形式、过程、经济补偿、档案和社会保险关系转移手续办理等情况。

【条文主旨】

对劳动关系解除或者终止相关事实的审查标准。

【条文理解】

劳动合同的解除和终止是《劳动合同法》规定的重要制度,也是劳动争议审判实践中的焦点领域。该法第四章使用了15个条文系统规定了劳动合同解除和终止的种类、条件、除外情形、经济补偿、后合同义务(档案和社会保险关系转移手续等),第七章"法律责任"又在第84条、第85条、第87条、第89条、第90条等条文中对违法解除和终止劳动合同的法律责任作了规定。故,《审理标准》在此规定了法官在审查劳动合同解除和终止时需要查明的事实。

【条文】

4.1.5　对于劳务派遣关系,审查了用人单位、用工单位、劳动者的法律地位及权利义务关系等。

【条文主旨】

对劳务派遣关系的审查标准。

【条文理解】

《劳动合同法》第五章第二节共11个条文规定了劳务派遣。劳务派遣关系涉及劳务派遣单位(即用人单位)、用工单位、劳动者三方主体,形成用人单位与劳动者之间的劳动关系、用工单位与劳动者之间的实际用工关系、用人单位与用工单位之间的劳务派遣民事合同关系三重法律关系,涉及三方主体各自的独立责任和用人单位与用工单位连带责任等双层法律责任形态,此外还关涉临雇型劳务派遣和常雇型劳务派遣两种派遣种类,是最复杂的劳动关系类型。故,法律关系定位准确、三方主体法律地位与权利义务内容明确是正确处理劳务派遣纠纷的必然要求和审理基础,所以《审理标准》对此予以规定。

【条文】

4.2 审查事实劳动关系比照了劳动合同关系。

【条文主旨】

对事实劳动关系的审查标准。

【条文理解】

事实劳动关系,是指劳资双方缺乏书面劳动合同但是事实上已经形成劳动关系的一种状态,其与具有书面劳动合同的劳动关系在本质上没有区别,所以在确定事实劳动关系案件审理标准时可以比照认定劳动合同关系的标准执行。

【条文】

4.3 审查社会保险关系的相关事实全面、准确。

【条文主旨】

对社会保险关系的整体审查标准。

【条文理解】

社会保险关系是劳动关系中非常重要的一个方面,实践中相当多的劳动争议案件均系社会保险纠纷。2011年7月1日实施的《社会保险法》首次以立法形式全面规定了社会保险的种类、内容、征缴、基金、经办、监督、法律责任。2011年4月1日,《最高人民法院关于印发修改后的〈民事案件案由规定〉的通知》(法〔2011〕42号)正式实施,其中第170条专门规定了"社会保险纠纷"的三级案由,在该案由下又规定了养老保险待遇纠纷、工伤保险待遇纠纷、医疗保险待遇纠纷、生育保险待遇纠纷、失业保险待遇纠纷五个四级案由。鉴于社会保险纠纷在劳动争议案件中的突出重要性和相对独立性,《审理标准》将社会保险关系事实的审查标准单独规定。

第4.3条从整体上对社会保险关系相关事实的审查进行了总体上的规定，要求全面、具体。社会保险纠纷案件涉及的诉讼请求往往涉及社会保险关系建立、履行、变更、终止的各个环节。查清争议事实，妥善处理社会保险纠纷案件，需要法院结合案情对社会保险关系的各个节点事实进行全面审查，故《审理标准》作出了如上规定。

【条文】

4.3.1　审查了社会保险关系登记、社会保险费缴纳、社会保险待遇享受情况等事实。

4.3.2　审查了未能享受社会保险待遇的事实、原因、损失情况。

【条文主旨】

社会保险关系的分项审查标准。

【条文理解】

第4.3.1条规定，要求法院审查社会保险关系登记、社会保险费缴纳、社会保险待遇享受情况等事实。第4.3.2条要求法院审查未能享受社会保险待遇的事实、原因、损失情况。社会保险纠纷案件的处理有其特殊性，法院只受理部分该类案件。《最高人民法院关于审理劳动争议案件适用法律若干问题的解释（三）》第1条规定："劳动者以用人单位未为其办理社会保险手续，且社会保险经办机构不能补办导致其无法享受社会保险待遇为由，要求用人单位赔偿损失而发生争议的，人民法院应予受理。"根据该规定，人民法院对于社保纠纷的受理是有一定范围的。如果用人单位已经为劳动者办理了社保手续，但用人单位不按规定为劳动者交纳社会保险金，不论是欠缴社保费还是拒缴社保费，社保管理部门均可根据《社会保险费征缴暂行条例》的规定依法强制征缴，此类纠纷不属于法院民事案件受理范围。如果用人单位已经为劳动者办理了社保手续，只是因为双方缴费基数、缴费年限发生争议，该争议在本质上仍是征收与缴费之间的纠纷，属于行政管理范畴，而非单一的劳动者与用人单位之间的社保争议，不属于民事审判范围。此外，诸如因变更参保地、增加社会保险险种等争议亦属于此类性质，不宜列入民事审判范围。故，当事人因上述纠纷诉至人民法院的，人民法院应当告知向社保征缴部门申请解决。基于此，在人民法院决定是否受理社保纠纷的过程中，需要对社保关系登记、社保费缴纳、社保待遇的内容及损失原因等事实作出审查，以便依法作出正确的判断。例如，劳动者主张由于用人单位未依法缴纳社保费导致其养老金损失，要求用人单位进行赔偿。人民法院应当首先审查用人单位是否已经为劳动者开立了社保账户并缴纳了社保费用,如果已经开立社保账户,只是因为双方因为缴费数额或者年限发生纠纷,导致劳动者主张养老金损失的,该类纠纷不符合人民法院民事案件受理范围。

对于依法应当受理的社保纠纷,人民法院应当审查劳动者未能享受社会保险待遇的事实、原因、损失情况,以便对社保待遇损失问题进行裁判。例如,工伤保险待遇纠纷案件中,劳动者主张用人单位向其支付工伤保险待遇的,人民法院应当首先审查社保部门是否已经依法认定工伤。已经认定工伤的,再审查劳动者是否存在工伤保险待遇的损失。如未享受工伤保险待遇的,应当审查哪一项工伤保险待遇未能依法享受,同时审查用人单位是否为劳动者依法缴纳的工伤保险费等。如此审查下来,此类纠纷的事实必然具体、充分,为正确适用法律、妥善处理案件打下坚实基础。

5. 法律适用

《民事诉讼法》第 7 条规定:“人民法院审理民事案件,必须以事实为根据,以法律为准绳。”《审理标准》的本部分条文针对第 2、3、4 部分的内容在法律适用方面的标准作出规定。第 2、3、4 部分主要针对事实问题的审查标准进行规定,在人民法院对案件事实依法作出符合标准的认定后,还必须在法律适用方面做到准确。详述如下:

【条文】

5.1　正确适用法律、行政法规和司法解释等的规定,参照适用部门规章、地方性法规、政府规章等规范性文件准确适当。

【条文主旨】

从总体上对何为法律适用正确进行了要求。

【条文理解】

要求人民法院要正确适用法律、行政法规和司法解释等的规定,参照适用部门规章、地方性法规、政府规章等规范性文件准确适当。因为,根据《最高人民法院关于裁判文书引用法律、法规等规范性法律文件的规定》第 4 条的规定,“民事裁判文书应当引用法律、法律解释或者司法解释。对于应当适用的行政法规、地方性法规或者自治条例和单行条例,可以直接引用”。故,《审理标准》明确将法律、行政法规、司法解释列明。由于我国在劳动法方面尚无全国人大或者全国人大常委会作出的法律解释,故在此没有将法律解释列入。如今后出台相关法律解释的,人民法院应当严格执行。处理劳动争议案件的法律依据除了法律、行政法规和司法解释外,大部分都是人力资源社会保障部等中央部委颁布的部门规章以及我市出台的地方性法规、政府规章等。部门规章等规范性文件虽然法律位阶较低,但是其具有专门化、实效性强、政策性灵活等特点,适合劳动争议案件的处理需要。在实践中,人民法院在确认部门规章等规范性文件与法律、行政法规、司法解释不存在冲突的情况下,一般应参照适用。

【条文】

5.2　劳动关系、劳务关系、劳务派遣关系的认定准确,依据充分。

【条文主旨】

要求对劳动关系、劳务关系、劳务派遣关系的认定准确,依据充分。

【条文理解】

劳动关系的认定、劳动关系与劳务关系的区分历来是劳动争议案件审理的难点,同时也是正确适用法律的关键。认定劳动关系的,应当适用《劳动法》《劳动合同法》《劳动争议调解仲裁法》《社会保险法》等劳动法律法规。认定劳务关系的,则双方当事人权利义务由《民法通则》《民法总则》《侵权责任法》等民事法律进行调整。法律规则、法律责任、审理方向均有显著区别。原劳动和社会保障部2005年5月25日颁布的《关于确立劳动关系有关事项的通知》(劳社部发〔2005〕12号)规定了认定劳动关系的三大标准,一般为人民法院所参照适用。为了进一步准确认定劳动关系,与《审理标准》配套出台的《天津法院劳动争议案件审理指南》第6条列举了判断劳动关系的八个因素,用于帮助法官在认定劳动关系时进行参考。劳务派遣关系虽然是最复杂的劳动关系形式,但对其准确认定的根本依然在于准确把握劳动关系认定标准,之后再结合《劳动合同法》第57条至第67条对于劳务派遣关系的特别规定,同时再参照人力资源社会保障部《劳务派遣暂行规定》的规定,最终才能准确认定劳务派遣关系。

【条文】

5.3　认定劳动合同效力及其订立、变更、解除、终止的合法性,依据充分。

【条文主旨】

要求人民法院认定劳动合同效力及其订立、变更、解除、终止的合法性,依据充分。

【条文理解】

《劳动合同法》第26条规定了劳动合同无效或者部分无效的法定情形;第27条规定了劳动合同部分无效时其余合同部分的效力,这些是认定劳动合同效力的法律依据,应当严格遵循。该法第二章“劳动合同的订立”系统规定了劳动合同的订立时间、种类、形式、内容、期限等，对于试用期、竞业限制协议、服务期、违约金、保密义务等焦点问题都予以明确。该法第三章“劳动合同的履行和变更”规定了劳动合同的履行原则、变更条件等。该法第四章“劳动合同的解除和终止”规定了劳动合同的解除事由、解除程序、解除种类以及解雇保护等制度，规定了劳动合同终止的法定事由，还区别规定了合法解除与违法解除、合法终止与违法终止的法律后果。人民法院在审理涉及劳动合同履行、变更、解除、终止等事宜时应当严格依法裁判。

【条文】

5.4　认定劳动报酬、福利待遇、社会保险待遇的性质和金额准确，依据充分。

【条文主旨】

要求人民法院认定劳动报酬、福利待遇、社会保险待遇的性质和金额准确，依据充分。

【条文理解】

《劳动法》第46条至第51条专章规定了工资。《劳动合同法》第11条规定同工同酬原则，第18条规定劳动报酬的确定标准，第20条规定试用期工资标准等。此外，原劳动部1995年1月1日实施的《工资支付暂行规定》、原劳动和社会保障部2004年3月1日实施的《最低工资规定》等，都从不同角度对劳动报酬作出规定。人民法院在认定劳动报酬的性质和金额时必须依法依规，确保性质认定准确，金额计算无误。福利待遇一般可以分为法定福利待遇和意定福利待遇。法定福利待遇是指根据国家或地方政策，用人单位应当向劳动者支付的用于提供劳动保护、劳动条件等的物质条件或者现金。意定福利待遇则是用人单位根据自身意志或者与劳动者的约定，向劳动者发放的旨在提供劳动保护、劳动条件、激励促进等目的的现金或者非现金物质条件。对于意定福利待遇，人民法院一般通过审查劳动合同、集体合同、用人单位规章制度等确保裁判正确。但是，对于法定福利待遇，需要人民法院根据国家出台的各项有关福利待遇的法律法规和政策来进行认定。例如，防暑降温费、冬季采暖补贴、冬季集中供热补贴、未休年休假工资等。社会保险待遇比较复杂，我国目前有养老保险、医疗保险、工伤保险、失业保险、生育保险五种社会保险。每种社会保险中又可以继续细分，如养老保险中还可以区分为城镇职工基本养老保险、城镇职工基本养老保险、新型农村社会养老保险三种。人民法院在审理社会保险纠纷案件时，应当以《社会保险法》为基本依据，根据不同的社会保险纠纷案件类型，按照《工伤保险条例》《失业保险条例》《城镇职工基本医疗保险条例》等法规规定，正确适用法律，合理执行政策，妥善处理此类案件。

【条文】

5.5　认定用人单位、用工单位、劳动者承担的法律责任准确，依据充分。

【条文主旨】

要求人民法院认定用人单位、用工单位、劳动者承担的法律责任准确，依据充分。

【条文理解】

根据我国劳动法体系，用人单位、用工单位、劳动者应当承担的法律责任是散见于各部法律、行政法规、司法解释中的，还有一些体现在部门规章、地方性法规之中。人民法院在确定劳动争议案件各方当事人承担相应法律责任时，应当善于利用信息化手段，以案件争议焦点为核心，首先确定案涉的法律制度领域，再在该领域内将法律、行政法规、司法解释以及部门规章、地方性法规等搜集齐全，在法不溯及既往的前提下，按照高阶法优于低阶法、新法优于旧法、特别法优于一般法的法律适用基本原则，完整、正确地确定法律适用，保证案件裁判有法可依、有法必依。

6. 规范性文件引用

【条文】

6.1　《中华人民共和国劳动法》《中华人民共和国劳动合同法》《中华人民共和国劳动争议调解仲裁法》《中华人民共和国社会保险法》等法律。

6.2　《中华人民共和国劳动合同法实施条例》《职工带薪年休假条例》《工伤保险条例》《失业保险条例》等行政法规。

6.3　《最高人民法院关于审理劳动争议案件适用法律若干问题的解释》《最高人民法院关于审理劳动争议案件适用法律若干问题的解释(二)》《最高人民法院关于审理劳动争议案件适用法律若干问题的解释(三)》《最高人民法院关于审理劳动争议案件适用法律若干问题的解释(四)》等司法解释。

6.4　人民法院可以参照适用的地方性法规、部门规章、地方政府规章等规范性文件。

【条文主旨】

列举劳动争议案件主要适用的法律法规。

【条文理解】

《审理标准》严格按照我国现行劳动法法律法规的规定进行制定。鉴于我国劳动法法律规定较多,且存在大量的部门规章和专门性政策文件,所以法官在处理劳动争议案件时往往存在无从下手、思路不清的问题。我国劳动法体系庞杂,从理论上讲基本可以分为劳动就业法、劳动关系法、劳动基准法、劳动权利救济法等门类。在每个门类下,还可以继续划分更为细致的类别,如劳动基准法下还可以进一步区分为工资法、工作时间和休息休假法、劳动安全卫生法等。人民法院在正确审理和裁判劳动争议案件时,有必要根据案件的不同争议焦点,逻辑清楚、体系完整地理解和适用法律法规,防止理解和适用法律上的片面性。《审理标准》在此用四个条文按照法律、行政法规、司法解释、其他规范性文件的顺序,列举了处理此类案件最主要的法律法规,一方面明示了本标准制定的主要法律依据,另一方面也为法官在处理劳动争议案件时寻找主要法律法规提供了指引。应当注意的是,《审理标准》并未将全部法律法规及政策文件予以列举,只是将其中最基础、最根本、最重要、最常用的进行明示,人民法院在实际处理案件时必须提高信息化水平,善于使用信息化手段,结合不同案件情况准确、完整地适用法律法规。

第十二章　国家司法救助工作标准的理解与适用

第一节　人民法院国家司法救助制度概述

党的十八届三中全会通过的《中共中央关于全面深化改革若干重大问题的决定》，要求完善人权司法保障制度，健全国家司法救助制度。党的十八届四中全会通过的《中共中央关于全面推进依法治国若干重大问题的决定》进一步要求健全司法救助体系，保证人民群众在遇到法律问题或者权利受到侵害时获得及时有效的法律帮助。①

人民法院司法救助制度以追求正义和公平为主要目标，通过为弱势群众提供基本经济保障和帮助，使无法获得有效赔偿的受害人摆脱生活困境，加强权利救济，传递司法温暖②，让广大人民群众共享改革发展成果。司法救助事业的快速发展，使人民法院国家司法救助制度在保障弱势群众权益维护上发挥更加强大的作用，让法治的公平和正义从形式走向实质。

一、司法救助的概念及发展概况

（一）司法救助的概念

关于司法救助的概念，因侧重不同，不同的规定里对其进行了各有区别的定义。2000 年《最高人民法院关于对经济确有困难的当事人予以司法救助的规定》第 2 条规定："本规定所称司法救助，是指人民法院对于民事、行政案件中有充分理由证明自己合法权益受到侵害但经济确有困难的当事人，实行诉讼费用的缓

---

① 陶凯元：《深化改革　推进司法救助制度法治化》，载《人民法院报》2015 年 11 月 18 日，第 5 版。

② 周强：《2018 年最高人民法院工作报告》，2018 年 3 月 9 日。

交、减交、免交。”[①] 2005 年修改为:“本规定所称司法救助,是指人民法院对于当事人为维护自己的合法权益,向人民法院提起民事、行政诉讼,但经济确有困难的,实行诉讼费用的缓交、减交、免交。”[②] 2014 年中央政法委、财政部、最高人民法院、最高人民检察院、公安部、司法部六部委出台的《关于建立完善国家司法救助制度的意见(试行)》(以下简称六部委《意见》)中关于国家司法救助的概念性表述是:“国家司法救助是对遭受犯罪侵害或民事侵权,无法通过诉讼获得有效赔偿的当事人,采取的辅助性救济措施。”[③]

本书所讲的人民法院国家司法救助不同于上述关于司法救助的定义,其不包括对诉讼费用的减免,也不包括对当事人诉讼行为上的帮助,而是国家通过直接支付一定数额的救助金,帮助通过诉讼不能获得有效救济的当事人渡过生活难关的制度。人民法院国家司法救助制度,是指人民法院对通过诉讼无法获得有效经济救济,因而面临急迫生活困难的当事人,给予适度经济帮扶的制度。这一概念从三个方面概况了司法救助的内涵。第一,司法救助的对象应当是司法案件的当事人,只有司法案件的当事人因通过诉讼无法得到有效救济时,人民法院才对符合条件的当事人给予司法救助。第二,当事人因无法获得救济而面临急迫生活困难,生活无法维持。六部委《意见》中提出的“重点解决急迫困难”“及时提供救助”都强调了司法救助对象面临困难的紧迫性,如不及时救助,当事人将面临无法维系生活的困境。第三,司法救助既不是一种补偿,更不是赔偿,其只是适度的经济帮扶,人民法院通过直接给付救助金的方式,帮助当事人摆脱现实面临的生活困境。

(二)我国司法救助发展历程

我国的司法救助制度的发展大致划分成三个阶段,从诉权保障开始,到实体权益保护,再到最终整合统一。虽与世界各国的相关制度相比调整的内容更趋宽泛,但基本的发展方向还是与其他国家保持了一致。

我国的司法救助制度同样源于对困难当事人的入门救济,这一阶段仅规定了诉讼费缓减免制度,将司法救助制度定位于保障诉权,与世界各国的诉讼费用豁免制度相一致。我国的这一阶段以 1984 年《民事诉讼收费办法(试行)》的实施作

---

① 最高人民法院《关于对经济确有困难的当事人予以司法救助的规定》,2000 年 7 月 12 日。

② 最高人民法院《关于对经济确有困难的当事人予以司法救助的规定》,2005 年 4 月 5 日。

③ 中央政法委、财政部、最高人民法院、最高人民检察院、公安部、司法部《关于建立完善国家司法救助制度的意见(试行)》,2014 年 1 月 17 日。

为开端,规定了自然人诉讼费用的缓减免制度。2000 年出台,2005 年修订的《关于对经济确有困难的当事人予以司法救助的规定》则正式提出了“司法救助”这一概念,并明确规定了 14 类救助对象。

我国确立了以诉权保障为内容的司法救助制度后,随着社会的发展及司法领域各项工作的不断推进,逐步将国际公认的刑事被害人救助制度与诉权保障机制进行合流,为司法救助体系增加了新的内容,同时又根据我国的司法实践的具体情况,建立了执行救助制度及信访救助制度,使得司法救助在保障诉权的同时也开始着眼于损害弥补。这一阶段始于 2005 年《关于切实解决人民法院执行难问题的通知》,而 2007 年《关于为构建社会主义和谐社会提供司法保障的若干意见》及 2009 年《人民法院第三个五年改革纲要(2009－2013)》的实施,使得我国司法救助的重心由诉权保障逐步向实体救济转移。

经过以上两个阶段的发展,我国的司法救助制度呈现出遍地开花的态势,各项司法救助工作在不同地区、不同部门的工作中,呈现出参差不齐的情况,亟须整合统一。第三阶段整合了我国现有的各类司法救助制度,制定统一的规范性文件,这一阶段由 2013 年十八届三中全会通过的《中共中央关于全面深化改革若干重大问题的决定》对“健全国家司法救助制度”提出了总体要求,并在 2014 年,由中央政法委、财政部、最高人民法院、最高人民检察院、公安部、司法部六部委出台了《关于建立完善国家司法救助制度的意见(试行)》,将刑事被害人救助、执行救助、涉法涉诉信访救助均统一纳入国家司法救助的范畴,2016 年,最高人民法院出台《关于加强和规范人民法院国家司法救助工作的意见》(以下简称最高院《救助意见》),从法院司法救助工作的角度,对人民法院司法救助工作进一步明确和细化。目前,我国正处于第三阶段的起步阶段。

(三)域外国家和地区的司法救助制度

司法救助制度是目前世界各个国家(地区)普遍实行的一种司法救济制度,它是一个国家(地区)民主法治发展水平的重要体现。在历史上,司法救助最早产生于英国[①],而联合国大会在 1985 年通过的被誉为“被害人大宪章”的《联合国为罪行和滥用权力行为受害者取得公理的基本原则宣言》[②]及欧洲理事会先后通过

---

① 郑自文:《国外法律援助制度比较研究》,载《中国国际私法与比较法年刊》(第 3 卷),法律出版社 2000 年版,第 272～273 页。

② 《联合国为罪行和滥用权力行为受害者取得公理的基本原则宣言》,载 http://www.un.org/chinese/documents/decl－con/docs/a－res－40－34。

的《欧洲暴力犯罪被害人补偿公约》《关于改善刑事法和刑事程序中被害人地位的建议》《刑事程序中被害人地位的框架决议》《关于犯罪被害人补偿问题的指令》等一系列规定①,使得被害人权利复兴的同时,也将刑事被害人救助制度纳入了司法救助制度的视野。不同的国家(地区)对"司法救助"称谓不同,法国将其称为"司法帮助",日本称为"法律扶助",美国称为"法律服务"或"法律援助"。我国香港地区称为"法律援助",澳门特区称为"司法援助",台湾地区也称为"法律援助"。不同的称谓体现了不同国家(地区)司法救助的侧重点不同,因美国律师代理费用较高,所以,其司法救助的主要方向就是代理费用的救助。

我国的司法救助制度与其他国家(地区)不同,除了保障当事人参加诉讼的基本人权及救助刑事被害人外,还将民事审判、执行程序中以及诉求具有一定合理性的涉法涉诉的信访人纳入救助范围,救助范围更大。

二、人民法院国家司法救助制度的重要意义

人民法院国家司法救助制度的重要意义主要体现为以下四点:

1. 人民法院国家司法救助制度是法治中国建设的重要组成部分。健全司法救助制度,给面临急迫生活困难的当事人以一定的经济帮助,是实现社会的实质公平正义,推进社会主义国家法治进步的重要体现,是保障困难群众基本生活的应然权利的必要手段,是法治中国建设的重要组成部分。

2. 人民法院国家司法救助制度是保障基本人权的有力手段。《中国法制发展报告蓝皮书》提供的数据表明,我国每年至少有上百万的刑事被害人因为得不到加害人的赔偿而深陷绝境②。因此,加强人民法院国家司法救助,完善司法救助制度是适应社会公正发展的需要,是保障人权、体现尊严的重要制度设计。对符合条件的司法案件的当事人给予一定的经济帮扶,能让他们在一定程度上摆脱生活困境,修复受到损害的社会关系,可以保障其最基本的生存权、发展权等基本人权。

3. 人民法院国家司法救助制度是维护司法权威,实现司法公正的重要路径。迟到的正义非正义,同样,如果因种种原因使得刑事被害人、被侵权人以及申请执行人得不到有效的经济救济从而造成生活困难的结果,司法权威就会被消减,公平正义也就无法实现。

---

① 柳建华、李炳烁:《权利视野下的基层司法实践　刑事被害人救助制度研究》,江苏大学出版社2010年版。

② 叶晓欣:《关于建立刑事被害人国家救助制度的思考》,载《公安研究》2010年第1期。

4.人民法院国家司法救助制度是维护社会稳定的有效手段。司法救助的对象是遭受人身伤亡或财产重大损失,并因此陷入生活困难,从社会稳定的角度而言有平复被害人报复情绪、加强被害人与司法机关的合作,恢复刑事司法体系的公信力的必要,同时淡化刑事犯罪案件和民事侵权案件赔偿执行难、空判率高的不良影响,增强普通公众对司法权威的认可。

三、人民法院国家司法救助的原则

人民法院国家司法救助,应当遵循以下基本原则:一是辅助性救助原则。国家司法救助是对遭受犯罪侵害或民事侵权,无法通过诉讼获得有效赔偿的当事人,采取的辅助性救济措施。重点解决符合条件的特定案件当事人生活面临的急迫困难。对同一案件的同一当事人只进行一次性救助。对于能够通过诉讼获得赔偿、补偿的,一般应当通过诉讼渠道解决。二是公正救助原则。严格把握救助标准和条件,兼顾当事人实际情况和同类案件救助数额,做到公平、公正、合理救助,防止因救助不公引发新的矛盾。三是及时救助原则。对符合救助条件的当事人,应根据当事人申请或者依据职权及时提供救助,确保及早化解社会矛盾。四是属地救助原则。对符合救助条件的当事人,不论其户籍在本地或外地,原则上都由案件管辖地负责救助。① 五是一次性原则。对同一案件的同一救助申请人只进行一次性救助,一次性原则排斥立法和司法对同一案件的同一当事人通过多次或分期的方式对申请人给予救助,主张救助一步到位,使国家司法救助得以区别于其他分期给付的社会福利。国家司法救助不仅因为分配正义而具有社会法的属性,而且具有司法的属性,该原则保证了救助给付更为便捷,从而与及时性原则相得益彰。同时也减少了办案机关的实际工作量,有利于提升整个救助程序的效率。

四、人民法院国家司法救助的范围

当事人因生活面临急迫困难向人民法院提出国家司法救助申请,符合下列情形之一的,应当予以救助:(1)刑事案件被害人受到犯罪侵害,造成重伤或者严重残疾,因加害人死亡或者没有赔偿能力,无法通过诉讼获得赔偿,陷入生活困难的;(2)刑事案件被害人受到犯罪侵害危及生命,急需救治,无力承担医疗救治费

① 中央政法委、财政部、最高人民法院、最高人民检察院、公安部、司法部《关于建立完善国家司法救助制度的意见(试行)》,2014年1月17日。

用的;(3)刑事案件被害人受到犯罪侵害而死亡,因加害人死亡或者没有赔偿能力,依靠被害人收入为主要生活来源的近亲属无法通过诉讼获得赔偿,陷入生活困难的;(4)刑事案件被害人受到犯罪侵害,致使其财产遭受重大损失,因加害人死亡或者没有赔偿能力,无法通过诉讼获得赔偿,陷入生活困难的;(5)举报人、证人、鉴定人因举报、作证、鉴定受到打击报复,致使其人身受到伤害或财产受到重大损失,无法通过诉讼获得赔偿,陷入生活困难的;(6)追索赡养费、扶养费、抚育费等,因被执行人没有履行能力,申请执行人陷入生活困难的;(7)因道路交通事故等民事侵权行为造成人身伤害,无法通过诉讼获得赔偿,受害人陷入生活困难的;(8)人民法院根据实际情况,认为需要救助的其他人员。

涉诉信访人,其诉求具有一定合理性,但通过法律途径难以解决,且生活困难,愿意接受国家司法救助后息诉息访的,可以参照上述意见予以救助。[①]

救助申请人具有以下情形之一的,一般不予救助:(1)对案件发生有重大过错的;(2)无正当理由,拒绝配合查明案件事实的;(3)故意作虚伪陈述或者伪造证据,妨害诉讼的;(4)在审判、执行中主动放弃民事赔偿请求或者拒绝侵权责任人及其近亲属赔偿的;(5)生活困难非案件原因所导致的;(6)已经通过社会救助措施,得到合理补偿、救助的;(7)法人、其他组织提出的救助申请;(8)不应给予救助的其他情形。[②]

五、司法救助与法律援助

法律援助是国家建立的保障经济困难公民和特殊案件当事人获得必要的法律咨询、代理、刑事辩护等无偿法律服务,维护当事人合法权益、维护法律正确实施、维护社会公平正义的一项重要法律制度。[③]

司法救助与法律援助的本质是一致的,都是为了帮助有困难的当事人通过诉讼受到实现权利救济的一种国家给付,但是二者存在以下几方面的区别:一是实施主体不同。司法救助的实施主体一般是人民法院;而法律援助的实施主体是司法行政部门。二是救助内容不同。司法救助的救助方式主要是为符合条件的当事人直接发放一定数额的救助金;而法律援助的援助方式主要是对诉讼能力弱并

---

① 最高人民法院《关于加强和规范人民法院国家司法救助工作的意见》(法发〔2016〕16号,2016年7月1日)第3条。

② 最高人民法院《关于加强和规范人民法院国家司法救助工作的意见》(法发〔2016〕16号,2016年7月1日)第4条。

③ 中共中央办公厅、国务院办公厅《关于完善法律援助制度的意见》,2015年6月29日。

且没有经济能力找律师代为诉讼的当事人给予诉讼行为上的帮助。三是救助的阶段不同。司法救助的当事人一般已经完成了整个诉讼过程，并且通过诉讼没有实现相应的救济，面临无法救济而使生活面临困难的窘境，而法律援助一般是在诉讼过程中进行。

六、司法救助制度的完善与发展

从1984年的《民事诉讼收费办法（试行）》关于诉讼费用的减免到2014年的六部委《意见》，再到2016年的最高院《救助意见》，司法救助制度发展到今天，从救助对象的不明确到明确、救助范围不断扩大、救助金额有所提高，取得了长足的进步。但是，司法救助制度在我国仍然面临着发展不平衡、不完善的问题。比如，司法救助仍缺乏统一的专门法律规定；救助资金来源单一，金额不足；救助程序不完备；救助标准不明确；救助缺乏救济程序，无法实施有效监管；救助权力配置不统一、与其他救助机制衔接不畅等问题。为实现司法救助制度的内在价值追求，在人民法院司法救助制度的设置及实施时应当遵循统一的原则、对司法救助制度进行统一规范、成立统一的职能部门、设立统一的司法救助基金、设定统一的司法救助标准、建立统一的司法救助程序用以构建国家司法救助制度。

人民法院司法救助制度还需进一步完善。一是加强立法，制定统一的司法救助专门法律，加强对司法救助工作的有效规范。二是扩大救助资金来源，增加慈善、捐赠等资金来源方式，引入社会资金，合理、高效管理好、运营好司法救助资金，实现救助资金由政府主导、慈善机构和社会资金参与的多元化筹集机制，确保司法救助资金充足。三是完善救助程序。有权力就应有监督，司法救助本质是单方国家给付的权力行为，为保证司法救助资金使用的合法性，必须对司法救助资金的发放对象、发放金额等进行必要的监管。同时，无救济则无权利，权利可诉性是满足公民维权需要的重要途径①，要增加当事人对救助不服提出复议的程序，实现司法救助程序的可救济性，完善内部和外部监督机制，提高司法救助的法治化水平。四是明确救助标准。一方面，从被救助主体资格上，需要对“经济困难”进一步细化，明确经济条件达到何种状况的当事人才可以申请司法救助，既考虑到当事人的收入情况、财产情况，同时又要考虑到其维持家庭生活所必需的必要费用等情况；另一方面，从救助金额上，根据六部委《意见》，救助金额是参考案件所在地经济发展水平，以案件管辖地上一年度职工月平均工资为基准，一般在36个

---

① 杨燕绥：《劳动与社会保障立法国际比较》，中国劳动社会保障出版社2001年版。

月的工资总额之内,但这一规定仍需进一步细化,应根据不同情况,采用不同的等级、标准确定救助数额,以增强救助工作的可操作性。五是加强司法救助与其他形式救助之间的协调统一,形成制度合力。实现司法救助与法律援助、社会保障、公益救助之间的有效衔接,使之成为社会救助的完整统一体系,共同为社会和谐稳定、为群众共享改革发展成果提供应有的保障。

第二节　国家司法救助工作标准化的依据

一、我国国家司法救助工作开展的必要性

首先,从我国司法救助制度的产生来看。我国司法救助制度的产生有其深刻的社会背景:经济的快速发展和社会转型的深化带来的新型社会矛盾,与法律的相对滞后和法治水平的相对低下之间的冲突,导致大量矛盾不能及时化解,涉案相对人合法权益难以保护,进而出现"矛盾冲突的强度与烈度不断上升"①的情形,并因此产生不稳定因素。此时,以为保障当事人合法权益、化解社会矛盾、维护社会稳定为目标的司法救助制度就应运而生。也就是说,我国司法救助制度的产生是在综合考虑了经济社会发展程度以及与之对应的人民诉求、社会矛盾以及法律现状等因素而建立起来的,这就是一种实用主义的价值取向。② 也许有人提出,可以通过制定、修改完善法律的方式来实现对社会矛盾的化解和当事人合法权益的保护。但不少矛盾是在经济发展和社会转型过程中产生的,既有的法律规定难以调整,如果完全依靠法律的修改予以解决,则不但可能会导致矛盾解决的相对滞后,还会造成法律的不稳定。相较而言,以实用主义为导向的司法救助制度不但能及时和有针对性地解决矛盾,还有利于维护法律的稳定,并为以后法律的制定、修改完善积累经验。

其次,从司法制度的设置目的来看。我国的司法救助是对涉诉困难群体进行的救助,最先是为解决"执行难"问题而提出,后来又扩展到解决刑事被害人赔偿难与涉法涉诉信访问题。它是在诉讼程序结束后,为正当权益无法得到实际履行

---

① 朱力:《如何构建社会矛盾多元化协同化解机制》,载《人民论坛》2016 年第 12 期。

② 王将军:《我国司法救助的正当性依据及完善——以实用主义价值为视角》,载《三峡大学学报》(人文社会科学版)2018 年第 1 期。

的困难当事人提供经济救助的制度，是国家利用公共财政对当事人的救助，保障或部分保障了当事人的正当权益，缓解了其窘迫的经济状况，解决了“打赢了官司、得不到赔偿”的问题。具体而言，我国的司法救助制度的设立目的和价值主要体现在以下三个方面：一是扶贫济困，为当事人的生存权和健康权提供最基本的保障，彰显司法的人文关怀；二是缓解执行难和涉法涉诉信访问题，消除当事人对法院的不满和对立情绪，维护司法公信和权威；三是修复失衡的社会关系和当事人之间的利益关系，缓和社会矛盾，维护社会稳定，是“花小钱买大平安的有效之策”。即我国司法救助的根本目的不仅是实现对包含但不限于刑事案件被害人在内的涉诉困难当事人的救助，更是“彰显国家的民生关怀，又有利于实现社会公平正义，促进社会和谐稳定，维护司法的权威和公信”。这实际上是以实用主义为价值导向所实施的一项制度。

最后，从司法救助规则的制定来看。到目前为止，我国的司法救助制度并不是以法律形式来确定的，而是在以中央出台的政策性意见和与之对应的各地出台的实施细则基础上建立起来的。之所以采用这种形式，是因为在司法救助制度建立初期，我国还不具备制定司法救助法律的条件，但社会却对司法救助有迫切的需求，选择以政策性意见的形式既能尽快回应社会需求，还能为制定完善的法律救助体系提供实践经验。从具体规定看，比如实施司法救助的对象和条件，无论是对刑事被害人的救助，还是对无法执行到位的涉民生案件当事人以及涉法、涉诉信访案件当事人的救助，其救助均是以当事人的生活困难为前提的。也就是说，救助主要是维持当事人的基本生活，而并非简单的体现形式意义上的公平正义。而且根据相关规定和司法实践，要获得司法救助，通常还附有某些条件，比如对涉法涉诉信访当事人的救助，就要以其息诉、息访为前提。这些都是实用主义价值导向的体现。除了救助条件和对象外，司法救助的标准、程序等规则的设定也都是综合考虑经济社会等各方面因素后作出的最优选择。

二、刑事被害人救助的依据——基于刑事政策之考量

对刑事被害方的司法救助是指对刑事被害人或其法定代理人、近亲属的救助。根据我国刑事诉讼法的规定，刑事被害人或其法定代理人、近亲属有权提起刑事附带民事诉讼，向被告人主张赔偿。但实践中，能够获得赔偿的比例极低。被害方因为犯罪行为而遭受巨大打击和损害，且又难以从侵害方那里获得应有的赔偿，此时，“如果国家不以公共资源对无法获得赔偿的刑事被害人给予救济，就容易形成公共利益与个人利益的失衡，磨损刑事被害人以及其他可能遭遇刑事侵

害的社会成员对国家的信心”①,“导致案件难以及时办结,冲突和纠纷难以及时解决,造成司法资源乃至社会资源的极大损失”②。因此,为平复无法获得赔偿的被害人的怨恨情绪,抚平其受害心理,防止出现报复等极端行为的发生,同时也通过对被害方实质性的救助,尽可能地消除因犯罪带来的不良后果,恢复社会大众对国家法治的信心,国家便对刑事被害人进行救助。这实际上就是基于实用主义考虑后实施的一种刑事政策,体现在我国对刑事被害方进行救助的范围和条件上。根据六部委《意见》的规定,对刑事被害方的救助仅限于遭受侵害后出现重伤、严重伤残、死亡或重大财产损失时,无法获得赔偿并造成生活困难或无力承担医疗费用的情况。之所以进行这样的规定,也是因为综合考虑了我国的经济发展状况以及国家的财税收支情况等因素的结果。因此,我国对刑事被害方进行救助根据是基于刑事政策的考量。将对刑事被害人的国家救助视为一种刑事政策,需要回答被害人获得国家救助请求权的权利属性及正当性属性,以及国家救助刑事被害人须以被害人履行一定的义务为前提等疑问。首先,国家对刑事被害方救助的目的是希望尽可能地恢复被害方因犯罪造成的伤害,防止犯罪后果的衍生与恶化。被害方国家救助请求权其正当性依据就来源于国家综合考虑后作出的有利于国家和被害方双方的最优选择,并以法律的形式固定下来。其次,国家对刑事被害人救助要以被害人履行一定义务为前提,是因为国家要防止被害人因能获得救助而出现怠于配合侦查机关调查等情形导致影响对犯罪案件的侦办。相较于对被害方的救助,国家能否及时破案并将犯罪人绳之以法同样会影响到被害方以及社会大众对于国家法治的信心。也说是说,国家作出这样的规定,看似与救助或补偿被害人的目的相悖,但实质上却是在综合考虑各种因素后作出的最优选择,不但不与救助或补偿目的相违背,还在逻辑上保持了一致性,也从另一方面体现了国家救助刑事被害方的依据是一种刑事政策。

三、对涉民生案件当事人的救助—— 保障公民生存权

对无法执行到位的涉民生案件当事人的救助是我国司法救助特有的内容。根据最高院《救助意见》的规定,对无法执行到位的涉民生案件的当事人予以救助主要包括:追索赡养费、抚养费、抚育费等。因被执行人没有履行能力,造成申请执行人生活困难的,因交通事故等民事侵权行为造成人身伤害无法经过诉讼获得

① 陈彬、李昌林:《论建立刑事被害人救助制度》,载《政法论坛》2008 年第 4 期。
② 孙谦:《构建我国刑事被害人国家补偿制度之思考》,载《法学研究》2007 年第 2 期。

赔偿,并因此而造成生活困难的。也就是说,对涉民生案件困难当事人救助实则是为解决当事人的生活困难问题,这本应是属于社会救助的范畴。根据我国《社会救助暂行办法》的规定,对于生活困难的人,应当由县级人民政府民政部门给予救助。也就是说,对生活困难的公民的救助是政府的责任,司法机关没有这一义务,也无须对其予以救助。也正因如此,国外鲜有通过司法途径对民事案件当事人进行救助的做法。之所以要将涉民生案件当事人的救助纳入司法救助范畴,主要是因为:当前我国的社会保障体系还不完善[①],社会救助层次体系也不健全[②],社会救助仅是满足困难家庭成员的最低生活,且最低生活保障家庭收入状况、财产状况的认定办法并不明确,导致对于此类当事人的救助往往不能及时到位。而涉民生案件的困难当事人所涉申请执行款项关系到其基本生活状况,如因无法执行到位则很可能使其生活陷入极其困难状态,影响其基本生存权利。此时就算让其申请社会救助,也很难及时解决燃眉之急,但如果将其纳入司法救助范畴,能够提高解决困难的及时性。因此,在综合考虑我国行政执法以及司法的现状后,我国将涉民生案件的困难当事人纳入了司法救助范畴,这其实也是实用主义价值的体现。按照现代社会救助的理论,对生活困难的人进行救助的根据主要有以下两点:一是公民有生存的权利,尤其是有获得物质帮助的权利;二是国家有保证公民获得社会保障的责任,即国家责任[③]。因此,可以说我国对无法执行到位的困难当事人的救助是对社会救助制度不完善的弥补,其正当性依据是保障公民的生存权。也正因如此,我国对涉民生案件当事人的救助进行了严格的限定,不仅限于特定案件,还限定于因无法获得赔偿且生活困难的当事人,即救助仅限于能保障公民的生存权范畴。

四、对信访当事人的救助—— 消解社会发展之矛盾

涉法涉诉信访是我国所特有的解决社会矛盾纠纷的一种形式,对涉法涉诉信访案件当事人的救助更是为我国所独有。根据六部委《意见》第 2 条的规定:“涉法涉诉信访人,其诉求具有一定合理性,但通过法律途径难以解决,且生活困难,

---

① 刘昌平:《建立覆盖城乡居民的养老社会保障体系的战略思考》,载《西北大学学报》(哲学社会科学版)2008 年第 4 期。

② 丁建定:《中国社会保障制度整合与体系完善纵论》,载《学习与实践》2012 年第 8 期。

③ 此处的国家责任不同于刑事被害人救助或补偿的国家责任,此处的国家责任包括国家有责任建立起完善的社会保障制度,以保证公民享受社会保障的权利,也包括国家在具体制度的实施中承担的宏观管理和微观保障的职能。参见林莉红、孔繁华:《社会救助法研究》,法律出版社 2008 年版,第 61 页。

愿意接受国家司法救助后息诉息访的,可参照执行。”①即对生活困难且诉求有一定合理性的涉法涉诉信访人,司法机关也可以给予司法救助。其实,仅从这一规定来看,国家进行救助的理由显得有些苍白,且充满了质疑。比如,既然诉求具有一定合理性,为何却不能通过法律途径解决,难道还有比法律更有效的矛盾解决途径吗?既然不通过法律途径解决,为何又需要通过司法途径进行救助吗?此外,司法救助的前提是当事人息诉息访,这不免让人觉得政府不敢正视自己的错误,承认并保障当事人的合法诉求和权益,甚至还可能让人觉得司法救助金就是政府“花纳税人的钱为自己买平安”。对涉法涉诉信访当事人进行司法救助的以上质疑确有一定道理,但如果从实用主义的角度,综合考虑我国社会、经济发展状况和阶段等因素,就能理解其救助的正当性。其实,国家对涉法涉诉信访案件当事人进行救助制度的设立与近年来我国经济社会发展大背景是分不开的。改革开放以来,我国经济进入了快速发展轨道、社会转型也随之深化,随之而来的则是大量新型社会矛盾的凸显。由于法律往往是被动地适应经济的发展,具有一定的滞后性。当这些新型社会矛盾产生时,原有的法律自然难以适应,不可避免地会有些无法进入法律的调整范围,或者按照既有的法律调整可能出现不适当的情形。比如,城市发展过程中的拆迁问题、国企改革中的职工下岗问题、人事档案丢失问题等。但不能因为既有的法律无法合理地解决这些新型矛盾,就对其置之不理,而是应当本着实事求是的态度,以问题为导向,按照适当的方式对这些矛盾进行消解。其中,对具有合理诉求的生活困难的当事人进行司法救助就是回应和消解这些矛盾的方式之一。也就是说,对涉诉信访当事人的救助不是政府不敢正视自己的错误,相反这正是国家在社会急剧发展变化的情况下,综合考虑经济社会发展情况以及法治发展水平等因素后,实施的一种务实地消解社会矛盾的制度。

五、对国家司法救助制度实现标准化的依据

为弱势群体提供救助或进行倾斜性保护,既是现代国家的基本责任,更是公民的基本权利。在现代国家中,不少都建立了包含对涉诉弱势群体进行救助或补偿的社会保障体系,以实现对弱势群体的保护。但与国外对涉诉弱势群体的保护仅限于刑事被害人不同的是,我国司法救助的对象除了刑事被害人以外,还包括无法执行到位的涉民生案件的当事人和涉法涉诉信访案件当事人。从实际运行

① 《关于印发〈关于建立完善国家司法救助制度的意见(试行)〉的通知》(中政委〔2014〕3号)第2条。

效果来看，相比于国外刑事被害人救助能真正实现对弱者的倾斜性保护，我国的司法救助制度存在救助标准不统一、理由不充分、条件不明确等问题，甚至给人留下"会哭的孩子有奶喝"的不好导向，让人以为只有信访越强烈才可能获得救助，使司法救助成为一个滋生纠纷的源头。

规范的司法救助程序是实现司法救助工作有序开展和救助效果最优化的保障。目前，我国实施司法救助机构较多，包括在党委政法委领导下的公安机关、检察院、法院以及政府信访部门等都可以实施司法救助，其结果是司法救助权力和资金分散、救助标准不统一，救助和化解矛盾的效率、质量大打折扣。为此，可以参照国外的一些做法，将司法救助权归口为一个机关行使。统一一个具体的标准，用以均衡各类救助案件的平衡性和统一性，是非常有必要并将行之有效的。

第三节　天津法院国家司法救助工作标准（试行）

1. 总则

1.1　为规范全市法院国家司法救助工作（以下简称司法救助工作），强化人权保障，维护当事人合法权益，保障社会公平正义，促进社会和谐稳定，依照中共中央政法委员会、财政部、最高人民法院、最高人民检察院、公安部、司法部《关于建立完善国家司法救助制度的意见（试行）》，最高人民法院《关于加强和规范人民法院国家司法救助工作的意见》，天津市高级人民法院《国家司法救助工作实施办法（试行）》等，结合司法救助工作实际，制定本标准。

1.2　本标准用于指导、规范和评价司法救助工作。

1.3　本标准未规定的内容，适用其他相关标准化文件。

2. 工作机构和制度

2.1　成立司法救助委员会，国家赔偿工作部门为司法救助工作办公室。

2.2　司法救助工作制度健全。

2.3　司法救助工作纳入审判绩效考核体系。

2.4　每年第一季度完成上一年度司法救助工作报告，主动接受上级人民法院司法救助委员会的指导监督。

2.5　有司法救助专项资金账户,救助资金专款专用。

3. 申请司法救助的资格条件

3.1　因人身或者财产权益受到侵害但无法通过诉讼获得赔偿,生活面临急迫困难的刑事案件被害人及近亲属提出司法救助的,符合以下情形之一:

3.1.1　因犯罪侵害致使重伤或者严重残疾,加害人死亡或者没有赔偿能力的;

3.1.2　因犯罪侵害危及生命,急需救治,无力承担医疗救治费用的;

3.1.3　因犯罪侵害致使财产遭受重大损失,加害人死亡或者没有赔偿能力的;

3.1.4　刑事案件被害人死亡,近亲属依靠被害人的收入为主要生活来源,加害人没有赔偿能力的。

3.2　举报人、证人、鉴定人因举报、作证、鉴定受到打击报复,致使人身受到伤害或者财产遭受重大损失,无法通过诉讼获得赔偿的。

3.3　追索赡养费、扶养费、抚育费等涉民生案件的申请执行人,生活面临急迫困难且被执行人没有履行能力的。

3.4　受害人因道路交通事故等民事侵权行为造成丧失劳动能力或者死亡,无法通过诉讼获得赔偿,生活面临急迫困难的。

3.5　涉法涉诉信访人诉求具有一定合理性,但通过法律途径难以解决,且生活特别困难,愿意接受司法救助后息诉息访的。

3.6　其他生活面临急迫困难,需要救助的。

4. 因人身或者财产权益受到侵害但无法通过诉讼获得赔偿,生活面临急迫困难的救助申请人,存在以下情形之一的,不符合申请司法救助的条件:

4.1　对案件发生有重大过错;

4.2　无正当理由拒绝配合查明案件事实;

4.3　故意作虚伪陈述或者伪造证据,妨害诉讼;

4.4　审判、执行中主动放弃民事赔偿请求或者拒绝侵权责任人及其近亲属赔偿;

4.5　生活困难非诉讼案件原因所致;

4.6　已通过其他渠道得到合理补偿或者救助;

4.7　以法人或者其他组织的身份提出救助申请。

5. 工作流程

5.1 救助申请人向案件原承办部门提出司法救助申请。由案件原承办部门告知符合司法救助条件的当事人提出司法救助申请的,有告知情况的笔录。

5.2 案件原承办部门向司法救助工作办公室提交的材料包括告知情况笔录、救助申请人证明材料和救助建议。

5.2.1 救助申请人证明材料包括:

5.2.1.1 救助申请书;

5.2.1.2 救助申请人的身份证明;

5.2.1.3 实际损失的证明;

5.2.1.4 救助申请人及其家庭成员生活困难的证明;

5.2.1.5 是否获得其他赔偿、补偿、救助等的相关证明;

5.2.1.6 其他证明材料。

5.2.2 救助建议包括以下内容:

5.2.2.1 救助申请人身份真实无误;

5.2.2.2 对救助申请人提交的证明材料的真实合法性已进行核实的相关情况;

5.2.2.3 救助建议符合司法救助的相关规定,建议的救助金额适当合理。

5.3 司法救助案件统一编立案号,区分案由。

5.4 立案材料齐全。司法救助工作办公室负责审核以下材料:

5.4.1 救助申请书,载明申请救助的理由和金额;

5.4.2 救助申请人的身份证明;

5.4.3 实际损害结果的证明,例如:受害人伤情鉴定意见、医疗诊断结论、医疗费用单据、死亡证明、财产损失情况等;

5.4.4 救助申请人生活急迫困难的证明,包括劳动能力、就业状况、家庭收入、突发状况等;

5.4.5 是否获得其他赔偿、补偿、救助等相关证明;

5.4.6 其他证明材料。

5.5 救助申请人生活面临急迫困难的证明材料的来源符合以下条件之一:

5.5.1 救助申请人户籍所在地或者经常居住地的乡、镇政府,街道办事处或者民政部门;

5.5.2 救助申请人户籍所在地或者经常居住地的居民(村民)委员会或者救助申请人的工作单位。

5.6 司法救助申请人已经获得过司法救助,再次提出司法救助申请的,不予受理;本院已决定过不予救助,因同一事由再次提出司法救助申请的,不予受理。

5.7 对符合条件的司法救助申请立案及时,录入审判管理信息系统,信息准确、完整。

5.8 审查司法救助案件实行繁简分流。

5.8.1 司法救助案件承办人对案件原承办部门提交的救助申请和证明材料进行形式审查。必要时对证明材料调查核实,审核救助申请人是否符合申请司法救助的条件,并撰写审查报告。

5.8.2 合议庭对案件进行评议,决定应予救助的金额,审核意见记入合议庭评议笔录。

5.8.3 案情重大复杂、合议庭意见不一致、救助金额超过一般标准的,由司法救助工作办公室提交司法救助委员会研究决定。

5.8.4 司法救助委员会决议遵循少数服从多数的原则,出席会议人数达到三分之二以上,有专人记录。

5.8.5 案件情况特殊提交审判委员会讨论的,由司法救助委员会主任提出。

5.8.6 司法救助决定自立案之日起十个工作日内作出。案情复杂需要延长的,有院领导审批手续。

6. 司法救助金确定

6.1 司法救助金以天津市上一年度职工月平均工资为基准,救助金额不超过 36 个月工资总额 50% 的,符合以下情形之一:

6.1.1 正在享受城市居民最低生活保障、农村特困户救济或者领取失业保险金且无其他收入;

6.1.2 孤寡老人、孤儿和农村五保户;

6.1.3 伤残等级 5 - 8 级且没有固定生活来源;

6.1.4 抚养人死亡或者丧失劳动能力,正在接受大学本科以下全日制教育的在校学生;

6.2 救助金额在 36 个月工资总额 50% 以上,不超过 36 个月工资总额 80% 的,符合以下情形之一:

6.2.1　受害人死亡；

6.2.2　伤残等级 1－4 级且没有固定生活来源；

6.2.3　患有特别严重疾病；

6.2.4　受到侵害危及生命，急需治疗且无力承担救治费用。

6.3　刑事被害人死亡或者重伤致残，被害人及其近亲属无法通过诉讼获得赔偿且生活面临急迫困难的，救助金额超过实际遭受损失的，不得超过 36 个月工资总额。

6.4　损失特别重大及生活特别困难，救助金额在 36 个月工资总额 80% 以上，甚至需要突破限额的，救助金额不得超过依法判决给付或者已判决未执行到位的标的额。

7. 决定书制作

7.1　司法救助决定书由司法救助工作办公室根据合议意见、司法救助委员会决议或者审判委员会决议制作，繁简得当，层次分明，认定事实全面、准确，说理充分、透彻。

7.1.1　司法救助决定书包括标题、正文和落款。

7.1.2　标题包括法院名称、文书名称和案号，并符合以下要求：

7.1.2.1　法院名称与院印一致；

7.1.2.2　文书名称为：国家司法救助决定书；

7.1.2.3　案号编排符合《最高人民法院关于人民法院案件案号的若干规定》及配套标准规范。

7.1.3　正文包括首部、事实、理由、主文、尾部，并符合以下要求：

7.1.3.1　首部由司法救助申请人基本信息、案件由来、审核经过组成；

7.1.3.2　事实部分依次列明救助申请人的申请事项及事实理由，法院审查的事实及证据情况；

7.1.3.3　理由部分条理清晰、论述充分、逻辑严密、针对性强；

7.1.3.4　主文部分写明是否给予司法救助及具体的救助金额；

7.1.3.5　尾部写明本决定一经作出即生效。

7.1.4　落款处写明制作日期，并加盖人民法院印章。

7.2　司法救助决定书作出后五日内送达。

8. 救助金发放

8.1 决定救助的,案件原承办部门按照规定办理手续及时。

8.2 手续齐备后,通知救助申请人领取救助金的时间不超过两个工作日。

8.3 对具有急需医疗救治等特殊情况的救助申请人给予先行垫付救助金的,补办手续及时、齐备,符合相关规定。

8.4 救助金原则上一次性审批,一次性发放。

8.5 情况特殊的,可以分批发放,事先一次性确定发放的批次、时间、金额及承办人员等。

8.6 接受司法救助的信访救助申请人,签署息诉息访承诺并领取救助金后,如果违背息诉息访承诺,采取追回救助金的措施且有相关记录。

8.7 救助金发放情况记入笔录并转交司法救助工作办公室,向救助申请人释明救助金的性质、准予救助的理由、骗取救助金的法律后果等内容,并有救助申请人的签字。

8.8 救助申请人获得救助后,人民法院从被执行人处执行到赔偿款或者其他应当给付的执行款的,已发放的救助金从执行款中扣除,有告知救助申请人相关情况的记录并转交司法救助工作办公室。

8.9 决定不予救助的,案件原承办部门将决定告知救助申请人,告知情况记入笔录且有救助申请人的签字,笔录转交司法救助工作办公室。救助申请人拒绝签字的,笔录中有情况说明。

8.10 决定不予救助的,司法救助工作办公室对救助申请人进行解释说明,并记入笔录。

9. 立卷和归档

9.1 司法救助案件立卷规范,符合《人民法院诉讼文书材料立卷规范》要求。

9.2 案件审结后,一个月内按要求完成归档。因特殊原因未能按时归档的,有审批手续且至迟不超过结案后3个月。

10. 规范性文件引用

10.1 《最高人民法院关于加强和规范人民法院国家司法救助工作的意见》(法发〔2016〕16号)

10.2 《最高人民法院关于人民法院案件案号的若干规定》(法〔2015〕

137 号)

10.3　《人民法院民事裁判文书制作规范》(法〔2016〕221 号)

10.4　《人民法院民事诉讼文书制作样式》(法〔2016〕221 号)

10.5　《劳动能力鉴定　职工工伤与职业病致残等级》(中华人民共和国国家标准 GB/T 16180 - 201)

10.6　《天津市高级人民法院国家司法救助工作实施办法(试行)》(津高法〔2015〕70 号)

10.7　《天津市高级人民法院关于在全市法院成立国家司法救助委员会的通知》(津高法办明传〔2016〕3 号)

第四节　《天津法院国家司法救助工作标准(试行)》释义

1. 总则

【条文】

1.1　为规范全市法院国家司法救助工作(以下简称司法救助工作),强化人权保障,维护当事人合法权益,保障社会公平正义,促进社会和谐稳定,依照中共中央政法委员会、财政部、最高人民法院、最高人民检察院、公安部、司法部《关于建立完善国家司法救助制度的意见(试行)》,最高人民法院《关于加强和规范人民法院国家司法救助工作的意见》,天津市高级人民法院《国家司法救助工作实施办法(试行)》等,结合司法救助工作实际,制定本标准。

1.2　本标准用于指导、规范和评价司法救助工作。

1.3　本标准未规定的内容,适用其他相关标准化文件。

【条文主旨】

对文件的内容进行界定。

【条文理解】

总则部分主要包括法院国家司法救助工作的功能定位,并明确本标准的主要依据,同时明确本标准未明确的内容适用其他相关标准化文件。标准化是在经济、技术、科学及管理等社会实践中,通过制定标准、发布和实施标准,以获取最佳秩序和社会效益的活动过程。司法活动是国家司法机关依据法律裁判和处理各类案件的活动,是国家通过司法机构为社会提供的一种公共服务,司法裁判某种意义上也是一种“产品”,同样可以纳入标准化的范畴。司法救助工作标准化的目的是确保司法救助工作的公正、统一、高效、廉洁,减少执法的随意性和差异性,使司法救助工作在科学、有效、精细的标准指引下运行,切实维护司法的统一性和权威性。天津市高级人民法院对比《中共中央政法委员会、财政部、最高人民法院、最高人民检察院、公安部、司法部关于建立完善国家司法救助制度的意见(试行)》《最高人民法院关于加强和规范人民法院国家司法救助工作的意见》等规范性文件,经过两年的司法实践,天津法院司法救助试点工作取得了一定的经验,积累了一批成功的救助案例,对救助申请的受理、救助数额决定、发放方式等都有了更加精确的把握。但伴随着案件总体数量的不断攀升,天津市辖区内不同法院辖区的救助工作差异性也愈加凸显。为进一步推动司法救助工作案件化、规范化、法制化,天津市高级人民法院成立了司法救助工作标准化课题组,对两年来本市辖区内的500余件司法救助案件进行调卷梳理,逐案造表,对受理方式、审查机构、决议机构、流程周期、救助数额与无法获得有效赔偿额比例、救助数额要素比重、发放方式等项目进行细致统计,经汇总、分析后,总结提炼出适合天津法院系统的司法救助工作标准,多次召开全市法院座谈会征求意见,修改30余稿,在征求最高法院赔偿办意见的基础上,出台了《天津法院国家司法救助工作标准(试行)》。

2. 工作机构和制度

【条文】

2.1　成立司法救助委员会,国家赔偿工作部门为司法救助工作办公室。

【条文主旨】

明确的责任部门。

【条文理解】

天津市高级人民法院自2014年9月试点司法救助工作以来,坚持“扶危救困、保障人权、化解矛盾”目标,贯彻法院标准化工作思路,改革司法救助制度,创新司法救助措施,建立了“六个统一”、“三个联动”和“一个加强”的工作机制,实现了司法救助工作的常态化、司法救助制度的法治化。其中“六个统一”是指责任部门、案件受理、救助范围、办理程序、救助标准和经费保障的统一,其中就包括本条中责任部门的明确和统一。天津市高级人民法院经过充分调研,发现没有固定统一责任部门是制约司法救助工作开展的症结所在。为此,天津市高级人民法院下发了《关于在全市法院成立国家司法救助委员会的通知》,高级人民法院成立了由刑一庭、民一庭、立案一庭、立案二庭、执行局综合处、赔偿办、行政处七部门组成的国家司法救助委员会,赔偿办作为日常工作部门;明确全市法院司法救助工作统一由负责国家赔偿工作的部门负责(高级人民法院在赔偿办、中级人民法院在行政庭、基层人民法院在审监庭),形成救助案件入口、审理、出口统一的良性格局。

【条文】

2.2　司法救助工作制度健全。

【条文主旨】

建立健全工作制度。

【条文理解】

根据中共中央政法委员会、财政部、最高人民法院、最高人民检察院、公安部、司法部《关于建立完善国家司法救助制度的意见(试行)》(以下简称六部委《意见》)第一部分基本原则的要求,实现国家司法救助工作制度化、规范化。

【条文】

2.3　司法救助工作纳入审判绩效考核体系。

【条文主旨】

司法救助案件化的体现方式。

【条文理解】

按照《天津法院司法标准化规划纲要(2015 - 2017)》总体思路和工作目标:"2015 年底基本建立司法标准化的组织体系、考评机制……"司法救助工作去行政化一直是我们努力的方向,在此次标准化文件的制定过程中,我们秉持司法救助工作案件化的宗旨,将司法救助案件纳入绩效考核体系,规范流程节点,探索证据审查标准,希望能为司法救助工作的法治化进程添砖加瓦。为了更好地对司法救助案件的实体和程序进行规范和管理,明确规定将司法救助案件纳入审判绩效考核体系,强化了司法救助案件的内部监督,将司法救助案件与刑、民、执等其他诉讼案件同等对待,为司法救助案件的横向评判提供了可能。

【条文】

2.4　每年第一季度完成上一年度司法救助工作报告,主动接受上级人民法院司法救助委员会的指导监督。

【条文主旨】

监督指导方式。

【条文理解】

根据六部委《意见》中对资金管理和监督的要求,各级政府财政部门严格资金管理,确保管好、用好救助资金。政法各单位在年度终了1个月内,向救助领导小组报送当年发放救助资金的明细情况,接受纪检、监察和审计部门监督,确保专款专用。

【条文】

2.5 有司法救助专项资金账户,救助资金专款专用。

【条文主旨】

独立账户,专款专用。

【条文理解】

统一经费保障也是天津市高级人民法院六个统一之一。此前,天津法院司法救助资金来源不固定,信访救助、执行救助曾经有过不定期拨付的专项资金,但已经出现赤字,刑事被害人救助等其他救助工作没有专项资金保障,全市法院的司法救助资金也处于空白,在一定程度上影响了相关工作的正常开展。为此,在市委和市委政法委大力支持下,经市高级人民法院与市财政局沟通,市财政局确定将法院司法救助专项资金纳入年度财政预算,从2015年起每年向市高级人民法院拨付司法救助金。市高级人民法院将该笔资金根据各院案件情况、分批次及时向中级人民法院、基层人民法院拨付,为全市各级法院涉诉困难群众的司法救助解决资金缺口。各院在使用此项资金时,也要求必须单独设立账户,专款专用。

3. 申请司法救助的资格条件

【条文】

3.1 因人身或者财产权益受到侵害但无法通过诉讼获得赔偿,生活面临急迫困难的刑事案件被害人及近亲属提出司法救助的,符合以下情形之一:

3.1.1 因犯罪侵害致使重伤或者严重残疾,加害人死亡或者没有赔偿能力的;

3.1.2 因犯罪侵害危及生命,急需救治,无力承担医疗救治费用的;

3.1.3 因犯罪侵害致使财产遭受重大损失,加害人死亡或者没有赔偿能力的;

3.1.4 刑事案件被害人死亡,近亲属依靠被害人的收入为主要生活来源,加害人没有赔偿能力的。

3.2 举报人、证人、鉴定人因举报、作证、鉴定受到打击报复,致使人身受到伤害或者财产遭受重大损失，无法通过诉讼获得赔偿的。

3.3　追索赡养费、扶养费、抚育费等涉民生案件的申请执行人，生活面临急迫困难且被执行人没有履行能力的。

3.4　受害人因道路交通事故等民事侵权行为造成丧失劳动能力或者死亡，无法通过诉讼获得赔偿，生活面临急迫困难的。

3.5　涉法涉诉信访人诉求具有一定合理性，但通过法律途径难以解决，且生活特别困难，愿意接受司法救助后息诉息访的。

3.6　其他生活面临急迫困难，需要救助的。

【条文主旨】

申请司法救助的资格条件。

【条文理解】

本条从正面列举了申请司法救助的资格条件，包括刑事被害人救助、执行救助、涉法涉诉救助等不同类型司法救助申请人的资格。明确统一的救助范围也是六个统一之一，针对提起救助申请人员界限模糊的问题，统一并严格把握司法救助范围，避免产生"会哭的孩子有奶吃"的负面导向，明确界定救助对象是符合下述条件的当事人或其近亲属：一是诉求合理；二是通过诉讼无法获得赔偿或法律途径难以解决；三是生活特别困难；四是生活特别困难与在办案件有关；五是接受救助后息诉息访。

【条文】

4. 因人身或者财产权益受到侵害但无法通过诉讼获得赔偿，生活面临急迫困难的救助申请人，存在以下情形之一的，不符合申请司法救助的条件：

4.1　对案件发生有重大过错；

4.2　无正当理由拒绝配合查明案件事实；

4.3　故意作虚伪陈述或者伪造证据，妨害诉讼；

4.4　审判、执行中主动放弃民事赔偿请求或者拒绝侵权责任人及其近亲属赔偿；

4.5　生活困难非诉讼案件原因所致；

4.6　已通过其他渠道得到合理补偿或者救助；

4.7　以法人或者其他组织的身份提出救助申请。

【条文主旨】

申请司法救助的否定条件。

【条文理解】

《最高人民法院关于加强和规范人民法院国家司法救助工作的意见》第4条列举了八类不能申请司法救助的情形:(1)对案件发生有重大过错的;(2)无正当理由,拒绝配合查明案件事实的;(3)故意作虚伪陈述或者伪造证据,妨害诉讼的;(4)在审判、执行中主动放弃民事赔偿请求或者拒绝侵权责任人及其近亲属赔偿的;(5)生活困难非案件原因所导致的;(6)已经通过社会救助措施,得到合理补偿、救助的;(7)法人、其他组织提出的救助申请;(8)不应给予救助的其他情形。

5. 工作流程

【条文】

5.1　救助申请人向案件原承办部门提出司法救助申请。由案件原承办部门告知符合司法救助条件的当事人提出司法救助申请的,有告知情况的笔录。

【条文主旨】

申请的提出。

【条文】

5.2　案件原承办部门向司法救助工作办公室提交的材料包括告知情况笔录、救助申请人证明材料和救助建议。

5.2.1　救助申请人证明材料包括:

5.2.1.1　救助申请书;

5.2.1.2　救助申请人的身份证明;

5.2.1.3　实际损失的证明;

5.2.1.4　救助申请人及其家庭成员生活困难的证明;

5.2.1.5　是否获得其他赔偿、补偿、救助等的相关证明;

5.2.1.6　其他证明材料。

【条文主旨】

救助申请材料列表。

【条文理解】

根据《最高人民法院关于加强和规范人民法院国家司法救助工作的意见》第9条的规定,救助申请人提出国家司法救助申请,一般应当提交以下材料:(1)救助申请书,救助申请书应当载明申请救助的数额及理由;(2)救助申请人的身份证明;(3)实际损失的证明;(4)救助申请人及其家庭成员生活困难的证明;(5)是否获得其他赔偿、救助等相关证明;(6)其他能够证明救助申请人需要救助的材料。

【条文】

5.2.2　救助建议包括以下内容：

5.2.2.1　救助申请人身份真实无误；

5.2.2.2　对救助申请人提交的证明材料的真实合法性已进行核实的相关情况；

5.2.2.3　救助建议符合司法救助的相关规定，建议的救助金额适当合理。

【条文主旨】

救助建议内容。

【条文理解】

由原承办部门提出救助建议是天津市高级人民法院根据审判实践对原承办部门提出的要求，对于司法救助案件来说，救助申请人的具体困难程度和急迫程度，原案件承办人了解得最为透彻，对相关事实的把握也最为准确，而司法救助案件的承办人对这方面的事实进行了解则需要投入更多的精力，从效率和经济方面考虑，将司法救助案件的事实认定交由原承办部门负责，将法律适用交由救助委员会负责，更有利于保障司法救助案件的准确性并更能及时地保障救助申请人的合法权益。

【条文】

5.3　司法救助案件统一编立案号，区分案由。

【条文主旨】

统一立案。

【条文理解】

为改变过去司法救助工作主观随意性强、困难群众申请无门的状况，天津市高级人民法院总结出“刑救”“执救”“信救”等针对七种案件类型的案号及相关案由，并对司法救助申请正式立案，将司法救助审查工作提升到案件审理的高度，作为同刑事、民事等案件平行的案件类型对待，这一做法得到了最高人民法院的认可，最终体现在《最高人民法院关于人民法院案件案号的若干规定》中，增加了司法救助案件的七类案由。最高人民法院2018年下发的《关于进一步加强国家司法救助工作的通知》（法〔2018〕120号）中，明确了司法救助案件的折算比例，对救助案件化及纳入审判绩效考核体系进一步明确。

【条文】

5.4　立案材料齐全。司法救助工作办公室负责审核以下材料：

5.4.1　救助申请书，载明申请救助的理由和金额；

5.4.2 救助申请人的身份证明;

5.4.3 实际损害结果的证明,例如:受害人伤情鉴定意见、医疗诊断结论、医疗费用单据、死亡证明、财产损失情况等;

5.4.4 救助申请人生活急迫困难的证明,包括劳动能力、就业状况、家庭收入、突发状况等;

5.4.5 是否获得其他赔偿、补偿、救助等相关证明;

5.4.6 其他证明材料。

【条文主旨】

司法救助案件审查内容。

【条文理解】

本条规定的是司法救助案件审查中应当重点对哪些事实进行认定,参考了《人民检察院国家司法救助工作细则(试行)》第16条到第18条的内容,增加了"突发状况"以突出急迫性。

【条文】

5.5 救助申请人生活面临急迫困难的证明材料的来源符合以下条件之一:

5.5.1 救助申请人户籍所在地或者经常居住地的乡、镇政府,街道办事处或者民政部门;

5.5.2 救助申请人户籍所在地或者经常居住地的居民(村民)委员会或者救助申请人的工作单位。

【条文主旨】

证据效力。

【条文理解】

参考了《人民检察院国家司法救助工作细则(试行)》第18条的内容,救助申请人生活困难证明,应当由救助申请人户籍所在地或者经常居住地村(居)民委员会、所在单位,或者民政部门出具。生活困难证明应当写明有关救助申请人的家庭成员、劳动能力、就业状况、家庭收入等情况。国家司法救助案件既然作为案件进行审理,必然涉及基本事实和证据的认定。而国家司法救助案件的事实构成主要包括困难程度、急迫程度、依法判决数额、已执行数额等。其中判决数额和已执行数额一般由生效法律文书证明,困难程度和急迫程度更有赖于当事人的举证及承办法官的审查。此条对救助申请人用以证明其请求事项的证据种类和证据来源都作出了明确规定,便于司法救助案件承办法官对案件基本事实做出正确的判断。

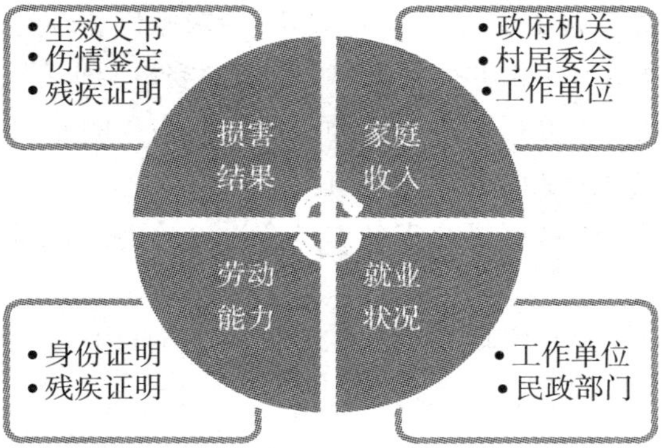

图 12－1　常见证据来源及采信标准

【条文】

5.6　司法救助申请人已经获得过司法救助，再次提出司法救助申请的，不予受理；本院已决定过不予救助，因同一事由再次提出司法救助申请的，不予受理。

【条文主旨】

立案的消极条件。

【条文理解】

根据一次性救助的原则及一事不再理的原则，增加了立案受理的消极条件，对已经救助过的和决定不予救助的，不再立案受理，防止司法资源的浪费。

【条文】

5.7　对符合条件的司法救助申请立案及时，录入审判管理信息系统，信息准确、完整。

【条文主旨】

立案要求。

【条文】

5.8　审查司法救助案件实行繁简分流。

5.8.1　司法救助案件承办人对案件原承办部门提交的救助申请和证明材料进行形式审查。必要时对证明材料调查核实，审核救助申请人是否符合申请司法救助的条件，并撰写审查报告。

5.8.2　合议庭对案件进行评议，决定应予救助的金额，审核意见记入合议庭评议笔录。

5.8.3 案情重大复杂、合议庭意见不一致、救助金额超过一般标准的,由司法救助工作办公室提交司法救助委员会研究决定。

5.8.4 司法救助委员会决议遵循少数服从多数的原则,出席会议人数达到三分之二以上,有专人记录。

5.8.5 案件情况特殊提交审判委员会讨论的,由司法救助委员会主任提出。

5.8.6 司法救助决定自立案之日起十个工作日内作出。案情复杂需要延长的,有院领导审批手续。

【条文主旨】

繁简分流的审判流程。

【条文理解】

法救助案件因为涉及专项资金的使用问题,法官承担的责任较其他案件更大,各级法院在审判实践中也更加慎重。司法改革前采用行政审批模式,层层审批,摊薄责任;司法救助案件化改革后,审判组织往往也由司法救助委员会甚至审判委员会担当最终的决定者。按照司法救助案件的客观发展规律来看,案件数量的不断上升是必然趋势,但司法救助委员会的组成人员往往是相关业务部门的一把手,难以随时集中,大量案件的出现必然导致个案办案效率的降低,这对司法救助案件的及时性原则会产生损伤。此条大胆探索,对司法救助案件的决定机构进行了繁简分流,充分发挥合议庭、救助委员会、审判委员会在不同案件不同审判阶段的职能:合议庭负责一般案件的审查,合议庭不能达成一致意见或者救助数额超出一般标准的,提交救助委员会决议;案件情况特殊的,由救助委员会主任提交审判委员会讨论决定。繁简分流,各负其责,既保证了案件质量,又保持了及时性原则。

6. 司法救助金确定

【条文】

6.1 司法救助金以天津市上一年度职工月平均工资为基准,救助金额不超过 36 个月工资总额 50% 的,符合以下情形之一:

6.1.1 正在享受城市居民最低生活保障、农村特困户救济或者领取失业保险金且无其他收入;

6.1.2 孤寡老人、孤儿和农村五保户;

6.1.3 伤残等级 5 - 8 级且没有固定生活来源;

【条文主旨】

伤残导致生活困难的认定。

【条文理解】

此处借鉴了中华人民共和国国家标准 GB/T 16180－2014 代替 GB/T 16180－2006《劳动能力鉴定　职工工伤与职业病致残等级》的内容，其中5～8 级存在一般医疗依赖，无生活自理障碍。1～4 级存在特殊医疗依赖，或部分生活自理障碍。从生活自理承担及医疗依赖方面来对困难程度进行区分，以下第 6.2.2 条不再注解。

【条文】

6.1.4　抚养人死亡或者丧失劳动能力，正在接受大学本科以下全日制教育的在校学生；

【条文主旨】

对在校学生的保护。

【条文理解】

本条旨在对在校学生这一群体进行特殊保护，特别是有部分可能已成年但尚未毕业的救助申请人，司法救助的目的是解决权利受到侵害无法获得有效赔偿的当事人生活面临的急迫困难，这部分申请人如果得到司法救助金得以完成学业，则在受到侵害之后，仍能够成就个人的正常人生道路，将不幸对个人发展的不良影响降至最低。同时对于社会而言，成就一名对社会、政府感恩的劳动者与成就一名对社会、人生失望甚至仇视的边缘人的区别不言而喻，而这其中的距离也许只是几万元及时到位的救助金，雪中送炭的救助解决的不仅是救助申请人面临的生活窘境，也是对救助申请人的心理抚慰，让其在受害之余仍能感觉到社会的关怀和温暖，而非独自面对无依无靠的绝境。

【条文】

6.2　救助金额在 36 个月工资总额 50% 以上，不超过 36 个月工资总额 80% 的，符合以下情形之一：

6.2.1　受害人死亡；

6.2.2　伤残等级 1－4 级且没有固定生活来源；

6.2.3　患有特别严重疾病；

6.2.4　受到侵害危及生命，急需治疗且无力承担救治费用。

6.3　刑事被害人死亡或者重伤致残，被害人及其近亲属无法通过诉讼获得赔偿且生活面临急迫困难的，救助金额超过实际遭受损失的，不得超过 36 个月工资总额。

【条文主旨】

加强刑事被害人救助。

【条文理解】

刑事被害人救助是国家为弥补诉讼救济功能的不足,在诉讼方式之外,以救助、补偿等方式对刑事被害人进行的救济,是司法救助最典型的类型。司法救助天津经验中一个加强即体现在此条中,由于司法救助的救助标准是双上限,其一是36个月工资总额;其二是不能超过依法应当判决的数额,而目前我市的刑事附带民事案件,一般并不对死亡赔偿金、残疾赔偿金和被扶养人生活费进行判决,故此部分依法应当判决的数额不判的情况下,按照只赔偿丧葬费的标准作为刑事救助的上限,显失公平,故本条明确了刑事被害人救助可以对刑事附带民事判决的数额进行一定条件下的超越,但仍在36个月工资总额的限度内。

【条文】

6.4　损失特别重大及生活特别困难,救助金额在36个月工资总额80%以上,甚至需要突破限额的,救助金额不得超过依法判决给付或者已判决未执行到位的标的额。

【条文主旨】

救助金确定标准。

【条文理解】

本条是救助金的确定标准,在相关文件规定的本市职工月平均工资36个月工资总额的上限内,将救助金的标准分为总额50%以下、总额50%~80%,总额80%以上甚至突破限额三个标准等级,并分别确定了三个等级适用的情形。此外本部分单独对刑事被害人救助中附带民事判决未包含死亡赔偿金、残疾赔偿金情况下的救助金标准进行了明确。36个月工资总额在不同的年度有所不同,可以按照相关文件查询确定,如天津市人力社保局《关于2015年度全市职工平均工资及2016年度工资福利和社会保险缴费基数标准等有关问题的通知》:2015年度本市职工年平均工资为59,328元,月平均工资为4944元,该通知自2016年7月1日执行。根据该标准测算,我市上一年度月平均工资36个月工资总额为177,984元,50%为89,892元。

司法救助案件最终的落脚点还是在救或不救,救多救少上。具体案件中,司法救助数额的确定上往往存在以下三个难题:一是可操作性规范的缺失,目前的生效规范性文件都过于原则,只规定了救助对象的范围和救助数额应该考虑的因素,但对救助数额如何确定并未细化;二是司法救助案件属于新的案件种类,总体积累不足,几乎无先例可循;三是救助资金源于国家财政,又涉及困难群体的权益,一旦救助错误,纠错时较其他案件种类对法院形象和社会效果的负面影响更大。在这三道难题的压力下,仅靠对案件的横向对比和自由裁量来决定救助的数额,承办法官的权利和责任被过度放大了。

与此同时,司法救助案件审理中自由裁量权的扩大化,容易在救助金的使用上出现两种不良倾向:一是压缩救助申请人的合法权益。责任过大,规定不明的情况下,为规避风险,承办法官必然不愿放开手脚顶格定额,长此以往救助申请人的合法权益必然受到压缩。二是以维稳为目的的滥用司法救助资金。不可不说,司法救助案件的维稳功能在法院工作尤其是基层法院的工作中是非常重要的组成部分。但司法救助不是信访救助,侵害行为、诉讼相关、无法获得有效赔偿、生活困难等必备因素不可或缺,绝不能将司法救助工作的维稳功能过于放大,将并不存在生活困难的闹访人和困难及损失与诉讼行为无关的信访人纳入司法救助对象范围,能闹多给,姑息养奸,造成不良社会导向,形成恶性循环。

本条解决了救助数额的确定问题,对本市大量已结司法救助案件的依法应当判决数额、已执行数额、无法获得有效赔偿数额、申请人劳动能力情况、是否符合低保条件、是否患有重大疾病、是否以被害人收入为主要生活来源、权利人对损失的过错程度等诸多要素进行比对分析,测定权重,参考了中华人民共和国国家标准 GB/T 16180 - 2014《劳动能力鉴定　职工工伤与职业病致残等级》等规范性文件,以天津市上一年度职工月平均工资为基准,考虑困难程度、急迫程度、伤病残情况等要素,确定了三个救助区间,即 36 个月工资总额 50% 以下、36 个月工资总额 50% ~80%、36 个月工资总额 80% ~100%,并特别对刑事被害人救助数额作出了突破,整体限高模式下,救助数额可适当超过实际遭受损失。区间化数额确定模式,既保证了司法救助案件整体上的公平公正,又保留了一定范围的自由裁量权以应对个案的差异性。

7. 决定书制作

【条文】

7.1　司法救助决定书由司法救助工作办公室根据合议意见、司法救助委员会决议或者审判委员会决议制作,繁简得当,层次分明,认定事实全面、准确,说理充分、透彻。

7.1.1　司法救助决定书包括标题、正文和落款。

7.1.2　标题包括法院名称、文书名称和案号,并符合以下要求:

7.1.2.1 法院名称与院印一致;

7.1.2.2 文书名称为:国家司法救助决定书;

7.1.2.3 案号编排符合《最高人民法院关于人民法院案件案号的若干规定》及配套标准规范。

7.1.3 正文包括首部、事实、理由、主文、尾部,并符合以下要求:

7.1.3.1 首部由司法救助申请人基本信息、案件由来、审核经过组成;

7.1.3.2 事实部分依次列明救助申请人的申请事项及事实理由,法院审查的事实及证据情况;

7.1.3.3 理由部分条理清晰、论述充分、逻辑严密、针对性强;

7.1.3.4 主文部分写明是否给予司法救助及具体的救助金额;

7.1.3.5 尾部写明本决定一经作出即生效。

7.1.4 落款处写明制作日期,并加盖人民法院印章。

7.2 司法救助决定书作出后五日内送达。

【条文主旨】

决定书内容要求。

【条文理解】

本条参考了最高人民法院《关于人民法院案件案号的若干规定》《人民法院民事诉讼文书样式》《人民法院民事裁判文书制作规范》,同时按照《天津法院裁判文书质量标准》第3.4.3.1条的要求,文书说理层次分明,证据认定、事实认定和法律适用等内容逐层铺垫,说理透彻,逻辑严密,裁判结果自然得出。特别是第7.1.3.5条中的内容,参考了《民事诉讼文书样式》中的《提前解除司法拘留决定书》。

8. 救助金发放

【条文】

8.1 决定救助的,案件原承办部门按照规定办理手续及时。

8.2 手续齐备后,通知救助申请人领取救助金的时间不超过两个工作日。

【条文主旨】

通知期限。

【条文理解】

为保证司法救助的及时性原则,在手续齐备以后,需要及时通知救助申请人领取救助金,这里的两个工作日是指资金审批手续已经完成的后到下发通知的时间,不包括资金审批时间及救助申请人的在途时间。

【条文】

8.3　对具有急需医疗救治等特殊情况的救助申请人给予先行垫付救助金的,补办手续及时、齐备,符合相关规定。

8.4　救助金原则上一次性审批,一次性发放。

8.5　情况特殊的,可以分批发放,事先一次性确定发放的批次、时间、金额及承办人员等。

【条文主旨】

一次审批多次发放的方式。

【条文理解】

司法实践中,往往存在不适宜一次性发放救助金的情形,如信访救助申请人可能情绪尚不稳定,多次发放的效果要优于一次性发放,或者救助申请人存在未成年或其他不能自行支配财产等特殊情况,将救助金分批次发放会起到更佳的社会效果。在这种情况下,为不违反一次性救助的原则,需要在确定救助金额时,一次性将多次救助的资金全部进行审批,且救助金额的标准不得超过本标准第 6 条中的两个上限,在发放时可以根据案件的具体情况设计发放批次,可以由案件承办人员分批发放,也可以将救助资金委托救助申请人所在的基层组织分批发放。

【条文】

8.6　接受司法救助的信访救助申请人,签署息诉息访承诺并领取救助金后,如果违背息诉息访承诺,采取追回救助金的措施且有相关记录。

【条文主旨】

救助金的追回。

【条文理解】

司法救助具有二元功能,在对存在急迫困难的救助申请人进行帮扶的同时,还具有一定的维稳效果,在信访救助中尤其要注重维稳效果,故信访救助的条件中,签署息诉罢访承诺就成为一项必要条件,这也明确了维稳功能在信访救助中的重要性。如果有言而无信的救助申请人存在违背息诉息访承诺的情况,证明信访救助的维稳功能目的没有实现,则需要对救助金采取追回措施。

【条文】

8.7　救助金发放情况记入笔录并转交司法救助工作办公室,向救助申请人释明救助金的性质、准予救助的理由、骗取救助金的法律后果等内容,并有救助申请人的签字。

8.8　救助申请人获得救助后,人民法院从被执行人处执行到赔偿款或者其他应当给付的执行款的,已发放的救助金从执行款中扣除,有告知救助申请人相关情况的记录并转交司法救助工作办公室。

8.9　决定不予救助的,案件原承办部门将决定告知救助申请人,告知情况记入笔录且有救助申请人的签字,笔录转交司法救助工作办公室。救助申请人拒绝签字的,笔录中有情况说明。

8.10　决定不予救助的,司法救助工作办公室对救助申请人进行解释说明,并记入笔录。

【条文主旨】

救助金的发放。

【条文理解】

本条对救助进度发放流程、方式、原则等细节进行了设定,保障救助申请人及时得到救助,也防止骗取救助金或违反救助承诺等情况的发生。

9. 立卷和归档

【条文】

9.1　司法救助案件立卷规范,符合《人民法院诉讼文书材料立卷规范》要求。

9.2　案件审结后,一个月内按要求完成归档。因特殊原因未能按时归档的,有审批手续且至迟不超过结案后3个月。

10. 规范性文件引用(略)

第十三章　审判职权行使和审判责任认定标准的理解与适用

第一节　审判职权行使和审判责任认定概述

一、审判职权行使和审判责任认定标准化的意义

司法权责配置是人民法院司法责任制改革的重心，是审判权力运行机制健康有序运行的基础。本标准将上述各项围绕审判权行使而产生的各项职能和权力定义为“审判职权”，为贯彻“权责明晰、权责统一、监督有序、制约有效”原则，通过对审判职权予以标准化和清单化，同时对相应审判职权的行使赋予相应的审判责任，清晰审判职权、明确审判责任，以标准化文件对审判行为予以指导，并定期进行检验和考评，从而做到司法权责配置的标准化体系有序推进。

（一）体现法官的办案主体地位的现实意义

长期以来，我国较为重视法院整体的制度构建，但对于法官个体的制度化建设则相对滞后。司法责任制实施后，除为法院院长、庭长以及审判委员会所保留的少数审判管理和监督权限外，司法权的配置在法院由倒三角结构转变为正三角结构，法官审判职权基本放权到位，凸显出了以法官为中心的现代司法制度理念，法官成为独立行使司法权的真正主体。《最高人民法院关于完善人民法院司法责任制的若干意见》（以下简称《司法责任制意见》）赋予法官独立的、完整的审判权，法官不再是审批制模式中的一个环节，传统上作为审判必要环节的请示汇报制基本不复存在，裁判文书的签署机制从由行政官员拍板到由审案法官谨慎签署的转变。这些权力主要体现于裁判文书签署机制。裁判文书签署机制的改革关系到司法改革的整体结构。过去裁判文书实行院庭长审批制，弊端甚多：一是权力不完整。审理案件的法官只有审理权，而没有裁决权，实际上并不是完整意义上的法官，导致审与判的分离。二是责任易混淆。审判案件就像生产车间的流水

线一样,每个人各管一段,最终出了错案,谁都有责任,谁又都不负责任,导致责任空转。三是激励措施不健全。法官办案缺乏动力,院庭长审批案件也缺乏动力,投入案件中的实际劳动或有效劳动并不充分,办案人浮于事,质量差、效率低。通过《司法责任制意见》的实施,各地陆续出台相关司法责任制实施意见,不约而同地重申:“除审判委员会讨论决定的案件以外,院长、副院长、庭长对其未直接参加审理案件的裁判文书不再进行审核签发。”放权放得彻底必然使法官的办案主体地位得以彰显,法院的机构独立开始转向法官的个体独立,法院独立的司法原则在内涵上得以丰富和发展。

(二)厘清审判职权边界的现实意义

《司法责任制意见》赋予了法官审判权的同时,也规定了院庭长的审判监督管理权,这两种职权之间是相辅相成、相互制约的关系,而纵观我国审判史,缺乏监督的审判权导致法律适用不统一、裁判尺度差异较大、引起社会舆论风险等种种问题的出现、过分监督的审判权则导致审判者不裁判,裁判者不负责的现象出现。院庭长享有文书审批权、一些程序事项的审批权等一系列与审判职权相关的工作环节的设置是长期面对审判工作压力的环境中一步一步形成的,而导致这一结果的根本原因还是在于职权不明和一些规定执行不到位。审判权运行并非仅仅包括签署裁判文书一个环节,还涉及审判工作的方方面面,如程序审批,调查鉴定、法官培训、绩效考评,审判责任承担、员额管理、团队管理或辅助人员配备等各个环节。职权不明导致法官的审判权在各个环节被干扰和剥夺,只有列明相关职权清单并监督执行,不断颁布规定去细化职权明细和完善配套制度,才能达到以下三个目的:一是让法官行使审判职权有标准可依;二是让院庭长行使审判监督和管理权有标准可依;三是让法官惩戒委员会认定审判责任有标准可依,才能保证审判职权得以合理行使、审判责任得以合理认定。这也是为什么在《司法责任制意见》颁布后,最高人民法院仍然出台了《最高人民法院司法责任制实施意见(试行)》(以下简称《最高院司法责任制实施意见》)用于规范审判职权的行使,该文件中对于院庭长办案的范围,专业法官会议讨论案件的范围、程序,院庭长指定分案的范围等《司法责任制意见》并未详细规定的内容作出了明确的规定。即使如此,院庭长监督案件的范围、方式方法,指定分案的内容,法官助理的职责等问题,仍然是下一阶段司法改革综合配套制度改革的重点内容。这些内容在审判权还权后不断涌现,既表明了本轮司法改革的难度,也体现了本轮司法改革的深度。

(三)强化法官的专业化色彩的现实意义

专业法官会议仅仅对涉及重大复杂疑难的案件进行讨论,提供咨询意见,并非决策机构，而属于咨询机构，专业法官会议制度被视为解决员额制改革后的重要举措而在各地推行。《司法责任制意见》确认了专业法官会议制度。本标准中主要规定了院庭长审判管理监督权中包括专业法官会议的提议召集、召集主持、召集审批等内容，也规定了审判长享有提请召开的职权，并未对专业法官会议的召开程序等规定予以明确。但从《司法责任制意见》到各地的相关文件，专业法官会议制度是审判职权行使的重要环节，本标准虽然对专业法官会议着墨不多，但将专业法官会议的相关启动权予以明确，起到了承上启下的作用。关于专业法官会议的运行应当通过相应的其他标准化文件予以明确。

二、审判职权的概念和内容

审判权被认为是法院行使审判职权的重要体现。法官通过主持庭审、签发判决等方式行使审判权，但也应承担相关职责，如通过指导法官助理从事相关司法辅助工作、参与合议庭发表意见、对合议的承办案件制作审判方案、庭审提纲等职务行为来保证审判权健康运行。而同时，院长、庭长、合议庭审判长等人员还承担着对审判工作进行管理和监督的职责。

（一）审判权的内容

审判权是法院审判工作的核心，法院各项工作都围绕着审判权展开。传统的审判模式下，法院长期采取行政审批制，很多案件的承办法官、审判长都无权签发文书，而是需经过庭长甚至院长的审批才能签发，复杂案件需经过审判委员会讨论或者干脆请示上级法院，照搬行政部门的请示汇报制度，大部分判决成为集体决策的结果，法官、庭长和院长都是这个决策环节中的重要组成部分，导致“审者不判，判者不审”，而一旦出现案件质量问题甚至是错案，上述决策程序就会出现“权责不清”的后果，不宜对审判权的享有者——法官进行审判责任追究，原因在于法官通常不签发文书；也不宜对院庭长进行审判责任追究，原因在于他们在裁判文书中并未署名。在确定法制化路线之后，如果没有司法的独立性和合理性，美好的法律原则和规定都只是一纸空文，不能落到实处。① 针对审判权运行中的突出问题，十八届三中全会《中共中央关于全面深化改革若干重大问题的决定》（以下简称《深化改革决定》）提出，确保依法独立公正行使审判权检察权，健全司法权力运行机制。要完善主审法官、合议庭办案责任制，让审理者裁判、让裁判者负责。十八届四中全会《中中共关于全面推进依法治国若干重大问题的决定》（以

---

① 季卫东：《法治秩序的建构》，商务印书馆2014年版，第214页。

下简称《依法治国决定》)进一步指出,要完善主审法官等办案责任制,落实“谁办案,谁负责”。《全面深化人民法院改革的意见——人民法院第四个五年改革纲要(2014-2018)》(以下简称《四五改革纲要》)也确定了完善主审法官、合议庭办案责任制的改革目标。2015年颁发的《关于完善人民法院司法责任制的若干意见》对完善司法责任制做出了顶层设计。为贯彻上述文件精神,本标准对审判职权的内容作出明确的规定,明确审判职权行使标准,同时确定责任认定标准。

1. 裁判文书签发权的还权

裁判文书的形成和发布是一个重要的诉讼环节,从表面上是一个形式或技术问题,实际上却关系到审判权是否得以独立运行的问题。[①] 传统的行政审批制导致法官依赖院庭长的审核把关,院庭长不放心法官的独立判断。最终导致法官不能、不愿对很多复杂案件的处理发表意见,长期以来,一方面不利于法官队伍素质的提高,另一方面对院庭长的工作能力和工作量提出了很大的挑战,更甚至导致院庭长对案件审判的实质性干预,在案件数量激增的情况下也导致审判效率的低下。人民法院通过各种改革措施来解决“审判行政化”的问题。如《最高人民法院关于审判权运行机制改革试点方案》明确,审判员独任审理的案件,裁判文书由独任审判员直接签署。助理审判员独任审理的案件,裁判文书应由其所在合议庭的审判长审核后签署。院庭长对未参加合议审理的案件的裁判文书不得进行签发。《司法责任制意见》对此予以重申,最终在本标准中予以明确。

2. 决定、主持审判过程相关事项

法官享有审判权,也可决定部分程序性事项,但还应承担相应职责。主要分为庭前工作和庭审工作。独任法官通过主持庭前证据交换、庭前调解、庭前会议等庭前准备工作避免“诉讼突袭”、庭审思路混乱和证据不充分导致再次开庭或者当事人不必要的损失,合议庭的承办法官还需要拟定庭审提纲、制作阅卷笔录,合议庭审判长需确定案件审理方案和庭审提纲、协调庭审分工。而在庭审过程中,法官依照诉讼法和相关制度的规定主持和指挥庭审。庭审后还应进行合议庭评议、制作裁判文书。复杂案件还需要提交制作汇报材料向专业法官会议和审判委员会汇报情况。最高人民法院在《司法责任制意见》中还要求法官审理案件时需依托相关信息平台制作类案与关联案件检索报告。这些都是在行使审判权中应当履行的职责,是保证审判权正确履行的重要环节。当然,这并不意味着法官就

---

① 最高人民法院司法改革领导小组办公室编著:《〈最高人民法院关于完善人民法院司法责任制的若干意见〉读本》,人民法院出版社2015年版,第72页。

需独揽一切，员额法官有权力要求法官助理或书记员完成部分审判辅助工作，但也应当对法官助理和书记员进行一定的指导。而对于法官助理和书记员的相应职责，本标准并未列明，《司法责任制意见》第15条中对审判辅助工作定义为庭前会议、庭前调解、证据交换等庭前准备工作及其他审判辅助工作，但下文又把起草裁判文书作为法官助理的职责。第19条、第20条中又对法官助理和书记员的审判辅助工作予以列明，范围明显多于第15条中列明内容。同时，各地法院对法官助理或书记员的职责在《司法责任制意见》列明内容上又不同程度进行了扩展，如《四川省高级人民法院关于落实司法责任制的实施方案》中就对法官助理的职责进行了不同程度的扩展和细化，如法官助理的职责：（1）组织庭前会议、庭前证据展示和证据交换等庭前准备工作；（2）依法调查、收集、核对相关证据；（3）受法官委托或协助法官办理财产保全和证据保全措施等；（4）承担委托鉴定、评估、审计等事务性工作；（5）协助法官进行调解并草拟调解文书报合议庭审核；（6）根据法官要求查询相关法律政策的规定、参考案例和法理观点，研究案件涉及的相关法律问题；（7）根据法官的意见参加庭审活动、列席合议庭评议；（8）在法官的指导下起草裁判文书；（9）送达法律文书、诉讼材料等；（10）完成合议庭或法官交办的其他审判辅助性工作。书记员的职责：（1）配合法官或法官助理开展调查、收集、核对证据，财产和证据保全等工作；（2）办理排定开庭日期等案件管理的有关事务；（3）接待、安排案件当事人、诉讼代理人、辩护人和其他人员的来访和阅卷等事宜；（4）负责法律文书送达、诉讼材料传递，与诉讼服务中心对接等事务性工作；（5）检查开庭时诉讼参与人的出庭情况，宣布法庭纪律；（6）负责案件审理中的记录工作；（7）按规定完成法律文书校对、诉讼信息、案件材料同步录入、司法公开等工作；（8）整理、装订案卷和归档，负责移送和调取卷宗（含电子卷宗）；（9）办理合议庭和法官交办的其他审判事务性工作。

3. 承担裁判后事务

审判工作应当有始有终，审判工作中从审判前的诉讼服务、审判中的引导和释明以及结案后的判后答疑，构成了一个完整的司法工作环节，体现了中国特色社会主义背景下的特色人民法院工作，其中判后答疑是审判工作的重要事务性工作，我国幅员广大，各地区人民群众法律素养和法律意识各不相同，而我国正在进入立法高峰期，不断颁布和修改法律法规，对部分案件当事人诉讼能力不强的情况，法官承担着庭前释明和庭后对裁判结果作出解释的职能。信访工作虽非审判权行使的主要内容，但属于法院工作中的重要事项，对此各地规定不一，大部分法院都规定法官的职权包括判后答疑，接访等工作。该项工作完全由法官来承担明显责任过大。最终本标准将法官在信访接待中的作用限定为协助。而主要的接访工作则有庭长以及法院专门部门承担。该条也是对本标准中庭长审判管理权“对本庭矛盾激化案件、信访案件,组织相关人员做好释法答疑、矛盾化解、息诉息访工作”奠定基础,便于庭长加强对相关案件的管理。

(二)审判管理权与审判监督权的概念和区别

1. 审判管理权与审判监督权的概念辨析

关于审判管理,现代社会公权力的运行离不开必要的管理,人民法院的审判工作也不例外。如案件分配、审判长的指定、法官审理案件的期限监督、法官的回避、庭审和裁判文书的公开等一系列与当时诉讼权利密切相关的程序性事项,都必须要通过一定审判管理活动来保障,“三五改革”时期,法院系统大力加强和创新审判管理,对优化资源配置、规范司法行为、提高案件质量、促进司法公正具有重要的意义和作用。[①] 此后很多法院建立审判管理办公室,审判管理工作以审判绩效管理为出发点,以司法公开为手段,形成了一整套管理理论和方法。

关于审判监督,一般认为是三大诉讼法规定的对生效案件进行的审判监督程序,但在司法改革后,考虑法官对一些重大、复杂、敏感案件的审理存在难度,需要发挥集体智慧来共同处理案件,或在法官将作出的判决可能存在法律适用不统一、裁判尺度不统一等情况,需要院庭长等具有审判监督职责的人员通过要求提交专业法官会议讨论、提交审判委员会讨论等方式对其进行指导和监督。审判监督权也就分为了对在审案件的监督和对生效案件的监督两个层面。

《司法责任制意见》要求加强审判监督和管理,但仅笼统地对审判管理权和审判监督权进行规定,但并未明确何谓审判管理权、何谓审判监督权,应当对这两项权力概念予以明确的情况下,才能对其行使内容和标准作出规定。《司法责任制意见》的解读中将审判管理权定位为对程序性事项的审批,将审判监督权定义为对特定案件的提请讨论权[②]。但如此定义,就不能包括《司法责任制意见》审判管理和监督章节中规定的案件质量评估和评价、法官业绩评价和审判公开等内容。因此可以将上述解读定义为完善司法责任制过程中狭义的审判监督权和审判管理权,要全面地概括定义这两项权力,还需结合广义的相应概念和其他地区的经

① 最高人民法院司法改革领导小组办公室编著:《〈最高人民法院关于完善人民法院司法责任制的若干意见〉读本》,人民法院出版社 2015 年版,第 38 页。

② 最高人民法院司法改革领导小组办公室编著:《〈最高人民法院关于完善人民法院司法责任制的若干意见〉读本》,人民法院出版社 2015 年版,第 21 页。

验,综合对审判监督权和审判管理权进行定义。

本标准收集的各地的文件中对此呈现三种情况:一是统一对此定义为审判管理权,其中包括审判监督权。采取上述做法的主要是上海市第二中级人民法院。二是其统一定义为"审判管理和审判监督权(职责)",并将院、庭长从事案件审理工作以外的大部分职权都在其中一一列明。三是则将管理权和监督权予以区分。其中监督权是对特定、个体案件行使,管理权是对整体审判工作行使。采取上述做法的主要是深圳市中级人民法院和辽宁省高级人民法院。本标准最初采用第一种做法,认为审判管理权宏观上包括审判监督权和其他各项管理权。但此后经过多次讨论,认为《司法责任制意见》第2条中特别注明:以审判权为核心,以审判监督权和审判管理权为保障,应当理解二者是处于并列关系,同为审判权的保障和补充,故应当对其予以分类说明。最终本标准按照第三种做法对审判管理权和监督权进行了分类阐述。本标准中审判管理权主要指对整体审判工作的管理,包括统筹安排、制度制定、质效监督、管理优化、人员分工、评价等工作。而审判监督权包括案件程序和审判进展、决议的事前监督以及对生效案件的事后监督。其中尤其要说明的是,批准或召开专业法官会议、审判委员会属于审判管理权,而针对特定案件决定或者提请召开专业法官会议、审判委员会则属于审判监督权。

2. 审判监督权和审判管理权行使的制约

审判监督权和审判管理权的正确行使对于提高审判质效具有诸多积极作用,但在其容易被滥用的情况下也应受到制约。一是深化院长、庭长审判管理职责清单化。院庭长的审判管理职责集中于程序审批、综合指导、质效管理等方面,本标准对其清单化,虽然在清单所列项目最终还会列明"行使其他审判管理权"的内容,但这些内容只是为了应对新情况新形势的有效补充,而超出所列的具体内容行使管理和监督必然会受到较大的关注和监管。二是建立法院内部审判管理权全程留痕的制度加强对审判管理权、审判监督权的约束和监督,防止被滥用。三是完善法院内部的各种考评制度。任何违背司法基本规律的考评指标和数据,只能加剧法院内部的行政化、加重法官的负担,加重当事人的诉累,影响裁判的真实质量,降低司法的整体效率。①

3. 审判权与审判监督权、审判管理权的关系

《司法责任制意见》中多次强调"让审理者裁判、让裁判者负责",处理好审判

---

① 江必新:《深化审判体制与机制改革》,载胡云腾主编:《司法改革》,社会科学文献出版社2016年版,第27页。

权和审判管理权、审判监督权的关系是我国法院每个“五年改革”中的重点问题,也是本轮司法改革的重要问题,通过改革将审判权还权于法官,让法官独立地享有审判权,避免其他干扰,保证独立公正司法,同时《司法责任制意见》也强调“权责明晰、权责统一、监督有序、制约有效”,审判权的行使需要审判管理权、审判监督权的有效开展予以保障。绝对的权力导致绝对的腐败,法官裁量权过大,如果不进行有序监督,会给“权利寻租”和司法腐败留出漏洞。审判管理到位,才能有效整合司法资源、科学安排审判工作、严格规范审判过程,客观考评审判质效。最终应当树立“以审判权为核心,以审判监督权和审判管理权为保证”的理念,进一步明确三者的关系。

三、审判责任的概念

权责统一是本轮司法改革的重点。合理的审判责任制度,有利于通过严格责任标准和程序保障法官依法履职的独立性,确保司法程序的自治性,完善审判责任制,坚持权责明晰、制定清晰的权利清单和职责清单,实现法定职责必须为法无授权不可为。坚持权责统一,享受多大的权利,就应当承担多大的责任。

(一)违法审判责任的认定

审判责任的认定和追究是司法责任制改革的核心内容。审判责任模式应坚持行为导向,坚持主观过错和客观行为相结合,不能仅以裁判结果错误而启动对法官办案责任的追究。法官在审判工作中,故意违反法律法规的,或者因重大过失导致裁判错误并造成严重后果的,依法应当承担违法审判责任。《司法责任制意见》第 26 条列明了 7 种应当追究违法审判责任的情形,同时第 28 条列明了 8 种不得作为错案进行责任追究的情形。需要注意的是,法官故意实施违法审判行为的,不一定要求造成裁判错误或者其他严重后果,即可追责;法官重大过失实施了违法审判行为,或者玩忽职守严重不负责任的,必须要求导致裁判错误并造成严重后果才能追责。

(二)审判责任的承担

审判责任的承担,即审判责任在责任主体之间的分配问题。根据审判权运行机制的不同,按照“谁审理,谁裁判,谁负责”的思路,《司法责任制意见》对独任制、合议制以及经过审判委员会讨论决定的案件责任承担作出了规定。

对于独任制审理的案件,由独任法官对案件的事实认定和法律适用承担全部责任。在此,行使裁判权的主体是独任法官,院庭长不再审批个案,按照“谁办案,谁负责”的精神,应对案件事实认定和法律适用承担全部责任。

对于合议制审理的案件,合议庭成员权利平等,共同审理案件,应当共同对案件的事实认定和法律适用承担责任。因此,实践中不宜对合议庭成员审判责任预先机械设定比例,或者以少数意见和多数意见作为责任承担的依据。进行违法审判责任追究时,根据合议庭成员是否存在违法审判行为、情节、合议庭成员发表意见的情况和过错程度合理确定各自责任。

对于提交审判委员会讨论决定的案件。结合审判委员会制度改革,原则上合议庭应当对其汇报的事实负责,审判委员会委员对其本人发表的意见及最终表决负责。案件经审判委员会讨论的,进行违法审判责任追究时,根据相关规定确定相关责任。

(三)审判管理、监督责任的承担

审判权行使应当视情形承担相应审判责任,那么院庭长或者审判长在行使审判管理、审判监督权也应设定相应的责任,保证权责统一。但严格来讲,本标准规定的审判监督权包括对很多程序性事项作出决策,对法官审理的案件进行合法的干预等内容,权力性质更为浓厚,相应的追责情形也应加重,根据《司法责任制意见》相关规定,考虑员额改革后,法官独立享有案件审批权,容易导致类型法律适用不统一和裁判尺度不统一,而对于一些重大敏感案件等特定情形的案件,院庭长应当及时行使审判监督权,避免案件处理不当对审判工作造成不利影响,因此本标准将“因故意或者重大过失,怠于行使或者不当行使审判监督权,导致裁判错误并造成严重后果的”作为追究审判监督责任的主要情形,督促院庭长及时行使审判监督权。而为了避免院庭长监督过当,未按规定插手案件审理或者干预案件审理的情形,也设定审判监督责任,上述两个情形从正反两个方面对审判监督权的怠于行使、不当行使和变相行使都作出了责任规定,保证审判权的健康运行。

而审判管理权更加偏向于职责性质,是院庭长基于其身处的地位承担的相应管理职责,如部署审判工作、进行案件质量评估和评价,法官考评,调整人员、主持审判委员会会议、要求相应人员召开专业法官会议。完善相应工作制度等,这些内容的行使更多的是为了保证法院工作整体的正常运行,对其进行衡量也适宜通过与审判绩效挂钩,不宜通过其他惩罚措施来规制审判管理权的行使。

第二节 审判职权行使和审判责任认定标准化的依据

一、权责明确的制度需求

“让审理者裁判、让裁判者负责”是本轮司法改革要达成的重要目标,但如何通过改革来达到这个目标,还需要贯彻“权责明晰、权责统一、监督有序、制约有效”的原则,通过充分的制度设计来保证司法改革的有效开展。权力清单制度不仅在行政领域有所适用,在司法领域同样应予适用。①

民事诉讼法、行政诉讼法和刑事诉讼法对司法人员的职责有所规定,但不够详细,较为模糊。本标准将司法人员的职权予以详细列明,不仅将审判权、审判监督权和审判管理权以“清单”形式直观地、具体地予以分解和展现,对号入座,一目了然,还通过相应的后期评测来衡量实施效果。这就为司法责任制的实施奠定了标准化的基础,“职权清单标准化”不仅有利于法官行使其职权,同时还有利于监督者对法官实施监督,出了问题,包括越权、滥权或者懈怠职权,也容易查找和判断,本标准对独任法官、合议庭中承办法官、审判长和其他法官审理案件时应当履行的审判职责、院庭长的审判管理职责和审判监督职责等作出了清晰的列举式规定。同时还将司法问责不仅针对后面所述的违法审判责任等,同时还从反面指向权责清单中所列举的各项职权。

二、监督管理的制度需求

有权必有责,用权受监督;权力下放的幅度越大,权力受监督的力度就要越大,否则权力必然失控或必致滥用,司法改革的初衷就难以实现。因此,司法办案权独立行使的过程就是司法管理权和司法监督权强力运行的过程,司法办案权与司法管理权和司法监督权相伴相随,三者在制度构建和实际运作中必须同时推进,不可偏废。院庭长应通过审判管理部门的审判绩效分析来发挥监督作用;有固定审判团队的,审判长在必要时可将合议庭处理意见分歧较大的案件提交专业

---

① 汤维建:《人民法院司法责任制的构建与完善》,载《人民法院报》(理论周刊)2015 年 10 月 21 日,第 5 版。

法官会议讨论或者建议将案件提交给审判委员会讨论决定;院长、庭长除依照法律规定履行相关审判职责外,还应当宏观上指导法院或审判庭的工作,并履行必要的审判管理和监督职责;同时在案件涉及群体性纠纷、重大复杂疑难、同案不同判或者法官涉嫌违法审判等情形时,院庭长有权要求独任法官或者合议庭报告案件进展和评议结果,并在必要时可以将案件提交给专业法官会议或者审判委员会讨论。

三、责任认定的制度需求

司法责任是一个笼统、概括的范畴,其中包含的责任类型和责任程度有诸多差异,不可混为一谈,需严加界分。这其中的考量因素主要有三个:一是主观过错的形态及其程度;二是裁判错误的类型及其程度;三是危害后果的严重程度。对司法责任的层级确定,需要就上述三个变量作出综合权衡,最终确定所应承担的司法责任。首先,司法责任最为严重的乃是构成刑事犯罪的司法责任,比如故意违法办案,实施了诸如徇私枉法、枉法裁判、贪污受贿等行为。发生了这些行为,寄望于这样的司法者能够最终实现个案中的司法正义,是徒然的,这属于司法之耻,应予严格避免,发生后应加严格惩罚。其次,具有重大过失而导致裁判或执行错误,如玩忽职守、渎职,因重大过失丢失、损毁证据材料,或者因重大过失遗漏主要证据、重要情节,致使所作出的裁判发生错误,并造成严重后果,此为过失责任。过失责任的确定与故意责任的确定有一重大区别,即在故意违法审判责任的确定中,通常无须考虑发生的危害后果,其违法行为本身就构成司法责任的充要条件;而过失违法审判责任的确定,则需要考虑所发生的危害后果,包括所作出的裁判以及裁判执行后造成的损失。除了上述两种违法审判责任外,在实践中还有所谓审判瑕疵责任。审判瑕疵责任是指在审判或执行中,在文书制作、诉讼程序、事实认定、法律引用、司法作风和司法行为等方面存在差错,其严重程度虽尚不足以构成违法审判责任,但这种差错的存在给司法公正、司法权威以及司法形象造成了负面影响,相关人员也应承担相应责任,尤其在司法评估中,其差错应作为评估的依据,并进入相应的司法档案。司法责任中除审判者应承担的审判责任外,法院院长、庭长等承担司法行政职责的人员以及案件管理、审判监督等部门承担司法监督职责的人员在错案责任的追究中,也有可能因其故意违法或过失怠职而被问责。司法辅助人员,如法官助理、书记员等,也有可能因其过错而被追究责任。需要指出的是,司法责任有独立责任、共同责任、连带责任、补充责任、比例责任、主要责任、次要责任等多种形态,需要具体情况具体分析,应综合各种因素,使责任的确定达到公平公正,既不使无辜者蒙冤,也不使有责者侥幸过关,从而使司法责任制切实推进、落地落实落细,扎紧、扎密司法责任制之网,使其形成公开公平公正、动态透明阳光的追责机制,使之长效化、科学化、合理化。

第三节 审判职权行使和审判责任认定标准化的相关问题

一、专业法官会议的重要作用

在贯彻“让审理者裁判,让裁判者负责”的原则下,法官和合议庭对其审理案件具备签发的权力,院、庭长对其未参加审理的案件不再具备实体审批权。但院、庭长又具备监督案件审理、保证公正和效率的审判监督权,因此其他省市的院庭长审判监督权都是通过专业法官会议[主审法官(审判长)联席会议]和审判委员会两种制度来得以实现。基本路径即对于特定类型案件,审判长可以自己申请或者庭长发现直接提起专业法官会议(跨部门的专业法官会议还需庭长报主管副院长召开)加以讨论,意见仅作参考,独任法官或合议庭并非必须采纳。而经过专业法官会议的讨论后,院庭长仍对案件审理方向有意见,则需提交审判委员会讨论,独任法官和合议庭必须遵循审委会决议。通过这种路径,保证院庭长合理行使监督权,避免了院庭长干涉案件审理。其中设置了专业法官会议这个中间环节,避免了强行干涉的嫌疑,给予法官一个考虑期。还能为审委会减轻负担,不被个案掣肘,集中精力研讨决定有利于整体审判工作的政策。在我国不少省市也建立了专业法官会议制度,如上海市第二中级人民法院《主审法官联席会议及专业法官会议工作规定》、对专业法官会议的职能、参加人员、启动程序、召开程序等均作出了规定。湖北省高级人民法院《关于主审法官联席会议的工作规定》和《深圳中院司法责任指南》里也专门设置章节规定了专业法官会议的运行规范,包括组织、参加人员、讨论案件范围、程序、意见的运用等环节。吉林省也设立了主审法官联席会议制度。

二、正副院长的权限设置

现实工作中,大部分法院的院长将一些具体案件的审批权委托给部门的主管副院长承担，同时主管副院长对主管的部门也承担相应的审判管理权。而在审判职权文件中是否对副院长专门设定权限，各地做法不一。第一种做法是未明确副院长的职权，或说明副院长由院长授权进行时审判监督管理。采取此做法的主要有四川法院、深圳市中级人民法院、上海市第二中级人民法院。第二种做法是将院长和副院长的权限分开叙述，但对副院长的权限大多做原则性说明，并未详细列举。如湖北法院列明副院长具备协助监督分管部门完成审判工作、决定相关程序性事项。提交案件讨论、参与或主持审委会、签署审委会决定案件文书等六项权力。第三种做法是详细说明副院长职权。如吉林法院列明了副院长的七项审判监督管理职责。具体包括依法行使程序性事项的审批职权；组织、指导、督促和检查分管部门完成审判及相关工作任务，总结审判工作经验；对审判质量效率进行监督检查，加强对指令、发回、改判、提审案件的跟踪、评查、分析、讲评、反馈工作的指导；根据院长授权主持审判委员会讨论案件、决定其他审判工作事项；召集分管审判业务领域的主审法官联席会议，研究、协调、沟通相关审判业务工作，组织法官开展业务学习，对分管部门或下级法院对口审判业务进行指导；根据院长授权签发审判委员会讨论决定案件的裁判文书和相关审批事项所涉及的法律文书；履行院长授权或委托的其他工作职责。主要是对主管部门的审判工作进行监督，并根据院长授权进行其他审判管理监督工作。辽源市中级人民法院也采取此做法。深圳市福田区法院的做法则是详细列明副院长的监督管理事项，甚至列明副院长对哪些程序事项享有审批权。而天津市第一中级人民法院、和平区人民法院均详细列明了副院长的具体权限。本标准考虑副院长权力一般均系院长授予，且我市各院对副院长的各项权力规定不一，从高级人民法院角度出发不宜对其职权进行过度细化，最终采取的第一种做法，仅列明院长可授权副院长行使部分审判监督和管理权。

三、类案检索的适用

新一轮的司法改革最大的亮点是赋予法官独立的裁判权，院、庭长对其未参与审理的案件不仅不再进行审批，本着对法官“短期内”独立、正确、统一行使裁判权的“不自信”，如何保证每名主审法官和合议庭裁判尺度的统一、进而保证一个法院乃至全国四级、数千家法院法律适用的统一，成为审判实践中面临的最大风险。①

---

① 胡云腾：《谈谈在司法责任制下如何保证法律统一适用》，载《中国审判》2016 年第 9 期。

法院对案件进行裁判的过程就是一个根据查明事实对接相应法律规则,并最终做出裁判结果的过程。法官在审判实践中会面对三种案件:一种是争议焦点并非法律规则而是事实如何适用法律规则的案件,这类案件的审判对法理并不会造成撼动,主要是搜索和比较的过程。另一种是法律规则确定但规则的适用存在疑问的案件,这类案件容易引起意见纠纷但不会撼动法理。还有一种是数量稀少但判决会对法律产生推进或者阻滞等重大影响。[①] 面对后两种情况,法官的学术修养、个人喜好和厌恶、偏爱和偏见、本能、习惯以及信念的复合体影响着法官裁判的方向[②],最终作出的裁判就难免会出现差异。审判涉及社会个体的切身利益,个案的争议往往会导致公众寻求类案结果[③],而一旦形成类案差异,往往引发民众对司法公信力的巨大质疑。[④] 有鉴于此,要求法官处理上述第一类和第二类案件时应当进行类案检索。《最高院司法责任制实施意见》第 39 条要求:承办法官在审理案件时,均应依托办案平台、档案系统、中国裁判文书网、法信、智审等,对本院已审结或正在审理的类案和关联案件进行全面检索,制作类案与关联案件检索报告。这要求法官在办理每个案件时都应当进行检索,制作检索报告。这也对法官和法官助理提出了新的要求,但相对来说最高人民法院受理案件数量较少,疑难案件较多,其类案检索范围一般只包括最高人民法院历年的裁判文书,检索基数较小,逐案检索的必要性和可操作性较强。而各地法院特别是基层法院,简易程序案件较多,疑难性不强,因此文件仅要求法官在检索案件后发现案件疑难复杂,裁判尺度与本院或者本市法院同类案件可能存在巨大差异的,应当有依托办案平台、档案系统、中国裁判文书网、法信、智审等信息化司法辅助系统进行全面检索的书面记载,也就是记录相关类案检索的方法和结果,再将案件提交专业法官会议或者审判委员会讨论。当然为了增强案件讨论的有的放矢,制作类案检索报告提前发放给参加会议的法官或者审委会委员更加有利于讨论结果的成熟性。

---

① 根据卡多佐的相关言论总结,详见[美]卡多佐:《司法过程的性质及法律的成长》,张维编译,北京出版社 2012 年版,第 81 ~ 82 页。

② [美]卡多佐:《司法过程的性质及法律的成长》,张维编译,北京出版社 2012 年版,第 84 页。

③ 在裁判文书大量公开的背景下,讨论案件前先搜索相似案件已经是发表观点的必修课。

④ 《统一法律适用 规范自由裁量——第二届"中国应用法学博士后论坛"综述》,载《人民法院报》2011 年 12 月 21 日,第 6 版。

第四节　天津法院审判职权行使和审判责任认定标准

1. 总则

1.1　为了明确审判职权的行使和审判责任的认定，做到法官权责相一致，保证司法权力的良性运行，依据有关法律和司法解释规定，结合审判工作实际，制定本标准。

1.2　本标准所称审判职权包括审判权、审判管理权和审判监督权。

1.3　本标准用于指导和评价员额法官行使审判职权、认定审判责任。

1.4　本标准未规定内容，适用其他相关标准化文件。

2. 审判职权行使的一般标准

2.1　审判职权的行使，以审判权为核心，以审判管理权和审判监督权为保障，权责明晰、权责统一、监督有序、制约有效。

2.2　审判权依照宪法和法律独立行使，让审理者裁判，由裁判者负责。

2.3　院长、副院长、审判委员会委员、庭长、副庭长行使审判管理权和审判监督权符合法定职责权限范围。

3. 审判权的行使

3.1　独任法官依法履行的职责范围

3.1.1　主持庭前会议、庭前调解、证据交换等庭前准备工作。

3.1.2　主持案件开庭、调解等庭审工作。

3.1.3　决定案件审理中的程序性事项。

3.1.4　制作裁判文书并直接签发裁判文书，对承办的案件依法作出裁判。

3.1.5　指导和督促法官助理、书记员完成审判辅助工作。

3.1.6　承担判后答疑、协助相关部门进行信访接待等裁判后事务工作。

3.1.7　依法行使其他审判权力。

3.2　审判长依法履行的职责范围

3.2.1 指导庭审准备工作:

3.2.1.1 确定案件审理方案;

3.2.1.2 确定案件庭审提纲;

3.2.1.3 协调合议庭成员庭审分工。

3.2.2 主持、指挥庭审活动。

3.2.3 主持合议庭评议:

3.2.3.1 对认定案件事实是否清楚、证据是否确实充分以及适用法律等最后发表意见;

3.2.3.2 对案件的裁判结果最后发表意见;

3.2.3.3 根据评议情况总结合议庭评议的结论性意见。

3.2.4 将合议庭处理意见分歧较大的案件依程序提交专业法官会议讨论,或按程序建议将案件提交审判委员会讨论。

3.2.5 审核承办法官制作的裁判文书并最后签署。

3.2.6 依法行使其他审判权力。

3.3 合议庭承办法官依法履行的职责范围

3.3.1 主持庭前准备工作:

3.3.1.1 主持庭前会议、庭前调解、证据交换等庭前准备工作;

3.3.1.2 拟定庭审提纲,制作阅卷笔录。

3.3.2 就当事人提出的管辖权异议及保全、司法鉴定、非法证据排除申请等提请合议庭评议,并先行提出处理意见。

3.3.3 根据审判长指挥,协助开展庭审活动。

3.3.4 参与案件评议,就案件的证据采信、事实认定、法律适用及处理结果等,先行提出明确、具体的处理意见。

3.3.5 认为案件疑难复杂,裁判尺度与本院或者本市法院同类案件可能存在较大差异的,在提交专业法官会议或者审判委员会讨论之前,有依托办案平台、档案系统、中国裁判文书网、法信、智审等信息化司法辅助系统进行全面检索的书面报告。

3.3.6 根据合议庭评议意见或审判委员会决议依法制作裁判文书,首先签署裁判文书。

3.3.7 指导、督促法官助理、书记员完成审判辅助工作。

3.3.8 承担判后答疑、协助相关部门进行信访接待等裁判后事务工作。

3.3.9 承办法官本人担任审判长的,同时行使审判长的职权。

3.3.10　依法行使其他审判权力。

3.4　合议庭参审法官依法履行的职责范围

3.4.1　阅卷、参与庭审。

3.4.2　对案件进行评议,独立发表意见。

3.4.3　复核并签署裁判文书。

3.4.4　依法行使其他审判权力。

3.5　院长、副院长、庭长、副庭长审判权

3.5.1　根据分管的审判工作,结合专业背景和个人专长办理案件。担任承办人或参加合议庭审理的案件符合以下特点:

3.5.1.1　重大、疑难、复杂;

3.5.1.2　新类型;

3.5.1.3　在法律适用方面具有指导意义;

3.5.1.4　其他由院、庭长审理更为适宜的案件。

3.5.2　审理的案件数量符合规定。

3.5.3　一般不办理对同一被告或者原告的若干件法律关系相似的案件。

4. 审判管理权的行使

4.1　院长依法履行审判管理权的职责范围

4.1.1　指导全面的或专项的审判工作,对审判工作进行部署,组织制定审判工作计划,确定工作要点,对部署和文件的落实进行检查督促。

4.1.2　针对审判工作中反映的问题,决定开展审判调研的方向,组织制定相关裁判指引、工作规范,统一某类案件的法律适用标准和裁判尺度。

4.1.3　监督和掌握本院及辖区审判质效情况,主持研究制定和修订审判质效相关指标。

4.1.4　根据审判工作态势,采取优化管理措施。主持研究制定有助于提高公正、效率和公信的工作制度。

4.1.5　决定或批准对下列案件指定分案:

4.1.5.1　重大、疑难、复杂或者新类型案件,有必要由院庭长承办的;

4.1.5.2　原告或者被告相同、案由相同、同一批次受理的 2 件以上的批量案件或者关联案件;

4.1.5.3　本院提审的案件;

4.1.5.4 院庭长根据个案监督工作需要,提出分案建议的;

4.1.5.5 其他不适宜随机分案的案件。

4.1.6 要求庭长主持或自行主持召开专业法官会议,对监督职权范围内的案件进行讨论。

4.1.7 决定或者批准召开审判委员会会议,主持讨论审判工作的重大问题和重大疑难案件,签署审判委员会纪要。

4.1.8 主持法官考评委员会,对法官进行业绩评价。

4.1.9 行使其他审判管理权。

4.2 庭长依法履行审判管理权的职责范围

4.2.1 研究制定内部成员之间的职责分工。

4.2.2 根据审判工作态势,优化部门内部流转程序。

4.2.3 落实审判工作任务,保证部门审判质效数据保持在合理区间。

4.2.4 督促本庭法官提高审判效率,杜绝超审限案件。

4.2.5 对符合4.1.5条规定的案件,报请院长批准,指定分案。

4.2.6 定期或根据需要主持召开专业法官会议,讨论合议庭审理的重大、复杂、疑难案件。

4.2.7 对本庭的矛盾激化案件、信访案件,组织合议庭成员或者本庭其他人员做好释法答疑、矛盾化解、息诉息访等工作。

4.2.8 行使其他审判管理事项。

4.3 审判管理权的授权

4.3.1 副院长、审判委员会委员行使相关审判管理权,有院长的授权;副庭长行使相关审判管理权,有庭长授权。

5. 审判监督权的行使

5.1 院长依法履行审判监督权的职责范围

5.1.1 决定程序性事项:

5.1.1.1 采取、变更罚款、拘留等强制措施;

5.1.1.2 刑事案件中对被告人采取、撤销或者变更拘传、取保候审、监视居住或者逮捕等强制措施以及限制出境、强制证人出庭;

5.1.1.3 采取、变更和解除保全措施;

5.1.1.4 对被执行人及其住所或者财产隐匿地进行搜查;

5.1.1.5 查封、扣押、冻结、扣划、拍卖、变卖等强制执行措施;

5.1.1.6 民事、行政诉讼案件先予执行；

5.1.1.7 行政机关申请法院立即执行；

5.1.1.8 暂予监外执行；

5.1.1.9 刑事案件移送上级法院审判；

5.1.1.10 审判人员以及刑事案件书记员、鉴定人员和翻译人员的回避；

5.1.1.11 案件延长审理期限；

5.1.1.12 中止案件诉讼；

5.1.1.13 延长民事申请再审案件审查期限；

5.1.1.14 委托鉴定、评估、审计；

5.1.1.15 裁判文书不予上网；

5.1.1.16 其他程序性事项。

5.1.2 要求独任法官或者合议庭报告特定案件进展和评议结果：

5.1.2.1 涉及群体性纠纷，可能影响社会稳定的案件：

5.1.2.1.1 重大集团诉讼案件、系列案件；

5.1.2.1.2 对相关区域发展、行业经营和群体利益造成重大影响，可能引发重大群体性事件的案件；

5.1.2.1.3 涉少数民族宗教习俗的敏感案件；

5.1.2.2 疑难、复杂且在社会上有重大影响的案件：

5.1.2.2.1 涉及国家外交、安全、邪教组织犯罪的案件；

5.1.2.2.2 有重大影响的涉外、涉港澳台案件；

5.1.2.3 与本院或者上级法院的类案判决可能发生冲突的案件：

5.1.2.3.1 与本院或上级法院的已生效类案判决、待生效类案判决可能发生冲突的案件；

5.1.2.3.2 与本院正在审理的其他同系列案件需要统一裁判标准的案件；

5.1.2.3.3 被上级法院发回重审、指令审理或指令再审的案件；

5.1.2.4 有关单位或者个人反映法官有违法审判行为的；

5.1.2.5 矛盾纠纷敏感、激化或社会广泛关注的；

5.1.2.6 指令下级法院再审的；

5.1.2.7 确有必要要求报告的其他情形。

5.1.3 院长对生效案件进行监督，发现确有错误，认为需要再审的，提交审判委员会讨论。

5.1.4 院长对应当提交审判委员会讨论的案件,履行审核职责,并提交审判委员会讨论。

5.1.5 依法行使其他审判监督权。

5.2 庭长依法履行审判监督权的职责范围

5.2.1 审批本庭程序性事项:

5.2.1.1 民事、行政案件简易程序转为普通程序;

5.2.1.2 终结诉讼;

5.2.1.3 移送或委托其他法院执行;

5.2.1.4 驳回执行申请;

5.2.1.5 将被执行人纳入失信被执行人名单以及纠正、撤回或者驳回将被执行人纳入失信被执行人名单;

5.2.1.6 其他程序性事项。

5.2.2 对应当由院长、副院长审批的程序性事项,审核严格,报请审批及时。

5.2.3 有权要求独任法官或者合议庭报告特定案件进展和评议结果,特定案件的类型符合5.1.2条的规定。对特定案件的审理过程或者评议结果有异议的,可决定将案件提交专业法官会议进行讨论。

5.2.4 提交并组织专业法官会议讨论应当提请审判委员会、专业法官会议讨论的案件。案件审理涉及不同部门的,报请分管副院长协调组织召开跨部门的专业法官会议。

5.2.5 依法行使其他审判监督权。

5.3 审判监督权的授权

5.3.1 副院长、审判委员会委员行使相关审判监督权,有院长授权;副庭长行使相关审判监督权,有庭长授权。

6. 审判责任认定

6.1 法官对其履行审判职责的行为承担责任,在职责范围内对办案质量终身负责。

6.2 法官在审判工作中,故意违反法律法规,或者因重大过失导致裁判错误并造成严重后果的,承担违法审判责任。承担责任限于以下情形:

6.2.1 审理案件时有贪污受贿、徇私舞弊、玩忽职守、滥用职权、枉法裁判行为的；

6.2.2　违反规定私自办案或者制造虚假案件的；

6.2.3　涂改、隐匿、伪造、偷换和故意损毁证据材料的，或者因重大过失丢失、损毁证据材料并造成严重后果的；

6.2.4　向合议庭、审判委员会汇报案情时隐瞒主要证据、重要情节和故意提供虚假材料的，或者因重大过失遗漏主要证据、重要情节导致裁判错误并造成严重后果的；

6.2.5　制作诉讼文书时，故意违背合议庭评议结果、审判委员会决定的，或者因重大过失导致裁判文书主文错误并造成严重后果的；

6.2.6　篡改、伪造或者故意损毁庭审笔录、合议庭评议记录、审判委员会讨论记录，泄露合议庭评议、审判委员会讨论案件的具体内容或者其他国家秘密、审判秘密并造成严重后果的；

6.2.7　违反法律规定，对不符合减刑、假释条件的罪犯裁定减刑、假释的，或者因重大过失对不符合减刑、假释条件的罪犯裁定减刑、假释并造成严重后果的；

6.2.8　法官受领导干部干预导致裁判错误，且法官不记录或者不如实记录，应当排除干预而没有排除的。

6.3　院长、副院长、审判委员会专职委员、庭长、副庭长对所分管部门或业务的审判绩效承担管理责任，其个人工作绩效与所分管部门或业务的审判绩效挂钩。

6.4　有下列情形之一的，追究负有审判监督职责人员的审判监督责任：

6.4.1　因故意或者重大过失，怠于行使或者不当行使审判监督权，导致裁判错误并造成严重后果的；

6.4.2　违反规定过问案件、干预案件办理的。

6.5　案件质量存在问题，无法采取补救措施，导致国家赔偿或引发严重社会后果的，按错案追究责任。下列情形除外：

6.5.1　对法律、法规、规章、司法解释具体条文的理解和认识不一致，在专业认知范围内能够予以合理说明的；

6.5.2　对案件基本事实的判断存在争议或者疑问，根据证据规则能够予以合理说明的；

6.5.3　当事人放弃或者部分放弃权利主张的；

6.5.4　因当事人过错或者客观原因致使案件事实认定发生变化的；

6.5.5 因出现新证据而改变裁判的;

6.5.6 法律修订或者政策调整的;

6.5.7 裁判所依据的其他法律文书被撤销或者变更的;

6.5.8 其他依法履行审判职责不应当承担责任的情形。

6.6 审判责任承担

6.6.1 独任制审理的案件,独任法官对案件的事实认定和法律适用承担全部责任。

6.6.2 合议庭审理的案件,合议庭成员对案件的事实认定和法律适用共同承担责任。进行违法审判责任追究时,根据是否存在违法审判行为、情节、发表意见的情况和过错程度,确定合议庭成员的责任合理。

6.6.3 经审判委员会讨论的案件,合议庭对其汇报的事实负责;审判委员会委员对其本人发表的意见及表决负责。

6.6.4 案件经审判委员会讨论的,责任比例确定合理:

6.6.4.1 审判委员会改变合议庭意见导致裁判错误的,由持多数意见的委员共同承担责任,合议庭不承担责任;

6.6.4.2 审判委员会维持合议庭意见导致裁判错误的,由合议庭和持多数意见的委员共同承担责任;

6.6.4.3 合议庭向审判委员会汇报案件时,故意隐瞒主要证据或者重要情节,或者故意提供虚假情况,导致审判委员会作出错误决定的,由合议庭成员承担责任,审判委员会委员根据具体情况承担部分责任或者不承担责任;

6.6.4.4 审判委员会讨论案件违反民主集中制原则导致审判委员会决定错误的,主持人承担主要责任。

7. 规范性文件引用

7.1 《人民法院审判人员违法审判责任追究办法(试行)》(1998 年 8 月 26 日施行)

7.2 《最高人民法院关于完善人民法院司法责任制的若干意见》(法发〔2015〕13 号)

7.3 《最高人民法院司法责任制实施意见(试行)》(法发〔2017〕20 号)

7.4 《最高人民法院关于落实司法责任制 完善审判监督管理机制的意见

(试行)》(法发〔2017〕11号)

7.5 《最高人民法院关于人民法院合议庭工作的若干规定》(法释〔2002〕25号)

7.6 《天津法院案件质量评查工作规则(试行)》(津高法发〔2017〕20号)

7.7 《天津市高级人民法院关于全市法院院庭长办理案件的指导意见(2017年)》(津高法发〔2017〕12号)

第五节 《天津法院审判职权行使和审判责任认定标准》释义

1. 总则

【条文】

1.1 为了明确审判职权的行使和审判责任的认定,做到法官权责相一致,保证司法权力的良性运行,依据有关法律和司法解释规定,结合审判工作实际,制定本标准。

【条文主旨】

明确制定本标准的宗旨和依据。

【条文】

1.2 本标准所称审判职权包括审判权、审判管理权和审判监督权。

【条文主旨】

对标准所涉及的审判职权的概念作出界定,指出审判职权是从事审判工作的法官不仅包括法官的审判权,还包括相应的管理权和监督权。

【条文】

1.3 本标准用于指导和评价员额法官行使审判职权、认定审判责任。

【条文主旨】

明确本标准的作用。

【条文理解】

司法标准一方面为法官工作提供了标准和尺度,通过明确的定位、分工和流程,消除职权的模糊性,对每一项职权的内容都详细地列明保证法官的审判权行使和院庭长的监督管理权一一对应。另外,在为各类人员行使审判职权提供指导的同时,也便于量化科学考评体系,通过流程化和清单化,明确法官和院庭长的具体职权和责任,对相关人员是否在职权范围内履职以及是否尽职尽责都提供了客观具体的评价标准。结合其他绩效考核办法,全面地评价法官和院庭长的工作绩效。

【条文】

1.4　本标准未规定内容,适用其他相关标准化文件。

【条文主旨】

明确本标准的未规定情况仅适用其他标准化文件,以便保证标准的统一适用和相互呼应。

2. 审判职权行使的一般标准

【条文】

2.1　审判职权的行使,以审判权为核心,以审判管理权和审判监督权为保障,权责明晰、权责统一、监督有序、制约有效。

【条文主旨】

明确审判职权包括审判权、审判管理权和审判监督权三种权利,同时厘清三者的关系,在此基础上对审判职权行使的原则作出规定。

【条文】

2.2　审判权依照宪法和法律独立行使,让审理者裁判,由裁判者负责。

【条文主旨】

明确审判权的行使原则。

【条文理解】

再次重申将审判权还权于法官。《司法责任制意见》第6条还规定,院长、副院长、庭长对其未直接参加审理案件的裁判文书不再进行审核签发。

【条文】

2.3　院长、副院长、审判委员会委员、庭长、副庭长行使审判管理权和审判监督权符合法定职责权限范围。

【条文主旨】

强调院庭长等人员的审判监督管理的行使原则。

【条文理解】

明确审判管理权和审判监督行使的人员范围,同时强调了权力行使必须在法定职责权限范围内，不能超越权限。一些法院对此有更详细的陈述，如《湖北省高级人民法院关于加强审判管理及审判监督的工作规定》中明确，院、庭长的审判管理和监督活动应当严格控制在职责和权限的范围内，并在工作平台上公开进行。院长、副院长、庭长除参加审判委员会、法官联席会议外不得对其没有参加审理的案件发表倾向性意见。

3. 审判权的行使

【条文】

3.1　独任法官依法履行的职责范围

【条文主旨】

明确独任法官的职权范围。

【条文理解】

独任法官履职的过程中行使审判权，不仅享有主持相关审判环节、决定相关事项、签发文书的权力，还需承担相应职责，如对法官助理进行指导、承担判后答疑等审判后事务工作。这些内容按照案件办理的流程，基本上包含了审判权行使的全部内容。

【条文】

3.1.1　主持庭前会议、庭前调解、证据交换等庭前准备工作。

【条文主旨】

规定了庭前准备工作的相关内容和法官在其中的主持地位。

【条文理解】

庭前准备工作是庭审的重要准备环节，法官通过主持这些环节，对案件涉及争议点、总结争议焦点、相应的举证质证和证据提示，避免“诉讼突袭”、庭审思路混乱和证据不充分导致再次开庭或者当事人不必要的损失。当然在一些类型化案件中，法官不仅可以自己主持这项工作，也可委托审判辅助人员主持这项工作。

【条文】

3.1.2　主持案件开庭、调解等庭审工作。

【条文主旨】

明确庭审是法官办理承办案件的主要环节，法官对这个环节享有主持的权力。

【条文】

3.1.3　决定案件审理中的程序性事项。

【条文主旨】

明确法官对承办案件的程序事项决定权。

【条文理解】

法官对审理过程中相关简单程序事项享有决定权。当然,院庭长审判监督权对其还存在制约,法官不能据此拒绝院、庭长的相应监督,如三大诉讼法和其他一些法律法规明确规定一些程序性事项需要院长决定,这些当然不是独任法官能自行决定的。之所以未对程序性事项决定权列一个清单,主要原因有两点:一是三大部分法中程序性事项种类很多,完全列明有一定难度;二是明确只要法律未规定或者本标准未列明由院庭长审批的,独任法官皆可自行决定。

【条文】

3.1.4　制作裁判文书并直接签发裁判文书,对承办的案件依法作出裁判。

【条文主旨】

强调法官的文书签发权以及签发文书与案件裁判的关系。

【条文理解】

员额法官对承办的案件可以制作并直接签发,独立享有裁判权,签发后视为案件已作出判决,其他人非经过正当程序无法否认判决的效力。

【条文】

3.1.5　指导和督促法官助理、书记员完成审判辅助工作。

【条文主旨】

明确法官对法官助理、书记员完成审判辅助工作的指导督促权。

【条文理解】

员额法官有权力要求法官助理或书记员完成相应审判辅助工作,但也应当在需要时对法官助理和书记员进行一定的指导。法官助理的绩效考核成绩与法官的办案绩效直接关联。

【条文】

3.1.6　承担判后答疑、协助相关部门进行信访接待等裁判后事务工作。

【条文主旨】

明确法官裁判后事务工作的内容。

【条文理解】

判后答疑是审判工作的重要事务性工作,我国幅员广大,各地区人民群众法律素养和法律意识各不相同,而我国正在进入立法高峰期,不断颁布和修改法律法规,法官也就承担着对裁判结果作出解释的职能。信访工作虽非审判权行使的主要内容,但属于法院工作中的重要事项,对此各地规定不一,大部分法院都规定法官的职权包括判后答疑、接访等工作。该项工作完全由法官来承担明显责任过大。最终本标准将法官在信访接待中的作用限定为协助。而主要的接访工作则由庭长以及法院专门部门承担。该条也是对应本标准中庭长审判管理权“对本庭矛盾激化案件、信访案件,组织相关人员做好释法答疑、矛盾化解、息诉息访工作”,承办法官应当按照庭长要求,汇报相关工作,做好信访工作。

【条文】

3.1.7　依法行使其他审判权力。

【条文】

3.2　审判长依法履行的职责范围

3.2.1　指导庭审准备工作:

3.2.1.1　确定案件审理方案;

3.2.1.2　确定案件庭审提纲;

3.2.1.3　协调合议庭成员庭审分工。

【条文主旨】

明确审判长的合议庭庭审工作的指导职责。

【条文理解】

审判长是指在人民法院审理案件组成合议庭中,负责组织审判活动的审判人员。对案件主要承担指导、指挥和组织的职责,是实体性事项的参与者和程序性事项的主持者。在第一个五年改革阶段,某些地区某一段时间内开展审判长选任工作,审判长被视为高于一般法官的荣誉或职称。但此后的改革阶段,此项制度又被废止,当前的审判工作中,审判长只是合议庭中的临时职务,深圳福田法院的司法改革试点中推行审判长负责制,审判长均为审判经验丰富的优秀法官,此时审判长更类似于庭长职能。而为推行审判长负责制的地区中,审判长的职责在合议庭中一般也都处于指导、决策等地位。相对于其他合议庭参与者是处于主导地位(主要指除作出裁判以外的工作)。在此情况下审判长应对承办法官或者法官助理的相关庭审工作进行指导。首先,案件审理方案和庭审提纲是复杂案件进入庭审阶段的主要准备材料,在案件数量快速增长和案件日益复杂化的背景下,一般由承担法官在整理证据、进行证据交换的情况下予以制作,由审判长作出修改和确定。《最高人民法院关于进一步加强合议庭职责的若干规定》第3条规定:“承办法官履行下列职责:……(二)拟定庭审提纲,制作阅卷笔录”;《司法责任制意见》中对此也有相同规定。制作庭审提纲将庭审审理的流程要点明确化,便于案件审理,也便于合议庭成员分工。其次,合议制的目的通过集体智慧来解决案件,要求合议庭成员对案件审理都要发表意见,但对于合议庭成员是否必须都要在庭审中承担相应分工并未予以明确,在此赋予审判长对合议庭成员在庭审的职责予以分工的权力,便于审判长对庭审的全面指挥和把控。

【条文】

3.2.2　主持、指挥庭审活动。

【条文主旨】

明确审判长对庭审活动的主持指挥权。

【条文理解】

审判长应当主持、指挥庭审活动,主要包括庭审引导,积极引导当事人双方的证据调查和辩论;诉讼许可和禁止;控制诉讼进程,在审判中遇到障碍时,有权作出延期、中止、终止审理的决定和裁定;维持庭审秩序。

【条文】

3.2.3　主持合议庭评议:

3.2.3.1　对认定案件事实是否清楚、证据是否确实充分以及适用法律等最后发表意见;

3.2.3.2　对案件的裁判结果最后发表意见;

3.2.3.3　根据评议情况总结合议庭评议的结论性意见。

3.2.4　将合议庭处理意见分歧较大的案件依程序提交专业法官会议讨论,或按程序建议将案件提交审判委员会讨论。

【条文主旨】

明确审判长对合议庭评议的主持职权。

【条文理解】

合议庭评议是合议制的落脚点,在以前的审批制模式下,由于院庭长对案件享有审批权,导致很多合议案件与简易程序案件的主要区别只是在于审判人员的人数上,“合而不议”的现象普遍存在,本轮司法改革将审判权放权于法官后,审判工作面临的最大问题是各类案件的审判尺度和法律适用等问题,为了解决这些问题,设置了专业法官会议作为审判委员会的前置环节,目的都是集中集体智慧解决负责问题。而在提交专业法官会议之前,根据合理程序开展合议庭评议工作,通过合议庭成员的充分观点碰撞得出切实的合议意见也是提交专业法官会议的前置程序。特别是在陪审率节节升高的形势下,两名法官和一名陪审员(更有甚者是两名陪审员和一名法官)在合议庭评审中如何充分发表意见、避免先入为主等问题,都需要审判长根据合议庭成员的特长和性格,根据相应程序规定,合理地主持评议工作。特别要指出的是,分歧较大的案件指合议庭认为所审理的案件重大、疑难、复杂,对法律适用问题处理意见分歧较大。应结合《司法责任制意见》第24条的规定和本标准第5.1.2条中要求独任法官或者合议庭报告特定案件进展和评议结果的案件类型。

【条文】

3.2.5　审核承办法官制作的裁判文书并最后签署。

【条文主旨】

明确审判长对合议案件文书的审核职权和签署权。

【条文】

3.2.6　依法行使其他审判权力。

【条文】

3.3　合议庭承办法官依法履行的职责范围

3.3.1　主持庭前准备工作:

3.3.1.1　主持庭前会议、庭前调解、证据交换等庭前准备工作;

3.3.1.2　拟定庭审提纲,制作阅卷笔录。

【条文主旨】

明确合议庭承办法官在庭前准备中的职权。

【条文理解】

相对于独任法官,承办法官还需要根据案件需要、征求审判长的意见以及本地区的相应政策制度制作庭审提纲和阅卷笔录。

【条文】

3.3.2　就当事人提出的管辖权异议及保全、司法鉴定、非法证据排除申请等提请合议庭评议,并先行提出处理意见。

【条文主旨】

明确承办法官对部分程序问题的处置职权。

【条文理解】

对于相应的程序性事项,承办法官在接到当事人申请和依职务发现时,应及时提交合议庭评议,结果应按照少数服从多数的原则来决定。

【条文】

3.3.3　根据审判长指挥,协助开展庭审活动。

【条文主旨】

明确承办法官开展庭审活动的职权。

【条文】

3.3.4 参与案件评议,就案件的证据采信、事实认定、法律适用及处理结果等,先行提出明确、具体的处理意见。

【条文主旨】

明确承办法官案件评议权和要求。

【条文理解】

承办法官需要主持庭前证据交换,制作的庭审提纲和阅卷笔录,在庭审过程中也承担着主要的协助主持作用,对案件的相关情况最为了解,且作为案件名义上的承担者,应当对相关问题首先进行阐述和提出意见。

【条文】

3.3.5 认为案件疑难复杂,裁判尺度与本院或者本市法院同类案件可能存在较大差异的,在提交专业法官会议或者审判委员会讨论之前,有依托办案平台、档案系统、中国裁判文书网、法信、智审等信息化司法辅助系统进行全面检索的书面报告。

【条文主旨】

明确法官作出类案检索的条件和要求。

【条文理解】

本条主要对提交专业法官会议的特定案件设定了前置条件:一是必须提前类案检索的案件应当属于案件疑难复杂,裁判尺度与本院或者本市法院同类案件可能存在巨大差异的:二是限定了上述案件提交专业法官会议的前置条件,即有依托办案平台、档案系统、中国裁判文书网、法信、智审等信息化司法辅助系统进行全面检索的书面记载。《最高院司法责任制实施意见》中对此有更严格的要求,即需要提交依托办案平台、档案系统、中国裁判文书网、法信、智审等信息化司法辅助系统进行全面检索的类案检索报告。但考虑最高人民法院的案件量较少,检索难度和工作量相对较小,制作检索报告可行度较高。而各地法院进行强制类案检索,面临检索地域范围、时间范围以及工作量等问题,故本标准退而求其次,将要求降低为有相应的检索记载。当然这个规定存在两个问题:一是如何确定案件是否属于"裁判尺度存在巨大差异",是否需要逐案检索以确定?对此各级法院特别是基层法院没有必要将类案检索的范围普遍化,可通过定期汇总疑难复杂问题、设计类案差异风险系统做出提示等方法加强对此类案件属性认定的效率。二是类案全面检索的书面记载以何种方式呈现，如果对呈现方式泛泛化，容易将此项制度变成走形式走过场，规定过严则又过于加重法官负担。这还有待于在实践中探索行之有效的方法来予以平衡。

对于类案检索出现的结果差异如何操作《最高院司法责任制实施意见》也予以列明：经检索类案与关联案件，有下列情形的，承办法官应当按照以下规定办理：(1)拟作出的裁判结果与本院同类生效案件裁判尺度一致的，在合议庭评议中作出说明后即可制作、签署裁判文书；(2)在办理新类型案件中，拟作出的裁判结果将形成新的裁判尺度的，应当提交专业法官会议讨论，由院庭长决定或建议提交审判委员会讨论；(3)拟作出的裁判结果将改变本院同类生效案件裁判尺度的，应当报请庭长召集专业法官会议研究，就相关法律适用问题进行梳理后，呈报院长提交审判委员会讨论；(4)发现本院同类生效案件裁判尺度存在重大差异的，报请庭长研究后通报审判管理办公室，由审判管理办公室配合相关审判业务庭室对法律适用问题进行梳理后，呈报院长提交审判委员会讨论。

【条文】

3.3.6　根据合议庭评议意见或审判委员会决议依法制作裁判文书，首先签署裁判文书。

【条文主旨】

明确承办法官的文书制作职权和签署权。

【条文理解】

承办法官应当制作文书，制作的依据是合议庭的评议意见和审委会决议，如果违背上述意见和决议制作裁判文书发放应当承担审判责任。同时对文书的质量承担主要责任，因此应当首先签署文书。

【条文】

3.3.7　指导、督促法官助理、书记员完成审判辅助工作。

【条文主旨】

明确承办法官对法官助理、书记员完成审判辅助工作的督促权。

【条文】

3.3.8　承担判后答疑、协助相关部门进行信访接待等裁判后事务工作。

【条文主旨】

明确承办法官裁判后事务工作，特别是信访接待工作。

【条文理解】

法官从事审判工作不仅要达到法律效果，还要达到社会效果。为了满足政法工作现实需求，法官需要协助相关部门进行信访。

【条文】

3.3.9 承办法官本人担任审判长的，同时行使审判长的职权。

【条文主旨】

明确承办法官担任审判长的职权。

【条文理解】

承办法官即审判长的情况下，同时行使和承担审判长的职权，自行决定庭审方案和人员分工。需要注意的是，审判长应在裁判文书上最后签署。

【条文】

3.3.10 依法行使其他审判权力。

【条文】

3.4 合议庭参审法官依法履行的职责范围

3.4.1 阅卷、参与庭审。

3.4.2 对案件进行评议，独立发表意见。

3.4.3 复核并签署裁判文书。

3.4.4 依法行使其他审判权力。

【条文主旨】

明确合议庭参审法官的履职清单。

【条文理解】

传统审判模式下，除审判长和承办法官以外的合议庭成员被称为“合议庭第三人”，由于不需要承担过多的审判责任和庭审职能，作用比较有限，但为了保障能够积极参与庭审和评议的参审法官的权力，激励其平等参与、共同负责的意识，仍旧需要对其职责予以明确，进一步明确其发表意见和复核签署裁判文书的权力。

【条文】

3.5 院长、副院长、庭长、副庭长审判权

3.5.1 根据分管的审判工作，结合专业背景和个人专长办理案件。担任承办人或参加合议庭审理的案件符合以下特点：

3.5.1.1 重大、疑难、复杂；

3.5.1.2 新类型；

3.5.1.3　在法律适用方面具有指导意义；

3.5.1.4　其他由院、庭长审理更为适宜的案件。

【条文主旨】

明确院庭长办案的要求和办案范围。

【条文理解】

院庭长只有通过亲身办理案件才能了解审判工作的具体情况，但院庭长要把主要精力放在最能展现其司法能力的案件审判上。天津市高级人民法院《全市法院院长、庭长办理案件的指导意见（试行）》第2条对院庭长办理的案件范围进行了限定。

【条文】

3.5.2　审理的案件数量符合规定。

【条文主旨】

明确院庭长办案的数量要求。

【条文理解】

天津市高级人民法院《全市法院院长、庭长办理案件的指导意见（试行）》对此也作出了相应的数量规定。

【条文】

3.5.3　一般不办理对同一被告或者原告的若干件法律关系相似的案件。

【条文主旨】

明确院庭长办案的禁止收案范围。

4. 审判管理权的行使

【条文】

4.1　院长依法履行审判管理权的职责范围

4.1.1　指导全面的或专项的审判工作，对审判工作进行部署，组织制定审判工作计划，确定工作要点，对部署和文件的落实进行检查督促。

【条文主旨】

明确院长对整体审判工作的管理职权及主要内容。

【条文理解】

《司法责任制意见》规定院长应当宏观上指导法院各项审判工作。院长承担对全院工作进行统筹协调、进度安排、任务分配、人力配置、沟通协调等司法行政工作，其中与审判工作比较密切的内容也属于审判管理权的范畴。

【条文】

4.1.2 针对审判工作中反映的问题,决定开展审判调研的方向,组织制定相关裁判指引、工作规范,统一某类案件的法律适用标准和裁判尺度。

【条文主旨】

明确院长对审判具体类型问题的规范职权。

【条文理解】

员额法官享有独立审批权后,院庭长的审判监督权行使缺乏相应的方式方法,在相应技术手段尚未完善之际,及时地开展调研,预测可能出现裁判尺度统一的案件,探索应对方案,对已经存在不统一的案件,及时制定裁判指引和工作规范。

【条文】

4.1.3 监督和掌握本院及辖区审判质效情况,主持研究制定和修订审判质效相关指标。

【条文主旨】

规定了院长对全院审判质效的管理责任。

【条文理解】

院长应当进行案件质量监管和绩效评价,这些工作主要由法院中的审判管理机构定期分析审判质量运行态势,审判监督机构通过常规抽查、重点评查、专项评查等方式对案件质量进行专业评价。院长掌握相关情况后,应当制定和修改相应质效指标,保证案件质量和审判效率。

【条文】

4.1.4 根据审判工作态势,采取优化管理措施。主持研究制定有助于提高公正、效率和公信的工作制度。

【条文主旨】

规定了院长优化法院其他管理工作的管理责任。

【条文】

4.1.5 决定或批准对下列案件指定分案:

4.1.5.1 重大、疑难、复杂或者新类型案件,有必要由院庭长承办的;

4.1.5.2 原告或者被告相同、案由相同、同一批次受理的 2 件以上的批量案件或者关联案件;

4.1.5.3 本院提审的案件;

4.1.5.4 院庭长根据个案监督工作需要,提出分案建议的;

4.1.5.5 其他不适宜随机分案的案件。

【条文主旨】

列明院庭长指定分案的情形。

【条文理解】

院长应当对部分特殊情形案件作出决策,决定是否指定分案的情形。

【条文】

4.1.6 要求庭长主持或自行主持召开专业法官会议,对监督职权范围内的案件进行讨论。

【条文主旨】

明确庭长对专业法官会议的召开权。

【条文理解】

由于院长不再审批案件,但其又具有审判监督职权,对其监督职权范围内认为有必要合法干预的案件,有权依照相应的专业法官会议程序规则,要求召开或者自行主持召开专业法官会议,相关人员应当予以配合。

【条文】

4.1.7 决定或者批准召开审判委员会会议,主持讨论审判工作的重大问题和重大疑难案件,签署审判委员会纪要。

【条文主旨】

明确院长召开审委会的权力和相关流程。

【条文理解】

审判委员会职能改革也是本轮司法改革的重要环节,而此项改革的重要推动者只能是法院院长,通过对召开审判委员会的申请的筛选,将其中不符合改革要求的相关事项交由专业会议讨论,将本院重要内容决定提交审委会讨论。

【条文】

4.1.8 主持法官考评委员会,对法官进行业绩评价。

【条文主旨】

明确院长承担对法官工作作出业绩评价的职权。

【条文理解】

法官业绩评价是对员额法官的业绩和工作价值进行综合评价的重要环节,其中主要涉及如何判定法官业绩的内容和范围、如何确定业绩评价的标准和指标。目前最高人民法院并未对这些内容进行统一规定,各地法院可根据地方特色、案件特征等情况制定符合本地区的业绩评价办法。

【条文】

4.1.9　行使其他审判管理权。

【条文】

4.2　庭长依法履行审判管理权的职责范围

4.2.1　研究制定内部成员之间的职责分工。

【条文主旨】

明确庭长的人员管理权。

【条文理解】

人员调配是庭长维护本庭正常运转的重要手段,通过将不同的人员放到最适合的岗位,保证部门和谐和工作高效,是庭长履行的重要职责。

【条文】

4.2.2　根据审判工作态势,优化部门内部流转程序。

【条文主旨】

明确庭长的事务管理权。

【条文理解】

审判庭的功能虽然在弱化,但庭长仍然承担对本部门案件的审判监督和审判管理职权,这些职权的行使需要有申请有批准,庭长可以根据相应工作态势,对相应权力作出放权和收权,保证审判工作质量和效率的平衡。

【条文】

4.2.3　落实审判工作任务,保证部门审判质效数据保持在合理区间。

【条文主旨】

明确庭长落实院长安排的工作任务以及对审判质效的管理权。

【条文理解】

审判管理的主要目的是保证审判质效,同时,在审判工作是整个社会治理中的重要一环的情况下,审判工作应当为社会发展、地区发展、政治稳定等内容服务,完成相应的审判工作任务是庭长的重要责任。

【条文】

4.2.4　督促本庭法官提高审判效率,杜绝超审限案件。

【条文主旨】

明确庭长对法官的监督权,特别避免审限问题。

【条文理解】

加强对法官办案流程的监督是保证审判质量的重要抓手。庭长应加强审判流程节点管理，加强延长审限及转变审理程序的审核工作，避免法官在审判管理系统中随意操作，防止案件超审限。

【条文】

4.2.5　对符合4.1.5条规定的案件，报请院长批准，指定分案。

【条文主旨】

规定庭长指定分案的请示权。

【条文理解】

根据《四五改革纲要》和《司法责任制意见》第5条的规定，法院审理案件采取随机分案为主、指定分案为辅的分案制度。庭长对特殊案件享有指定分案的权力。在此过程中，应当注意对特殊情况的把握，一般应仅限于回避或者发回重审案件需要更改合议庭成员，原承办法官因身体原因等不能继续办理案件等有限的几种情况。

【条文】

4.2.6　定期或根据需要主持召开专业法官会议，讨论合议庭审理的重大、复杂、疑难案件。

【条文主旨】

明确庭长专业法官会议召开主持权。

【条文理解】

庭长履行其审判监督的主要手段在于召开专业法官会议，同时对于法官不定期递交的召开申请，审核其是否存在召开会议的必要。庭长应当以专业法官会议为平台，监督案件的同时，培养法官队伍，加强成果的转化，通过采用发布专业法官会议纪要、汇编讨论案件等形式实现。

【条文】

4.2.7　对本庭的矛盾激化案件、信访案件，组织合议庭成员或者本庭其他人员做好释法答疑、矛盾化解、息诉息访等工作。

【条文主旨】

明确庭长对部门审判后事务的组织管理职权。

【条文理解】

庭长作为部门的负责人，有责任对本庭的矛盾激化案件、信访案件进行协调和安排，主要手段是采取亲自安抚化解矛盾，组织法官释法答疑或安排其他人员参与息诉息访工作。

【条文】

4.2.8　行使其他审判管理事项。

【条文】

4.3　审判管理权的授权

4.3.1　副院长、审判委员会委员行使相关审判管理权,有院长的授权;副庭长行使相关审判管理权,有庭长授权。

【条文主旨】

明确审判管理的可授权性和授权队形。

【条文理解】

院长同时承担项目繁多的审判管理和监督职责,还要办理案件,难免精力有限,可将一些具体案件的审批权委托给部门的主管副院长承担,同时主管副院长对主管的部门也承担相应的审判管理权。庭长也可对相应的审判管理权委托副庭长承担。

5. 审判监督权的行使

【条文】

5.1　院长依法履行审判监督权的职责范围

【条文主旨】

明确院长程序审批的具体内容。

【条文】

5.1.1　决定程序性事项:

5.1.1.1　采取、变更罚款、拘留等强制措施;

【条文理解】

院长根据《民事诉讼法》第116条、《刑事诉讼法》第194条、《行政诉讼法》第54条享有的程序审批权。

【条文】

5.1.1.2　刑事案件中对被告人采取、撤销或者变更拘传、取保候审、监视居住或者逮捕等强制措施以及限制出境、强制证人出庭;

【条文理解】

院长根据《最高人民法院关于适用〈中华人民共和国刑事诉讼法〉的解释》(以下简称《刑事诉讼法解释》)第113条、第208条享受的程序审批权。

【条文】

5.1.1.3　采取、变更和解除保全措施;

【条文理解】

根据天津市法院审判工作现状,明确院长享受保全措施审批权。

【条文】

5.1.1.4 对被执行人及其住所或者财产隐匿地进行搜查;

【条文理解】

院长根据《民事诉讼法》第284条享受的程序审判权。

【条文】

5.1.1.5 查封、扣押、冻结、扣划、拍卖、变卖等强制执行措施;

【条文理解】

根据天津市法院审判工作现状,明确院长享受强制执行措施审批权。

【条文】

5.1.1.6 民事、行政诉讼案件先予执行;

【条文理解】

根据天津市法院审判工作现状,明确院长享受民事、行政诉讼案件先予执行措施审批权。

【条文】

5.1.1.7 行政机关申请法院立即执行;

【条文理解】

院长根据《行政强制法》第59条享受的程序审判权。

【条文】

5.1.1.8 暂予监外执行;

【条文理解】

根据天津市法院审判工作现状,明确院长享受监外执行审批权。

【条文】

5.1.1.9 刑事案件移送上级法院审判;

【条文理解】

院长根据《刑事诉讼法解释》第15条享受的程序审判权。

【条文】

5.1.1.10 审判人员以及刑事案件书记员、鉴定人员和翻译人员的回避;

【条文理解】

院长根据《人民法院组织法》第15条,《民事诉讼法》第116条,《刑事诉讼法》第30条、第31条享受的程序审判权。

【条文】

5.1.1.11 案件延长审理期限;

【条文理解】

院长根据《天津法院审限管理工作标准(试行)》第4.1条享受的程序审判权。

【条文】

5.1.1.12 中止案件诉讼;

【条文理解】

根据天津市法院审判工作现状,明确院长享受案件中止审批权。

【条文】

5.1.1.13 延长民事申请再审案件审查期限;

【条文理解】

院长根据《民事诉讼法》第204条享受的程序审判权。

【条文】

5.1.1.14 委托鉴定、评估、审计;

【条文理解】

根据天津市法院审判工作现状,明确院长享受委托评估鉴定审计审批权。

【条文】

5.1.1.15 裁判文书不予上网;

【条文理解】

院长根据《最高人民法院关于人民法院在互联网公布裁判文书的规定》第12条享受的程序审判权。

【条文】

5.1.1.16 其他程序性事项。

【条文】

5.1.2 要求独任法官或者合议庭报告特定案件进展和评议结果:

5.1.2.1 涉及群体性纠纷,可能影响社会稳定的案件:

5.1.2.1.1 重大集团诉讼案件、系列案件;

5.1.2.1.2 对相关区域发展、行业经营和群体利益造成重大影响,可能引发重大群体性事件的案件;

5.1.2.1.3 涉少数民族宗教习俗的敏感案件;

【条文主旨】

明确群体性纠纷案件的类型，未设置其他类型选项，超出上述范围的，不得要求法官报告。

【条文理解】

群体性纠纷案件一般指纠纷人数众多且有共同的利益诉求或者利益之间有牵连关系，如环境污染、征地拆迁、房地产纠纷等。《最高人民法院关于适用〈中华人民共和国民事诉讼法〉的解释》第75条规定，人数众多一般指十人以上，群体性纠纷一旦处理不好，容易引起矛盾激化，很容易演变成群体性事件，影响社会和谐。为了防止将凡是人数众多的代表人诉讼、集团诉讼都纳入范围，应当限定为经过案情风险评估可能影响社会稳定的群体性纠纷案件。

【条文】

5.1.2.2　疑难、复杂且在社会上有重大影响的案件：

5.1.2.2.1　涉及国家外交、安全、邪教组织犯罪的案件；

5.1.2.2.2　有重大影响的涉外、涉港澳台案件；

【条文主旨】

明确重大社会影响案件的情形。

【条文理解】

主要指法律关系复杂、法律适用疑难，同时应当在社会上有重大影响的案件。案件应当同时具备疑难复杂和社会上重大影响等几个要素。如“于欢案”等。

【条文】

5.1.2.3　与本院或者上级法院的类案判决可能发生冲突的案件：

5.1.2.3.1　与本院或上级法院的已生效类案判决、待生效类案判决可能发生冲突的案件；

5.1.2.3.2　与本院正在审理的其他同系列案件需要统一裁判标准的案件；

5.1.2.3.3　被上级法院发回重审、指令审理或指令再审的案件；

【条文主旨】

明确法律适用不统一问题的情形。

【条文理解】

主要指法律适用不统一的情况，司法改革后这些问题比较明显，院庭长对此类案件应当承担主要调查和引导作用。

【条文】

5.1.2.4　有关单位或者个人反映法官有违法审判行为的；

【条文主旨】

明确对于有法官被反映有违法审判行为，为了便于院庭长了解案情，该类案件也纳入报告的范畴。

【条文】

5.1.2.5　矛盾纠纷敏感、激化或社会广泛关注的；

【条文主旨】

明确院长对矛盾激化案件享有要求法官报告权。

【条文理解】

在追求稳定的社会环境下，部分虽然案件不存在上述情况，但因当事人情绪不稳或当事人擅长在网络上散布不利于法院的言论时，院庭长也应及时监督，维护法院公正形象，避免社会不稳定因素的壮大和爆发。

【条文】

5.1.2.6　指令下级法院再审的；

5.1.2.7　确有必要要求报告的其他情形。

5.1.3　院长对生效案件进行监督，发现确有错误，认为需要再审的，提交审判委员会讨论。

【条文主旨】

明确院长享有生效案件监督权。

【条文】

5.1.4　院长对应当提交审判委员会讨论的案件，履行审核职责，并提交审判委员会讨论。

【条文主旨】

明确院长对审判委员会召开的审核和组织权。

【条文理解】

院长承担召开审委会的功能，也就具备了对提交审委会讨论案件进行审核的职能，由于司法改革后审判委员会讨论事项的性质发生重大转变，院长为了加强对整体审判工作的领导，要谨慎审查纳入审委会讨论案件的性质，分化案件进入专业法官会议讨论，强化和固定审委会的职能。

【条文】

5.1.5　依法行使其他审判监督权。

【条文】

5.2　庭长依法履行审判监督权的职责范围

5.2.1　审批本庭程序性事项：

5.2.1.1　民事、行政案件简易程序转为普通程序；

5.2.1.2　终结诉讼；

5.2.1.3　移送或委托其他法院执行；

5.2.1.4　驳回执行申请；

5.2.1.5　将被执行人纳入失信被执行人名单以及纠正、撤回或者驳回将被执行人纳入失信被执行人名单；

5.2.1.6　其他程序性事项。

【条文主旨】

根据天津法院审判工作现状，授予庭长相应程序审批权。

【条文】

5.2.2　对应当由院长、副院长审批的程序性事项，审核严格，报请审批及时。

【条文主旨】

明确庭长的程序审核报批权。

【条文】

5.2.3　有权要求独任法官或者合议庭报告特定案件进展和评议结果，特定案件的类型符合5.1.2条的规定。对特定案件的审理过程或者评议结果有异议的，可决定将案件提交专业法官会议进行讨论。

【条文主旨】

明确庭长要求法官报告案件的权力。

【条文理解】

该职能与院长的此项职能类似，只是最终的方向是将案件提交专业法官会议讨论。

【条文】

5.2.4　提交并组织专业法官会议讨论应当提请审判委员会、专业法官会议讨论的案件。案件审理涉及不同部门的，报请分管副院长协调组织召开跨部门的专业法官会议。

【条文主旨】

明确庭长组织专业法官会议的职权。

【条文】

5.2.5 依法行使其他审判监督权。

【条文】

5.3 审判监督权的授权

5.3.1 副院长、审判委员会委员行使相关审判监督权,有院长授权;副庭长行使相关审判监督权,有庭长授权。

【条文主旨】

明确审判监督权的可授权性和授权对象。

6. 审判责任认定

【条文】

6.1 法官对其履行审判职责的行为承担责任,在职责范围内对办案质量终身负责。

【条文主旨】

明确法官审判职责的承担内容和时间。

【条文理解】

审判责任一般分为纪律责任和法律责任,法律责任规定分布在《法官法》《国家赔偿法》《刑法》有关规定中,纪律责任则主要根据《人民法院工作人员处分条例》《人民法院审判人员违法审判责任追究办法(试行)》等纪律规定中,由于这些内容比较完善,因此本标准主要从责任内容出发对审判责任予以列明。本条包括三项理解:一是法官对其履行审判职责的行为承担责任,而非对审判结果承担责任。二是法官仅对其职责范围内引起的办案质量问题负责,应不能归责于法官的事由或者不属于法官职责范围的,不应由法官承担审判责任。三是法官应当对办案质量终身负责,法官即使转岗、调离、退休、辞职,仍旧应当承担相应的纪律责任。刑事责任则需要遵守《刑法》关于追诉时效的规定。

【条文】

6.2 法官在审判工作中,故意违反法律法规,或者因重大过失导致裁判错误并造成严重后果的,承担违法审判责任。承担责任限于以下情形:

6.2.1 审理案件时有贪污受贿、徇私舞弊、玩忽职守、滥用职权、枉法裁判行为的;

6.2.2　违反规定私自办案或者制造虚假案件的；

6.2.3　涂改、隐匿、伪造、偷换和故意损毁证据材料的，或者因重大过失丢失、损毁证据材料并造成严重后果的；

6.2.4　向合议庭、审判委员会汇报案情时隐瞒主要证据、重要情节和故意提供虚假材料的，或者因重大过失遗漏主要证据、重要情节导致裁判错误并造成严重后果的；

6.2.5　制作诉讼文书时，故意违背合议庭评议结果、审判委员会决定的，或者因重大过失导致裁判文书主文错误并造成严重后果的；

6.2.6　篡改、伪造或者故意损毁庭审笔录、合议庭评议记录、审判委员会讨论记录，泄露合议庭评议、审判委员会讨论案件的具体内容或者其他国家秘密、审判秘密并造成严重后果的；

6.2.7　违反法律规定，对不符合减刑、假释条件的罪犯裁定减刑、假释的，或者因重大过失对不符合减刑、假释条件的罪犯裁定减刑、假释并造成严重后果的；

6.2.8　法官受领导干部干预导致裁判错误，且法官不记录或者不如实记录，应当排除干预而没有排除的。

【条文主旨】

明确法官承担违法审判责任的情形。

【条文理解】

违法审判责任是因审判权产生，必须发生在审判活动中，另外，责任承担的主体是法官，并非其他审判活动的参与人员，同时法官必须具备主观过错，且限于故意或者重大过失。没有主观过错、一般或者轻微过失也不宜追究违法审判责任。

【条文】

6.3　院长、副院长、审判委员会专职委员、庭长、副庭长对所分管部门或业务的审判绩效承担管理责任，其个人工作绩效与所分管部门或业务的审判绩效挂钩。

【条文主旨】

明确审判管理责任的承担范围。

【条文】

6.4　有下列情形之一的，追究负有审判监督职责人员的审判监督责任：

6.4.1　因故意或者重大过失，怠于行使或者不当行使审判监督权，导致裁判错误并造成严重后果的；

6.4.2　违反规定过问案件、干预案件办理的。

【条文主旨】

明确审判监督责任的承担情形。

【条文理解】

院庭长享有对案件的审判监督权,也就应当承担相应的审判监督责任,本条规定的情形一方面规范审判监督权的依法行使,防止利用审判监督权干预法官依法独立公正履行职责,产生司法腐败;另一方面也不能加重院庭长的审判监督职责,否则可能出现为了避免承担责任而出现过度使用审判监督权的情形。

【条文】

6.5 案件质量存在问题,无法采取补救措施,导致国家赔偿或引发严重社会后果的,按错案追究责任。下列情形除外:

6.5.1 对法律、法规、规章、司法解释具体条文的理解和认识不一致,在专业认知范围内能够予以合理说明的;

6.5.2 对案件基本事实的判断存在争议或者疑问,根据证据规则能够予以合理说明的;

6.5.3 当事人放弃或者部分放弃权利主张的;

6.5.4 因当事人过错或者客观原因致使案件事实认定发生变化的;

6.5.5 因出现新证据而改变裁判的;

6.5.6 法律修订或者政策调整的;

6.5.7 裁判所依据的其他法律文书被撤销或者变更的;

6.5.8 其他依法履行审判职责不应当承担责任的情形。

【条文主旨】

明确错案范围和除外情形。

【条文理解】

《天津法院案件质量问题认定标准》(2016年修订)第5.1.4条对错案进行了界定。但为了避免错案的范围过大,导致法官不愿裁判,《司法责任制意见》对一些情形予以排除。这些情形应当都是案件经过审判监督程序提起再审后被改判的,被改判案件只是代表案件结果存在错误。

【条文】

6.6 审判责任承担

6.6.1 独任制审理的案件,独任法官对案件的事实认定和法律适用承担全部责任。

【条文主旨】

规定独任法官审判责任承担范围。

【条文理解】

独任法官指挥案件审理全过程，并制定签发裁判文书，应当对案件承担全部责任。但承担责任的范围只限于案件的事实认定和法律适用，不包括其他内容。

【条文】

6.6.2　合议庭审理的案件，合议庭成员对案件的事实认定和法律适用共同承担责任。进行违法审判责任追究时，根据是否存在违法审判行为、情节、发表意见的情况和过错程度，合理确定合议庭成员的责任。

【条文主旨】

规定合议庭成员对案件的责任承担情形。

【条文理解】

合议庭成员审判责任承担是一个有争议的难点问题，与独任案件相似，合议庭成员承担着指挥审判的全过程，并对案件共同承担责任，但责任如何分配并非预先机械进行分配比例，也不能以少数意见或多数意见作为责任承担依据，避免以“个体责任”取代“共同责任”，又要防止“集体负责等于无人负责”现象，因此应当根据相关情节，考虑每个合议庭成员本身是否存在违法审判行为，是否存在故意或者重大过失及过错程度等各种情况，采取共同责任和比例原则相结合的责任分配方式。

【条文】

6.6.3　经审判委员会讨论的案件，合议庭对其汇报的事实负责；审判委员会委员对其本人发表的意见及表决负责。

【条文主旨】

规定审委会讨论的案件错误时，合议庭和审委会委员的定责考量对象。

【条文理解】

审委会与合议庭各自负担不同的审判职能，审委会委员并未亲自审理案件，只能通过合议庭的汇报发表意见。一旦出现需要承担违法审判责任的问题，合议庭应当对其汇报的事实承担相应责任，审判委员会委员对其发表意见和表决负责。同时前文追究违法审判责任也提到应当是存在违法和过错，追究审委会讨论案件的责任时，必须按照更加严格的主观标准。

【条文】

6.6.4　案件经审判委员会讨论的,责任比例确定合理:

【条文理解】

案件经审委会讨论的,应当根据审委会委员是否存在主观上曲解法律发表意见的故意,持多数意见的委员一般不应承担审判责任;如果存在故意导致裁判错误时,不论审委会是否改变合议庭意见,持多数意见的委员都应承担责任。

【条文】

6.6.4.1　审判委员会改变合议庭意见导致裁判错误的,由持多数意见的委员共同承担责任,合议庭不承担责任;

【条文主旨】

规定审委会讨论的案件错误时的责任承担情形。

【条文理解】

合议庭意见被改变后,合议庭不再承担责任,应由审委会持多数意见的委员共同承担责任。

【条文】

6.6.4.2　审判委员会维持合议庭意见导致裁判错误的,由合议庭和持多数意见的委员共同承担责任;

【条文主旨】

规定审委会讨论的案件错误时的责任承担情形。

【条文理解】

合议庭意见被维持时,审委会持多数意见的委员和合议庭共同承担责任。

【条文】

6.6.4.3　合议庭向审判委员会汇报案件时,故意隐瞒主要证据或者重要情节,或者故意提供虚假情况,导致审判委员会作出错误决定的,由合议庭成员承担责任,审判委员会委员根据具体情况承担部分责任或者不承担责任;

【条文主旨】

规定合议庭成员对审委会讨论案件承担责任的情形。

【条文】

6.6.4.4　审判委员会讨论案件违反民主集中制原则导致审判委员会决定错误的,主持人承担主要责任。

【条文主旨】

明确审委会主持人承担责任的情形。

【条文理解】

审委会讨论案件应当让委员充分发表意见，表决时应当按照法官等级由低到高的顺序进行，主持人最后发表意见和表决。审委会委员讨论案件时，应在各个环节体现民主集中制，努力提高议事的质量和效率。如果违背民主集中制导致认定错误，主持人应当负主要责任。

7. 规范性文件引用简称表

1. 十八届三中全会《中共中央关于全面深化改革若干重大问题的决定》——简称《深化改革决定》

2. 十八届四中全会《中中共关于全面推进依法治国若干重大问题的决定》——简称《依法治国决定》

3.《全面深化人民法院改革的意见——人民法院第四个五年改革纲要(2014－2018)》——简称《四五改革纲要》

4.《中华人民共和国民事诉讼法》——简称《民事诉讼法》

5.《最高人民法院关于适用〈中华人民共和国民事诉讼法〉的解释》——简称《民事诉讼法解释》

6.《中华人民共和国刑事诉讼法》——简称《刑事诉讼法》

7.《最高人民法院关于完善人民法院司法责任制的若干意见》(法发〔2015〕13 号)——简称《司法责任制意见》

8.《最高人民法院司法责任制实施意见(试行)》(法发〔2017〕20 号)——简称《最高院司法责任制实施意见》

9.《最高人民法院关于落实司法责任制　完善审判监督管理机制的意见(试行)》(法发〔2017〕11 号)——简称《最高院审判监督管理意见》

后　　记

2014年年初以来,天津高院党组围绕贯彻中央、市委、最高人民法院各项决策部署,积极开展司法标准化工作的一系列探索。2014年8月和2017年8月分别组织召开天津法院司法标准化理论务虚会和天津法院司法标准化理论与实践研讨会,邀请国内著名专家、学者与全体法官共同研讨司法标准化工作的理论与实践问题,达成广泛共识,形成会议纪要及论文集,印发了天津法院司法标准化工作管理办法和规划纲要。在全市法院的共同努力下,按照司法流程、司法裁量、司法质量、司法权责、司法公开、诉讼服务六大体系制定了29个司法标准,定期修订,确保司法标准符合审判实际工作、葆有长久的生命力。自2015年起连续三年对全市法院司法标准化工作进行考评,评选出11家司法标准化示范法院。现在,天津法院广大法官学习标准、实施标准、总结提炼审判经验编制标准,有效促进了审判质量和效率不断提升,人民群众满意度逐年提高。与此同时,全市法院干警的标准化思维得到不断增强,司法行为得到持续规范,司法能力和队伍素质进一步提高,司法标准化在天津法院已经形成了一种文化现象,必将对全市法院整体工作水平发挥深远的影响。

编写《人民法院司法标准化理论与实践》系列丛书是天津司法标准化工作的重要内容和环节,也是此项工作的成果,更是全市法院集体智慧的结晶。继2017年6月出版《人民法院司法标准化理论与实践》第一部之后,本书作为第二部,对《天津法院民事送达工作标准》等十三个标准化文件进行释明,便于理解与适用。文章分别由各个标准化文件的编制项目组成员完成,这些作者全部是审判执行一线的审判人员,他们在繁忙的审判工作之余,刻苦钻研,实属不易。

在本书编写过程中,全市法院各级领导给予了鼎力支持,市高院审判管理办公室、教育培训处、行政处做了大量组织联系和沟通联系工作,这里谨对为本书的写作和出版提供支持和作出贡献的所有人员表示感谢。

2018年11月

图书在版编目(CIP)数据

人民法院司法标准化理论与实践. 二 / 高憬宏主编
. -- 北京：法律出版社, 2018
ISBN 978 - 7 - 5197 - 2793 - 2

Ⅰ. ①人… Ⅱ. ①高… Ⅲ. ①法院－司法－标准化－研究－中国 Ⅳ. ①D926.2

中国版本图书馆 CIP 数据核字(2018)第 237356 号

人民法院司法标准化理论与实践(二)
RENMIN FAYUAN SIFA BIAOZHUNHUA LILUN YU SHIJIAN(ER)

高憬宏 主编

策划编辑 李　群　李　璐
责任编辑 李　群　李　璐
装帧设计 鲍龙卉

出版 法律出版社
总发行 中国法律图书有限公司
经销 新华书店
印刷 中煤(北京)印务有限公司
责任印制 胡晓雅

编辑统筹 法律应用·大众读物出版第一分社
开本 720 毫米×960 毫米　1/16
印张 29.5
字数 515 千
版本 2018 年 12 月第 1 版
印次 2018 年 12 月第 1 次印刷

法律出版社/北京市丰台区莲花池西里 7 号(100073)
网址/www.lawpress.com.cn
投稿邮箱/info@lawpress.com.cn
举报维权邮箱/jbwq@lawpress.com.cn
销售热线/010 - 83938336
咨询电话/010 - 63939796

中国法律图书有限公司/北京市丰台区莲花池西里 7 号(100073)
全国各地中法图分、子公司销售电话：
统一销售客服/400 - 660 - 6393
第一法律书店/010 - 83938334/8335　西安分公司/029 - 85330678　重庆分公司/023 - 67453036
上海分公司/021 - 62071639/1636　深圳分公司/0755 - 83072995

书号:ISBN 978 - 7 - 5197 - 2793 - 2　　**定价**:98.00 元
(如有缺页或倒装,中国法律图书有限公司负责退换)